北京市精品教材
北京市教委“北京地区高校科技发展报告”项目资助
北京知识管理研究基地项目

金融学科核心课程系列教材

金 融 学

（第二版）

刘亚娟　王　斌　徐文彬/编著

经 济 科 学 出 版 社

图书在版编目（CIP）数据

金融学/刘亚娟，王斌，徐文彬编著．—2版．—北京：经济科学出版社，2016.1

金融学科核心课程系列教材

ISBN 978-7-5141-6564-7

Ⅰ.①金… Ⅱ.①刘…②王…③徐… Ⅲ.①金融学-高等学校-教材 Ⅳ.①F830

中国版本图书馆CIP数据核字（2016）第019747号

责任编辑：段 钢 卢元孝
责任校对：郑淑艳
责任印制：邱 天

金融学（第二版）
刘亚娟 王 斌 徐文彬/编著
经济科学出版社出版、发行 新华书店经销
社址：北京市海淀区阜成路甲28号 邮编：100142
总编部电话：010-88191217 发行部电话：010-88191522
网址：www.esp.com.cn
电子邮件：esp@esp.com.cn
天猫网店：经济科学出版社旗舰店
网址：http://jjkxcbs.tmall.com
北京万友印刷有限公司印装
710×1000 16开 22印张 420000字
2010年10月第1版 2010年10月第1次印刷
2016年1月第2版 2016年1月第1次印刷
ISBN 978-7-5141-6564-7 定价：39.00元
（图书出现印装问题，本社负责调换。电话：010-88191502）

编委会名单

丛书主编：葛新权

副 主 编：徐文彬

编　　委：（按姓氏笔画排序）

王立荣　王建梅　王　斌　孙　静
刘亚娟　李玉曼　李宏伟　陈雪红
侯风萍　徐文彬　徐弥榆　徐　颖
葛新权　谢　群　彭娟娟

总　　序

随着经济一体化与金融全球化的发展，我国金融改革从2007年以来呈现出快速发展的势头，步伐不断加快。因此，现有的金融类教材大都一定程度地存在着金融理论知识滞后于金融改革现实的问题，迫切需要更新，添加近三年金融改革的最新内容。因而，北京信息科技大学经管学院财务投资系教师经过三年多的打磨与研究，着手编写这套金融学科核心课程系列教材。系列教材共包含《金融学》、《国际金融》、《商业银行经营学》、《证券投资学》、《保险学》、《财政与金融学》、《中央银行学》、《金融工程学》等8本。

本系列教材严格按照教育部关于普通高等院校金融学科教学基本要求编写，以培养应用型经济与金融人才为原则，以在保证基础理论知识系统性的基础上进一步提升系列教材的实用性和针对性为宗旨。本系列教材具有三方面的特色：

第一，优化金融学科核心课程结构，减少教材之间的重复。本教材力求改变现有教材涉猎内容过多的现状，减少相近教材内容上的交叉和重复。如《金融学》中，不再涉及国际金融中的汇率和国际收支方面内容，不再讲授证券投资学中的资产定价内容，不再涉猎金融工程学中金融创新的内容，不再介绍发展经济学中金融深化和金融抑制等内容。在有限的学时内，使教学内容更加突出和明确，从而优化了课程结构，提升教学的针对性，使教材更加具有实用性。

第二，为了培养应用型经济、金融人才，添加了金融改革实践的最新内容，其中，重点添加了近三年我国金融改革实践的新内容，同时添加了国际金融业监督管理机构对银行业、证券业、保险业监管的最新要求，并且结合国际、国内金融改革的实践，添加了相应的金融案例分析。

第三，力求理论基础知识与金融实践相结合。主要是三个方面：一是将金融学科专业基础知识的传授与金融从业人员资格考试及金融机构招聘等各类考试的介绍进行适当地结合。即在每一章节相应的知识点处添加了银行从业人员资格考试、证券基金从业人员资格考试、期货人员资格考试内容。添加了经济师考试两门课程——“经济基础知识”和“金融专业知识与实务”的相关内容。二是本学科教学改革的成果与教学内容相结合。三是面对面单纯讲授与金融模拟交易实训及上机实验活动相结合。

教材的最终成果可能会与编写宗旨存在差距，而且也可能存在不足甚至舛误。因此，我们以真诚的心，接受各位专家、学者、同行及使用者的批评与指教，以便我们今后不断完善和改进这一系列教材。

感谢编写委员会全体教师的辛勤劳动，并将此系列教材真诚地献给使用它们的学生们！

北京信息科技大学经管学院
葛新权

再版前言

为了适应金融体制改革的需要，我国普通高等院校大多把金融学科基础课程《货币银行学》改为《金融学》，标志着金融学高等教育开始由知识单纯传授向应用型人才培养转变。

然而，近几年金融改革步伐加快，而教材更新缓慢，金融学高等教育所讲授的金融理论知识明显落后于金融改革现实。因此，三年前我们已开始着手编写《金融学》教材。本教材严格按照教育部金融学科课程授课内容和教学大纲的要求进行编写，并在赋予教材金融改革新内涵方面做了一些尝试，这也许是本教材的独特之处。本教材还具有如下特点：

第一，优化了教材结构，减少了重复。《金融学》是金融学科专业基础理论课程，是学生最早接触的专业课程。故而，现行的大多数教材都在15章以上，交叉涵盖了随后需要学习的七八门课程的一些内容。为了在有限的学时内突出讲授本课程，我们删去了这些交叉的部分。

第二，添加了金融改革热点问题与金融案例分析。

第三，适当向金融实务与应用方向倾斜。例如，为了使本专业学生可以尽早参加银行从业人员资格考试，本书章节编排参照了银行从业人员资格认证考试辅导教材，学生在没有上完本课程时就掌握了一定的金融基础知识和金融机构实际操作经验，有能力参加从业人员资格考试。同时，也使学生更好地用所学的金融知识去解决和分析金融改革的实践问题。

第四，添加了《金融学》课程网站上题库的部分内容，使学生有更多的机会复习和练习。

本教材中，第三章“金融环境与经济运行”、第九章“通货膨胀与通货紧缩”、第十章“金融风险与金融监管”是有别于现行教材的新内容。

上述三章内容是金融学科的重要知识，相关专业的学生都应该掌握。但由于部分专业不开设涉及上述内容的课程，或者在所开设的相关课程中难以重点讲授，形成了知识盲区。

我们对散落在《货币银行学》、《商业银行经营学》、《证券投资学》、《投资银行学》、《保险学》、《中央银行学》、《金融工程学》等教材中的上述内容进行了整合，系统化添加在本课程中，不仅避免了知识盲区，也使知识点更加突出、明确。

这次修订，我们从内容、习题等方面进行了增删和优化。

第一，删除了部分陈旧的内容和提法。同时，考虑到近年来我国经济国际化、金融自由化、人民币国际化进程的不断推进，以及国内货币当局监管政策的灵活性调整、互联网金融的蓬勃发展、金融产品的日益丰富、商业银行业务结构在压力和动力中的调整，我们在相应章节增加了一些内容，如在第一章增加了电子货币逐步取代纸质货币的案例，第三章增加了我国民营银行、资产管理公司、政策性银行最新发展态势，第四章增加了利率市场化完成的改革，第五章重点讲解了商业银行的表外业务，第八章增加了我国中央银行在货币及相关监管政策方面的调整。另外，全书的相关数据也更新至目前的最新状态。

第二，对习题内容进行了补充和更新，对与金融实践结合紧密的题目答案进行了调整核对。

本教材共10章，编写分工如下：

徐文彬（教授、博士）第三章、第五章、第七章、第十章。

王斌（教授、博士）第六章。

刘亚娟（讲师、博士）第一章、第二章、第四章、第九章。

王立荣（讲师、博士）第八章。

另外，编委会的其他成员徐颖、侯风萍、陈雪红、王建梅、李玉曼、徐弥榆以及王晖老师，对本教材再版编写提出了很好的建议，在此一并感谢。

由于时间和水平有限，本书难免有疏漏和不足之处，恳请同行专家及广大读者予以批评指正。

作　者

2015年12月31日

目　录

第一章　货币与货币制度

作为金融世界中重要的基础性要素，借助科学的、严密的、时代性强的货币制度设计，货币对物价水平、社会产出等宏观经济变量产生着重要的影响，本章首先介绍市场经济中的货币；然后借鉴马克思和西方主流经济学家的主要观点，着重阐述货币的五大职能——价值尺度、流通手段、支付手段、贮藏手段、世界货币，并按照时间顺序回顾了货币形式发展的不同阶段；最后对货币制度及其构成要素进行分析，同时结合货币制度的要素对货币制度发展历程中各个阶段的特点进行剖析。

第一节　市场经济中的货币

货币，作为金融世界中的重要基础，在现实经济生活中闪现着无限的魅力。人们无时无刻不在同货币打交道，同时也接触到许许多多同货币有关的事物、现象和问题。从古到今，无数的经济学家、银行家和政治家倾注了全部的智慧、花费了极大的气力去研究它、探索它。如何透过纷繁的现象去把握货币的本质，是我们首先要解决的课题。

一、市场经济与交换行为

从货币历史发展的进程看，货币的产生与交换制度的发展紧密相关，而市场经济实质上就是一种交换经济，所以研究货币的产生离不开对市场经济的分析。

首先应当指出的是，市场经济产生的基本前提是分工（division of labor）。社会之所以出现分工是由于作为经济主体的人的天然差别性。每一个人的天赋、身体素质、性格和爱好都有着不同。这些不同构成了一个人区别于他人的个性，也决定了他更适合生产或提供什么样的产品或服务。当然，人们为了生存也可以做那些不适合自己的事情。社会之所以向前发展，是由于人们总是不满足现状，总希望以最小的代价获得最大的收益，于是人们在长期的生产劳动中发现，只有利用自己特长，做自己最适当的工作，并且用自己的劳动成果向别人交换自己所需要的产品和劳务时，自己的满意程度才会最大，从而整个社会的效率才会最高。这样就奠定了交换的社会基础，导致了交换制度的产生。

二、交换制度的发展

那么交换制度与货币又是什么关系呢？从最简单的意义上讲，没有交换制度，就没有货币。在自给自足的自然经济中，由于不存在交换，也就不存在货币。而在交换经济中，又可分为两种情况：一是直接的物物交换（barter），二是以货币为媒介的交换。

我们来看物物交换，在一个小而简单的社会里，交换只是一种偶然的经济现象，不需要货币。

但物物交换必须满足两个基本条件：（1）需求的双重巧合。就是说，要完成一次交易，首先必须使参加交易的两种产品正好是双方互相需要的产品。但是这种情况很少见，在大多数情况下，每一个希望能够达成交易的人都很难在市场上找到交易对象，他们需要反复在市场上寻觅合适的交易对象。这一寻觅过程，会使商品交换的效率大大降低，浪费大量的人力、物力。（2）时间的双重巧合。就是说，一个人要想卖出产品时，恰好有人在这一时刻需要这种产品，在时间上是应当一致的。这一条件在现实的经济生活中也是非常少见的。

显然，在物物交换的制度下，交换的效率很低，成本很高。所以物物交换只限于在较简单的商品经济社会中进行。当经济发展到一定阶段，消费者需求渐趋复杂，物物交换的方式便无法再满足交易双方的需要。但正如马克思所说，“问题和解决问题的手段同时产生。”① 正是由于进入交换的产品日益增加，交换的行为日益频繁，就必然会逐渐出现这样一种情况：交易者往往先用自己的商品与第三种商品相交换，然后再用它来换回自己所需要的商品。这第三种商品由于多次进入交换过程，且其使用价值为大家所共同需要，于是货币产生了。

三、货币的产生

货币是商品生产和商品交换长期发展的产物。在商品交换中，人们必须衡量

---

① 马克思：《资本论》第1卷，人民出版社1975年版，第106页。

商品的价值，而一种商品的价值又必须用另一种商品的价值来表现，这种商品价值形式的发展经历了四个阶段：简单的（或偶然的）价值形式、扩大的价值形式、一般价值形式和价值的货币形式，这也是货币随着商品生产和商品交换的发展由萌芽到形成的全部历史过程。

（一）简单的（或偶然的）价值形式

在原始社会后期，随着生产力的发展，出现了剩余产品，也产生了剩余产品的简单的（或偶然的）价值形式。但是，剩余产品价值的表现是不完善、不成熟的，也是不充分的。随着社会生产力的进一步发展，剩余产品开始增多，商品交换也不再是很偶然的了。这样，简单的价值形式便不能适应较多的商品交换的需要。于是，出现了扩大的价值形式。

（二）扩大的价值形式

在扩大的价值形式中，一种商品的价值已经不是偶然地表现在某一种商品上，而是经常地表现在一系列的商品上。在扩大的价值形式中，各种商品交换的比例关系和它们所包含的社会必要劳动时间的比例关系更加接近，商品价值的表现也比在简单的价值形式中表现得更完整、更充分。然而，扩大的价值形式也有其弱点。首先，一种商品的价值表现仍是不完整的，在交换关系中每增加一种商品，就会增加一种表现商品价值的等价物。这样，作为等价物的商品的链条可以无限延伸；其次，一种商品的价值表现也不统一，因为作为等价物的每一种商品都可表现处于相对价值形态地位的商品的价值；最后，位于等价物地位的不同商品之间是相互排斥的关系。这样，处于相对价值形态的商品价值要获得表现，其实际交换过程可能十分复杂，效率仍十分低下。由于这些内在矛盾的存在，价值形式得以进一步发展。

（三）一般价值形式

在一般价值形式中，一切商品的价值都在某一种商品上得到表现，这种商品即是一般等价物。一般等价物具有完全的排他性，它拒绝任何其他商品与之并列。它拥有特殊的地位，任何一种商品只要与作为一般等价物的商品交换成功，该商品的使用价值便转化为价值，具体劳动便转化为抽象劳动，私人劳动也获得了社会的承认，成为社会劳动的一部分。作为一般等价物的商品实际上起着货币的作用，只是在一般价值形式中，担任一般等价物的商品可能不固定。

（四）货币形式

随着商品生产和商品交换的不断发展，从交替地充当一般等价物的众多商品中分离出一种经常起着一般等价物作用的商品。这种特殊商品就是货币，执行着货币的职能，成为表现、衡量和实现价值的工具。从货币的产生过程看，货币不是某个聪明人设计创造出来的工具，而是广大商品生产者自发的共同交往行为的结果，同时也是商品经济内在矛盾进一步发展的结果。它解决了物物交换的困难，但又使商品经济的内在矛盾进一步发展，使得商品的价值和使用价值的对立表现为商品和货币的对立。

四、货币对市场经济发展的重要意义

（一）节省了社会劳动，促进了市场经济有效率的发展

货币的产生克服了物物交换的困难，使得交换能以最高效率和最低成本进行。这是因为，货币是在长期的物物交换过程中从商品世界中分离出来的一种特殊商品，所以必然会普遍被人们所接受，因此，“需求的双重巧合”这一条件已不存在。交易者为了取得自己所希望的商品，可以先在市场上把自己的商品卖掉，取得这种特殊商品——货币，然后再用这些货币来购买他所需要的商品。这种使用货币作为媒介的交换从单个交换行为来看，效率的提高并不是非常明显的，但是从总体交换过程来看，由于存在着种类繁多的产品，货币所带来的效率提高便十分明显了。另一方面，货币的产生也解决了“时间的双重巧合”问题。因为货币既然成为交易媒介，无形中就将一个交换过程分解为两个环节，一是“卖”，二是“买”。交易者在市场上出售自己的商品之后，如果暂时不需要购买，他可以暂时保留货币，以待产生了需求之后再行购买，这样就很自然地提高了交换过程的成功率，使得参加交换的人能够各得其所，解决了“时间的双重巧合”问题，这实际上是提高了交换的效率。

从上面的分析可以看出，货币交易虽然是一种间接交换（indirect exchange），但是，由于它能够免受需求和时间上的“双重巧合”的条件限制，所以能够节省许多寻觅交易对象、收集市场信息的时间和资源，这些资源可以节省下来，用于生产更多的商品和劳务。

（二）为资源的市场化配置提供了有效工具

市场经济从根本上说是资源按照市场的原则进行配置的一种经济形式。资源的市场化配置是与货币的运动分不开的。因为一旦货币作为交易媒介服务于交换，那么商品的所有者出售自己的商品之后，所获得的就是一般的购买力（general purchasing power）——货币。这些货币尽管也是一种商品，但它是一种特殊商品，由于它是人们普遍可接受的，所以它代表任何一种商品或劳务的购买力，持有货币的人可以享有购买任何自己所需要的商品劳务的自由。这一点对市场经济而言是非常重要的。正是由于消费者可以根据自己的意愿或需求，运用所持有的货币，通过购买自己所需要的商品或劳务，促使社会资源按自己的要求来进行合理的配置。这样，货币的使用就成为实现市场对资源合理配置的必要条件，也就成为市场经济正常运行的必要条件。从这个意义上说，市场经济实质上是一种货币经济：货币方便了市场交换，提高了市场效率；货币保证了社会需求的实现，促进了市场对资源的有效配置。

（三）促进了经济的增长

货币的产生使投资活动与储蓄活动相分离，它使一个人不必首先储蓄就能投资，通过刺激储蓄和投资，货币能把储蓄者手中持有的资金转移到那些想着手开发投资的项目，而自己又没有足够资金的人手中，为他们进行投资提供了便利。金融市场为储蓄者将货币贷放给借款人提供了多种途径。在这些途径中，值得一提的是金融机构。如商业银行、专业银行、储蓄银行、保险公司、互助基金和养老基金等，它们是把资金从最后贷出者转移给最终借入者的中间人。这类金融中介投资者，自己先向储蓄贷出者借入，然后再贷给借入者进行投资，在这一过程中，最终贷出者和最终投资者都有所获，因而增加了储蓄和投资的数量，促进了经济的增长。

第二节　货币的职能

货币是充当一般等价物的特殊商品，可见，货币是商品，又与普通商品有区别。货币是商品，就是说货币与普通商品有共性，即都具有使用价值和价值。任何物质，如果不是商品，没有与别的商品存在共性，它就不可能在交换发展过程中充当货币。货币又与普通商品不同，它是起着一般等价物作用的商品，也就是说它是一种特殊商品。货币产生后，商品界划分为两个对立面，一个是普通商品，一个是货币商品。货币是表现普通商品价值的材料，而其他商品没有这种作用。普通商品只具有专门的使用价值，而货币商品除了具有专门的使用价值外，它还有一般的使用价值，即它是一般的交换手段，持有货币就能随时交换得到普通商品的专门的使用价值。货币是充当普遍商品的一般等价物的特殊商品，如果没有这种特性，就不是货币了。

因为货币总是通过执行其职能才同经济活动相联系的，所以，要认识货币，弄清楚货币和整个经济活动的关系，就应该首先弄清楚货币的职能。

一、货币的五种职能

货币的本质决定货币的职能，货币的职能是货币本质的具体表现。货币在商品交换过程中，随着社会经济发展，逐渐发挥价值尺度、流通手段、贮藏手段、支付手段、世界货币五种职能。

（一）价值尺度

货币在表现商品的价值、衡量商品价值量的大小时，就执行了价值尺度的职能。这是货币最基本的职能之一。货币之所以能够衡量其他一切商品的价值，是由于货币本身也是商品，具有价值，正如秤能用来称出其他物品的重量是因为秤砣本身有重量一样。“货币在执行价值尺度的职能时，只是想象的或观念的货币。”[①] 这是因为商品在进入流通过程以前，一方面只是想象中或观念上的商品价值与货币价值相比较并表现出一定的交换比例；另一方面，劳动产品与现实货币没有发生交换，故只是观念上和想象中的货币就可以了。例如一双鞋值 15 元，只要把价格写在标签上或价目表上就行了，并不需要将 15 元现实的货币摆放在鞋的旁边。

各种商品的价值大小各不相同，为了便于衡量商品的价值，货币必须有一定的单位，即价格标准。价格标准与价值尺度二者有联系，但它们是两个不同的概念。具体说，它们的区别表现在：（1）价值是人类劳动的体化物，是用来衡量商品的价值的，而价格标准是表示货币商品本身的重量，并以此来衡量不同商品的不同价值量。（2）价值尺度职能在社会经济生活中发挥作用是自发的、客观的，

① 马克思：《资本论》第 1 卷，人民出版社 1975 年版，第 114 页。

而价格标准则是国家法律规定的。(3) 作为货币价值尺度，货币商品的价值量随着社会劳动生产率的变化而变化；而价格标准是货币单位本身的重量，它与劳动生产率的变化没有关系。尽管存在这些区别，价值尺度与价格标准二者之间还是有密切联系的，价格标准是为货币执行价值尺度职能而做出技术性规定，服务于货币的价值尺度职能。

西方学者认为，在物物直接交换下，因为交换价值没有一个统一的测量标准，所以每种商品和劳务都不得不把自己的交换价值表现在其他所有的商品和劳务上。如果设不同种类和不同质量的商品和劳务的总数为 n，则它的交换价值的表现式的总数就有 $n(n-1)/2$ 之多。货币出现后，这个困难便迎刃而解，它们只要把自己的交换价值表现在货币上就可以了，这样，货币作为所有的商品和劳务的交换价值的唯一的表现者，就取得了交换价值的标准地位，这时商品和劳务的交换价值的表现式大为减少，由过去的 $n(n-1)/2$ 种变为 $(n-1)$ 种了。计算交换比率的时间和劳动也大大减少。

(二) 流通手段

货币在商品流通中起媒介作用时，就发挥流通手段职能，这是货币最基本的职能之一。货币作为交换媒介的职能是从解决物物交换的困难中产生出来的。如前所述，货币的出现克服了物物交换中必须同时满足两个“双重巧合”的困难，从而降低了交易成本，提高了交易效率，并通过交换效率的提高，促进了社会分工的深化，促进了商品交易的发展。

货币发挥流通手段职能，克服了直接物物交换的局限性，但同时也意味着商品生产者之间的自发的社会联系更加复杂了。因为在直接物物交换下不存在买卖的概念。即任何一个交换行为从交换双方来看都同时既是买，又是卖。而在以货币为媒介的商品交换条件下，商品交换分裂为两个独立的行为，即“买”与“卖”。由于买与卖是两个独立的行为，因此存在买和卖在时间和空间上的分离。这样，商品所有者在一地出卖商品以后，可以到另一地去购买，也可以在出卖商品以后而不是当时马上购买，于是就有可能使一些人的商品卖不出去，造成生产的相对过剩。因此在以货币为媒介的商品流通中，已经包含发生经济危机的可能性。

流通手段与价值尺度是密切联系的。价值尺度是流通手段的前提，流通手段是价值尺度的发展。但两者又有区别，作为价值尺度的货币，是观念的货币，而这种观念的货币必须以完全的货币作基础；作为流通手段的货币，是现实的货币，而没有完全价值的铸币或完全没有价值的纸币也能执行流通手段职能。因为货币作为交换的媒介，是交换的手段，而不是交换的目的。所以对交易者来说，他们所关心的是货币能否起媒介作用，能否买到商品，而不会去计较货币本身究竟实际具有多大的价值。正如马克思所说的，从商品转化为流通手段的货币，“只是转瞬即逝的要素。它马上又会被别的商品代替。因此，在货币不断转手的过程中，单有货币的象征存在就够了。”① 因而，作为交换媒介的货币，不一定非要足值的货币来充当，可以由不足值的铸币、甚至由完全没有价值的货币符号来代替。而纸币是比较完美的价值符号，所以，纸币就是在这一情况下产生的。

作为流通手段的货币必须是现实的货币，这就存在一个货币量的问题。那么经济生活中需要多少货币呢？所需要的现实货币量应是价格所指示出来的量。如果商品价格为已知数，那么货币的必要量就要取决于商品的数量。比如，出售1个价格为10元的商品需要10元货币，出售100个这种商品就需要1 000元货币。商品价格与商品数量这两个因素合在一起可用“商品总价格”来表示。可见商品总价格与货币量呈正向变化。进入流通的商品不是一种，每种商品也不是一件，故而商品总价格的总和就是商品价格总额。每个商品出卖之后就退出流通领域而进入消费领域。货币则相反，在流通领域之内不停地为商品流通服务，同时各种商品出卖时间总会有先有后，这样，同一枚货币就会执行几次流通手段的职能。在一定时期内货币可实现几次买或卖，通常被称为货币流通次数。很显然，货币流通次数与货币量呈反方向变化。用公式表示如下：

$$\text{执行流通手段职能的货币必要量}=\frac{\text{商品价格水平}\times\text{待实现的商品总量}}{\text{同枚货币的周转次数}}$$

西方学者认为，交换媒介是货币的首要功能。而马克思主义则认为价值尺度是货币的首要职能。这是因为马克思的货币学说是建立在劳动价值论的基础上的，货币的职能反映的是货币的本质，即货币是发挥一般等价物的特殊商品，所以货币的首要职能是表现和衡量其他商品的价值。而西方货币理论则是建立在效用论的基础上，它首先强调交换的重要性，从而将交换媒介作为货币的首要职能，货币执行其他职能只是由于它是交换媒介。

（三）贮藏手段

商品生产者在出售商品取得货币后，如果不随即购买，不把货币当作流通手段，而是把它当作财富来保存或当作价值来积累时，货币便执行贮藏手段的职能。货币的贮藏手段职能是在货币的价值尺度和流通手段职能的基础上产生的。

执行贮藏手段职能的货币，同执行价值尺度和流通手段职能的货币是不同

① 《马克思恩格斯全集》第23卷，人民出版社1979年版，第123页。

的。执行价值尺度职能的货币可以是观念上的；执行流通手段职能的货币可以是价值符号；但执行贮藏手段职能的货币必须是足值的、实在的，或在比较长的时间内稳定地代表一定的价值量。由此看来，货币能否作为价值的贮藏，取决于两个因素：一是在贮藏期内不损失其价值；二是在需要购买时能顺利地买到所需商品。

货币贮藏在不同历史阶段的表现形式是不同的：（1）在前资本主义社会，贮藏货币主要表现为金银商品窖藏的形式，这是最原始、最朴素的货币贮藏形式。金银本身有价值，因而这种贮藏不论对贮藏者本人来说，还是对社会来说，都是价值在货币形态上的实际积累。（2）随着社会生产力的发展，货币贮藏主要采取两种形式：一种是充当购买手段和支付手段的准备金，不断地进入流通并不断地从流通中流回；另一种是指货币暂时闲置的，包括新积累尚未使用的货币资金，它在较长时间里停留在流通之外，等待时机再进入流通，参加资本的循环和周转。

目前，世界各国的货币虽然已与黄金没有任何直接法定联系，但各国政府以及个人都仍然把黄金作为贮藏的主要对象之一。人们除了以金银积累和贮藏价值外，更为普遍地还是采取银行存款和储蓄的方式，也有直接贮藏纸币的。但无论采取什么样的方式贮藏，都不意味着有对应数量的真实价值退出流通领域。因此，现代货币贮藏与金属货币贮藏是完全不同的。

马克思以金属货币流通为背景，论证了货币贮藏手段的职能在调节货币流通中起着重要的作用。当流通领域所需要的货币量增加时，被贮藏的货币就会加入流通领域成为流通手段；而当流通中所需要的货币量减少时，有一部分货币就会自动退出流通领域成为贮藏货币。这样，贮藏货币就像蓄水池一样，自发地调节流通中的货币量，使之与流通中的货币需要量相适应。但必须注意，只有在金属货币流通的条件下货币贮藏才能发挥这种作用。当前世界各国流通的纸币，货币贮藏就不再发挥这种作用。

货币的贮藏手段职能对经济运行发挥着重大作用。凯恩斯在深入研究 20 世纪 30 年代经济大危机的原因时，认识到货币充当财富贮藏手段时是不能生利的，为什么人们仍然愿意持有现金而不愿意持有股票和债券等生利但较难变现的资产呢？这是因为：（1）货币能够用于现货交易，在一定限度内，值得为它所具有的流动性而牺牲利息。（2）由于人们不能确切地知道未来的各种利率会发生什么变化，如果用全部资金购买债券，到需要现金时，就必须出售以前购进的债券，一买一卖可能蒙受损失。但是如果持有现金便可避免这种风险。（3）在有组织的债券市场上虽然可以自由买卖债券，但由于未来利率的不确定性，每个人对未来的看法不同，那些相信未来利率将高于现在利率、害怕债券价格下跌的人会愿意保持现金，而不购买债券。正因为这些原因，所以人们把一部分货币保存起来，持币待购或持币不购，打破了货币收入与货币支出的平衡关系，买卖出现了脱节，造成供求失衡，最终导致有效需求不足，工人失业、经济危机便不可避免了。因此，货币通过贮藏手段的职能对经济起着重要的、实质性的影响。

必须指出，凯恩斯提出的货币的贮藏财富职能与马克思所说的“贮藏手段”职能的目的是不同的。马克思论述的货币贮藏手段是指具有实质价值的货币可以根据流通中的货币状况自动进入或退出流通。而凯恩斯指出的货币的“贮藏财富”职能是出于人们本能的防范和理智的选择，因此尽管货币本质上是一种符号或票券，人们仍然会这样做。

（四）支付手段

当货币作为独立的价值形式进行单方面运动时，如偿还债务、缴纳税款、支付工资等就执行支付手段的职能。货币作为支付手段起因于赊账商品交易。买者凭契约或某种信用赊购商品，从而成为债务人，卖者则成为债权人。到约定日期，买者以货币清偿他对卖者的债务。因此，货币的支付手段职能是与商业信用联系在一起的，即商业信用是货币支付手段职能产生的前提条件。

发挥支付手段职能的货币同发挥流通手段职能的货币一样，都是处于流通过程中的现实货币。所谓流通中的货币就是两者的总体。因此作为支付手段的货币和作为流通手段的货币一样，即必须是现实的货币，且可用价值符号来代替。但与货币的流通手段相比，货币的支付手段有其自身的特点：(1) 作为流通手段的货币，与等价的商品同时处于交换过程的两极上，而作为支付手段的货币，与等价的商品不再同时出现在交换过程的两极上，而是作为价值的独立形态，单方面发生转移。(2) 作为流通手段的货币，它是商品交换的媒介物，而作为支付手段的货币，它不是商品交换的媒介物，而只是补充交换的一个独立环节。(3) 作为流通手段的货币是反映交换双方之间的买卖关系，而作为支付手段的货币，不但反映了交换双方之间的买卖关系，而且也反映了他们间的债权债务关系，即信用关系。(4) 在货币作为流通手段的现金交换条件下，商品生产者只有在出售商品得到货币之后，才能购买原材料继续进行生产，其活动余地受到极大限制，而货币的支付手段可使它利用赊购的方式先得到原材料进行生产，待自己的商品出售后再支付欠款。显然，货币的支付手段克服了货币作为流通手段要求一手交钱、一手交货的局限性，推动了商品流通的进一步发展。在现阶段，货币作为流通手段的活动范围差不多完全限定在生产者与消费者之间的零售贸易内，而大宗交易则由作为支付手段的货币来完成。支付手段职能的发展使流通手段的活动范围大大缩小。

货币发挥支付手段的职能，还可以大大节约现金的使用。因为，以赊销形式出卖的那部分商品，不需要立即支付货币。因此，在出售商品价格总额中，可以扣除这部分对货币的需要。尽管债务到期需要用货币偿付，但由于部分债权债务之间可以互相抵消，也可以减少这部分对货币的需要量。从而使流通中的货币需要量也相应减少。用公式表示如下：

$$\text{执行流通手段和支付手段职能的货币必要量}=\frac{\text{待实现的商品价格总额}+\text{到期支付总额}-\text{购销商品价格总额}-\text{彼此抵消支付总额}}{\text{同一货币作为流通手段和支付手段的流通次数}}$$

货币支付手段职能的出现，一方面促使商品流通进一步扩大，但另一方面则意味着“买”和“卖”的进一步脱节。当货币作为流通手段时是先卖而后买，不卖则不能买；而当货币发挥支付手段职能时是不卖也能买，这就产生了新的问题；由于种种原因商品生产者会不能按预期的时间或预期的价格出卖，这样就会不能按期清偿债务。在债权债务把商品所有者紧密地连接在一起时，一个商品所有者不能还债就会引起一系列的商品所有者不能还债，就会引起大批破产。所以货币发挥支付手段职能也包含着危机的可能性。

目前，支付手段发挥作用的领域主要有：(1) 大宗交易是支付手段起作用的主要场所。大宗交易的相当部分是采用延期付款等信用买卖方式进行的。其原因是在大宗交易中的交货地点与付款地点、交货时间与付款时间往往难以一致。因此很少能像一般小额交易那样当面钱货两清。(2) 在国家财政和银行信用领域里，支付手段发挥着重要作用。财政的收入和支出，银行的吸收存款和发放贷款，都是货币作为价值的独立形态而进行的运动，因而是作为支付手段在起作用。(3) 工资和各种劳动报酬的支付中，货币也发挥支付手段的职能。货币在工资支付中之所以是支付手段是由于这是一种价值的独立转移。

总之，货币作为支付手段，促进了信用制度和借贷关系的发展，成为现代货币信用经济发展的基石。最初只是在商品生产者之间用于清偿债务，在商品生产达到一定水平和规模时，随着信用制度的扩展，货币作为支付手段职能发挥作用的范围也在扩展，扩展到商品流通领域之外。但是，它扩展的范围和深度最终仍要受到生产和流通总规模的制约。

当商品生产者以赊销的方式卖出产品，他得到了买者开出的承诺到期付款的债务凭证，即商业票据。这种票据本身又因债权的转移而流通。这种可以转让、并能代替货币使用的有价证券，即为信用工具。所以货币的支付手段产生了信用工具。关于信用工具将在本书第二章第三节详细阐述。

（五）世界货币

当货币超出国界，在世界市场上发挥价值尺度、流通手段、支付手段和贮藏手段职能时就执行了世界货币的职能。

马克思曾对金属货币在国际经济中所起的作用进行比喻，作为世界货币，必须脱掉其国家的制服才能发挥作用。就是说货币只能以其自然形状，即金块或银块形状，才能越出国界发挥作用。金块或银块作为世界货币，发挥着三方面的作用：（1）在国际贸易上作为一般购买手段。（2）在国际收支上执行一般支付手段的职能。目前，这一职能仍发挥着重要作用。（3）作为国际财富的一般转移手段。金属货币发挥世界货币职能，并不直接影响国内流通的货币量，当作为世界货币的金银流入国内时，流通不会因之泛滥，因为国外流入的过多货币会转化为贮藏；当作为世界货币的金银从国内流出时，流通也不一定因之感到不足，因为货币的流出国外会由贮藏来满足。

随着金属铸币退出流通，黄金在世界范围已非货币化，某些国家的货币（如英镑、美元、欧元、日元等）由于其在国际经济关系中占有重要地位，或者由于币值较为稳定，已经替代黄金而作为世界货币通行于国际市场。

二、货币职能间的辩证关系

综上所述，货币的五种职能不是孤立的，它们具有内在的联系，它们都是货币本质的体现，是一般等价物作用的体现。

价值尺度和流通手段，是货币最早的两个相互联系而又不可分割的最基本的职能，而价值尺度的职能在逻辑上又先于流通手段的职能。这是因为，商品所有者在将自己的产品转化为与自己产品价值对等的另一种自己需要的产品时，首先需要一个共同的、一般的价值尺度将两种产品的价值表现出来。但这还不够，还需要一个被公认的交换媒介，使两种价值对等的产品实现交换。当这两个最基本的要求被一种商品满足时，这种商品就是货币。“一种商品变成货币，首先是作为价值尺度和流通手段的统一，换句话说，价值尺度和流通手段的统一是货币。”[①] 商品成为货币后，它就从商品领域独立出来，同其他所有商品相对立成为一切使用价值和物质财富的代表，成为唯一的独立的价值体现者，并具有独立

---

① 《马克思恩格斯全集》第13卷，人民出版社1979年版，第113页。

的运动规律。从而它才会因流通过程的中断而转入贮藏，因流通需要而重新进入流通。

支付手段的出现和发展是以前两种职能的发展为前提的。(1) 在信用买卖条件下，货币在发挥支付手段职能以前，必定已经发挥价值尺度的职能。因为只有在议定商品价格以后，信用买卖的契约才能成立。(2) 支付手段职能的发展也是基于流通手段和贮藏手段的发展。因为以现款出卖商品必然是先行于以信用出卖商品；另外，货币的贮藏是债权债务关系发展的条件。

世界货币的职能是最后发展的一个职能。很显然，货币如果不是在各国国内已经发挥了各种职能，那就绝不能成为国际的一般支付手段、一般购买手段和财富的一般转移手段。

由此可见，货币各种职能不是简单的综合。恰恰相反，货币的各种职能是一般等价物作用在商品经济发展过程中各个不同方面的表现，同时还可看出马克思对货币各职能所安排的顺序并不是任意的，而是以客观发展的顺序为依据的。

第三节 货币的定义和形式

一、货币的定义

在了解了货币的起源及货币的职能之后，我们需要对货币下一个定义。尽管货币与人们的经济生活联系非常紧密，但是给货币下一个准确的定义仍然是一个十分复杂的问题。马克思对货币下了一个理论上的定义，即货币是固定充当一般等价物的特殊商品。这是马克思在分析了货币的起源及本质之后，对货币概念的一个高度抽象。这一定义的理论前提有三个：第一，货币最终是一种商品，因为它是在长期的交换过程中，从商品世界分离出来，它不仅有价值，而且有使用价值。按照马克思的货币理论，只有当货币本身是一种商品时，它才能发挥各项职能。第二，货币具有以自身使用价值形态表现商品价值的能力，即可充当一般等价物。这样就使得货币成为一种特殊商品。第三，交换领域之所以能够普遍接受货币，首先是由于货币本身也是一种商品，具有价值和使用价值，同时也是因为货币所代表的是一般购买力，持有货币实际上等于握有相应价值的商品。马克思关于货币的这种定义显然是建立在金属货币制度基础之上的。但是在涉及纸币流通时，马克思也对此做出过解释，认为纸币是货币金属的代表，是一种价值符号，间接地发挥货币的职能。“纸币是金的符号或货币符号。纸币同商品价值的关系只不过是：商品价值观念地表现在一个金量上，这个金量则由纸币象征地、可感觉地体现出来。纸币只有代表金量（金量同其他一切商品量一样，也是价值量），才成为价值符号。”① 如果把现实的纸币视为金属货币的符号或代表的话，那么，马克思关于货币的定义完全可以适应现实经济社会。但是任何一种理论概念都是适用于特定历史时期的。在现代社会，大部分国家现实流通中的货币已经与贵金属（黄金、白银）脱离了关系，用马克思的货币定义不能完全解释这一现象。

按照现在人们对货币的一般理解，货币被认为是一种由于具有普遍的可接受性而作为购买手段，并能清偿债务的支付工具。这一定义建立在现实经济的基础上，主要含义是：第一，货币是用于媒介商品交换和债务支付的，这是货币的两个最基本的功能。第二，货币发挥作用的一个基本前提是“普遍可接受性”（general acceptability）。这种普遍可接受性在金属货币流通条件下，由于货币是在长期的商品交换中从商品世界中分离出来的一种扮演一般等价物的特殊商品的性质所决定的。而在非贵金属货币流通条件下，货币的普遍可接受性则是由多种因素所决定的。在大部分情况下，货币的可接受性是由国家的强制性力量所决定的。国家通过法律强制货币进入流通领域，并保证货币的合法流通。另一种情况是，依据货币发行主体的信誉所获得的可接受性。除了国家的法律之外，还有一些货币的流通是依托于这种货币的信誉的。比如一些国家的银行券、支票存款货币等，这些货币尽管没有国家法律给予保护，但是由于银行存在良好的信誉，所以人们愿意接受这种货币。尤其在现代社会，许多国家的银行信用货币虽然没有被法律指定为货币，但是不仅人们愿意接受，而且还发展成为主要的流通工具。从某种意义上说，国家的法定货币并不能代表货币的全部特征。国家可以有权力将任意数量的货币投放到流通领域，但是，这些货币最终能否得到人们的接受，取决于货币自身的运动规律。在货币价值符号流通的条件下，只有当货币的发行控制在流通领域能够容纳的范围之内，公众才能保持一种对货币的信任态度。相反，依靠国家的权力任意扩大货币发行，增加市场货币流通量，那么必然造成币值下降的恶果，长期下去会导致货币制度的崩溃。所以，从根本上说，判断一种物品是否是货币，关键是看流通领域是否接受，而不在于是否是国家的法定货币。

① 马克思：《资本论》第1卷，人民出版社1974年版，第148页。

二、货币形式

货币作为一种人们能够普遍接受的支付工具，在不同时期有不同的表现形式。自货币产生以来，货币形式的演进经历了数千年的过程，充当货币的材料种类繁多。从总体趋势上看，货币形式的演进经历了从实物货币到金属货币，再从金属货币到代用货币，最后从代用货币到信用货币的过程。当然，由于世界各国经济发展程度不同，同一时期不同国家的货币发展程度可能是不一致的。另外，货币形式的演进又是一个漫长和渐进的过程，在时间上并没有绝对确定的划分，所以各种形式的货币在同一时期可以并存。

货币形式的发展，其动因来自于人们对交换效率的要求。为了提高交换效率，作为货币的材料被人们普遍接受是因为它具备以下特性：（1）价值稳定性。由于货币执行价值尺度职能，这就要求货币本身的价值是相对稳定的。如果因货币当局管理不当而发生严重通货膨胀，人们拒用时，则将失去其作为货币的特征。（2）稀缺性。由于货币不易生产，使其能够保持较高的相对价值，从而可用少量的货币完成较大数量的商品交易。在现代信用货币阶段主要表现为不易仿造，即货币制作要精密，以防伪造。（3）易于分割。即分割之后不会减少它的价值。货币作为交换媒介，要满足不同数量的交易，所以货币应易于分割。（4）易于辨认。货币易于辨认也是广泛被接受的前提。（5）易于携带和保存。随着交换经济的发展，要求货币的流动性越来越高，以利于在广大地区之间进行交易。同时在保存过程中不损失其价值，也是货币应具备的特征。（6）弹性的供应。货币供应量随社会经济的发展、人口的增加，做弹性的供应，使货币数量不致太多，也不致太少，以保证货币价值的稳定。不过，当商品交换没有发展到一定程度，某些方面的不足是可以容忍的。

具体地说，货币形式经历了以下四个阶段。

（一）实物货币阶段

实物货币又称为商品货币。任何货币，如果其作为非货币用途的价值与其作为货币用途的价值相等，则统称为实物货币。它是货币形态发展最原始的形式。在人类经济史上，很多种商品，都曾在不同时期内扮演过货币的角色。在我国古代，海贝、龟壳、蚌珠、皮革、齿角、猎器、布帛、农具、牲畜等都曾充当过交易媒介，其中最早的货币是贝，其上限大约在公元前2000年前。以贝作为货币的历史在我国的文字记载中有所体现。清代诗人王思文的《赌徒》诗云：“贝者之人不是人，只为今贝起祸根。有朝一日分贝了，到头成为贝戎人。”这首诗的四句话写的是“赌、贪、贫、贼”四个字。从诗中频繁使用的以“贝”字为偏旁部首的字中可以看出，在我国造字的阶段，贝曾作为货币对人们的生活产生了重要的影响。

使用实物货币并不只出现在中西方的古代，在历史发展的特殊时期，实物货币会暂时替代当时通用的货币形式发挥相关职能。

【案例1.1】

战俘营里的货币

第二次世界大战期间，在纳粹的战俘集中营中流通着一种特殊的商品货币：香烟。当时的红十字会设法向战俘营提供了各种人道主义物品，如食物、衣服、香烟等。由于数量有限，这些物品只能根据某种平均主义的原则在战俘之间进行分配，而无法顾及每个战俘的特定偏好。但是人与人之间的偏好显然是会有所不同的，有人喜欢巧克力，有人喜欢奶酪，还有人则可能更想得到一包香烟。战俘们有进行交换的需要。

但是即便在战俘营这样一个狭小的范围内，物物交换也显得非常不方便，因为它要求交易双方恰巧都想要对方的东西，也就是所谓的需求的双重巧合。为了使交换能够更加顺利地进行，需要有一种充当交易媒介的商品，即货币。那么，在战俘营中，究竟哪一种物品适合做交易媒介呢？许多战俘都不约而同地选择香烟来扮演这一角色。战俘们用香烟来进行计价和交易，如一根香肠值10根香烟，一件衬衣值80根香烟，替别人洗一件衣服则可以换得两根香烟。有了这样一种记账单位和交易媒介之后，战俘之间的交换就方便多了。

香烟之所以会成为战俘营中流行的“货币”，是和它自身的特点分不开的。它容易标准化，而且具有可分性，同时也不易变质。这些正是和作为“货币”的要求相一致的。当然，并不是所有的战俘都吸烟。但是，只要香烟成了一种通用的交易媒介，用它可以换到自己想要的东西，自己吸不吸烟又有什么关系呢？我们现在愿意接受别人付给我们的钞票，也并不是因为我们对这些钞票本身有什么偏好，而仅仅是因为我们相信，当我们用它来买东西时，别人也愿意接受。

资料来源：http：//guojia/huobijinrongxue/Course/Index. htm。

随着商品交换的发展，各种各样的实物货币逐渐暴露出缺点，比如，许多实物体大价小、不易分割、不便携带、容易变质腐烂等。所以，实物货币逐渐被金属货币所取代。

（二）金属货币阶段

金属货币，具有实物货币的一些特征。但是，严格地讲，实物货币与金属货币有着明显的区别，这主要表现在：在实物货币阶段，由多种商品交替地扮演着货币的角色，这些特殊商品往往是多变的和不固定的。而在金属货币阶段，扮演货币角色的特殊商品就集中在一种商品身上，这就是黄金或白银。

充当货币的金属主要是金、银、铜，铁作为货币的情况较少，因其价值较低，用于交易过于笨重，而且易锈蚀，不便保存。至于金、银、铜作为货币的先后顺序并非简单地、严格地从贱金属向贵金属过渡。

金属货币以其单位体积价值高、价值稳定、质地均匀而且易分割、耐磨等特点，被作为货币的最佳材料，几乎所有的国家都经历了金属货币阶段，这一货币形式也堪称古典意义上比较完美的货币形式。马克思说过："金银天然不是货币，但货币天然是金银。"① 虽然金属货币有很多优点，但是它的流通仍然存在许多问题：（1）日常磨损十分严重，造成巨大浪费。（2）不法之徒对铸币的刮削现象无法避免。（3）大量货币的携带和运送仍十分麻烦。（4）金银等贵金属全世界产量有限，且在各国之间分布不平衡，故常常发生币材恐慌现象。因此，人们在使用金属货币的时候，便开始了寻找其代用品的过程。这种代用品的通常形式便是纸币，纸币的引进大大降低了运送货币的费用。纸币作为金属货币的代用品进入流通领域后，货币制度便进入了纸币与金属货币并行流通的时期。这一时期可分为前后两个不同的阶段。即纸币可兑换阶段和纸币不可兑换阶段。纸币可兑换阶段又称为代用货币阶段；纸币不兑换阶段又称为信用货币阶段。

（三）代用货币阶段

代用货币本身虽没有什么价值，却代表十足的金属货币，因而被称为足值货币的代表，实际上是一种可流通的、凭以换取足值货币的"仓库保管"收据（单）。

代用货币可以换取足值的金属货币，其发行数量取决于可以用于保证的金属货币的数量，从而它的流通不会出现过多。同时它可以解决前面提到的前三个缺点。另外它还有许多好处：（1）印刷纸币的成本大大低于铸造金属货币的成本。纸币本身的价值很低，且可以代表任意数量的金属货币。（2）纸币流通可以避免或减少金属货币流通所产生的一些问题。例如，在金属货币流通的条件下，往往会出现不足值的金属货币与足值的金属货币同时流通，那么足值的金属货币会被

---

① 《马克思恩格斯全集》第13卷，人民出版社1979年版，第145页。

人们所收藏，而不足值货币则留在市面上流通。或者金属货币的法定价值和实际价值发生差异，则按重量和成色计算的实际价值较高的金属货币，就会被人们收藏起来，而实际价值较低的金属货币则继续留在市面流通。在纸币流通的条件下，这些问题都不存在。(3) 纸币较金属货币容易辨认和计量。但纸制的代用货币容易被伪造或损坏，同时它的数量变化很大程度上仍受制于纯自然的原因——货币金属资源的状况，而这种限制对于迅速发展的经济来说是不可容忍的。

虽然代用货币的发行数量在名义上完全由保证的金属数量来决定，但实际上发行者为了自身的利益很难做到这一点。在经济发展需要更多货币的情况下，发行者超过金属保证而发行货币，一般不会导致挤兑现象。这就意味着，发行者完全有条件通过发行货币来获取巨额利润。当然，代用货币的发行一旦超过其金属保证，它本身就名不副实了。不过，只要其发行不超过经济发展的需要，这种名不副实的情况就很容易被掩盖起来。只有因过量发行而出现挤兑，名不副实才会暴露出来。

（四）信用货币阶段

代用货币是金属货币制度的产物，只要金属货币制度存在，代用货币就不会绝迹。20 世纪 30 年代，由于世界性的经济危机和金融危机相继爆发，各主要资本主义国家先后被迫放弃金本位和银本位制度，于是，本来就名不副实的代用货币因为完全不能兑换金属货币，就成为不可兑换的纸币了。因为其发行、流通均以信用作保证，故又称为信用货币。同时不兑换的纸币作为货币的价值高于其货币材料所具有的价值。信用货币，它包括除了足值货币及其代表物以外的各种货币。因此，它是一切货币的总称，而绝不限于一种货币。

导致信用货币产生的原因有三个：(1) 各国的纸币发行，此时均已被政府所垄断，从而使纸币取得了"法偿币"的地位，亦即取得了将其用于购买、偿付债务、纳税时，任何人均不得拒绝接受的特权。(2) 社会经济制度从自由竞争向国家干预发展，使得政府觉得有必要对货币供应实行一定程度的管理。(3) 货币摆脱其黄金基础的世界性过程，从 20 世纪 30 年代便已开始，并于 20 世纪 70 年代最终完成。现在，信用货币与黄金完全割断了联系，不再是黄金的代表；不再可以自由地向发行机关兑换黄金；其发行量不再受黄金准备的限制；也不再规定其含金量。根据经验，只要纸币发行量控制适宜，则社会公众对纸币就能保持信心，同时随着科技进步，印刷技术足以使伪造极为困难，纸币就可作为交易媒介而被接受。但是，纸币与金属货币一样都有易被偷窃的缺陷。

被理论界定义为流动性最大的信用货币，包括流通中的货币和存款货币。存款货币是银行的活期存款，是存款人可随时开出支票即期提取的一种存款。在信用制度发达的国家，交易的绝大多数是采用支票形式支付。需要注意的是，支票本身只是一种结算工具，活期存款才是真正的货币。所以，这种可签发支票的存款也被称为“存款货币”。只要银行信誉良好，结算体系畅通，存款货币与流通中的货币一样，都是具有相同流动性的交换媒介。如果流通中的货币为C，存款货币为D，那么流通中的货币量应该等于前两者之和，即 $M = C + D$。

信用货币的发展历史大约可追溯到17世纪中叶，那正是现代银行制度形成的时期。虽然信用货币的经济基础深植于商业银行之中，但它广泛发展以及最终成为货币的主体，则是与现代银行制度的建立密切联系在一起的。现代银行制度的形成，以及银行存款货币作为主要信用货币形式的产生，在货币史上堪称一次重要的革命，是提高支付制度效率的一项重大创新。它可以借助于支票或其他支付命令通过银行从一个人或一家厂商转给另一个人或另一家厂商，不论金额大小，不论付款人与收款人之间的距离远近，收付都十分方便。所以，几乎所有的大额交易和相当部分的小额交易都通过转账来进行。使用存款货币不仅收付方便，而且也避免清点和找零的麻烦。此外，存款货币不像纸币容易丢失或被盗。

三、货币形式的未来发展

随着科学技术的发展，越来越多的国家和地区开始采用电子货币划拨系统。在该系统中，各销售场所装有同银行电脑中心连接的终端机。这样在购物或消费时，用户只需将本人的银行卡同终端机连通，系统便会将交易金额自动地借入或贷入交易双方的银行账户。电子货币划拨系统的使用，大大方便了客户的支付结算，也使得客户越来越多地使用该系统。如我国近三年来，随着互联网特别是移动互联网技术的发展，移动支付平台的推广和普及极大地影响了社会大众的支付方式。2015年前三季度，全国银行机构共处理电子支付业务271.38亿笔，金额553.07万亿元。其中，网上支付业务82.12亿笔，金额432.81万亿元，同比分别增长15.95%和18.39%；电话支付业务0.78亿笔，金额4.76万亿元，同比分别增长136.44%和203.18%；移动支付业务45.42亿笔，金额18.17万亿元，同比分别增长253.69%和194.86%。

电子货币划拨系统的便利和经济，使得社会公众对其使用和依赖程度越来越多高，相应地，纸币和支票的使用范围和频率有所下降，电子货币划拨系统替代纸币的趋势逐渐明显，如案例1.2所示。这一趋势能否最终消灭货币？多数学者认为这一趋势不会最终消灭货币本身，仅仅只是货币的符号化逐渐趋于极限的高度而已。因为在这个系统中，货币将继续以存款的形式存在。

【案例1.2】

瑞典——纸币消失的国度？

瑞典是欧洲第一个引入纸币的国家，它于1661年发行纸币。但现在，现金在瑞典经济中的使用率仅占3%。该国正在努力摆脱现金。由此，它很可能成为世界上第一个无现金的国家。事实上，在科技高度发达的国家瑞典，无钞化社会的雏形正在形成。

教堂装上了刷卡机。

在瑞典大多数城市，公交车不接受现金；车票钱必须预付或用手机短信支付。由于一些小公司只接受银行卡，一些银行的分支机构已经完全停止处理现金业务，他们通过电子交易业务来赚钱。20世纪70年代流行音乐团体ABBA的前成员、不用现金运动的提倡者波恩乌尔瓦厄斯说，“我看不出我们为什么还要印刷钞票。”

值得注意的是，连教堂也降低了现金使用率。比如在瑞典南部的卡尔古斯塔夫教堂，约翰·提尔伯格牧师最近设置了一个读卡器以使礼拜者更方便提供捐献。提尔伯格说：“大家已跟我提了好几次，他们说他们没有现金，但是他们仍喜欢捐钱。”

而在瑞典南部城市兰斯科罗纳开设保龄球馆的安德烈·沃拉姆菲特在2010年已停止接受现金。她在当时就提出了一个大胆的预测：硬币和钞票将在20年内在瑞典销声匿迹。她说，“我个人认为，这是人们在将来期望的东西。”

根据总部设在瑞士巴塞尔、被称为“央行的央行”的国际清算银行的一份报告，纸币和硬币只占瑞典货币量的3%，与之相比，它们在欧元区国家占9%，在美国占7%。

有人沮丧试图抵抗。

大多数专家并不期望现金很快消失，但由于支付手段多样化，现金在经济中所占比重将会不断下降。

有些瑞典人对这一趋势感到沮丧并试图抵抗。在斯德哥尔摩一个购物商场经营着一个报刊亭的汉纳塞里克称，数字经济就是银行为了赚更多的钱。塞里克称，他要为每笔信用卡交易支付5瑞典克朗（约合4.7元人民币）的手续费。瑞典议会已通过立法以防止其将该费用转嫁给消费者。

瑞典全国退休者组织主席科特珀森抱怨道，“在一些城镇，根本不再可能进银行或使用现金。”他说，对于农村地区的老年人来说这是一个问题，他们没有信用卡或不知道如何使用它们以替代现金。

资料来源：《广州日报》，2012年3月23日。

第四节 货币制度

货币制度，简称“币制”，它是一个国家或一个经济区域（如欧盟）以法律形式规定的该国或该地区货币流通的结构、体系和组织形式。它主要包括确定本位货币、货币单位、主币辅币的铸造及流通程序、货币发行过程及金准备制度等。

从历史演变来看，货币制度大体经历了银本位制、金银复本位制、金本位制、不兑现的信用货币制度等阶段。

一、货币制度的形成

（一）铸币流通

在前资本主义时期，世界各国先后出现了铸币流通。所谓铸币是具有一定形状、重量、成色并标明面值的金属货币。最初的金属货币是以金属的自然条块形式流通的，由于每一块金属的重量不同，成色也有所区别，所以在每次交换时都必须鉴定成色、权衡重量，然后按交易额的大小来进行分割，这给商品交换带来很大不便。在这种情况下，一些在商界有影响的大富商在货币金属上打上自己的印记，并标明其重量和成色以便流通。这便是最初的铸币。然而，一个商人的信誉毕竟是有限的，随着市场的扩大，需要对金属铸块做出更有权威的证明。拥有政治权力的国家最具这种权威，于是，国家就集中铸造具有一定形状、成色、重量并打上印记的铸币。

这一时期的铸币流通有以下特点：(1) 铸币权分散。这是当时货币流通的重要特点。奴隶社会的希腊几乎每一城邦都铸造自己的铸币，当时曾有1 500～2 000所造币局。中世纪的西欧，由于封建社会经济与政治的割据，造币事业非常分散，如当时德国属于各封建领主的造币局就有600多所，此外还有很多独立的城邦有造币权。我国封建社会尽管在政治上高度统一，但是在白银的铸造上却是极其分散的。首先，名目繁多，有元宝、马蹄银、宝银、镍币等。其次，没有统一的形式和重量，大小轻重悉由各银楼自定。最后，秤制不同，同是一两，却有平本、漕平、关平、市平轻重之不同；成色不同，同是元宝，也有足宝、二四宝等区别。（2）货币材料基本是贱金属。流通中铸币的币材主要是银、铜等价值较低的金属，黄金一般只在巨额交易中使用。这与前资本主义社会商品经济不发达的状况是相适应的。奴隶社会中，希腊的铸币币材是白银。罗马在公元前3世纪以前用铜，以后是白银。西欧的中世纪铸币币材也主要是银，从13世纪起，才在意大利、英国和法国陆续铸造、发行金币。我国从春秋到清末的2 000多年时间里，铸币币材主要是铜，白银虽然广泛使用，但还是称量货币。（3）铸币不断变质。铸币在长期流通中，会因磨损而使其重量减少，从而使名义价值与实际价值背离，成为不足值铸币。不足值铸币仍然按照名义价值进行流通。这种不足值铸币和足值铸币一样流通的事实，后来普遍为国家利用。国家为了维持庞大的财政开支，经常有意识地降低铸币的成色、重量，铸造不足值铸币。雅典在公元前407年和公元前406年曾发行仅镀一层白银的铜铸币。罗马曾铸造仅含2%白银的所谓"银"币。我国汉初把12铢重的"半两"减轻为重3铢的"荚钱"；南北朝时出现的"鹅眼钱"，1 000文积起来还不到3寸。铸币逐渐变成了货币的符号。

总之，分散与紊乱是前资本主义货币制度的特点。这种分散和混乱的货币制度，对资本主义生产方式的建立起着阻碍的作用。因此，当资产阶级国家建立后，就逐步清除了封建货币制度的混乱现象，建立起统一的、稳定的资本主义货币制度。

（二）货币制度的形成

货币制度的一些要素在前资本主义就陆续产生了。但是作为一种系统的货币制度，还是在资本主义经济制度产生之后形成的。资本主义经济制度的核心是统一的市场，而统一的市场需要有统一、稳定和规范的货币流通制度。为了改变当前货币流通的紊乱状况，各国政府先后以法令和条例的形式对货币流通做出种种规定。这些规定包括以下几个方面的内容：（1）建立起以中央银行为唯一发行机构的统一和集中的货币发行体系，垄断货币发行，从而来克服铸币权分散的弊端，以利于国内统一市场的建立。（2）规定相对稳定的货币单位，以保证货币制度的稳定，以利于资本主义经济制度自由竞争的要求。（3）为了能自发地调节流通中的货币量，规定以贵金属充当币材，以保证商品生产和交换的日益发展和扩大。西方国家政府在资本主义上升时期为克服货币流通混乱的状况，将已颁布的本位货币金属、货币单位、货币铸造、发行和流通程序、发行准备等法令和条例集中起来制度化的过程，就是现代货币制度的形成过程。

二、货币制度的构成要素

（一）确定本位货币金属

确定本位货币金属是建立货币制度的基础。因此，货币制度的建立首先要确定以何种金属作为本位币材。确定不同的本位货币金属就构成不同的货币制度，如确定黄金作为本位货币的金属材料，那么货币制度就是金本位制度。货币金属的确定必须具有客观依据，国家不能滥用权力，随心所欲地指定某一种金属作为币材。随着经济的发展，货币金属由贱金属向较贵重金属和贵金属渐进。到了19世纪，体积小价值大的贵金属——黄金占据了统治地位，确立了黄金的货币金属地位。一般地说，发达国家的货币金属多为黄金，落后国家则为白银。

（二）确定货币单位

在确定货币金属的同时，还要确定货币单位，也就是价格标准。货币单位的确定包括确定货币单位的名称和每一货币单位所含货币金属的重量。例如，美国货币单位的名称为美元（Dollar），1900年的金本位法案规定1美元含成色9:10的黄金25.8格令，相当于纯金23.22格令；英国货币单位的名称为英镑（Pound Sterling），1816年5月的金本位法案规定1英镑含成色11:12的黄金123.27447格令，相当于纯金113.0016格令；我国1914年北洋政府的《国币条例》中规定：货币单位名称为圆，每圆含纯银23.977克。

（三）确定本位币和辅币的铸造、发行和流通程序

本位币是用国家确定的本位货币金属，按照国家规定的货币单位所铸成的铸币。本位币是足值货币，其名义价值等于实际价值。它是一国的基本通货。本位币具有无限法偿、自由铸造等特点。无限法偿是指国家规定本位币具有无限制的支付能力，不论每次支付数额如何巨大，如用本位币，收款人都不能拒绝接受。自由铸造是指每个公民都有权把经国家确定的货币金属送到国家造币厂代为铸成铸币，在数量上不受限制，国家不收或收取很低的费用，同时公民也有权把铸币熔化为条块状。但严禁私自铸造。自由铸造使铸币本身的价值与其所包含的金属价值保持一致。

在金属货币制度下，为保证本位币的名义价值与实际价值的一致，防止不足

值与足值货币混合流通，各国对铸币都规定了“公差”，即法定的铸造误差或法律允许的磨损程度。如英国在 1870 年规定：英镑标准重量 123.27447 格令，最轻重量不得低于 122.5 格令，其公差为 0.77447 格令，如果本位币重量低于 122.5 格令，可以请求政府兑换足值货币。

本位币的最小规格是一个货币单位，而商品价格和劳务报酬有时不到一个货币单位。因此，除了本位币，国家还铸造辅币。辅币是本位币以下的小额通货，其面值大多为本位币的 1/10 或 1/100。如美元的辅币是美分，1 美元 = 100 美分；英镑的辅币是新便士，1 英镑 = 100 新便士。辅币多用贱金属铸造，其名义价值高于实际价值，是不足值货币。因此，大多国家都规定，辅币不能自由铸造，只能由国家来铸造。辅币与主币的兑换比率是通过法律形式固定下来的。辅币只具有有限法偿能力，即在一次支付行为中只可用一定金额辅币支付，超过法定数量，可以拒收，但在向国家纳税和向银行兑换时可不受此限制。

（四）确定纸币发行和流通程序

在金属货币制度下，流通中的货币除了铸币形式的主币及其辅币外，还有银行券、纸币或不兑现的信用货币。银行券和纸币虽然都是没有内在价值的纸质货币符号，但因为它们的产生和性质不同，所以其发行和流通程序也有所不同。

银行券是一种信用货币，它产生于货币的支付手段职能，是代替金币充当支付手段和流通手段的信用证券，最早它是由欧洲的银行发行的。在银行办理信贷业务时，既可以付现金，也可以开出随时能够兑换的银行券。最初，一般商业银行都可发行银行券，发行银行券的银行保证随时可按面额兑付金币、银币。到 19 世纪时，工业化国家先后禁止商业银行发行银行券，把发行权集中于中央银行，以法律形式规定中央银行发行的银行券为法定支付手段。19 世纪末 20 世纪初，银行券广泛流通，贵金属铸币的流通数量日益减少。第一次世界大战前，由于经济震荡，一些国家停止银行券兑现并由国家法令支持流通；战中，世界各国的银行券普遍停止兑现；战后，有些国家曾一度实行金块本位制和金汇兑本位制，但到 20 世纪 20 年代末 30 年代初，世界主要国家的银行券便完全变成不兑现的纸币了。

与银行券同时处于流通中的，还有一种由国家发行强制流通的纸币。纸币本身没有价值，又不能兑现。它产生于货币的流通手段职能。货币在发挥流通手段职能时，只是交换的媒介，而不是交换的目的，只需有货币的象征和符号就可以了，这就意味着货币符号可以替代货币进行流通。后来政府根据流通手段的这一特性，有意识铸造和发行不足值铸币，直至发行本身几乎没有价值的纸币，并通过国家法律强制其流通。

在当代社会经济中，银行券和纸币已基本成为同一概念。这是因为，第一，各国银行券已经不再兑现金属货币。第二，各国的纸币已经完全通过银行的信贷程序发行出去，二者已经演变为同一事物。现代意义上的纸币主要是通过四个渠道投放到流通领域：一是发放银行贷款；二是为财政提供贷款和透支；三是国家收购外汇和黄金；四是银行购买有价证券等。

（五）规定金准备制度和外汇准备制度

（1）金准备制度，是指作为金准备的黄金必须集中于中央银行或国库。这些作为货币发行准备的黄金主要有以下用途：第一，国际支付的准备金；第二，作为扩大和收缩国内金属货币流通的准备金；第三，作为支付存款和兑换银行券的准备金。从20世纪70年代以后，世界各国已经不再用黄金作为货币发行和干预外汇价格的保证了，黄金的货币作用被削弱了，世界各国已无金属货币流通，金准备制度只作为国际支付的准备金，其他两个用途已经不复存在。

（2）外汇准备制度，是指作为外汇准备的外国货币必须集中于中央银行。其用途一般包括：第一，国际支付的准备金；第二，国内金属货币流通的准备金；第三，支付存款和兑换银行券的准备金。比如德国在20世纪20年代规定，发行新马克的发行准备中，黄金加上外汇至少为40%，其中外汇至少要占25%。国际上广泛使用的外币和在国外可以使用的支付手段，都可作为外汇准备，其中后者包括政府在国外的短期存款或其他可以在国外兑换现金的支付手段，如外国有价证券、外国银行支票和外币汇票等。

三、货币制度的类型

综观世界各国货币制度的演变过程，大体上可分为银本位制、金银复本位制、金本位制、信用货币制度等类型。

（一）银本位制

银本位制是以白银作为本位币的一种货币制度。其基本特征是：白银作为本位币的价值与其所含白银价值相等，银币可以自由铸造，货币代表物可以自由兑换银币，银币具有无限法偿能力，白银和银币可以自由输出入等。

白银在前资本主义社会是主要币材，这与前资本主义社会的经济发展水平相适应。因为那时经济不够发达，商品交易主要是小额交易，规模很小，因此对货币的需要量也不大，白银价值较低，适合这种交易的需要。在货币制度萌芽的中世纪，许多国家都实行银本位制。在贵金属货币流通中，银本位制作为一种独立的货币制度在一些国家存在的时间并不长，且范围也不广，主要有墨西哥、日本、印度等。这主要是因为在经济发展过程中，银本位制逐渐暴露出很多弱点。如银本身的价值不够稳定，影响币值的稳定；由于银的价值较低，给大宗贸易带来不便。因此，在19世纪70年代白银价格大幅度下降以后，各国相继放弃银本位制，转为金银复本位制或金本位制，只有少数落后国家仍保持银本位制。

（二）金银复本位制

金银复本位制，就是同时以金、银两种金属为本位货币的货币制度。其基本特征是：金银两种金属同时被法律承认为本位货币，金银两种本位币都可自由铸造，金银铸币都具有无限法偿能力，金银铸币都可自由兑换、自由输出、输入。

金银复本位制是资本主义发展初期最典型的货币制度。在金银复本位制度下，白银适应于小额零星交易，黄金则适应于大额批发交易，满足了资本主义经济发展的需要，对资本主义经济的发展起到了一定的促进作用。但不久就暴露出这种货币制度的不稳定性。货币本身具有排他性和独占性，而法律上却同时承认金银均为本位货币金属，当金银铸币各按其本身所包含的价值同时流通时，即称为“平行本位制”，流通界中的商品就出现了两种价格，而这两种价格会随着金银市场比价而变化，于是造成流通混乱。为了克服这一问题，有些国家用法律规定金币与银币的比价，即称为“双本位制”，但是金银的市场比价仍然变化，当金银法定比价同金银市场比价不一致时，在法律上被低估的货币（即实际价值高于法定名义价值的货币，称为良币），就会被收藏、熔化或输出国外；而法律上被高估的货币（即实际价值低于法定名义价值的货币，称为劣币）就会独占市场，最后流通界只有一种货币，即劣币。这就是“劣币驱逐良币”或称“格雷欣法则”（Gersham's law）。

实行金银复本位制的国家，在“劣币驱逐良币”规律的作用下，不得不规定良币仍可自由铸造，劣币禁止自由铸造，以此来维持流通中两种铸币的原来比价，这种制度故称为“跛行本位制”。复本位制的这种不稳定性，对经济的进一步发展起着阻碍作用，于是开始向金本位制过渡。

（三）金本位制

金本位制是指以黄金为货币金属的货币制度，又可划分为金铸币本位制、金块本位制和金汇兑本位制三个阶段。

1. 金铸币本位制

19 世纪初英国首先过渡到金本位制，这种制度最初的表现形式是金铸币本位制度，其基本特点是：金币可以自由铸造、自由熔毁；金币的价值与其所包含的黄金价值保持一致；辅币或银行券可以自由兑换金币；金币具有无限法偿能力；黄金可以自由输出入。在金币本位制下，尽管有的国家也铸造银币，但银币的铸造受到限制，且银币具有有限法偿能力，从而不像复本位制下那样与金处于分庭抗礼的地位。

金铸币本位制相对于其他货币制度是比较稳定的。这是因为：(1) 金币的币值相对稳定，便于精确地计算成本、收益和利润，从而为促进生产发展创造了有利条件；同时稳定的流通手段，增强了人们对通货的信心，又为当时商品流通的扩大创造了有利条件。(2) 在西方主要国家的货币制度分别向金本位制过渡时，银行券的发行制度也趋于完善，各国中央银行建立并垄断了银行券发行，建立健全了发行的保证制度，保证银行券与金币的自由兑换，从而使银行券能够稳定地代替金币发挥作用。(3) 金币币值稳定，使债权人和债务人的利益均不受损，从而保证了信用事业的正常发展，同时也加速了金融资本的形成和壮大。随着金融资本的形成和壮大，信用工具、信用形式日趋多样化，金融市场的活跃，又促进工商业的更大发展。(4) 金币的自由输出入，保证了各国货币比价的稳定，从而促进了国际贸易的发展。

上述稳定的局面后来被第一次世界大战打破。这是因为：一是资本主义各国发展极不平衡，引致黄金分布不平衡，黄金存量少的国家金币流通的基础遭到削弱；黄金存量多的国家为了准备战争，而将黄金集中于中央银行，金币流通遭到破坏。二是大量的扩军备战，引起这些国家巨额的财政赤字，为了弥补财政赤字，各国增加了银行券的发行，这种情况下发行的银行券，很难兑换黄金，因此银行券的自由兑换遭到破坏。三是扩军备战也使黄金外流严重，于是这些国家纷纷出面干预，限制黄金的输出，至此黄金的自由输出入也遭到破坏。

2. 金块本位制

第二次世界大战后，一些原来发达的国家黄金存量锐减，没有能力恢复金铸币本位制，而只是建立了金块本位制。该制度这种制度又称为“生金本位制”。该制度是指流通中没有金币，而只有银行券，银行券仅与金块兑现，但有一定限制。例如，英国在 1925 年实行金块本位制时宣布，居民若用银行券兑换黄金，其最低起点是 1 700 英镑；法国在 1928 年实行金块本位制时规定，用银行券兑现黄金的起点是 21 500 法郎。这么高的兑换起点，等于剥夺了绝大多数人兑换的权利。金块本位制的基本特点是：以价值符号流通代替了金铸币流通，并规定价值符号的含金量；以有限制的金块兑换代替了自由的金币兑换；以买入金块制代替了自由铸造，国家按一定价格购买黄金，由中央银行或政府集中存储。

3. 金汇兑本位制

与此同时，有些国家则实行了金汇兑本位制，这种制度又称为“虚金本位制”，是指没有金币流通，只流通银行券。银行券在国内不能兑换金块，只能兑换为可兑换成金块的外汇。金汇兑本位制的基本特点是：国内不铸造，也不使用金币，只流通价值符号；价值符号只能购买外汇，即可以兑换金块的外汇；金汇兑本位制国家的通货同一个金币本位制或金块本位制国家的金币保持固定比价，并在后者存放外汇或黄金作为外汇基金，以便随时出售来稳定这一固定比价。

金块本位制和金汇兑本位制，流通中都没有金币，黄金失去了作为流通手段的作用，因此均为不完全的金本位制，都是极不稳定的货币制度。这是因为，金块本位制和金汇兑本位制都没有金币流通，黄金在货币流通中的自动调节作用不复存在了。金块本位制大大限制了兑换黄金，而实行金汇兑本位制的国家，银行券在国内不能兑换黄金，只有通过外汇才能兑换黄金，这就从根本上动摇了金本位的基础。实行金汇兑本位制的国家，由于其发行基金和外汇基金都存放在其他国家，并与这些国家的货币相联系，因此，一旦存放地国家的币制、经济、政治波动，则依附国的货币、经济和政治等都会受到影响，无法独立自主地保持本国货币的稳定。

随着20世纪30年代西方国家经济大危机，金本位制度彻底崩溃，取而代之的是不兑现的信用货币制度。

（四）不兑现的信用货币制度

不兑现的信用货币制度是指以纸币为本位币，且纸币不能兑换黄金的货币制度。这是当今世界各国普遍实行的一种货币制度。其基本特点是：（1）不兑现的信用货币，一般是由中央银行发行的，并由国家法律赋予无限法偿的能力。（2）货币不与任何金属保持等价关系，也不能兑换黄金，货币发行一般不以金银为保证，也不受金银的数量限制。（3）货币是通过信用程序投入流通领域，货币流通是通过银行的信用活动进行调节，而不像金本位制度那样，由金币自身进行自发地调节。银行信用的扩张，意味着货币流通量增加，银行信用的紧缩，则意味着货币流通量的减少。（4）这种货币制度是一种管理通货制度。一国中央银行或货币管理当局通过公开市场业务、法定存款准备金率、再贴现政策等手段，调节货币供应量，以保持货币稳定；通过公开买卖黄金、设置外汇平准基金、管理外汇市场等手段，保持汇率的稳定。(5) 货币流通的调节构成了国家对宏观经济进行控制的一个重要手段，但流通界究竟能够容纳多少货币量，则取决于货币流通规律。当国家通过信用程序所投放的货币超过了货币需要量，就会引起通货膨胀，这是不兑现的信用货币流通所特有的经济现象。流通中的货币不仅指现钞，银行活期存款也是通货。随着银行转账结算制度的发展，存款通货的数量越来越大，现钞流通数量越来越小。

不兑现的信用货币制度是货币制度发展过程中的一个必然阶段，这是因为：(1) 货币发行不受黄金供给的限制，可以根据经济发展的实际需要调整货币供应量，故货币供应有较大弹性。(2) 对外实行外汇管理，在国际收支不平衡时，随时调整汇率，可以减少国际经济波动对本国经济的影响。(3) 采用纸币流通，携带方便，且免除了铸造金属货币的困难，节省下更多贵金属用于工业发展。但不兑现的信用货币制度也有明显的不足：一是纸币发行不受金准备的限制，且又无自动调整的功能，极易发生信用危机与通货膨胀。二是由于汇率人为地进行调整，容易对国际贸易与国际金融产生不良影响。三是在纸币本位制度下，通货的供应与需求，需做人为的管理，这就要求中央银行有效地执行货币政策，有各种强有力的管理手段，但经济比较落后的国家很多条件不具备，不能做到对货币进行有效管理。

四、我国的货币制度

我国的人民币制度是从人民币的发行开始的。1948 年 12 月 1 日中国人民银行正式成立，同时发行人民银行券，即人民币。人民币发行以后，中国人民银行迅速收兑了旧经济制度下的法币、金圆券、银圆券，同时通过逐步收兑原各解放区自行发行的货币，统一了货币，形成了新中国货币制度。

我国的货币制度内容主要包括：(1) 我国法定货币是人民币，人民币具有无限法偿能力。人民币单位为“元”，元是本位币即主币，辅币的名称为“角”和“分”。1 元等于 10 角，1 角等于 10 分。人民币的票券、铸币种类由国务院决定。人民币符号为“￥”，是“元”字汉语拼音“yuan”的开头字母加两横而成。(2) 人民币是代表一定价值的货币符号，它没有含金量的规定，是不兑现的信用货币。(3) 人民币是我国唯一合法通货。国家规定禁止金银和外汇在国内市场上计价、流通、结算和私自买卖。严禁仿造人民币。(4) 人民币的发行实行高度集中统一，货币发行权集中于中央政府，由中央政府授权中国人民银行统一掌管。人民币的发行要适应生产发展和商品流通的正常需要，通过银行信贷程序进行。(5) 中国人民银行行使中央银行职能后，授权国有商业银行按国家有关规定，执行现金管理和工资基金管理。(6) 由中国人民银行集中统一管理国家金银、外汇储备，负有保持人民币对内和对外价值稳定的艰巨重任。

随着我国经济改革的不断深入，尤其是1997年7月1日香港的回归、1999年12月20日澳门的回归，港币、澳元与人民币如何协调是一个有待解决的问题。

【案例1.3】

香港的货币制度

香港货币制度的主币为元，辅币为分，主辅币制为：1港元=100分。港币是国际上具有影响力的一种可自由兑换货币，其发行任务由中国银行、汇丰银行、渣打银行三家商业银行分担。除货币发行外的其他中央银行职能都由香港金融管理局（金管局）来承担，所以香港属于准中央银行制。

港币的发行制度称为联系汇率制度，其主要特点是将汇率制度的确定与货币发行准备制度加以结合，即货币发行局制度。根据货币发行局制度的规定基础，货币的流量和存量都必须得到外汇储备的十足支持。换言之，基础货币的任何变动必须与外汇储备的相应变动一致。联系汇率制度是金管局首要货币政策目标，在联系汇率制度的架构内，通过稳健的外汇基金管理、货币操作及其他适当的措施，维持汇率稳定。联系汇率制度的重要支柱包括香港庞大的官方储备、稳健可靠的银行体系、审慎的理财哲学，以及灵活的经济结构。香港于1983年10月17日开始推行联系汇率制度。该制度规定向发钞银行发行及赎回为银行纸币提供支持的负债证明书时，发钞银行必须按照7.80港元兑1美元的固定汇率以美元交易。

思 考 题

1. 为什么说货币的产生可以解决物物交换的困难？
2. 货币的职能及其特点是什么？
3. 货币发挥职能作用的条件是什么？
4. 货币形式经历了怎样的发展？
5. 现代货币制度的特点是什么？

练 习 题

一、填空题

1. 对于任何一个国家的居民来说，相对其本国的货币，一切外国的货币统称为（ ）。

2. 一种商品变成货币，首先是作为（ ）和（ ）的统一。

3. 货币单位的确定重要的是确定币值。铸币流通条件下，就是确定单位所包含的货币金属（ ）和（ ）。

4. 香港从1983年起，实施对美元的（ ）。发钞银行每发行1港币要按照7.8等于1美元的比例，向外汇基金存入百分之百的外汇准备。

5. 纸币本位制度是一种（ ）制度。

6. 货币作为支付手段，（ ）是其特征。

7. 价格是商品价值的（ ）。

8. 流通中所需的货币量取决于（ ）和（ ）及（ ）三个因素，它们之间的相互关系可以表示为：流通中的货币量 =（ ）。

二、单项选择题

1. 以金为货币金属，以金币为本位币，不铸造不流通金币，银行券可兑换外币汇票是（ ）。

A. 金块本位制 B. 金本位制
C. 银行券制 D. 金汇兑本位制

2. 与货币的起源密不可分的是（ ）。

A. 社会分工 B. 私有制
C. 商品交换 D. 贫富分化

3. 中国人民银行首次发行人民币的时间为（ ）。

A. 1949年10月1日 B. 1948年10月1日
C. 1949年12月1日 D. 1948年12月1日

4. 最初的货币所采取的形态是（ ）。

A. 牲畜、皮革、烟草 B. 金币、银币
C. 银行券 D. 纸币

5. 现在各国普遍使用的货币形式是（ ）。

A. 电子货币 B. 兑现的信用货币
C. 支票 D. 不兑现的信用货币

6. 货币在发挥职能时，可以用观念上的货币作为（　　）。

A. 价值尺度　　B. 流通手段　　C. 贮藏手段　　D. 支付手段

7. 货币在衡量并表示商品价值量大小时，发挥职能是（　　）。

A. 价值尺度　　B. 流通手段　　C. 贮藏手段　　D. 支付手段

8. 积累和保存价值的典型的、原始的形态是（　　）。

A. 贮藏实物　　B. 贮藏金银　　C. 贮藏纸币　　D. 银行存款

9. 在易货经济中，若有200种商品金融交易，需要有（　　）种兑换率。

A. 200　　B. 19 900　　C. 100　　D. 19 999

10. 人民币采取的形式是（　　）。

A. 兑现的银行券　　B. 不兑现的银行券

C. 现钞　　D. 存款

11. 学生学期初交纳学杂费，货币执行（　　）职能。

A. 价值尺度　　B. 流通手段　　C. 支付手段　　D. 货币贮藏

12. 马克思关于货币起源的论述，是以哪种理论为依据？（　　）

A. 货币价值论　　B. 货币数量论

C. 国家政权决定论　　D. 劳动价值论

13. 作为流通手段职能的货币是（　　）。

A. 价值符号　　B. 现实的货币　　C. 信用货币　　D. 观念上的货币

14. 金本位制度下，汇价的基本决定因素是（　　）。

A. 铸币平价　　B. 商品的价格　　C. 货币购买力　　D. 物价指数

15. 货币的各种职能都是从现实的货币出发来描述的但可用货币符号来代替的是（　　）。

A. 流通手段　　B. 价值尺度　　C. 储藏手段　　D. 支付手段

三、多项选择题

1. 商品价值的表现形式有（　　）。

A. 简单的、偶然的价值形式　　B. 扩大的价值形式

C. 一般价值形式　　D. 特殊价值形式

E. 货币价值形式

2. 属于物物的直接交换的价值形式包括（　　）。

A. 简单的价值形式　　B. 扩大的价值形式

C. 一般的价值形式　　D. 特殊的价值形式

E. 货币价值形式

3. 属于通过媒介进行商品交换的价值形式有（　　）。

A. 简单的价值形式　　B. 扩大的价值形式

C. 一般的价值形式　　D. 特殊的价值形式

E. 货币价值形式

4. 下列属于货币发挥支付手段职能的是（　　）。

A. 财政收支　　B. 银行吸收存款

C. 工资支付　　D. 购买商品

E. 发放贷款

5. 货币所具有的特征是（　　）。

A. 表现商品价值　　B. 在世界范围内流通

C. 衡量商品价值　　D. 和一切商品相交换

6. 货币制度的内容包括（　　）。

A. 币材的确定

B. 货币单位

C. 流通中货币种类

D. 对不同种类货币的铸造和发行的管理

E. 对不同种类货币支付能力的规定

7. 货币发挥支付手段职能的有（　　）

A. 银行吸收存款　　B. 汽车购买

C. 工资支付　　D. 商品购买

E. 缴税

8.（一国）经济对流通中的货币需求包括对（　　）

A. 世界货币的需求　　B. 储藏手段的需求

C. 流通手段的需求　　D. 支付手段的需求

E. 价值尺度的需求

四、判断题

1. 执行流通手段的货币，可以是想象的或观念上的货币，也可以是现实的货币。（　　）

2. 金本位制包括金币本位制、金块本位制、金汇兑本位制和金银复本位制。（　　）

3. 格雷欣法则是金银平行本位制中发生作用。（　　）

4. 暂时退出流通处于静止状态的货币，执行贮藏手段职能。（　　）

5. 因为货币贮藏可采取贮藏金银也可采取储蓄或直接贮存纸币符号的形式，所以这三种形式的货币贮藏无论对贮藏者本人，还是对社会都是价值在货币形态上的实际积累。（ ）

6. 金银复本位制下金币是本位币，具有无限法偿能力，银币是非本位币，仅具有有限法偿能力。（ ）

7. 辅币是用贱金属铸造，为非足值货币，其规格一般小于一个货币单位。（ ）

8. 金本位制下，由于金币可以自由铸造，所以其价值与本身的金属价值是不一致的。（ ）

9. 货币作为流通手段可以是不足值的货币或者是价值符号。（ ）

10. 由于辅币的有限法偿性，用辅币向国家缴税也是受数量限制的。（ ）

11. 与货币起源密不可分的是贫富分化。（ ）

12. 在现在的经济文献中，“流动性”就是货币。（ ）

13. 钱、货币、通货、现金都是一回事，银行卡就是货币。（ ）

14. 在金本位时代，各国中央银行发行的银行券采取的都是十足的准备制。（ ）

15. 布雷顿森林会议确定的国际货币体系是美元的双挂钩制度。（ ）

16. 发挥支付手段职能的货币同发挥流通手段职能的货币一样，都是处于流通过程中的现实货币。所谓流通中的货币指的就是两者的总体。流通中任一货币，往往是交替发挥这两种职能。（ ）

17. 信用货币从理论和实践上都可以发挥世界货币功能。（ ）

18. 信用货币是在信用关系发展的基础上产生的，代替金属铸币的货币符号。（ ）

19. 每个国家货币层次的划分是基本一致的。（ ）

20. 金银复本位是以金银为货币金属，指铸造和流通金银币的货币制度。（ ）

第二章　信　用

信用是和商品生产、货币经济相联系的范畴，是在商品货币关系的基础上产生的。随着信用的发展，经济中出现了各种信用形式，如商业信用、银行信用、国家信用、消费信用等。同时，在信用的发展过程中，逐渐产生了各种各样的信用工具，一方面人们可以用其来证明信用关系的存在，另一方面人们可以通过信用工具的流通转让来实现债权债务关系的转移及资金的融通。本章在对信用的内涵及存在的经济基础予以阐述的基础上，着重分析信用对现代经济的推动作用；按照信用活动中借贷双方的差异分析各种信用形式；对记录信用关系的信用工具进行概括性的介绍。

第一节　信用概述

一、信用内涵的界定

什么是信用，这是个既简单而又复杂的问题，站在不同的立场，从不同的角度可以有不同的内涵界定。从经济学和金融学的角度探讨，通常把信用界定为以偿还和付息为基本特征的借贷行为。如果从社会学的角度探讨，通常把信用界定为信任、资信、诚信。所谓“以诚信为本”，就含有做人要讲信用的意思。《辞海》给信用内涵界定了三层含义：一是“信任使用”。二是“遵守诺言，实践成约，从而取得别人对他的信任”。三是“以偿还为条件的价值运动的特殊形式，多产生于货币借贷和商品交易的赊销或预付之中，其主要形式包括国家信用、银行信用、商业信用和消费信用”。

《辞海》中关于信用的前两个定义，实际上是从社会学的角度界定信用的内涵；后一个定义，则是从经济学和金融学角度界定信用的内涵。因此，信用的内涵可以从两个方面进行界定：一是从社会学的角度阐述，作为道德范畴的信用，其内涵则是信任、资信、诚信；二是从经济学和金融学的角度阐述，作为经济活动中的信用，其内涵则是以偿还和付息为基本特征的借贷行为。

作为道德范畴的信用是一种广义的信用概念，它是一切社会活动和经济活动的基础。任何交易活动的主体都是人，无论是法人还是自然人，人和人之间只有互相信任，才会发生交往，才会有经济的往来，要获得信任，就要有信任的记录、信任的表现，这就是资信或诚信。就经济活动而言，一切经济往来，各种交易活动都是以信用为前提，因此，可以这样说，现代经济就是信用经济。

作为经济和金融范畴的信用是一种狭义的信用概念，一般是指以偿还和付息为基本特征的借贷行为。经济和金融范畴的信用是以道德范畴的信用为基础。借贷活动是价值单方面转移，在一定时期内转让资金使用权，其条件便是要求借款方到期按时偿还，并支付使用资金的代价——利息。可以从以下三个方面来分析和理解信用的内涵。

（一）信用是以偿还和付息为条件的借贷行为

信用作为一种借贷行为，贷者把一定数量的货币或商品贷放给借者，借者可以在一定时期内使用这些货币和商品，到期必须偿还，并按规定支付一定的利息。所以偿还和付息是信用最基本的特征。这一特征使它区别于财政分配。财政分配基本上是无偿的，财政收进来、支出去，都不需要偿还，没有直接的返还关系。例如，企业向政府缴纳税金，政府对企事业单位的拨款，都是无偿进行的。在财政分配中，货币支出以后分配过程就算结束，不需要偿还，也不需要支付使用货币的代价（即利息）。信用分配是有偿的，它作为一种借贷行为必须有借有还，收进来、支出去都需要偿还，具有直接的返还关系，存款要提取，贷款要归还，在偿还时，还要按规定支付一定的利息。

（二）信用关系是债权债务关系

信用是商品货币经济中的一种借贷行为，在这种借贷行为中，商品和货币的所有者由于让渡商品和货币的使用权而取得了债权人的地位；商品和货币的需要者则成为债务人，借贷双方具有各自对应的权利和义务。这种债权、债务关系最初是由于商品的赊销和货币的预付而产生的，但随着融资行为和信用制度的广泛建立和发展，债权债务关系渗透到了经济生活的各个角落。无论是企业生产经营活动，还是个人的消费活动或政府的社会、经济管理活动都依赖债权债务关系。对债权债务的管理和使用成为各种不同经济主体经常性的工作。所以，从本质上说，信用关系就是债权债务关系，信用行为就是放债和承债行为。

（三）信用是价值的特殊形式

在单纯的商品流通中，价值运动是通过一系列买卖过程实现的。在买卖过程中，卖者让渡商品取得货币，买者付出货币取得商品。首先，这里是所有权的转移，卖者放弃了商品的所有权，而取得了货币的所有权，买者则相反。其次，这里是等价交换，卖者虽然放弃了商品的所有权，但没有放弃商品的价值，只是改变了价值形态，即从原来的商品形态变成了货币形态；而买者虽然放弃了货币，但取得了与货币等价的商品。在信用活动中，一定数量商品或货币从贷者手中转移到借者的手中，但并没有同等价值的对立运动，只让渡商品或货币的使用权而不改变所有权。因此，信用是价值单方面的转移，是价值运动的特殊形式。

二、信用存在的客观经济基础

信用是商品货币经济发展到一定阶段的产物。在原始社会初期，社会生产力水平极低，人们的生产活动还难以维持温饱，没有剩余产品进行交换，因而也就没有信用存在的基础。人类最早的信用活动是在原始社会末期，私有制产生以后，在商品交换的基础上产生的。那时，由于原始社会出现了两次社会大分工，即畜牧业从原始农业中分离出来和手工业从农业中分离出来，从而使得劳动生产率有了明显的提高，劳动产品也有了剩余，交换日益频繁。社会分工的发展和商品交换的扩大，加速了原始公社公有制的瓦解和私有制的产生，使原始公社内部发生了财富的分化，出现了富裕家族和贫困家族。货币资财集中在富裕家族手中，而贫困家族因缺少生活资料和生产资料，为了维持生活和继续从事生产，或遇到天灾人祸，他们不得不向富裕家族借贷，于是出现了信用活动。最早的信用活动是实物借贷。货币产生之后，逐渐发展为货币借贷，并且经历了以实物借贷为主，辅之以货币借贷形式和逐步发展为以货币借贷为主的过程。

信用既是商品货币经济的产物，又是与商品货币紧密相连的经济范畴。在商品货币关系条件下，商品和货币在各个所有者之间的分布往往是不均衡的，在一定时期内并非每一个经济单位都能做到收支平衡，当一个经济单位出现资金盈余，而另一个经济单位出现收支不抵时，便形成了双方借贷关系的基础。在社会再生产运行过程中，就同时出现了上述两种现象：一方面是部分单位和个人有闲置的货币资金需要寻找出路；另一方面是部分单位和个人因临时性需要而急于补充货币资金。这就在客观上要求对货币资金的余缺进行调剂，将这些资金在社会范围内抽余补缺，以一方面的闲置抵补另一方面的短缺，使社会资金充分发挥其效用。但是，在市场经济条件下，资金剩余者与资金短缺者都有各自不同的经济利益，这就决定了资金余缺的调节不能是无偿的，而必须是有偿的，即资金剩余者暂时让出资金是以在约定时期收回资金并索取代价为前提的，资金短缺者也是以暂时使用并付出报酬为条件的，这就产生了信用关系。

综上所述，信用是与商品经济相联系的经济范畴，商品货币关系的存在是信用产生和存在的客观经济基础。信用既是商品货币经济的产物，又是与商品货币紧密相连的经济范畴。那么，它的命运就和商品货币息息相关，它必然存在于一切商品经济中，并且势必伴随着商品货币经济的发展而不断发展。

三、信用的历史

信用依次经历了高利贷信用、市场经济信用两个发展阶段。

（一）高利贷信用

高利贷资本是通过放贷货币或实物获得高额利息的一种生息资本。高利贷信用就是高利贷资本的运动形式，它最早产生于原始社会解体时期。当时，私有制已经出现，原始公社内部发生了贫富分化现象，富裕家族占有大量财富，贫困家族为了生产和生活的需要，不得不向富裕家族借债，这就给高利贷的产生和发展创造了条件。另外，随着商品经济的发展，一部分劳动产品已经转化为商品，货币的各种职能特别是支付手段职能有了一定的发展，高利贷于是就出现了。

高利贷在奴隶社会和封建社会中得到广泛的发展，这是因为商品经济不发达和小生产是其赖以存在的经济基础。马克思指出："高利贷资本作为生息资本的具有特征的形式，是同小生产、自耕农和小手工业主占优势的情况相适应的。"[①]由于小生产者的经济地位极不稳定，经不起意外事件的打击，天灾人祸都会使小生产者陷入困境，若不向高利贷者借债就无法生存下去，所以小生产者的大量存在，构成了对高利贷的稳定的需求，是高利贷生存和发展的催化剂。此外，一些奴隶主和封建主为了满足他们政治上或生活上的需要，有时也向高利贷者借债。总之，前资本主义的政治经济条件决定了高利贷的产生和发展。

高利贷作为一种信用形式，有着信用的一般特征，如价值单方面让渡、到期偿还、收取利息等；同时高利贷也有自己的特点：第一，高利贷的利率非常高，

---

① 《马克思恩格斯全集》第25卷，人民出版社1974年版，第672页。

一般年利率可达30%以上，有的甚至可达百分之几百。正像马克思指出的："高利贷者除了货币需要者的负担能力或抵抗能力外，再也不知道别的限制。"① 在前资本主义社会，小生产者之所以借高利贷，多是为了急用以渡过难关，因此对高利贷的需求弹性极小；而在供给方面，由于商品经济还不发达，社会上可用于借贷的闲置资金极为有限。需求（而且是无弹性的需求）远远大于供给，这就为高利贷者索取高利率创造了条件。第二，高利贷不利于生产发展，甚至对生产有破坏作用。在前资本主义社会中，高利贷的需求者主要是小生产者和奴隶主、封建主，小生产者借债主要是为补贴生计，而奴隶主、封建主借债主要是为享受奢侈的生活以及豢养卫士、发动战争，本来就已很有限的资金不能用于生产的扩大和发展。马克思一针见血地指出："高利贷不改变生产方式，而是像寄生虫那样紧紧地吸在它身上，使它虚弱不堪。高利贷吮吸着它的脂膏，使它精疲力竭，并迫使再生产在每况愈下的条件下进行。"② 高利贷的这两个主要特点是紧密联系在一起的，由于高利贷极高的利率，借债的人根本不可能把借到的资金用于生产，因为生产所得还不够支付高利贷的利息；反过来，也正由于生产资金的匮乏，使得生产不能快速发展，导致商品经济关系发展缓慢，从而使可得的资金量增长迟缓，因此利率高昂。

虽然高利贷阻碍、破坏生产力，使得再生产难以扩大，但它也有其积极的历史作用。首先，高利贷的高利率使得无数小生产者被剥夺殆尽、纷纷破产，只有靠出卖劳动力维持生活，从而为资本主义生产方式提供了大批劳动者；其次，高利贷者积蓄起的大量资本，为资本积累和转化为生产资本创造了条件。高利贷者对于高利贷这种剥削方式是恋恋不舍的，而新兴的资产阶级要求把资金投入生产，为了获取利润就必须大幅度降低利率，因此在向资本主义生产方式转变的过程中资产阶级与高利贷者展开了激烈的斗争，用舆论、立法等抨击、限制高利贷，但这些都没有收到良好的效果，直至资本主义信用组织的出现，资本主义银行的产生，新兴资产阶级才战胜高利贷者，市场经济信用也因此取代了高利贷信用。

（二）市场经济信用

借贷资本是区别于高利贷资本的另一种生息资本。所谓借贷资本，就是货币资本家为了获取利息而贷给职能资本家使用的货币资本。市场经济信用主要指借贷资本的运动。

借贷资本的形成同市场经济生产过程有着密切的联系。在产业资本的循环过

① 《马克思恩格斯全集》第25卷，人民出版社1974年版，第677页。
② 同上书，第674~675页。

程中，由于种种原因会产生一部分暂时闲置的货币资本，如折旧基金、应付工资、用于准备购买生产资料的流动资本以及用于积累的货币资本等，这些便形成了借贷资本的供给。而在产业资本的循环过程中，也总会有部分企业家需要临时补充货币资本，这样就形成了对借贷资本的需求。拥有闲置货币资本的企业家把他的这部分货币资本以信用形式暂时借给那些需要货币资本的企业家使用，并在一定时期后连本带利收回。这样，这些闲置的货币资本就变成了借贷资本。

借贷资本与高利贷资本都是生息资本，但它们之间有着很大的区别。从资本来源看，高利贷资本的主要来源是商人、僧侣、奴隶主、地主等少数富人，而借贷资本主要来源于货币经营者，此外还包括社会各阶层的部分货币收入。从用途上看，高利贷为小生产者或奴隶主、封建主所借后，全部用来消费，或是为了生存或是为了挥霍，而不可能用于生产；借贷资本主要用于生产，生产更多的社会产品。

四、信用对现代经济的推动作用

信用关系和信用活动的普遍存在，对现代经济具有积极意义。信用对经济的正面作用主要表现在以下几个方面。

（一）通过信用活动实现资源再分配

商品货币关系的普遍存在，会带来资源在时间与空间分布上的不均衡，在一定的时期内，一些经济主体的资源可能处于闲置状态，而另一些经济主体可能暂时缺乏急需的货币或商品。信用活动使暂时闲置的资源以实物形态或货币形态集中，并进行单方面转移，通过货币使用权的重新分配促使社会资源的合理流动。

（二）提高资源使用效益

广泛的信用活动可以提高社会资源的配置效率，具体表现在：

（1）现代经济中的信用活动越频繁、有效，越有利于减少流通中的货币量，同时，也会加快商品、货币的流通速度，并有效地促进交换和消费的扩张。

（2）信用交易方式的产生可以推动消费，有助于商品价值的迅速实现。

（3）信用的特点决定了债务人必须还本付息。因此，债务人会充分利用通过信用活动进入生产领域的资源，并慎重选择资源利用效率更高的投资，客观上提高了社会资源的配置效率。

（三）节约流通费用

信用有助于节约流通费用。首先是节约货币流通费用。借助于现代信用机构和信用制度体系，在生产和流通领域中大量存在的交易活动可以通过转账结算等方式完成交易，从而节省了与现金结算有关的各种费用。在信用基础上发展起来的汇票、支票、银行卡等信用工具，代替货币执行流通手段与支付手段职能，也有效地控制了现金的制作、保管、运输等费用。其次是节约商品流通费用。信用交易缩短了商品的销售过程，因而也就减少了商品储存、保管以及与此有关的各种商品流通费用，也就加速了资金周转过程，这些都会促进社会再生产的发展。

（四）信用是宏观调控手段

信用对国民经济有着广泛的影响。因此，政府部门可以充分利用各种信用手段对国民经济的增长进行宏观调控，以影响国民经济的发展水平、增长速度和产业结构。

（1）对国民经济增长速度的调节。在现代信用制度下，政府可以通过调节信用规模的扩张与收缩，达到调节货币供给量的目标，进而影响国民经济的增长速度。银行信用的派生功能使信用调节国民经济增长速度的功能更为明显。当出现通货膨胀时，政府可以利用货币和信用手段调整经济政策，通过收缩信贷资金规模，减少货币供应量。反之，当出现通货紧缩时，政府可以通过增加信贷资金投放规模，配合其他经济政策进行宏观调控，促进经济增长。

（2）对产业结构的调节。政府可以通过不同的经济政策，影响信贷资金流向，对不同的产业施加不同的影响，帮助国民经济各部门协调发展。例如，对国民经济发展中的基础产业，或影响国民经济协调发展的瓶颈产业，可以通过政策的调整鼓励信贷资金的投放，推动这些产业的发展。反之，政府也可以通过限制信贷资金的投放，调控一些产业的发展速度，以适应整个国民经济协调发展的需要。

（五）通过信用影响国际收支

政府相关部门可以通过调节本国国际信用的方向和规模，促进国际收支平衡，保证对外经济协调发展。例如，在其他政策措施的配合下，可以利用国际的政府信用，通过国际金融市场，调节国际资本流入或国内资本流出，达到影响国际收支的目的。国际金融机构信用也有类似的作用。

当然，信用对经济的负面作用也是不容忽视的。在现代经济中，信用活动比较发达，由于信用可以创造需求，一旦信用失控，可能造成生产与需求脱节，容易引发信用危机。如企业之间三角债清偿难问题，国际上的主权债务危机，都严重地影响了国内、国际的正常经济秩序。

五、信用与金融

金融通常定义为资金融通，但实际上金融的含义更为广泛。它包括资金融通的对象，即货币，由此引申出关于货币的理论、实质，以及中央银行的货币政策，例如货币政策目标、货币政策工具、利率、汇率等诸多内容；此外还包括资金融通的方式，即信用，由此引申出关于信用的形式、信用风险等一系列内容；同时，金融还包括资金融通的机构，即金融体系，由此引申出金融机构经营管理的理论、所有权形式、法人治理结构、运行机制、资产负债管理、风险管理，以及对金融机构的调控和监管理论等内容。当然，金融市场也包括在金融范围以内，诸如货币市场、资本市场、外汇市场、黄金市场、保险市场等。因此，金融涵盖的面很宽，而作为借贷行为的信用只包括资金融通本身的问题，它是金融这个大范围内的一个重要组成部分，它要受金融业发展的制约，而又反过来影响整个金融业的发展。

由于作为资金借贷的信用是从属于金融的一部分，由此决定金融的变化制约着信用的发展。中央银行的货币政策直接影响着信用的规模和信用资金流向，当中央银行的货币政策实行区别对待时，显然会引导信用资金流向，改变信用资金结构。

虽然作为借贷活动的信用是从属于金融的一部分，但它也有自己的独立运行轨迹，亦即信用的独立性，它深刻地影响着整个金融业。当信用规模超常增长，出现膨胀时，由贷款投入引起的货币量急剧增加，物价迅速上涨，出现通货膨胀，因而会迫使中央银行实施紧缩的货币政策，抑制信用规模的增速，控制货币的过快投放，治理通货膨胀。如果由于种种原因，导致信用规模过小，货币投放缩减，又会造成通货紧缩，影响经济的正常增长，就会迫使中央银行采取放松银根的货币政策，增加货币供应，拉动经济增长。此外，信用规模过大或过小，信贷结构不合理，都会增加金融机构经营风险，导致金融体系不稳定，由此则会迫使金融机构加强经营管理，调整资产负债结构，也会迫使监管部门加强对金融机构的监管。通过上述分析可以看出，作为借贷活动的信用，其运行状况直接影响着金融业的发展和稳定是不言而喻的。

第二节　信用形式

信用活动是通过具体的信用形式表现出来的，随着商品经济的发展，信用形式也随之多样化，如商业信用、银行信用、国家信用、消费信用、国际信用、民间信用、租赁信用。各种信用特点各异，在经济中的作用各不相同。

一、商业信用

商业信用是指企业之间相互提供的，与商品交易直接相联系的信用。商业信用的具体形式包括企业间的商品赊销、分期付款、预付货款、委托代销，等等。由于这种信用与商品流通紧密结合在一起，故称为商业信用。商业信用最典型的形式是商品赊销。

商业信用发生的基本原因是：在商品经济条件下，由于生产者之间的生产时间和流通时间经常不一致，使商品运动和货币运动在时间上和空间上相脱节。即在社会再生产过程中，一些企业生产出商品等待销售，而需要购买商品的企业又暂时没有现款，因为这些企业只有在售出自己的产品后，才能获得足够的现款。商业信用通过赊销商品，延期付款的方式解决了买卖双方暂时的矛盾。这样，既使卖方顺利地实现了商品价值，又满足了买方补充现款的需要，从而加速商品价值实现的过程，缩短了生产和流通时间，促进了社会再生产的顺利进行。

（一）商业信用的特点

（1）商业信用的借贷行为与商品交易相联系，商品买卖行为与货币借贷相结合。商业信用实际上同时包含着两个经济行为，即买卖与借贷。商业信用所提供的不是暂时闲置的货币资本，而是处于再生产过程中的商品资本，是产业资本的一部分。在这里卖者把商品赊销给买者，商品买卖完成，商品的所有权发生了转移，由卖者转移到买者手中，但由于商品的货款没有立即支付，提供商业信用的卖者变成了债权人，而买者变成了债务人，买卖双方形成了债权债务关系，买卖行为同借贷行为相结合。

（2）商业信用是企业之间发生的最简单的直接信用形式。商业信用是企业之间以商品形态提供的信用，其借贷双方或债权人与债务人都是商品的生产者或经营者。他们之间所发生的借贷关系是一种最简单的直接信用形式。

（3）商业信用状况与经济景气状况一致。在经济繁荣时期，生产规模扩大，商品增加，从而以信用形式出售的商品就增多，对商业信用的需求也增加了；相反，在危机或萧条时期，企业的生产缩减，市场商品滞销，需求不足，这时，企业对商业信用的需求也就减少了。这是因为企业以信用形式购入的商品是用于生产的继续进行。

（二）商业信用的优点及其局限性

由于商业信用具有以上特点，因而其优点在于方便和及时。商业信用的提供，既解决了资金融通的困难，也解决了商品买卖的矛盾，从而缩短了融资时间和交易时间。同时，商业信用直接为商品流通服务，以商业信用作为优惠的销售条件，是商品销售的一个有力竞争手段。而且卖方企业提供商业信用后，由于证明这种信用关系的商业票据在一定条件下可以流通转让，特别是持票人在有必要时可向金融机构以贴现方式融入资金。因而，无论是有闲置资金的卖方企业，还是无闲置资金的卖方企业都愿意运用商业信用来推销商品。正因为如此，一般在商业信用能解决贷款融资的情况下，购货企业无须求助于银行信用。商业信用是市场经济信用制度的基础和基本形式之一。

【案例2.1】

霍英东始创“卖楼花”，靠商业信用巧融资本

霍英东始创“卖楼花”筹集资金，创下了中国商业融资的第一个经典案例。

霍英东原籍广东省番禺县，是香港知名的富商之一。二战结束后，香港人口激增，住房严重不足，加上工商业日渐兴旺，形成对土地和楼宇的庞大需求。霍英东审时度势，认定香港房地产业势必大有发展。在1953年初，他拿出自己的120万港元，另向银行贷款160万港元，开始经营房产业，成立“立信置业有限公司”。

那个年代，英国、美国、加拿大及香港地产商都是整幢房屋出售的，由一个公司拥有整幢地产楼宇，除非有巨额资金，一般很难购买到房屋，因而房屋不易脱手。刚开始，霍英东也和别人一样，自己花钱买旧楼，拆了后建成新楼逐层出售，从买地、规划、建楼，以至收租，资金周转期很长。这样当然可以稳妥地赚钱，可是由于资金少，发展就比较慢。他苦苦地思索改革房地产经营的方法，却没有结果。霍英东当时是向银行贷款建楼的，要付一分多利息，如果建成了才卖，人家不买，利息承担不起，自己只好“跳楼”。

有一天，一位老邻居到工地上找他，说是要买楼。霍英东抱歉地告诉他，盖好的楼已经卖完了。邻居指着工地上正在盖的楼说："就这一幢；你卖一层给我好不好?"霍英东灵机一动，说："你能不能先付定金?"邻居笑着说："行，我先付定金，盖好后你把我指定的楼层给我，我就把钱交齐。"两人就这样成交了。这个偶然的事件，却使霍英东得到了启发。他立刻想到，他完全可以采取房产预售的方法，利用想购房者的定金来盖新房。这个办法不但能为他积累资金，更重要的是还能大大推动销售。房产的价格是非常昂贵的，要想买一幢楼，就得准备好几万元的现金，一手交钱，一手接屋，少不得一角一分，拖不得一时一刻。当时只有少数有钱人才能买得起房产，所以房地产的经营也就不可能太兴旺。现在霍英东采取的房产预售的新办法，只要先交付10%的定金，就可以购得即将破土动工兴建的新楼。也就是说，要买一幢价值10万港元的新楼，只要付1万港元，就可以买到所有权，以后分期付款。这对于房地产商人来说，好处是显而易见的：可以利用购房者交付的定金，去盖房屋，原来只够盖1幢楼的钱，现在就可以同时动手盖10幢楼，发展的速度大大加快。对于购买房产的人来说，也是有利的。先付一小笔钱，就可以取得所有权，待到楼房建成时，很可能地价、房价都已上涨，而已付定金的买方只要把房产卖掉，就有可能赚一大笔钱。因此，很快就有一批人变成了专门买卖楼房所有权的商人，这就是后来香港盛行的"炒楼花"。霍英东把这叫做"房地产业的工业化"。这一创举使霍英东的房地产生意顿时大大兴隆起来，一举打破了香港房地产生意的最高纪录。当别的建筑商也学着实行这个办法时，霍英东已经赚到了巨大的财富。

资料来源：吴瑕：《融资有道——中国中小企业融资经典案例解析》，中国经济出版社2009年版。

商业信用虽有其优点，但由于其本身具有的特征，又决定了它的存在和发展具有局限性。

（1）规模和数量上的局限性。商业信用是企业间买卖商品时发生的信用，是以商品交易为基础的。因此，信用的规模受商品交易量的限制，生产企业不可能超出自己所拥有的商品量向对方提供商业信用。商业信用无法满足由于经济高速发展所产生的巨额资金需求。

（2）方向上的局限性。因为商业信用的需求者也就是商品的购买者，这就决定了企业只能与同自己的经济业务有联系的企业发生商业信用关系，通常只能由卖方提供给买方，而且只能用于限定的商品交易。例如在纺织行业内只能按下列方向逐级提供商业信用：棉花商→纺纱厂→织布厂→印染厂→服装加工厂。

（3）信用能力上的局限性。商业信用的借贷行为之所以能成立，不仅是因为买卖关系的成立，重要的是出卖商品的人比较确切了解需求者的支付能力。也只有商品出售者相信购买者到期后能如数偿付货款，这种信用关系才能成立。因此，在相互不甚了解信用能力的企业之间就不容易发生商业信用。

（4）信用期限的局限性。企业在向对方提供商业信用时，一般受企业生产周转时间的限制，期限较短。所以，商业信用只能解决短期资金融通的需要。

（5）商业信用在管理上具有一定的局限性。商业信用是企业之间自愿发生的，有其盲目、自发、无序的一面。对商业信用如果不正确地加以引导和管理，其中也潜伏着危机，容易掩盖企业经营管理中的问题，可能引起虚假的繁荣，可能引发信用规模膨胀，造成微观或宏观效益低下。加强对商业信用的管理，需要银行信用来支持，国家可以通过信贷政策合理控制和引导商业信用。

（三）商业信用在我国的发展及商业信用的票据化

在我国，商业信用的确立从历史上看曾经采用过“口头信用”和“挂账信用”的形式，在法律制度健全起来以后，大多采用“票据信用”的形式，即买卖双方要签发保证债务人到期足额支付款项的票据。商业信用中使用的票据是商业票据，可以有两种，一种是商业期票，一种是商业汇票。

新中国成立初期，商业信用曾经得到广泛的使用，并且发挥了良好的作用。在当时多种经济成分并存的情况下，各种经济成分之间的交易一直广泛利用着这种传统的信用形式。同时，国有经济为了实现对其他经济成分的领导和影响，也往往要利用这种形式。例如，国有经济以赊销的方式扶植供销合作社经济；通过加工订货，以预付货款的形式引导私营工商业活动进入国家需要的轨道。

随着生产资料社会主义改造的基本完成，商业信用基本被禁止，这时之所以要对商业信用进行限制主要是基于两点考虑：一是认为商业信用具有盲目性，与计划管理体制不相适应。二是商业信用容易掩饰企业生产经营过程中的问题，不利于国家对企业经营管理的监督。

党的十一届三中全会以后，随着经济改革的深入，经济活动和经营方式日益多样化，对商业信用的客观需求又凸显出来。为此，国家实行了有控制地开放商业信用的政策，于是，商业流通领域出现了名优产品预收预付、滞销产品赊销赊购、积压产品寄售代销等形式，在与这些新的购销方式相适应的结算方式没有产生以前，由这些购销方式引起的商业信用，普遍采用“挂账信用”的处理办法，由于经济法规不健全，结算纪律松弛，一些单位往往利用“挂账信用”的缺陷，在商品交易中搞无本经营，长期占用其他单位资金，由此造成企业间相互拖欠货款，严重破坏了社会资金的良性循环。

为了加强对商业信用的管理，引导商业信用正常发展，从1985年起，银行陆续在一些城市开办了商业票据承兑与贴现业务，试图通过推广商业信用票据化，督促交易双方恪守合同，消除社会资金运行过程中的相互无限期拖欠问题。1995 年 5 月 10 日《中华人民共和国票据法》正式颁布，对包括商业汇票在内的汇票、本票和支票这三种票据进行了法律规定，为商业信用票据化提供了法律依据。

二、银行信用

商业信用的局限性使它难以满足社会化大生产的需要，于是，伴随着现代银行的产生，在商业信用广泛发展的基础上产生了银行信用。银行信用是银行及其他金融机构以货币形式提供的信用，其主要形式是吸收存款和发放贷款。与商业信用相比，银行信用有其自身的特点和优点。

（一）银行信用的特点

（1）银行信用是间接融资信用。银行信用是银行通过吸收全社会各方面的暂时闲置的货币资本（金），然后以贷款的方式把集中起来的这部分货币资本（金）贷放给企业，投入到社会再生产过程中去，银行是以信用中介的身份间接地对全社会的货币资金余缺进行合理地调剂。

（2）银行信用是以货币形态提供的信用。

（3）银行信用的主体包括银行、其他金融机构、工商企业以及个人等，它在信用活动中交替地以债权人和债务人的身份出现。

（二）银行信用的优点

由于银行信用具有以上特点，所以，它克服了商业信用的局限性，成为一种比较良好的信用形式。其优点是：

（1）银行信用的规模巨大。银行信用能从社会上广泛筹集货币资本，不仅有工商企业暂时闲置的货币资本，还有社会各阶层居民个人的货币储蓄。在当前不兑现的信用货币制度下，商业银行具有创造派生存款的能力，能够多倍地扩大货币供应量和信贷供应量。因此，银行信用不仅对工商企业现有资本进行再分配，还向工商企业提供大量的追加资本，使信用规模大为增加。这就在规模和数量上克服了商业信用的局限性。

（2）银行信用的投放方向不受限制。银行信用以货币形态提供，货币具有一般的购买力，谁拥有它，谁就拥有选择任何商品的权利。因此，任何部门、企业和个人暂时闲置的货币或资本都可以被各种信用机构动员起来，投向任何一个部门和企业，以满足任何方面的需要，不受任何方向上的限制。

（3）银行信用的期限长短均可。银行主要靠吸收存款向工商企业提供信用，银行吸收的存款短、中、长期均有，银行吸收的短期存款可用于向工商企业发放短期贷款，以满足企业季节性和临时性的流动资本需要；银行吸收的中长期存款可用于向工商企业发放中长期贷款，以满足企业在扩大投资上的固定资本需要。这就克服了商业信用在期限上的局限性。

（4）银行信用的能力和作用范围大大提高和扩大。由于银行和社会发生比较广泛的信用关系，利用的是社会资金，资金实力强、机构多，而且其本身有了解企业生产经营活动的方便条件。特别是中央银行出现以后，银行制度本身具有较高稳定性信誉。所以，银行信用不仅能力大大提高，而且其作用范围也扩大了，克服了商业信用在信用能力和作用范围上的局限性。

由于银行信用具有以上特点和优点，因而自它产生以后，对商品经济的发展起到了巨大的推动作用，成为现代经济中最基本的信用形式之一。

（三）银行信用在社会资金融通中的地位

银行信用本身具有规模大、风险小的优势。银行作为专门的信用中介机构，具有较强的专业能力来识别与防范风险，银行作为吸收存款、发放贷款的企业，不仅能够提供信用，而且能够创造信用。在信用领域，银行信用无论在规模、范围以及期限灵活性上都大大超过其他信用形式，在信用领域中居于主导地位。国家信用、商业信用、消费信用等日益依赖于银行信用，商业信用、国债的贴现和发行往往都是通过银行来进行的。

在我国经济运行中，银行信用一直是最基本的资金融通形式。在经济体制改革之前，我国只允许通过银行信用来融通资金，禁止和取消其他形式的资金融通方式。随着改革的深化，金融机构多元化，资金融通方式日益多样化，新的数据显示，虽然银行信用仍是我国企业资金融通的最基本形式，但其他融资方式在企业融资额中的占比在逐步提高。

（1）我国目前的商业信用不发达。由于商业信用的交易规则不完善，相关的法律法规不完善，缺乏良好的社会诚信环境等原因，我国商业信用的发展受到制约。

（2）我国股票市场的发展不规范，融资规模的扩大需要时间。我国从1991年恢复发展股票市场以来，股票市场规模发展迅速。但是从融资总量的角度来看，间接融资依然是企业最重要的融资渠道。特别2007年受国际次贷危机的拖累，我国股市也遭遇了重创，直至2014年年底2015年年初股市才有转机。由于对次贷危机后股票市场调控政策的影响，我国股票市场融资虽然也有增长，但增长速度小于企业债券市场。

（3）我国企业债券市场起步较低，但正在成为企业融资方式中继银行贷款之后重要的方式。初步统计，2015年10月份社会融资规模增量为4 767亿元，分别比上月和去年同期少8 523亿元和1 770亿元。其中，当月对实体经济发放的人民币贷款增加5 574亿元，同比多增53亿元；企业债券净融资2 516亿元，同比少74亿元；非金融企业境内股票融资121亿元，同比少158亿元。我国直接融资市场主要提供传统的股票产品，债券市场发展滞后，股权融资市场层次单一。所以在相当长时间里，股权融资基本成为直接融资代名词，企业要么上市融资，要么从银行贷款，债券市场乏人问津。为了改变这种一“股”独大、“千军万马挤独木桥”的局面，激发企业发债热情，监管机构一方面针对当前排队等候上市的企业越来越多的现状，采取多渠道“分流”措施，其中之一就是鼓励企业利用债券工具融资，着力改变资本市场以股权融资为主的市场格局；另一方面，不断降低企业发债门槛，创新债券品种，使债券市场进入了超常规发展阶段。统计数据显示，2012年全年企业债券净融资2.25万亿元，这不仅较2011年猛增逾六成，也创下了企业债年度净融资量的历史新高。

三、国家信用

国家信用是以国家为主体的借贷活动，通常国家是处于债务人的地位。我国早在周代就已开始使用国家信用。如《汉书·诸侯王表序》中说，周赧王召集六国伐秦，向富商借钱以筹军饷，战后债主纷纷上门讨债，由于战败无力偿债，他只好隐藏在宫中的一座高台上。成语“债台高筑”即源于此。

国家信用的基本形式有：一是由国家发行政府债券，包括国库券和公债；二是政府发行专项债券，即政府特为某个项目或工程发行债券；三是向银行透支或借款。其中最主要的形式是国家发行公债和国库券。国库券和公债没有本质上的区别。在西方国家，国库券一般是由国库发行的一年期以内的短期政府债券，主要是为了解决财政年度内先支后收的矛盾。公债是以政府名义发行的一年期以上的中长期债券。发行公债筹资的目的主要是用于弥补财政赤字及其他非生产性开支，有的建设公债则用于国家的生产性投资项目，如国家的大型重点项目等。国家财政通过发行公债或国库券动员社会资金作为预算资金的一个来源，而债券持有人则可以取得债券本息。政府债券的偿还主要靠增加税收或发新债的办法来偿还。

我国在20世纪50年代曾经6次发行公债，第一次是在1950年1月发行的“人民胜利折实公债”，对当时克服财政困难，平衡财政收支，促进经济发展起到了重要作用。1954～1958年，连续5年发行了“国家经济建设公债”，为我国开始进行大规模的经济建设筹集了建设资金。这些公债于1968年全部还清本息。后来由于片面强调“既无外债，又无内债”，在相当长的时间里没有发行国债。经济体制改革之后，为了适应国民经济发展的需要，从1981年起，国家开始发行国库券（属于中长期债券），并且为了适应各种不同建设资金的需要，又发行了多种类型的国债，如国家重点建设债券、财政债券、基本建设债券、保值公债、特种国债、国家投资债券等。目前我国的国债已经有了一定的规模。

多种信用形式的发展是推动商品经济向更高层次发展的重要条件。要搞活经济、搞活资金，发展横向经济联合，就必然要开发多种信用形式，在更大的范围内广泛地融通资金。作为国家信用主要形式的公债，可动员银行信用所不能动员的资金，弥补国家资金的不足，以适应市场经济的不断发展。因此，国家信用的发达程度从一个侧面反映着一个国家的经济发展水平。国家信用在经济生活中起着积极的作用：（1）是解决财政困难的较好途径。解决财政赤字的途径有三种：增税、从银行透支和举债。增税不仅立法程序繁杂，而且会引起公众不满，抑制投资和消费；从银行透支会导致通货膨胀，而且按照我国中央银行法的规定，也禁止财政从银行透支；举债是一种信用行为，有借有还，有经济补偿，问题相对少一些。当然，国家信用过度膨胀会导致财政赤字巨大，长期看还会排斥民间投资，加剧通货膨胀，妨碍国民经济健康发展。（2）可以筹集大量资金，改善投资环境，创造投资机会。发行政府债券既可以筹集大量资金，投资基础设施和市政建设，为社会经济发展创造良好的社会环境，也可以为社会公众提供投资机会。政府债券信誉好、收益高、流动性强，是公众投资的理想途径之一。（3）可以成为国家宏观经济调控的重要手段。政府不仅可以主动利用国家信用，在总量上调节总需求，还可以有选择地安排支出，调整社会总需求的结构。

四、消费信用

（一）消费信用定义、种类及作用

消费信用是工商企业或银行等金融机构，对消费者提供的直接用于生活消费的信用。消费信用主要有两种类型：第一类是工商企业以赊销商品、分期付款的方式向消费者提供的信用。赊销一般是由零售商以延期付款的方式销售商品，提供给消费者的短期消费信用。分期付款是用于购买耐用消费品，如汽车、住房的消费者，先付一部分货款，其余部分按合同规定分期加息偿付，在货款付清之前，消费品的所有权仍属于卖方的一种中长期消费信用。第二类是银行或其他金融机构以货币形式向消费者提供的消费信用，也就是消费贷款。它属于长期消费信用，一般用于购买汽车或住房，时间可达 20 ~ 30 年，或采取抵押贷款方式或采取信用贷款方式。

消费信用的作用主要表现在：(1) 在一定程度上缓和消费者的购买力需求与现代化生活需求的矛盾，有助于提高消费水平。(2) 可发挥消费对生产的促进作用。消费信用的存在和发展有效地扩大了消费品的需求，加速了商品价值的实现，从而导致商品生产规模的进一步扩大，刺激经济不断发展。但消费信用的使用要与市场供应相结合，与企业生产能力、资金供应状况相结合，与个人收入水平相结合，否则在一定条件下会产生消极作用。如果消费需求增长过快，生产扩张能力有限，消费信用则会加剧市场供求紧张状态，促进物价上涨。因此对于拥有不同经济条件的国家和地区，以及处于经济发展的不同阶段，消费信用会产生不同的效果。对于消费者个人来说，如果过度利用消费信用，则可能背上沉重的债务负担。

消费信用在现代经济中发展很快，它已经成为西方国家居民消费的重要方式。新中国成立初期，我国曾经运用消费信用形式来推销某些高档消费品。20 世纪 80 年代，经济体制和金融体制改革以后，有些工商企业也曾经以分期付款的方式销售耐用消费品。但由于当时我国生产力水平还较低，企业资金能力有限，消费信用运用的范围很小。经过 30 年的改革开放，我国经济持续快速发展，居民收入和消费水平不断提高，消费已成为经济稳定增长的重要力量，消费信贷的推行已是大势所趋。目前，从住房、汽车、耐用消费品、助学、旅游等各个消费领域，几乎都活跃着消费信贷的基因。商业银行也纷纷转变经营机制，优化信贷结构，大力推行消费信贷业务，为消费信贷的发展提供了内在的动力。应当承认，尽管与过去相比，消费信贷增长迅速，但与发达国家商业银行平均消费信贷比重相比，我国的消费信贷总体规模仍然偏低。

（二）消费金融的产生与发展

目前，我国处于经济结构转型升级的历史时期，“三驾马车”中投资和净出口对经济的拉动作用在减弱，消费对经济增长的需求侧拉动作用日显重要，使得能推动消费增长的消费信用、消费金融也受到越来越多的重视。消费金融的业务模式可以分为三类。第一类：结合消费场景的消费金融（捷信、佰仟、买单侠、前海新高、达飞）。第二类：直接发放个人贷款的消费金融（北银、中银、兴业、以及各创业公司等）。第三类：校园市场分期（分期乐、趣分期）。

消费金融行业在我国发展已近8年时间，2004年PPF集团在中国设立办事处，2007年正式开始在广东地区试点消费金融。到2009年我国出台了《消费金融试点管理办法》，允许在北京、上海、天津、成都各设一家消费金融公司，捷信在天津成立了消费金融公司、成都设立了锦程消费金融公司、上海设立了中银消费金融公司、北京成立了北银消费金融公司，我国的消费金融领域真正地进入了大众的视野。

消费金融被大众熟知是在2013年12月银监会对于《消费金融试点管理办法》的修改后。这次修改扩大了消费金融公司的数量，由原来的4家扩大到16家；取消营业地域限制；改变现行消费金融公司只能在注册地所在行政区域内开展业务的规定，允许其在风险可控的基础上，通过依托零售商网点而非设立分支机构的方式开展异地业务。同时民间消费金融业相继进入，2014年年初出现了几家创业型的消费金融公司，如深圳市佰仟金融服务有限公司、深圳前海达飞金融服务公司、上海秦苍科技有限公司（买单侠）、深圳前海新高金融服务公司以及由前腾讯前产品总监肖文杰创建的针对大学生分期的分期乐和后来异军突起的由罗敏创建的趣分期等公司。同年海尔消费金融公司、兴业消费金融公司成立。2015年6月10号李克强在国务院常务会议中指出要扩大消费金融试点，成熟一家审批一家，审批权也由以前的银监会下放到省里，消费金融正式被广大老百姓所熟悉。同时消费金融领域内的公司类型也逐渐增加，P2P公司、小额贷款公司以及各种消费流通性企业等也进入该领域。

五、国际信用

国际信用是指跨越国界的信用活动，它在本质上是货币资本与商品资本的输出入。国际信用形式种类众多。根据国际信用关系主客体的不同，国际信用形式可分为国际商业信用、国际银行信用、国际金融机构信用、国际政府间信用和国际直接信用五种。

（一）国际商业信用

国际商业信用是跨越国界的商业信用活动，是不同国家的企业之间发生的信用。它表现为凭信用进口或出口商品。国际商业信用形式主要有国际租赁、补偿贸易和延期付款。

（1）国际租赁。国际租赁是一国的出租人与另一国的承租人订立租赁契约，以收取一定的租金为代价，把机器设备租给承租人在一定期限内使用的一种信用形式。国际租赁对承租人而言具有节约投资资金、加快投资步伐、提高设备使用效益等诸多好处。因此，国际租赁已成为我国设备更新改造、利用外资的重要途径之一。

（2）补偿贸易。补偿贸易是出口方企业以向进口方企业提供技术设备、各种服务、人员培训等作为贷款，进口方企业待工程项目投产后以项目产品或双方商定的其他办法偿还贷款本息。目前国际上通常采用的偿还方式有四种：①用投产项目产品偿还，称为产品返销或回购。②用其他产品偿还，称为互购或间接补偿。③用收入或利润偿还。一般适用于并无产品生产的项目。④部分抵偿。即部分价款用直接产品或间接产品抵偿，部分用现汇或使用贷款偿还。

（3）延期付款。延期付款是出口厂商和进口商议定在货物出口后一定时期内的支付款项。延期付款一般发生在关系密切的进出口商之间或出口商得到出口国银行出口信贷支持的时候，其做法一般是进口商支付合同金额的一定比例如15%，其余的85%贷款则延期支付。

（二）国际银行信用

国际银行信用是以国际银行为授信主体的国际信用形式。按贷款的组织方式，国际银行信用可划分为国际商业银行贷款、项目融资贷款和出口信贷。

（1）国际商业银行贷款。国际商业银行贷款按参与贷款银行的多少分为双边银行贷款和国际银团贷款两种。双边银行贷款又称独家银行贷款，是指由一家贷款银行向外国借款人提供的贷款，其贷款手续和形式均较为简单，贷款利率多为浮动利率，期限有短期和中期两种，中期贷款一般在5年以内。国际银团贷款是由一家或几家大银行牵头，联合多家银行共同对借款人提供的国际性贷款，也称为辛迪加贷款。银团贷款的关系银行较复杂，包括牵头行、经理行以及参加行，不同银行所提供的贷款数额、所处地位及所承担的责任也不同。国际银团贷款是国际金融市场上长期巨额融资的主要方式。

（2）项目贷款。项目贷款又称项目融资，是国际上为某些大型工程项目筹措资金的一种融资方式。项目贷款的融资额特别大，有时多达几亿、几十亿美元，主要用于能源、交通、农林业、制造业及勘探开发等工程项目。项目融资包括多方面的参与者，主要有项目主办人、项目公司、项目贷款人、项目产品买主、项目设备供应人、项目融资担保人、托管人和保险机构等。

（3）出口信贷。出口信贷是出口国为了加强出口竞争能力，支持和扩大本国的出口贸易，以政府补贴和提供信贷担保的方式，通过本国银行向本国出口商或直接向外国进口商或其银行提供的一种与出口贸易相结合的贷款。其中，向本国出口商提供的贷款称为卖方信贷，向外国进口商或其银行提供的贷款称为买方信贷。出口信贷的提供以进出口双方的交易合同为依据，贷款额一般限于合同金额的85%，其余15%由进口方付给现汇。出口信贷期限长、金额大，存在较大风险，因此一般由官方信贷保险机构对其予以担保，由国家承担贷款风险。

（三）国际金融机构信用

国际金融机构信用是指国际货币基金组织、世界银行集团、亚洲开发银行、非洲开发银行等国际金融机构对会员国政府或企业所提供的贷款。其中，国际货币基金组织贷款用于解决会员国国际收支不平衡的外汇资金需要；世界银行的贷款用于解决会员国发展经济的长期建设开发性资金需要；国际开发协会贷款是对较贫穷发展中国家提供条件极其优惠的长期资金援助；国际金融公司贷款是用于解决会员国的生产性中小型私营企业的资金需要；而亚洲开发银行、非洲开发银行等区域性金融机构贷款则主要用于解决区域内发展中国家的开发性建设资金需要。

（四）国际政府间信用

国际政府间信用是在各国政府之间发生的信用授受关系，一般以政府贷款的形式存在。政府贷款是指一国政府利用本国财政资金向另一国政府提供的优惠性贷款。政府贷款期限较长、利率低、条件优惠，带有双边经济援助的性质。但政府贷款用途受到限制，如根据双边援助计划，受援国所得款项大多只能用来向贷款国购买货物和劳务，而且贷款一般不提供自由外汇，不提供全部项目投资。政府贷款主要是由经济发达国家向发展中国家提供。

（五）国际直接信用

国际直接信用是指一国的政府、公司或企业在国际金融市场上从资金所有者那里直接融通货币资金的信用形式，其方式是发行国际债券或国际股票。国际债券是由一国政府或居民在国外以外国货币或境外货币为面值发行的债券。国际债券的发行和交易所形成的市场叫国际债券市场，它是国际资本市场的重要组成部分。国际股票发行是指一国的股份公司在国外某一国家或同时几个国家发行该公司股票，并在发行地证券交易所上市以筹集股份资金的行为。

现代经济中，除了以上几种主要的信用形式之外，还有租赁信用、民间信用等，在此不一一介绍。

第三节 信用工具

信用工具是证明债权、债务关系的合法书面凭证，此种凭证用以载明债务人身份、债务金额、到期日及利率等事项。在早期的信用活动中，借贷双方仅凭口头协议或记账而发生信用关系，因无法律上的保障，极易引起纠纷或坏账损失，并且也不易将债权和债务转让。信用工具的产生和发展克服了口头信用与账簿信用的缺点，使信用活动更加顺畅，更加规范化，而且通过信用工具的流通转让形成了金融市场。在现代经济中，人们融通资金往往要借助于信用工具，因此信用工具又被称为金融工具。金融工具对其买进或持有者来说就是金融资产，相应地，对其发行者来说即为其负债或所有权的转让。

一、信用工具的特征

信用工具种类繁多，但各种信用工具一般都具有以下四个特点：

（1）偿还性。是指信用工具的发行主体或债务人按期还本付息的特征。信用工具一般均载明期限，债务人到期必须偿还信用凭证上记载的债务。但也存在着例外。如普通股票，股票上并未载明期限，其偿还期是无限的。

（2）流动性。是指信用工具在短时间内转变为现金而在价值上又不受损失的能力，又称变现能力。一种信用工具，它变现所花费的时间越短，价值损失越少，则流动性越强。因此，货币和活期存款是最具流动性的，政府发行的短期国库券也具有较强的流动性，而其他信用工具或者不能随时变现，或者在变现时要蒙受损失，或者在交易过程当中要耗费相当多的交易成本。一般来说，流动性与偿还期成反比，偿还期越短，流动性越大；偿还期越长，流动性越差。流动性与债务人的信用能力成正比，即债务人的信誉越高，流动性越强。

（3）收益性。是指信用工具（特别是有价证券）定期或不定期给持有者带来收益。如股票可获得股息收益，债券能获得债券利息，这是固定收入。另外还可利用金融市场的行情变化，买卖信用工具，带来差价收入。收益的大小是通过收益率来反映的。收益率是年净收益与本金的比率。通常有三种表示方法：①名义收益率，即规定的利息与票面金额的比率。如某种债券面值 100 元，10 年还本，年息8元，则其名义收益率为8%。②即期收益率，即规定的利息与信用工具市场价格的比率。如上述债券某日的市价为95元，则即期收益率为8.42%（=8÷95×100%）；若市价为105元，则即期收益率为7.62%（=8÷105×100%）。③实际收益率，即实际收益与市场价格的比率。仍照上例，若某人在第一年年末以95元的市价买进面值100元的10年期债券，则对买者而言，偿还期为9年，如果他能保存该债券至偿还期为止，则9年间除每年获利息8元外，还每年获本金盈利0.56元［=(100－95)/9］，故该买者的实际年收益率为9%［=(8+0.56)/95］。反之，如在第一年年末以105元价格买进，则其实际收益率就只有7.09%［=(8－0.56)/105×100%］。

（4）风险性。是指投入的本金和预期收益遭受损失的可能性。风险主要来自两个方面：一是违约风险，指债务人不能按时履行契约，支付利息和偿还本金的风险；二是市场风险是指市场上信用工具（金融工具）价格下降可能带来的风险。一般来说，信用工具的偿还期与风险性成正比，即偿还期越长，其风险性越大；而信用工具的流动性与风险性则成反比，即流动性强的信用工具，其风险性就小。

总之，大多数信用工具都具有上述四个特征，但各种信用工具的特征表现是有差异的。这种差异便是金融工具购买者在进行选择时所考虑的主要内容。

二、信用工具的分类

信用工具的种类很多，按不同的划分标准就有不同的分类。

（1）以偿还期限为标准，信用工具可分为短期信用工具和长期信用工具。短期与长期的划分一般以1年为限，1年以下期限的信用工具称为短期信用工具，1年以上期限的信用工具称为长期信用工具。在金融市场上，长期信用工具（金融工具）也称为资本市场信用工具如公债、股票等；短期信用工具（金融工具）也称为货币市场信用工具。如国库券、商业票据、可转让存单等。

（2）按发行者的性质划分，信用工具可分为直接信用工具和间接信用工具。直接信用工具是指非金融机构如工商企业、个人和政府发行的商业票据、股票、公司债券、国库债券等。这些信用工具是用来在金融市场上直接进行借贷或交易的。间接信用工具是指金融机构所发行的银行票据、大额可转让存单、人寿保险单等。

（3）按是否与实际信用活动直接相关，信用工具可分为基础性信用工具和衍生性信用工具。基础性信用工具是指在实际信用活动中出具的能证明信用关系的合法凭证，如商业票据、股票、债券等；衍生性信用工具则是在基础性金融工具之上派生出来的可交易凭证，如各种金融期货合约、期权合约、互换合约等。

三、几种主要的信用工具

（一）票据

票据是具有一定格式，载明金额和日期，到期由付款人对持票人或指定人无条件支付一定款项的信用凭证。票据的一般行为有：出票、背书、承兑、保证、贴现等。

出票即签发票据，是创造票据的行为。签发票据形成债权与债务关系。

背书是转让人为了将未到期的票据转让给别人而在票据的背面作转让签名、盖章表示负责的行为。背书人一经背书即为票据的债务人，背书人与出票人同样具有对票据的支付负责。若票据的出票人或承兑人不能按期支付款项，票据持有人有权向背书人要求付款。

承兑是票据的付款人在票据上以文字表示“承认兑付”，承诺票据到期付款的行为。

保证是非票据债务人对于出票、背书、承兑等所产生的债务予以保证的法律行为。出票人、背书人、承兑人均可作为被保证人。保证人与被保证人所负的责任相同。

贴现是持票人以未到期的票据向银行兑取现款，银行扣除自贴现日至到期日的利息买进该票据的行为。贴现在形式上是票据买卖，但实际上是一种信用活动。

票据一般分为：汇票、本票和支票。

（1）汇票。汇票是由出票人签发，付款人见票后或到期时，对收款人无条件支付款项的信用凭证。汇票按出票人不同又可分为银行汇票和商业汇票。

银行汇票是汇款人将款项交给当地银行，由银行签发给汇款人持往异地指定银行办理转账结算或向银行兑取现款的票据。

商业汇票是由债权人签发，命令债务人支付款项的票据。因商业汇票是由债权人签发，必须在债务人承认兑付后才能生效。经过承兑的汇票称为承兑汇票，由企业承兑的汇票称为商业承兑汇票。有时为了提高汇票的信用能力，要求银行进行承兑，这种汇票称为银行承兑汇票。经银行承兑的汇票，如果债务人无力偿还，将由银行负责垫付款项。

（2）本票。本票是债务人对债权人签发的在一定时期内承诺付款的信用凭证。本票又分为银行本票和商业本票。在我国现行票据制度中规定只有银行本票。银行本票是申请人将款项交存银行，由银行签发给申请人凭以在同城范围内办理转账结算或支取现金的票据。

商业本票又叫商业期票。它和商业汇票同是商业信用的信用工具，统称为商业票据，因为商业本票是债务人对债权人签发的，因此无须承兑。商业汇票和商业期票都可经背书后转让或向银行贴现。

（3）支票。支票是银行活期存款人通知银行从其账户上无条件支付一定金额给票面指定人或持票人的信用凭证。凡在银行开立活期往来账户的客户，银行均售予其空白支票簿，客户凭此在存款金额内签发支票。支票按支付方式可分为现金支票和转账支票。现金支票可以用来支取现金，也可以办理转账结算。转账支票只能用于转账，不能提取现金。因常常在票面上用两条平行线来表示，故又称为划线支票。

当存款人所签发支票的票面金额超过其银行存款账户余额的时候，这种支票称为“空头支票”。空头支票是不能兑付的。在我国，如签发空头支票，要给予经济制裁。通常是按支票面额的一定比例处以罚款。有时候，为了保证支票确能兑付，银行在支票上注明“保付”字样，保证到期付款，这就是所谓的“保付支票”。

此外，还有一种特殊的支票即旅行支票，它是由银行或旅行社签发，由旅行者购买，以供其在外地使用的定额支票。

（二）大额可转让定期存单

大额可转让定期存单（negotiable certificate of deposits，CDs）是 20 世纪 60 年代才产生的一种金融工具，它既是银行的存款单，又具有与一般存款单不同的地方。其特点是：存单面额固定且较大；存单期限固定；未到期以前不能提前兑现，但可以转让流通；期限较短。如美国的 CDs 期限最短的为 14 天，最长的达 1 年，有 100 万美元面额的，也有 10 万美元面额的。

（三）债券

债券是债务人向债权人承诺在一定时期内还本付息的债务凭证。债券一般分为政府债券、公司债券和金融债券。

政府债券是政府为筹集资金而发行的债务凭证。它是一种国家信用工具，一般包括公债债券、国库券和地方政府债券。

公司债券（企业债券）是公司或企业向社会发行的承诺在一定时期内还本付息的债务凭证。公司债券一般可分为抵押公司债、无担保公司债、设偿债基金公司债、可转换公司债，等等。

金融债券是银行或其他金融机构作为债务人发行的债务凭证。金融债券是金融机构一种较为理想的筹集长期资金的信用工具。金融机构通过发行金融债券可以吸收相对稳定的中长期资金，再以贷款或其他方式贷给急需资金的有关部门。金融机构的社会资信度高，其发行的债券易为社会公众接受，安全性、流动性较好，是颇受公众青睐的信用工具。但其发行额度一般须经中央银行批准。因为作为信用组织的金融机构经营的是特殊商品，其风险性虽然从一般意义上要大大地小于普通商品，但在某种特殊情况下，一旦爆发风险危机，后果不堪设想，将远远高于其他债券的危害。我国金融债券的期限一般为 1 ~5 年，利率略高于同等期限的定期存款。

（四）股票

股票是股份公司签发的，证明股东按其所持股份享有权利和承担义务的所有权凭证。也就是说，如果谁拥有某公司一定比例的股票，谁就在公司拥有一定比例的资本所有权，并凭此所有权定期分得股息收益。

股票是一种有价证券。所谓有价证券就是有一定票面金额或价值份额，代表财产所有权或债权的凭证。像其他有价证券一样，股票可以为它的发行者筹集资本，给它的持有者带来一定收入，可以在证券市场上买卖。一般而言，股票具有以下特征：

（1）非返还性。股票是投资入股的所有权凭证，它代表公司的全部资产，股票发行后，持有者不能要求公司退股归还本金，股东要想收回投资，只能将所持有的股票转让给其他投资者，持有股票的股东改变了，但没有改变或减少公司的资本。因此只要公司存在，它所发行的股票就存在，若股份有限公司经营失败，破产倒闭，只能根据公司当时的财产状况，给予股票持有者有限补偿。

（2）流动性。尽管股票持有者不能退股，但可以随时脱手转让。在西方国家股票市场很发达，股票的流动性很强。股票的流动性部分是针对非返还性而言，因为流通可以有效地避免投资被困死在某种股票上；部分是针对风险性而言的，不同的投资者由于对风险和收益的估价不同，以及各种原因引起的投资偏好，导致股票市场价格波动不已，市价波动使交易更加频繁，从而增加了股票的流动性。

(3) 股东权利。股票是一种权利证券，股票表示的是对公司的所有权或股权，这种权益通常有多种表现。如可参加股东大会，并行使表决权，收取股息或分享红利，参加公司剩余财产的分配权等。股东的权利大小取决于所购买股票的种类及拥有公司股份的多少。

(4) 风险性。股票投资者能否取得预期报酬，主要取决于公司的经营状况，利大多分，利小少分，无利不分，亏损承担责任。而且股票市场价格受政治、经济、社会等各种因素的影响，经常处于波动之中，具有不稳定性。因此，如果企业经营状况好，股市价格上升，股票持有者有可能获得较大收益，但如果企业经营失败，股市下跌，股票贬值股东就会蒙受损失。股票是收益与风险共存的证券，股票收益的风险性是股票的最大特征。

(5) 投机性。由于股票价格的波动性大，其盈利性和风险性也比其他证券都大，因而投机性相对就强。股票的市场价格由于受公司盈利状况、市场供求状况等各种因素的影响与股票的票面值相背离，它可以高于票面值的几倍、几十倍，甚至更高，也可能由最高点下跌几倍、几十倍，股票持有者可以利用股票市价的波动，低价买入高价卖出，获得差价收益，进行投机。当然合理的投机可以活跃市场，可以使社会资金得以合理、有效的配置；而不合理的投机，甚至以欺诈等手段操纵股市，则会加剧股市波动，扰乱市场秩序。

股票一般可分为普通股和优先股、记名股票和不记名股票、蓝筹股、成长股、绩优股、周期股、防守股和投机股等。

我国目前的股票种类主要有普通股票、面额股票和记名股票。此外还有 A 股、B 股、H 股、N 股之分。A 股是以人民币标明面值，以人民币认购和进行交易，供国内投资者买卖的股票。B 股又称为人民币特种股票，是指以人民币标明面值，以外币认购和进行交易的股票。H 股是指由我国境内注册的公司发行，直接在香港上市的股票。N 股是指由我国境内注册的公司发行，直接在美国纽约上市的股票。

（五）衍生性信用工具

20 世纪 70 年代后期，西方国家通货膨胀加剧，市场利率大幅度上升，汇率变动频繁，金融投资利率与汇率风险大大增加，为减少或转移利率或汇率风险，与市场利率挂钩并具有更大弹性的新信用工具不断涌现，其中，衍生性信用工具占了很大比重。金融衍生工具是指以股票、债券及货币等金融资产的交易为基础而派生出来的金融工具。它们本身不能独立存在，是依附于股票、债券及货币等资产衍生而来的交易工具。金融衍生工具主要有金融期货、金融期权、互换合约、远期利率协议等。

思　考　题

1. 信用产生和发展的客观经济基础是什么？
2. 试述信用的基本职能。
3. 信用的主要形式有哪些？它们各有哪些特点？
4. 试述商业信用的作用与局限性。
5. 商业信用和银行信用的关系如何？
6. 说明消费信用的基本类型和经济意义。
7. 简述国际信用的种类。
8. 信用工具的主要类型有哪些？

练　习　题

一、填空题

1. 信用的基本特征是（　　）。

2. 无论是货币还是信用，它们都是以（　　）为前提，这说明它们阐述的经济前提是同源的。

3. （　　）是高利贷最明显的特征。

4. 直接融资活动中的核心是（　　）。

5. 我国，一直占主要地位的信用形式是（　　）。

6. 典型的商业信用是工商企业以（　　）对购买商品的工商企业所提供的信用。

7. 消费信用是对（　　）提供的，用以满足其消费方面所需货币的信用。

二、单项选择题

1. 下列金融工具中属于直接金融工具的是（　　）。
   A. 银行支票　　B. 大额可转让定期存单
   C. 银行承兑汇票　　D. 企业股票
2. 商业信用是企业之间由于（　　）而相互提供的信用。
   A. 生产联系　B. 产品调剂　C. 物质交换　D. 商品交易
3. 信用的基本特征是（　　）。

A. 无条件价值单方面让渡　　B. 以偿还为条件的价值单方面转移
C. 无偿的赠与或援助　　D. 平等的价值交换

4. 由我国境内注册的公司发行、直接在香港上市的股票称为（　　）。
A. B股　　B. H股　　C. A股　　D. N股

5. 信用活动中的货币发挥的职能是（　　）。
A. 价值尺度　　B. 支付手段　　C. 流通手段　　D. 贮藏手段

6. 商业信用最典型的做法是（　　）。
A. 赊销　　B. 有借有还　　C. 挂账　　D. 票据化

7. 改革开放之后，我国高利贷的新特征是（　　）。
A. 满足基本生活需要　　B. 满足奢侈生活需要
C. 满足经营资金方面的需要　　D. 满足投机活动的需要

8. 国家信用中的内债主要采取的形式是（　　）。
A. 票据　　B. 借贷　　C. 政府债券　　D. 企业债券

9. 由债权人开出要求债务人到期付款的有价证券是（　　）。
A. 商业票据　　B. 支票　　C. 商业汇票　　D. 商业期票

三、多项选择题

1. 高利贷赖以存在的经济基础是（　　）。
A. 商品经济不发达　　B. 奴隶主、封建主的存在
C. 小生产　　D. 天灾人祸的意外打击
E. 资本主义生产方式的出现

2. 现代信用的主要形式包括（　　）。
A. 商业信用　　B. 银行信用
C. 消费信用　　D. 国家信用
E. 商品信贷

3. 下列信用工具中，属于短期信用工具的有（　　）。
A. 优先股　　B. 商业汇票
C. 公债券　　D. 大额可转让定期存单
E. 保付支票

4. 属于借贷范围的基本信用形式有（　　）。
A. 信托信用　　B. 银行信用
C. 商业信用　　D. 国家信用
E. 消费信用

5. 利用银行按揭购房所涉及的关系人有（ ）。
A. 按揭人 B. 开发商 C. 中介机构
D. 按揭权人 E. 物业公司
6. 与公司、企业的经营活动直接联系的信用形式有（ ）。
A. 消费信用 B. 商业信用 C. 国家信用 D. 银行信用
E. 国际信用
7. 对民间信用的正确理解有（ ）。
A. 利息面议 B. 风险大 C. 个人信用 D. 利率高
E. 利率官定
8. 信用是（ ）。
A. 一种特殊的商品交换行为 B. 一种借贷行为
C. 一种债权债务关系 D. 一种特殊的价值运动形式
E. 一种等价交换行为

四、判断题

1. 商业票据的背书人对票据不负有连带责任。（ ）
2. 银行信用是银行或其他金融机构以货币形态提供的信用，它属于间接信用。（ ）
3. 消费信用的主要形式有赊销、分期付款和消费信贷。（ ）
4. 商业票据不能作为信用货币的形式。（ ）
5. 信用关系是现代经济中最普遍、最基本的经济关系。（ ）
6. 金融机构的主要功能是信用媒介，是一种直接信用。（ ）
7. 高利贷是由货币需求无弹性和货币供给有限条件下形成的。在我国现阶段，由于国家集中控制资金管理相对于中小企业无弹性的经营资金需求呈现不足，因此仍存在高利贷现象。（ ）
8. 由于银行信用克服了商业信用的局限性，它将最终取代商业信用。（ ）
9. 信用的形式特征是以收回为条件的付出，或以归还为义务的取得；而且贷者之所以贷出，是因为有权取得利息，借者之所以可能借入，是因为承担了支付利息的义务。（ ）
10. 高利贷者除了货币需要者的负担能力和抵抗能力以外，再也不知道别的限制。（ ）
11. 个人的货币收入总额，通常就是个人可以支配的货币收入。（ ）
12. 出口信贷中的买方信贷是为了支持本国的进口商。（ ）

13. 商业本票一般涉及三个当事人：出票人、付款人和受票人。（ ）
14. 优先股具有偿还性，而普通股不具有。（ ）
15. 在进行决策时，重要的是名义利率和通货膨胀率。（ ）
16. 企业之间在买卖商品时，以货币形态提供的信用是商业信用。（ ）

第三章　金融环境与经济运行

经济运行状况直接影响金融环境，虽然金融是现代经济的核心，然而经济发展的整体水平决定金融发达程度。经济环境构成金融运行的基础条件和背景，经济发展状况直接决定和影响银行业、证券业、保险业等金融机构的发展规模和经营结构。

本章主要论述三大问题：经济运行、金融环境、金融环境与经济运行的关系。

第一节　经济运行

一国经济运行是否良好，主要通过四大指标来反映，同时还需要对本国经济在经济全球化国际大环境中的周期变动、经济结构等方面进行总体的衡量。

一、衡量宏观经济运行的四大指标

一般而言，一国经济发展有四大宏观目标：经济增长、充分就业、物价稳定和国际收支平衡。四大目标对应的衡量指标分别是国内生产总值、失业率、通货膨胀率和国际收支平衡。

（一）经济增长与国内生产总值的定义

（1）经济增长是指一个特定时期内一国（或地区，下同）经济产出和居民收入的增长。衡量经济增长的宏观经济指标是国内生产总值（GDP）。国内生产总值是指所有常住居民在一定时期内（通常指1年）生产活动的最终成果，即所有常住居民在这个时期所生产的、以市场价值表示的产品和劳务总值。

（2）GDP增长率是反映一定时期经济发展水平变化程度的动态指标。

（3）常住居民是指居住在本国的公民、暂住外国的本国公民和长期居住在本国但未加入本国国籍的居民。

（二）失业率的定义

（1）失业率是充分就业的宏观经济衡量指标，是指劳动力人口中失业人数占的百分比，劳动力人口是指年龄在16周岁以上具有劳动能力的人的全体。

（2）目前我国统计部门公布的失业率及其计算公式。我国统计部门公布的失业率为城镇登记失业率，即城镇登记失业人口占城镇从业人数与城镇登记失业人数之和的百分比。

（3）城镇登记失业人数的定义。城镇登记失业人数是指拥有非农业户口，在一定的劳动年龄内（16岁至退休年龄）有劳动能力，无业而要求就业，并在当地就业服务机构进行求职登记的人数。

（三）物价稳定、通货膨胀的定义

物价稳定是要保持物价总水平的大体稳定，避免出现高通货膨胀。通货膨胀是指一般物价水平在一段时间内持续、普遍地上涨。

1. 衡量通货膨胀的常用指标及各自含义

衡量通货膨胀常用指标：消费者物价指数，生产者物价指数，国内生产总值物价平减指数。其中消费者物价指数（CPI）指一组与居民生活有关的商品价格的变化幅度，生产者物价指数（PPI）指一组出厂产品批发价格的变化幅度，国内生产总值（GDP）物价平减指数是指按当年现行价格计算的国内生产总值与按某一基期固定价格计算的GDP相除得到的相对数。GDP平减指数 = 报告期按现行价格计算的GDP ÷ 报告期按不变价格计算的GDP。

2. 通货紧缩的定义及影响

通货紧缩是指一般物价水平在一段时间内持续、普遍地下降。通货紧缩也是货币供求失衡、物价不稳定的一种表现，是物价持续、普遍、明显地下降，对整个经济增长同样有着不利的影响。

（四）国际收支平衡的定义

国际收支平衡是指国际收支差额处于一个相对合理的范围内，既无巨额的国际收支赤字，又无巨额的国际收支盈余。

国际收支包括经常项目和资本项目。经常项目主要反映一国的贸易和劳务往来状况，包括贸易收支、劳务收支（如运输、旅游等）和单方面转移（如汇款、捐赠等），是最具有综合性的对外贸易的指标。资本项目集中反映一国与国外资金往来的情况，反映了一国利用外资和偿还本金的执行情况，如直接投资、政府和银行的借款及企业信贷等。

二、经济周期的定义及四个阶段

经济周期也称经济循环或商业循环，是指处于生产和再生产过程中周期性出现的经济扩张和经济紧缩交替更迭、循环往复的一种现象。经济周期一般分为四个阶段：繁荣、衰退、萧条、复苏。

一般而言，可以把经济周期划分为两个大的阶段，即扩张阶段和衰退或紧缩阶段，如果衰退特别严重，称为萧条。扩张阶段又再细分为复苏阶段和繁荣阶段。复苏是扩张阶段的初期，繁荣是扩张阶段的后期。衰退阶段的最低点又叫做谷底，扩张阶段的最高点叫做峰顶。谷底和峰顶也叫做转折点或拐点。

在复苏和繁荣阶段，伴随着经济增长速度的持续提高，投资持续增长，产量不断扩大，市场需求旺盛，就业机会增多，企业利润、居民收入和消费水平都有不同程度的提高，但是也常常伴随通货膨胀。相反，在经济衰退或萧条时，伴随经济增长速度的持续下滑，投资活动萎缩，生产放缓，甚至出现停滞或下降，产品滞销，就业机会减少，失业率提高，企业利润水平降低，亏损和破产企业数量增多，居民收入和消费水平呈现不同程度的下降趋势。①

三、经济结构

（一）产业结构的分类及划分标准②

国民经济按照产业结构可分为第一产业、第二产业和第三产业。第一产业包括农、林、牧、渔业。第二产业包括采矿业、制造业、建筑业、电力、煤气和水的生产和供应业。第三产业是指除第一、第二产业之外的其他行业，包括交通运输、邮政业、住宿和餐饮业、旅游、科教卫生、金融业、房地产业、计算机服务和软件业。

① 全国经济专业技术资格考试用书编写委员会编：《经济基础知识》，辽宁人民出版社、辽宁电子出版社 2007 年版，第 123 页。

② 中国银行业从业人员资格认证办公室编：《公共基础》，中国金融出版社 2010 年版，第 33 页。

（二）支出角度的GDP构成

从支出角度来看，GDP由消费、投资和净出口三大部分构成。消费包括私人消费和政府消费两部分；投资又称资本形成，包括固定资本形成（含房地产和非房地产投资）和存货增加两部分；净出口是出口额减去进口额形成的差额。私人购买住房的支出，包含在投资的固定资本形成中，不包含在私人消费之中。

在我国推动整个经济增长的主要力量是投资，而私人消费对经济增长的贡献较小，这在很大程度上决定了我国商业银行的主要业务对象是企业，业务内容以批发业务为主。

四、经济全球化

（一）经济全球化的定义

经济全球化又称经济一体化，是指商品、服务、生产要素与信息跨国界流动的规模与形式不断增加，通过国际分工，在世界市场范围内提高资源配置的效率，从而使各国之间经济的相互依赖程度日益加深的趋势。

（二）经济全球化的作用

经济全球化和金融一体化相互促进，推动了金融市场国际化的快速发展。经济一体化以及由此导致的金融全球化，必然引起为经济发展服务的银行业、证券业、保险业的全球化，并由此对金融业带来巨大影响。

第二节 金融环境

金融的内涵是“货币流通和信用活动及与之相关的经济活动的总称”，金融环境包括金融市场、金融机构及金融工具等。

一、金融市场

（一）金融市场的概念及分类

1. 金融市场定义

金融市场是金融工具交易的场所，具体地讲，金融市场是货币资金的需求双方借助一定的交易方式，进行金融资产交易或提供金融服务，从而实现资金融通的空间混合场所。它是由许多子市场组成的一个庞大的体系，主要由同业拆借市场、票据市场、债券市场、股票市场、投资基金市场、金融期货市场、外汇市场等组成。

2. 金融市场分类

金融市场按不同标准，可划分为不同种类：

（1）按金融工具的期限划分，金融市场可分为货币市场和资本市场。货币市场（money market，MM）是指以短期金融工具为媒介进行的、期限在 1 年内（含 1 年）的短期资金融通市场。资本市场（capital market，CM）是指以长期金融工具为媒介进行的、期限在 1 年以上的长期资金融通市场。

（2）按具体的交易工具类型划分，金融市场可分为债券市场、票据市场、外汇市场、股票市场、黄金市场、保险市场等。

（3）按交易阶段划分，金融市场可分为发行市场和流通市场。发行市场又称初级市场或一级市场，是指债券、股票等金融工具初次发行，供投资者认购投资的市场。流通市场又称为二级市场，是对已经上市的金融工具（如债券、股票等）进行买卖转让的市场。

（4）按交割时间划分，金融市场可分为现货市场和期货市场。现货市场是指当日成交，当日、次日或隔日等几日内进行交割（即一方支付款项、另一方交付证券等金融工具）的市场。期货市场是指将款项和证券等金融工具的交割放在成交后的某一约定时间（一般在 1 个月以上、1 年之内）进行的市场。

（5）按交易活动是否在固定的场所进行，金融市场可分为场内交易市场和场外交易市场。场内交易市场又称为有形市场，是指有固定场所、有组织、有制度的金融交易，如股票交易所内进行的交易。场外交易市场又称为柜台市场或无形市场，指没有规定交易场所的市场，交易者通过经纪人或交易商的电话、网络等手段洽谈成交。

3. 货币市场与资本市场

不同的金融市场基本上可以分别归入货币市场或资本市场。货币市场主要有同业拆借市场、票据市场、短期债券市场等。资本市场主要有股票市场、长期债券市场、投资基金市场等。但外汇市场作为国际金融市场的重要组成部分，其功能特殊，不能归入货币市场，也不能归入资本市场。

（1）同业拆借市场

同业拆借市场是指金融机构之间以货币借贷方式进行短期资金融通活动的市场。

①伦敦银行间同业拆放利率（LIBOR）。LIBOR（原指）伦敦金融市场上银行间互相拆借英镑、欧洲美元及其他欧洲货币时的利率。现主要指银行与其他金融机构之间拆借美元的利率。期限分为隔夜（O/N）、一星期（1W）、10天（10D）、20天（20D）、1个月（1mth）、3个月（3mth）、6个月（6mth）、9个月（9mth）、12个月（12mth）不等。

②HIBOR是香港金融市场上银行间相互拆借港币的利率。期限分为隔夜（O/N）、一星期（1W）、10天（10D）、20天（20D）、1个月（1mth）、3个月（3mth）、6个月（6mth）、9个月（9mth）、12个月（12mth）不等。

③shibor是指我国银行间拆借人民币利率。由于该市场集中在上海，故得名。我国银行间拆借市场期限分为隔夜（O/N）、一星期（1W）、10天（10D）、20天（20D）、1个月（1mth）、2个月（2mth）、3个月（3mth）、4个月（4mth）不等。

（2）票据市场

票据市场是以各种票据为媒介进行资金融通的市场。按照票据的种类，它可以划分为商业票据市场、银行承兑汇票市场、银行大额可转让定期存单市场、短期以及融资性票据市场。

（3）债券市场

债券市场是发行和买卖债券的场所，它是一种直接融资的市场，即不通过银行等信用中介，资金的需求者和供给者直接进行融资的市场。债券市场既具有货币市场属性，又具有资本市场属性。

按期限，债券可划分为短期债券（1年以内）、中期债券（1～10年）和长期债券（10年以上）。债券市场作为直接融资的市场，既是政府、企业、金融机构融资的场所，也是中央银行货币政策的操作平台，是最重要的金融子市场之一。其中政府以债务人身份承担到期偿付本息责任的、期限在1年以内的短期政府债券，因其具有违约风险小、流动性强、面额小、收入免税等特点，流动性在货币市场中是最高的，几乎所有的金融机构都参与短期政府债券市场的交易。

(4) 股票市场

股票是由股份公司签发的用以证明股东所持有股份的凭证，它表明股票的持有者对股份公司的部分资本拥有所有权。股票是代表对一定经济利益分配请求权的资本证券，是资本市场上流通的一种重要的有价证券。我国上市公司股票按发行范围可分为A股、B股、H股和N股等。

(5) 投资基金市场

投资基金是一种利益共享、风险共担的集合投资方式，也是一种金融中介机构，即基金公司通过发行基金单位，集中投资者的资金，由基金托管人托管，由基金管理人管理和运用，从事股票、债券、外汇、货币等金融工具投资，以获得投资收益和资本增值，并分配给基金持有者的机构。在证券市场上投资的资金称为证券投资基金，主要投资于债券和股票。

(6) 金融期货市场与金融期权市场

金融期货市场是指专门进行金融期货交易的市场。它具有锁定和规避金融市场风险、实现价格发现的功能。金融期货交易一般是指交易协议达成后，在未来某一特定时间，如几周、几个月之后才办理交割的交易。在金融期货市场上，由于成交和交割是分离的，交割要按成交时约定的协议价格进行，证券价格、汇率或黄金价格的波动既有可能使交易者获利，也有可能使交易者受损，所以证券、外汇和黄金较多地采用期货交易形式。

金融期货交易必须在期货交易所内完成，即场内交易。同时交易有标准化的合约。

金融期权交易是指买卖双方按成交协议签订合同，允许买方在交付一定的期权费用后，取得在特定时间内按协议价格买进或卖出一定数量证券的权利。如果协议合同到期，购买期权的一方没有行使该权利，则期权合同自动失效。

金融期权交易可以在场内完成也可以同部分外汇交易一样在场外进行。金融期权市场是金融期货市场的发展和延伸，它们都属于金融衍生产品市场。

(7) 外汇市场

外汇市场是指由中央银行、外汇银行、外汇经纪商和客户组成的买卖外汇的交易关系的总和。传统的外汇交易市场是指有组织、有固定场所的市场，它一般在证券交易所或股票交易所内设立专门的外汇交易窗口，由经营外汇业务的各商业银行的代表按照规定的时间，集中进行外汇交易。现代外汇市场则是无形的、国际化的，它没有固定的交易场所和交易时间，所有的外汇交易都通过连接在外汇银行与经纪人之间的电话、电报和互联网等先进的通信手段来完成。

（二）我国金融市场的发展

我国金融市场的发展是从 1984 年同业拆借市场开始的。

（1）我国货币市场的构成。同业拆借市场（shibor）、回购市场和票据市场构成了我国的货币市场。

（2）我国股票市场正式形成的标志。1989 年与 1990 年底，深圳证券交易所和上海证券交易所先后成立，标志着我国股票市场正式成立。

（3）我国银行间债券市场成立的时间。1997 年 6 月，银行间债券市场成立。

（4）我国债券市场的构成。银行间债券市场和交易所债券市场共同构成了我国的债券市场。

（5）全国统一的银行间外汇市场建立与上海黄金交易所成立的时间。1994 年 4 月，全国统一的银行间外汇市场建立；2002 年 10 月，上海黄金交易所成立。

（6）我国期货市场的构成。我国的商品期货市场起步于 20 世纪 90 年代初，目前已有上海期货交易所、大连商品交易所和郑州商品交易所 3 家，2006 年 9 月在上海成立了中国金融期货交易所。2010 年 4 月 16 日，深沪 300 指数期货正式推出。

（7）我国保险业务的恢复时间。1980 年恢复国内保险业务。保险业实行分业经营，人寿险与财产险实行严格分开。

（三）金融市场功能

金融市场具有五大功能：货币资金融通功能、优化资源配置功能、风险分散与风险管理功能、经济调节功能、定价功能。

1. 货币资金融通功能

货币资金融通功能是指金融市场一方面为社会资金不足的一方提供筹集资金的机会，另一方面也为资金的富余方提供投资机会，即为资金的需求方和供给方搭起一座桥梁。融通货币资金是金融市场最基本、最主要的功能。

2. 优化资源配置功能

一般情况下，货币资金总是流向最有发展潜力、能为投资者带来最大利益的地区、部门和企业，而金融资产的价格变动则反映整体经济运行的态势和企业、行业的发展前景，是引导货币资金流动和配置的理想工具。

3. 风险分散与风险管理功能

金融市场的参与者通过买卖金融资产转移或者接受风险，利用组合投资可以分散那些投资于单一金融资产所面临的非系统性风险。

4. 经济调节功能

金融市场的经济调节功能既表现在借助货币资金供应总量的变化影响经济的发展规模和速度，又表现在借助利率、汇率、金融资产价格变动促进社会经济效益的提高上。

5. 定价功能

金融市场有决定利率、汇率、证券价格等重要价格信号的功能，并通过调节价格引导资源配置。

（四）金融市场发展对银行业的影响

1. 金融市场发展对商业银行的挑战

第一，随着银行参与金融市场程度的不断加深，金融市场波动对银行资产和负债价值的影响会不断加大，银行经营管理特别是风险管理的难度也将越来越大。第二，金融市场会放大商业银行的风险事件。第三，随着资本市场的发展，一方面，大量储蓄者将资金投资于资本市场，会减少银行的资金来源；另一方面，大量的优质企业在资本市场上筹集资金，会减少在银行的贷款，造成银行优质客户的流失。

2. 金融市场发展对商业银行的促进作用

首先，银行是金融市场的重要参与者，金融市场的发展能够在很多方面直接促进银行的业务发展和经营管理。其次，货币市场和资本市场能为银行提供大量的风险管理工具，提高其风险管理水平，有助于银行识别风险，对风险产品进行合理定价，并在市场上通过正常的交易来转移风险。再次，金融市场的发展为商业银行的客户评价及风险度量提供了参考标准。最后，金融市场的发展能够促进企业管理水平的提高，为银行创造和培养良好的优质客户。

二、金融中介

金融中介通常又被称为金融机构，主要包括银行、证券公司、保险公司等金融服务企业。资金从盈余者向短缺者融通，无论采取直接融资还是间接融资，金融中介机构作为信用中介和支付中介起着不可取代的作用，没有它们资金融通将难以形成。在我国，金融中介主要包括银行与非银行金融机构。

（一）银行类金融机构

商业银行是以经营存款、贷款和金融服务为主要业务，以营利为经营目标的金融企业。与其他金融机构相比，吸收活期存款，创造信用货币，是商业银行最明显的特征。正是这一点，使商业银行具有特殊的职能，它们的活期存款构成货币供给或交换媒介的重要组成部分，也是信用扩张的重要源泉。因此，通常人们又称商业银行为存款货币银行。

在我国的金融体系中，银行业一直占据着主要地位。目前，我国的商业银行体系可分为：五家大型商业银行、中小商业银行、政策性银行、农村商业银行、邮政储蓄银行、外资银行、民营银行。

1. 五家大型股份制商业银行

五家大型商业银行包括中国工商银行、中国农业银行、中国银行、中国建设银行、交通银行，其中前四家属于国有控股的商业银行，在我国商业银行体系中处于主体地位，它们是从国家专业银行演变而来的。其中，中国工商银行（ICBC）1984 年正式成立，总部设在北京，2005 年 10 月 28 日整体改制为股份有限公司，2006 年 10 月 27 日在上海证券交易所和香港联合证券交易所同时上市（A + H）。中国农业银行恢复于 1979 年初，总部设在北京，专门负责农村金融业务的国家专业银行。2009 年 1 月 5 日中国农业银行整体改制为股份有限公司，2010 年 7 月 15 日、16 日分别在上海证券交易所和香港证券交易所上市（A + H）。中国银行成立于 1912 年，至 1949 年中华人民共和国成立的 37 年间，曾先后是当时的国家中央银行、国际汇兑银行和外贸专业银行，并将分支机构拓展到海外。1979 年成为国家指定的外汇外贸专业银行。1994 年成为国有独资商业银行，2004 年 8 月 26 日，中国银行整体改制为股份有限公司，并于 2006 年 6 月 1 日在香港联合交易所上市，于 2006 年 7 月 5 日在上海证券交易所上市，总部设在北京。中国建设银行原名为中国人民建设银行，正式成立于 1954 年 10 月 1 日，曾隶属于财政部。1979 年成为独立的经营长期信用业务的专业银行。2004 年 9 月 17 日，整体改制为股份有限公司，并于 2005 年 10 月 27 日在香港联合交易所上市（H 股），总部设在北京。2007 年 9 月 24 日在上海证券交易所上市（A 股）。交通银行于 1987 年 4 月 1 日重新组建，是新中国第一家全国性的股份制商业银行，于 2005 年 6 月 23 日在香港联合交易所上市（H 股），于 2007 年 5 月 15 日在上海证券交易所上市（A 股），总部设在上海。

2. 中小商业银行

中小商业银行包括股份制商业银行和城市商业银行两大类。其中成立比较早的股份制商业银行主要有 12 家：中信银行、中国光大银行、华夏银行、广东发展银行、平安银行、招商银行、上海浦东发展银行、兴业银行、中国民生银行、恒丰银行、浙商银行、渤海银行。

目前上市股份制商业银行共16家，它们分别为中国工商银行、中国农业银行、中国银行、中国建设银行、交通银行、中信银行、光大银行、华夏银行、广东发展银行、平安银行、招商银行、上海浦东发展银行、兴业银行、民生银行、宁波银行、北京银行。

随着城市商业银行的不断股份制改造，已有越来越多的城市商业银行加入到股份制银行的行列。

我国的城市商业银行最先由城市信用合作社发展而来，1979年第一家城市信用合作社在河南驻马店成立，1986年信用合作社在大中城市正式推广，数量急剧增长。1994年国务院决定通过合并城市信用社，成立城市合作银行。1998年起正式更名为城市商业银行。从2003年底起，全国各地城市商业银行纷纷采取并购、重组、引进外资等方式成为跨区域经营的股份制商业银行。

目前城市商业银行发展呈现出三个新的发展趋势，一是引进战略投资者，二是跨区域经营，三是联合重组。如北京银行、南京银行、上海银行等皆是首先引进战略投资者，然后开始跨区域经营。其中北京银行和南京银行已经在上海证券交易所上市（A股），并且市场价格表现良好。

3. 已改制的政策性银行

政策性银行是由政府出资创立、参股或保证的，以配合、贯彻政府社会经济政策或意图为目的，在特定的业务领域内，规定有特殊的融资原则，不以营利为目的的金融机构。在1994年我国先后设立了三家政策性银行：国家开发银行、中国进出口银行、中国农业发展银行。

（1）国家开发银行

国家开发银行于1994年3月正式成立，总行在北京，下设总行营业部、中国内地分行和香港代表处。国家开发银行的注册资本金为500亿元人民币，由国家财政全额拨付。

国家开发银行主要进行国家重点建设项目融资。其贷款分为两部分。一是软贷款，即国家开发银行注册资本金的运用。其主要按项目配股需要贷给国家控股公司和中央企业集团，由其对企业参股、控股。二是硬贷款，即国家开发银行借入资金的运用。国家开发银行在项目总体资金配置的基础上，将借入资金直接贷给项目，到期收回本息。目前国家开发银行的贷款主要是硬贷款。在完成国家政策性银行历史任务后，已开始改制，于2008年12月16日挂牌成立股份有限公司，并拟在适当时候上市。

（2）中国进出口银行

中国进出口银行于1994年4月正式成立，总行设在北京，境内外设有多家代表处。中国进出口银行的注册资本金为33.8亿元人民币，由国家财政全额拨付。

中国进出口银行主要支持进出口贸易融资，其实行自主、保本经营和企业化管理的经营方针。主要任务是：执行国家产业政策和外贸政策，为扩大我国机电产品和成套设备等资本性货物出口提供政策性金融支持。

（3）中国农业发展银行

中国农业发展银行于1994年11月正式成立，总行设在北京，国内设有2 000多家分支机构。中国农业发展银行的注册资本金为200亿元人民币，由国家财政全额拨付。

中国农业发展银行实行独立核算，自主、保本经营，企业化管理的经营方针。主要任务是按照国家有关法律、法规、方针、政策，以国家信用为基础，筹集农业政策性信贷资金，承担国家规定的农业政策性金融业务，代理财政性支农资金的拨付。

目前我国这三家政策性银行已进行全面股份制改革，根据2007年1月召开的全国金融工作会议决定，按照分类指导、“一行一策”的原则，推进政策性银行改革。首先推进国家开发银行改革，全面推行商业化运作，主要从事中长期业务。其次对政策性业务要施行公开透明的招标制。

4. 农村商业银行

随着农村金融体制改革的不断深化和农村经济发展的需要，经中国人民银行批准，我国首家股份制农村商业银行于2001年11月28日在江苏省的张家港、常熟、江阴组建完成。在农村信用社基础上改制组建股份制商业银行，是我国农村金融体系改革的一大突破。

农村金融机构包括农村信用社、农村商业银行、农村合作银行、村镇银行和农村资金互助社。农村商业银行和农村合作银行是在合并农村信用社的基础上组建的，而村镇银行和农村资金互助社是2007年在银监会批准下设立的新机构。

村镇银行是指经银监会依据有关法律、法规批准，由境内外金融机构、境内非金融机构企业法人、境内自然人出资，在农村地区设立的主要为当地农民、农业和农村经济发展提供金融服务的银行业金融机构。

农村资金互助社是指经银行业监督管理机构批准，由乡（镇）、行政村农民和农村小企业自愿入股组成，为社员提供存款、贷款、结算等业务的社区互助性银行业金融机构。

5. 中国邮政储蓄银行

2006年12月31日，经国务院同意，银监会正式批准中国邮政储蓄银行成立，2007年3月20日，中国邮政储蓄银行挂牌。

6. 外资银行

外资银行可以经营部分或者全部外汇业务和人民币业务。自1979年首家外资金融机构在我国设立代表处以来，外资银行已成为我国金融体系中的一支重要力量和我国引进外资的一条重要渠道。

自2006年12月11日起，《中华人民共和国外资银行管理条例》开始施行，该条例对外资银行的设立与登记、业务范围、监督管理、终止与清算、法律责任等都作了明确的规定，使外资银行进入了一个更加规范的新的发展阶段。

7. 民营银行

随着我国利率市场化进程在2015年11月25日最终完成，互联网金融的冲击与挑战，人民币国际化步伐加快，银行保险制度即将实施，民生银行的市场准入门槛放松，2015年1~6月共有75家民营银行申请核名。

从2013年1月起到2015年6月27日，共有206家民营银行申请核名。其中，2015年1~6月共有75家民营银行申请核名（包括有效期到期后重新核名）。据银监会主席尚福林在鼓励民间资本进入银行业等情况举行发布会介绍，目前已有40多家民营银行向银监会提出设立申请，主要是以表达意向为主，从即日起，银监会将正式依法对合格的民间资本发起设立民营银行的申请进行受理。

2015年6月26日，首批试点的5家民营银行——深圳前海微众银行、上海华瑞银行、温州民商银行、天津金城银行、浙江网商银行已经全线开业。根据中国经济网2015年11月28日报道，5家民营银行竞争优势渐显。（详细内容见附录3.1至3.3）

【附录3.1】

第一批试点的5家民营银行的特点

中国银行业监督管理委员会主席尚福林今日表示，第一批试点的5家民营银行，即深圳前海微众银行、上海华瑞银行、温州民商银行、天津金城银行、浙江网商银行已全部开业，总体运行平稳。

国务院新闻办公室今日举行新闻发布会，银监会主席尚福林介绍鼓励民间资本进入银行业等方面情况，并答记者问。

尚福林指出，2014年起，经党中央、国务院批准，银监会开展了首批民营银行试点工作。2014年3月，银监会公布了国务院批准的首批5家民营银行试点名单，正式启动民营银行试点工作。截至今年5月末，第一批试点的5家民营银行，即深圳前海微众银行、上海华瑞银行、温州民商银行、天津金城银行、浙江网商银行已全部开业，总体运行平稳，社会各界给予了积极评价，应该说试点工作是比较顺利的。

尚福林分析指出，这些试点的民营银行具有以下几个特点：一是有专致办银行的良好动机，立足长远发展和稳健经营。二是有差异化的市场定位和业务特色。三是有较为完善的公司治理和风险管理机制。四是有较强的风险承担能力。发起人股东具有良好的社会声誉、诚信记录和纳税记录，具有较长的发展期和稳定的经营表现，具有较强的经营管理能力和资金实力，财务状况、资产状况良好。发起人股东明确承担银行的发展责任并支持银行持续补充资本。五是发起人股东都是境内纯民营企业。六是有先进的现代科技支持和全新的经营模式。

尚福林认为，这些民营银行的积极探索对中国银行业体系转型、变革带来了一定的积极影响。

资料来源：中新网2015年6月26日电。

【附录3.2】

银监会发表《关于促进民营银行发展的指导意见》

银监会发布《关于促进民营银行发展的指导意见》，首次对民间资本进入银行业的基本原则、准入条件、许可程序、监管要求做出了明确规定。

《指导意见》对准入条件提出了包括资本、股东、拟设银行和机制在内的四个基本标准。一是资本标准，明确为自有民营资金，其中明确民营企业应满足“最近3个会计年度连续盈利，年终分配后净资产达到总资产30%以上，权益性投资余额不超过净资产50%”的条件。二是股东标准，明确资本所有者应具有良好个人声望，奉公守法，诚信敬业；没有关联交易的组织构造和不良记录。三是银行标准，明确为设计良好的股权结构和公司治理结构、风控体系、信息科技架构、合理可行的市场定位和经营方针，合格的董事、高管人才等。四是机制标准，明确为五有：有承担剩余风险的制度安排、有办好银行资质条件和抗风险能力、有股东接受监管的协议条款、有差异化的市场定位和特定战略、有合法可行的恢复和处置计划。

【附录3.3】

五家民营银行竞争优势渐显

最新数据显示，深圳前海微众银行、上海华瑞银行、温州民商银行、天津金城银行和浙江网商银行，这5家首批设立的民营银行开业不到一年，总资产已突破500亿元大关。在日前召开的中国民营银行发展座谈会上，上海华瑞银行董事长凌涛表示，在大众创业、万众创新的背景下，民营银行已经进入重大发展机遇期。

深圳前海微众银行着重进行基础业务平台、互联网银行风控体系、互联网银行运营基础建设，其自主开发的技术平台能支持亿级海量客户和高并发交易，账户运维成本降到传统银行的10%。

浙江网商银行大量运用大数据和云计算，在小微企业与农村金融方面进行探索实践。浙江网商银行行长俞胜法透露，目前该行已服务了30万家小微企业和个人创业者，贷款余额超过30亿元。

在传统银行不断加大互联网投入的情况下，不设线下网点的纯互联网银行的优势在哪儿？

俞胜法认为，网商银行对利用大数据、技术优势、生态优势来服务银行业务充满信心。深圳前海微众银行行长李南青也指出，互联网作为一种形态，其内涵是改革开放。微众银行在大数据和云计算方面都有优势，在竞争格局里可以同传统银行相互学习。此外，针对一些经济学家认为民营银行定价能力相对偏弱的问题，李南青回应，利率市场化大背景下，面临利差收窄的趋势，这确实是一个挑战。但他认为，民营银行的定价能力在整个金融体系里是不弱的，今后会寻求更好的定价能力来抵御信用风险、市场风险、操作风险等各种风险。

上海华瑞银行行长朱韬说，华瑞银行54天建设完成首个核心银行系统，4个月内完成通胀核算体系建设，在改革创新探索上已充分体现出体制和机制的效率优势。温州民商银行行长侯念东也认为，民营银行在服务小微方面具有很多优势，"银行把握好贷款审批流程，提高违约成本，小微企业的风险是可控的"。

目前，首批试点的5家民营银行交出了相对满意的成绩单。银监会城市银行部副主任邱小秋表示，民营银行正步入重大改革发展机遇期，要在做好风险防控基础上，鼓励民营银行开展产品、服务、管理和技术创新，加大对实体经济的金融支持力度。

资料来源：中国经济网2015年11月28日。

（二）非银行金融机构

1. 证券机构

证券机构通常又称为投资银行，它有广义与狭义之分。广义的投资银行是指经营全部资本市场业务的金融机构，业务包括证券承销与经纪、企业融资、兼并收购、咨询服务、资产管理、创业资本等直接金融形式。狭义的投资银行是指从事一级市场证券承销和资本筹措、二级市场证券交易和经纪业务的金融机构。

我国目前证券市场主要是指狭义的市场范畴，其业务主要是一级市场的承销和二级市场的交易活动。

我国证券机构主要包括证券公司、证券交易所、证券登记结算公司等。

（1）证券公司

证券公司又称证券商，是经由证券主管部门批准设立的在证券市场上经营证券业务的非银行金融机构。推销政府债券、企业债券和股票，代理买卖和自营买卖已上市流通的各类有价证券，参与企业收购、兼并，充当企业财务顾问等是证券公司的主要职能定位。

我国的证券公司前期发展大多是集承销、经纪、自营三种业务于一身的综合性经营机构。1999年7月1日开始实施的《中华人民共和国证券法》明确规定了综合类证券公司和经纪类证券公司的分类管理原则，按照规定要求，综合类证券公司可从事证券承销、经纪、自营三种业务；而经纪类证券公司只能从事证券经纪类业务，即它只能充当证券交易的中介，不得从事证券的承销和自营买卖业务。

（2）证券交易所

根据我国《证券交易所管理办法》的规定，证券交易所是指依法设立的，不以营利为目的，为证券的集中和有组织的交易提供场所、设施，并履行相关职责，实行自律性管理的会员制事业法人。

在我国，设立证券交易所必须报经国务院批准。目前经批准设立的证券交易所有两家，上海证券交易所和深圳证券交易所。

证券交易所的职能有：提供证券交易的场所和设施；制定证券交易所的业务规则；接受上市申请、安排证券上市；组织、监督证券交易；对会员和上市公司进行监督；设立证券登记结算公司；管理和公布市场信息及中国证监会许可的其他职能。

（3）证券登记结算公司

证券交易必然带来证券所有权的转移和资金流动，为确保过户准确和资金及时、足额到账，证券交易所一般都附设证券登记结算公司。证券登记结算公司在每个交易日结束后负责清算。证券登记结算公司的具体职能是：对证券和资金进行清算、交收和过户，使买入者得到证券，卖出者得到资金。由于上海证券交易所、深圳证券交易所实现了无纸化和电子化交易，建立了相应的高效、快捷、安全的结算系统，每日的结算和交收于次日上午开市前即可完成。目前两市均实行T+1的交割方式完成清算交易。

2. 保险公司

保险公司是指以经营保险业务为主的非银行金融机构，它是金融机构的一个重要组成部分。

改革开放后，国家于1980年恢复中国人民保险公司，我国的保险事业得以复苏。

1993年以来，保险业改革步伐进一步加快。中国人民保险公司完成了财产险、人寿险和再保险业务的分离工作，改组设立了中国人民保险（集团）公司，包括中保财产保险公司、中保人寿保险公司和中保再保险公司三家子公司；太平洋保险公司与交通银行脱钩，改制为独立的股份制商业保险公司；平安保险公司将6家子公司的独立法人地位取消，将其改为直属分公司；太平洋保险公司与平安保险公司还完成了财险与寿险的分账核算工作。与此同时，国家还批准设立了一批新的股份制保险公司，如大众、天安、华泰、永安、华安、泰康、新华等保险公司。另外，中国再保险公司于1999年3月18日在原中保再保险有限公司基础上组建，中保再保险有限公司的前身是中国人民保险公司再保部。

目前我国国内商业银行如交通银行正在筹备和组建自己的保险公司。而中国银行通过在香港注册的全资子公司中银集团保险经营保险业务。[①]

3. 其他金融机构

（1）金融资产管理公司

金融资产管理公司是在特定时期，政府为解决银行业不良资产，由政府出资专门收购和集中处置银行业不良资产的机构。

1999 年，我国成立了四家金融资产管理公司，即中国华融资产管理公司、中国长城资产管理公司、中国东方资产管理公司和中国信达资产管理公司，分别接收从中国工商银行、中国农业银行、中国银行、中国建设银行剥离出来的不良资产。

1999 年我国政府出资成立的华融、长城、东方、信达四家资产管理公司（AMC），分别收购、经营、处置来自四大国有商业银行及国家开发银行约 1.4 万亿元不良资产。当时财政部明确表示，这四家资产管理公司（AMC）的存续期为 10 年，即在处置完不良资产之后，AMC 将被关闭。

至 2006 年底，四大资产管理公司总计 1.4 万亿元不良资产处置工作全部完成。四家 AMC 并未像当初设立时规定的 10 年存续期后关闭，而是着力探索实行股份制改造与商业化经营。目前四大资产管理公司已有两家上市，另外两家也全部完成股份制改造和商业化经营。

【附录 3.4】

中国信达资产管理股份有限公司

中国信达资产管理股份有限公司（以下简称“公司”）的前身中国信达资产管理公司成立于 1999 年 4 月，是经国务院批准，为有效化解金融风险、维护金融体系稳定、推动国有银行和企业改革发展而成立的首家金融资产管理公司。2010 年 6 月，中国信达资产管理公司整体改制为中国信达资产管理股份有限公司。2012 年 4 月，公司引进全国社会保障基金理事会、UBS AG、中信资本控股有限公司和渣打银行四家战略投资者。2013 年 12 月 12 日，公司在香港联合交易所主板挂牌上市，成为首家登陆国际资本市场的中国金融资产管理公司。

公司注册资本为 362.57 亿元人民币。主要业务包括不良资产经营业务、投资及资产管理业务和金融服务业务，其中不良资产经营是本公司核心业务。公司在中国内地的 30 个省、自治区、直辖市设有 31 家分公司，在内地和香港拥有 9 家从事资产管理和金融服务业务的全资或控股一级子公司，集团员工约 1.8 万人。

公司的战略是进一步巩固并扩大在不良资产经营领域的领先优势，大力发展资产管理业务，并通过协同多元化业务平台，不断发展和完善差异化的盈利模式，为股东提供持续且具有竞争力的回报。

---

① 徐文彬：《全能银行发展路径研究》，经济科学出版社 2009 年版，第 155 页。

公司性质为非银行金融机构。经核准，公司的经营范围为：（1）收购、受托经营金融机构和非金融机构不良资产，对不良资产进行管理、投资和处置；（2）债权转股权，对股权资产进行管理、投资和处置；（3）破产管理；（4）对外投资；（5）买卖有价证券；（6）发行金融债券、同业拆借和向其他金融机构进行商业融资；（7）经批准的资产证券化业务、金融机构托管和关闭清算业务；（8）财务、投资、法律及风险管理咨询和顾问；（9）资产及项目评估；（10）国务院银行业监督管理机构批准的其他业务。

【附录3.5】

中国华融资产管理股份有限公司

中国华融资产管理股份有限公司（股票代码：2799. HK，以下简称“中国华融”）成立于2012年9月28日，是经国务院批准，由财政部、中国人寿保险（集团）公司共同发起设立的国有大型非银行金融企业。

中国华融前身为1999年11月1日成立的中国华融资产管理公司，是中国四大金融资产管理公司之一。2015年10月30日，中国华融在香港联合交易所主板上市。

截至2015年上半年，中国华融总资产达到7 346.6亿元，净资产达到971亿元，继续保持中国最大资产管理公司地位，国有资产大幅保值增值；2015年上半年实现净利润99亿元，股东权益回报率达到22.2%，各项核心指标优良稳定，符合监管要求。国际评级机构穆迪、标普和惠誉对中国华融分别给予“A3”、“A－”和“A”的信用评级，所有评级展望均为“稳定”。

目前，中国华融服务网络遍及全国30个省、自治区、直辖市和香港特别行政区，设有31家分公司，旗下拥有华融证券股份有限公司、华融金融租赁股份有限公司、华融湘江银行股份有限公司、华融国际信托有限责任公司、华融期货有限责任公司、华融融德资产管理有限公司、华融置业有限责任公司、中国华融国际控股有限公司等多家平台公司，已发展成为国有大型金融控股集团，可以打业务“组合拳”，对外提供不良资产经营、资产经营管理、银行、证券、信托、租赁、投资、期货、置业等全牌照、多功能、一揽子综合金融服务。

展望未来，中国华融将坚持“稳中求进”发展主基调，做强资产经营管理主业，完善综合金融服务功能，加大业务创新与国际化转型，实现战略性转型发展，努力打造“治理科学、管控有序、主业突出、综合经营、业绩优良”的一流资产管理公司。

【附录3.6】

中国长城资产管理公司

中国长城资产管理公司（以下称“中国长城资产”）是经国务院批准设立的国有独资金融企业，于1999年10月18日正式挂牌成立，注册资本金100亿元人民币。集团总部设在北京，总裁为集团公司法定代表人；目前在全国4个直辖市、24个省会城市（西宁、银川、拉萨除外）和深圳、大连2个计划单列市设有30家办事处；辖属金融业务类（德阳银行、长城国瑞证券、长城金融租赁、长生人寿保险、长城新盛信托、长城环亚国际、长城投资基金）、中间业务类（长城融资担保、天津金融资产交易所、长城金桥咨询）、辅助业务类（长城国富置业、长城置业（北京）、长城国融投资、长城宁夏资产）共 3 大类、14 家平台公司。

作为中国四大金融资产管理公司之一，中国长城资产成立之初的主要任务是收购、管理和处置国有银行剥离的不良资产。自成立以来，先后收购、管理和处置了中国农业银行、中国工商银行、中国银行和其他各类商业银行剥离的不良资产 8 000 多亿元，圆满完成了国家赋予的“化解金融风险，支持国有银行和国企改革，最大限度保全资产、减少损失”的历史使命。

近年来，中国长城资产按照“一司一策”、差异化发展的思路，加快向商业化转型发展。以“化解金融风险、提升资产价值、服务经济发展”为新的使命，以建设具有国际影响的“百年金融老店”为奋斗目标，突出不良资产经营主业，打造并购重组业务品牌，创新中小企业金融服务，积极构建多元化综合金融服务平台，大力开展集团协同和融合创新业务，致力于打造“专业的资产管理服务商、优秀的综合金融服务商和领先的金融创新探索者”，形成了以不良资产收购处置、投资及资产管理、多元平台综合金融服务业务为主体、近 90 种金融服务产品的集团化综合经营业务体系。

【附录 3.7】

中国东方资产管理公司

1999 年 10 月，为应对亚洲金融危机，经国务院及中国人民银行批准，中国东方资产管理公司（以下简称“东方资产”）在北京成立。公司注册资本人民币 100 亿元，由财政部全额拨入，是国有独资的非银行金融机构。

东方资产自成立以来，始终以保全国有资产、化解金融风险、促进国企改革为使命，将依法合规经营作为生命线，累计管理处置了各类不良资产近万亿元，为国家金融系统的稳定做出了不可磨灭的贡献。

在圆满完成国家赋予的处置政策性不良资产历史使命后，东方资产不断探索可持续发展之路，积极开展商业化转型，综合金融服务集团架构雏形形成并逐年完善，业务涵盖了资产管理、保险、证券、信托、租赁、投融资、评级和海外业务等，近年来步入跨越式发展的轨道。

目前，东方资产总资产近 3 200 亿元，服务网络覆盖全国，在国内中心城市设有 25 家办事处和 1 家经营部，境内拥有中华联合保险控股股份有限公司、东兴证券股份有限公司、大业信托有限责任公司、中国外贸金融租赁有限公司、邦信资产管理有限公司、东方金诚国际信用评估有限公司、东方邦信融通控股股份有限公司、东方邦信创业投资有限公司等，境外拥有中国东方资产管理（国际）控股有限公司和东银发展（控股）有限公司等控股公司，共拥有近 4 万员工，服务 800 多万客户。

现在，东方资产正积极实施改制转型，致力于为客户提供多元化、全生命周期的金融服务，统筹公司总部、办事处、控股公司资源，提高核心竞争力和可持续发展能力，成为以资产管理和保险为主导、全价值链的领先金融服务集团。

（2）信托投资公司

信托是指在信任的基础上，委托人将其财产权委托给受托人，受托人按委托人的意愿，以自己的名义，为受益人的利益或者特定目的，对信托财产进行管理或者处分的行为。信托是随着商品经济的发展而出现的一种财产管理制度，其本质是“受人之托，代人理财”。1979 年 10 月，中国银行总行率先成立了信托咨询部。同年，中国国际信托投资公司在北京成立。在信托投资公司发展最高峰的 1988 年底，我国信托公司数量达到 1 000 多家。然而，我国社会信用体系的缺乏造成了信托业的先天不足，信托业陷入“发展—违规—整顿”的怪圈，已先后经历了五次大规模的清理整顿。自 2007 年 3 月 1 日起，中国银监会出台并实施的《信托公司管理办法》规定了信托公司所应遵守的规范。

（3）财务公司

依据 2004 年 7 月 27 日修订后实施的《企业集团财务公司管理办法》，企业集团财务公司是指以加强企业集团资金集中管理和提高企业集团的资金使用效率为目的，为企业集团成员单位提供财务管理服务的非银行金融机构。企业集团财务公司是一种完全属于集团内部的金融机构，它的服务对象只局限于企业集团内部成员，不允许从集团外吸收存款，为非成员单位提供服务。母公司有义务在所属财务公司出现支付困难的情况下，负责提供资金，满足支付需要。

（4）金融租赁公司

所谓租赁是指将自己的物品借给他人使用并收取一定的报酬，或借用他人的物品并支付一定报酬的交易行为。租赁属于一种信用形式，其基本特征是价值单方面的转移，是所有权与使用权的暂时分离，是物品的所有者以收取报酬为条件，暂时让渡使用权的一种信用方式。

依据 2007 年 3 月 1 日起施行的《金融租赁公司管理办法》，金融租赁公司是指经银监会批准，以经营融资租赁业务为主的非银行金融机构。融资租赁是指出租人根据承租人对租赁物和供货人的选择或认可，将其从供货人处取得的租赁物按合同约定出租给承租人占有、使用，向承租人收取租金的交易活动。

目前国内银行组建并成立了自己的金融租赁公司。如工银金融租赁有限公司（工银租赁）是中国工商银行的独资子公司，注册资本 20 亿元人民币，注册地为天津滨海新区。工银租赁是国内首家获得中国银监会批准的由商业银行设立的金融租赁公司，主要经营船舶、飞机和大型设备的金融租赁业务及各类租赁产品及租金转让与证券化、资产管理、产业投资顾问等金融产业服务。2008 年年末总资产 116.48 亿元人民币，净资产 22.05 亿元人民币，年度实现净利润 2.08 亿元人民币。[①] 再如中国银行集团 2006 年成功收购亚洲领先的新加

① 徐文彬：《全能银行发展路径研究》，经济科学出版社 2009 年版，第 148 页。

坡飞机租赁公司，将公司更名为中银航空租赁私人有限公司，成为我国首家进入全球性飞机租赁业务的银行。截至2008年年末，中银航空租赁公司与7家航空公司签订了32架飞机的租赁合同，以购机回租的形式从美国西南航空等航空公司购买飞机20架，机队组合飞机共92架，另有71架飞机订单。[①]

三、当代金融中介与金融市场相互渗透发展的趋势

很久以来，金融市场同金融中介一直在同步扩张，原因是金融中介可以从多方面降低使用金融市场的费用，从而有利于金融市场的发展。随着现代金融业的发展，计算机和电信技术的进步使得证券交易得以更加顺利地完成，这一切大大地降低了金融交易的成本。从而导致金融市场交易量大幅提高，替代了金融中介的某些职能。金融中介与金融市场在金融产品的提供上是竞争的，而技术进步与交易成本的持续下降加剧了这种竞争的强度。大量金融产品创新表明，最初由中介提供的金融产品最终都走向了市场。这就充分说明了一点，即金融中介（特别是非透明中介，如银行）正在被金融市场的制度性安排所替代。

然而金融市场从来都离不开金融中介。传统理论认为，金融中介是交易成本和不对称信息的产物，金融中介之所以存在，是由于信息不对称和交易成本的缘故。交易成本的增加将缩小市场范围，加大金融中介的规模，交易成本的下降和不对称信息的改善，金融中介将会萎缩，金融市场同金融中介是相互替代的关系。虽然从微观上，金融市场和金融中介存在一定的替代关系，但是，从宏观上看，二者则为互补关系。诸如金融期货、期权市场的参与者主要是金融中介而不是个人或企业。如果说存在着替代，那也是金融中介对个人的替代，而不是对金融市场的替代，金融中介只是代替个人参与市场而不是代替市场。

四、金融工具

（一）金融工具概念

金融工具是用来证明融资双方权利义务的条约。

（二）金融工具的种类

按照不同的标准，金融工具可划分为许多不同种类。

---

① 徐文彬：《全能银行发展路径研究》，经济科学出版社2009年版，第155页。

（1）按期限的长短划分，金融工具分为短期金融工具和长期金融工具。短期金融工具期限在1年以下（含1年），如商业票据、短期国库券、银行承兑汇票、大额可转让定期存单、回购协议等。长期金融工具期限一般在1年以上，如股票、企业债券、长期国债等。

（2）按融资方式划分，分为直接融资工具和间接融资工具。直接融资工具包括政府发行的国债、企业发行的企业债券、商业票据、公司股票等。间接融资工具包括银行债券、银行承兑汇票、大额可转让存单、人寿保险单等。

（3）按投资者所拥有的权利划分，金融工具可分为债权工具、股权工具和混合工具。债权工具的代表是债券，股权工具的代表是股票，混合工具的代表是可转换公司债券和证券投资基金。

（三）债券、股票、可转换公司债券、证券投资基金的定义

（1）债券是债务人向债权人出具的、在一定时期支付利息和到期归还本金的债权债务凭证，上面载明债券发行机构、面额、期限、利率等事项。

（2）股票是股份有限公司公开发行的、用以证明投资者的股东身份和权益并据以获得股息和红利的凭证。

（3）可转换公司债券是一种可以在特定时间、按特定条件转换为普通股股票的特殊企业债券。可转换债券兼具债券和股票的特性。

（4）证券投资基金是指通过发行基金凭证，将众多投资者分散的资金集中起来，由专业的投资机构分散投资于股票、债券或者其他金融资产，并将投资收益分配给基金所有者的投资制度。

第三节　金融环境与经济运行的关系

一、经济决定金融

金融需求来自于经济发展，而经济发展水平直接决定金融发达程度。首先，经济决定金融的规模。改革开放30多年来，我国经济（GDP）年均增长率在10%左右，我国金融机构数量也随之迅猛增长。金融租赁公司从1979年的16家增加到2009年的108家，企业财务集团从67家增加到107家，保险公司从10余家增加到102家，银行从几十家增加到数千家，证券公司从数十家增加到113家。

农村金融机构从原有的100家增加到1 027家。2007年开始设立的村镇银行已达到161家，农村资金互助社从11家增加到161家。截至2007年6月底，我国56家基金公司旗下管理了323只基金。可见，随着经济的快速发展，我国的金融机构同样得到了突飞猛进的发展。其次，经济决定金融结构。一般而言，在一国经济发达地区，该地区金融化程度高，金融意识强。同时金融结构中证券市场在该国的经济体系中越重要，直接融资比例也越高、货币化程度越高（如使用银行卡支付结算金融服务频率高）、信贷业务投放更加活跃、个人和家庭及企业投保业务增长迅速。从国际上看经济发达的美国证券市场占经济体系中比率更大，地位更重要，同时直接融资的比例也越高。

随着互联网+、云计算、大数据对我国经济、金融的影响越来越显著，我国经济领域中的传统金融业将发生颠覆性变革：一是传统银行业迫切需要转型发展；二是金融业混业经营成为必然趋势，以混业经营、提供一站式、综合金融服务的金融控股公司将成为未来公司治理结构的主要架构；三是目前传统意义上的金融机构——银行业、保险公司、证券公司、基金公司、信托公司等将会出现新一轮并购重组浪潮。

【附录3.8】

张彻：金融大数据与金融互联网对经济的影响

和讯外汇消息　由中国外汇投资研究院、北京均龙财科贸有限公司、中国价值研究院主办，金华市政府与金华市商务局支持，和讯外汇频道媒体支持的主题为“创新金融大数据决策驱动经济绿色转型”高峰论坛在2013年9月27日在浙江省兰溪市举行。本论坛将通过两家机构各自金融专业的优势和金融科技的领先实现优势互补强强合作。特别突出北京均龙财科贸有限公司科研技术成果导入经济实业的龙头作用，尤以金融为基础，促进新的创新产业群体，推动相关产业高效发展。同时中国外汇投资研究院以专业顾问资质的远见卓识，尤其是具有独立研究论点的高屋建瓴、独具慧眼的犀利视角、负责担当的国家利益、深入浅出并脚踏实地的专家网络，充分利用科研技术、金融大数据以及金融决策智慧，共同服务我国实体经济发展之急与之求，为我国当前紧迫的结构性调整和战略性转型贡献技术与智慧。

以下为高峰论坛上张彻的演讲。

各位嘉宾、各位领导，下午好！

下面我跟大家来交流一下金融大数据与金融互联网对未来经济发展的影响，从三个方面来跟大家做一个交流，一个是怎么样影响到我们的生活，互联网的数据和大数据的催生，以及移动互联网的发展下一步往哪里走。可能大家10年前都有一把或几把钥匙，现在我们都不用钥匙了，开门、开车、开很多东西都可以用其他的方式解决，密码或者是刷卡，但是现在我们发现离不开手机了，手机不在身边很不舒服，手机改变了我们的生产和生活方式，给我们带来了很多的方便，手机使我们实现了三个方式的改变，随心、随时、随意的方式。手机本身其实不是那么强大，手机加上了互联网，加上了大数据才引起了手机让我们的生活变得那么强大，才离不开手机。这三个因素在一起，会引起我们新的产业革命，甚至新的工业革命，有人比喻为第四次信息革命，我觉得这个比喻不为过。在整个的金融大数据和金融互联网的浪潮里面，实际上这里面起着决定作用的、决定影响的是银行业的改革和银行业金融大数据，因为银行业在中国金融的体量中是占主导地位的，所以我们看看银行在最新的浪潮里面是什么样改变和发展的。实际上金融大数据和金融互联网在国外应该不是很陌生的现象，早在20世纪90年代美国的高科技和网络经济的时候，其实美国已经在计算机和移动金融方面的应用走到了我们的前面，在美国有一个手机银行诞生了，今年初发了牌照，大家如果注意看一下，GoBank。中国更好的解释是移动银行，移动银行把现在老百姓个人的金融活动几乎是全部可以用手机来处理，不管是支付还是支票的存取，都可以用手机来处理。它在全美国4万多个网点可以取款，在它的网点取款是免费的，非网点会收一定的费用。它的发展是非常快的。

在今年（2013）9月16日，在银行和金融行业一个标志性的事件是阿里巴巴和民生银行（600016，股吧）的“联姻”，这个事件对我们下一步互联网金融或者是金融互联网的思考和思索，推出了一个崭新的模式。在前天，23号（2013年9月），上周的一个中国民生银行的发布会上，中国民生银行阐述了他们和阿里巴巴合作的八个领域，最核心的是数据交换和直销银行，直销银行的背后是什么呢？是依赖和借用阿里巴巴对大数据的挖掘、管理和客户的分析能力。9月14号（2013年）在上海召开了第七届中国银行（601988，股吧）家高峰论坛，央行副行长吴晓灵做了发言，提出要为阿里小贷和支付宝发放银行牌照，让银行间更充分竞争。不仅是互联网的企业，行业的专家也在呼吁，把银行的领域扩展得更宽，让更多的人来进入金融互联网。还有更早的时间，8月9日（2013年），在北京中关村（000931，股吧）首家互联网金融协会成立了，会长是比较有名的互联网企业电商京东商城，由30多家企业发起，这个协会成立之后，周小川行长和证监会的主席都跟他们做了交流和沟通，看这个协会的需求和诉求能否反映到政策诉求里面去，怎么样给互联网金融更大的支持。

这以上的三个时间我们看到了互联网和大数据在我们整个的经济生活和银行金融里面的作用越来越大，互联网的速度超出我们的想象，这是第二点。第三点是银行之间的金融互联网竞争开始了，而且银行和金融企业和互联网企业和电商的竞争开始了。银行互联网和金融开始融合了，这是我们看到的三个趋势和现象，这样就形成了我们中国互联网和大数据发展的三部曲，这已经看到了互联网企业和银行的联姻。整个事件我们可以理解为技术上的成熟和银行和互联网企业相互在寻求出路的诉求，今天（2013年9月27日）早上有专家谈到，如果没有手机技术、互联网技术的发展，没有大数据技术的成熟，不可能有今天的金融互联网和互联网金融，那么在整个的司法政治的利率化不断深入的背景下，在银行传统的经营模式转型的背景下，在电商找出路的背景下，大家想到了一块，就是说怎么样在网上和网下的金融进行融合。阿里巴巴的模式很简单，开始起家的时候是很简单的贸易信息的交换平台，后来不断发展，成为B2B、C2B和C2C的模式，现在它有它的引擎和软件开发，最后他发现落脚点要落下去还要找网下的企业，还要跟最大的银行行业联系在一起，他看中的是金融行业。

我们国家的信息来说，网上支付银行业务，包括电子银行业务发展还是有比较成功的经验，已经到了一定的规模，投资也比较大，今年（2013）整个的模式是2 500亿元，整个银行的电子网上替代率其实也比较高，四大银行之外的股份制银行的电子银行基本上是70%，已经相当高了，招商银行（600036，股吧）的一位领导说如果没有电子银行，那么600多万客户涌到我们的网点里面去我们根本是接待不了的，可以理解中国的电子网上银行的业务这是第一波浪潮。

接下来我们的问题是走向第二个浪潮的时候，我们面临的问题和困难是什么？怎么样收集到更好的金融数据，怎么样为我们的决策和银行高端业务服务做支持，这是我们面临的问题。简单的业务上不了网，这是我们在找一个决策，让高端的业务能够在网上进行。阿里巴巴和民生银行找到了这么一个结合点。

国内和国外的情况是怎么样的呢？在这方面的业务合作和发展，他们在浙江、杭州，在我们现在所处的省，实际上电子银行或者说金融互联网业务发展也是比较早的，但是这是一个比较不成功的例子，在2008年杭州诞生了第一家互联网金融企业，当时得到了市政府的高度关注和支持，这个企业发展到现在应该是比较困难的，它的问题在哪里？它是个简单的平台，它没有产品，没有专业团队，所以做不下去。这是我们今天看到的例子。有一个成功的例子是谁？是荷兰银行，荷兰银行的ING Direct，它是1997年在加拿大成立的，现在已经比较成熟了，在9个欧美国家推出了它的服务。9月23号（2013年）北京银行（601169，股吧）公布了一条消息，北京银行和荷兰ING Direct联姻准备建立北京银行的直销银行，对北京银行来说这是一个很大的事，应该说北京银行在中国民生银行之前就已经考虑到做直销银行了，而且跟全球做得最好的直销银行、网上银行进入的企业荷兰银行合作，但是中国民生银行和阿里巴巴在早几天把消息爆出去了，所以北京银行是第二家，但是他们的经验和技术是比较可靠的，对我们整个国家的互联网金融的发展也会是比较大的促进和帮助。除了荷兰银行以外，汇丰银行早早就在做这件事情。整个的海外不只这两家，还有很多银行在做直销银行和互联网金融。但是我们目前启动国内在探讨金融互联网，来探讨怎么样应用大数据推动银行的第二次腾飞，并不算晚，为什么？成功的例子并不多，相当于全球这么大的金融企业，相当于中国的这么多的银行，才有几家银行在做这个事情，所以我们起步并不晚。但是直销银行也好，金融互联网也好，它的发展规模并不大，这是我们值得庆幸的地方。日本也有一家很成熟的银行，做得相当不错，它是银行也是电商企业，银行收入占到整个收营的三分之一，这也是一个很成功的例子。

下一步来说我们的腾飞应该解决什么问题？是把数据、电商的经验移到银行来。目前是简单的业务在做，但是复杂的业务做不了，这里面核心的问题是两点：第一点是我们的银行没有掌握大数据处理和分析的能力。第二点是我们的电商想做银行没有专业团队，没有脚、没有根，把这两个融合起来，可能是我们中国金融互联网未来发展的趋势。有一个概念不需要再争论了，现在做互联网金融，有的人说要做金融互联网，强调互联网金融的人是强调电商，谈金融互联网的人说我们是银行是金融机构在做互联网金融，其实这两个没有必要争对立和差异，这两个通过荷兰银行和北京银行的合作，通过民生银行和阿里巴巴的合作，我们可以看到价格的取舍是数字的技术和公司银行的合作，共同来推进下一步大数据在金融行业的应用地。

这里面有几个问题需要银行来解决，一个是海量的数据怎么存储，另外一个是怎么来保证数据的安全性，最重要的是怎么样让数据来进行决策的分析，这是一个要点。阿里巴巴给我们的启示还有一个是它的模式有点像OTO的模式，网上电商走到网下，线下的企业银行走到网上，所以说是双向的流动，这个模式估计是我们下一步银行发展的基本思路和方向。在这里面我们的数据公司，大数据处理公司，大数据提供决策分析的公司，包括均龙财科贸公司在里面能够取得一些很重要的作用，能够找到一些商机。

另外需要考虑的一个行业比较新，我们在全球都没有成熟的监管经验，行业标准也没有，我们相信在不远的将来这个行业会发展得越来越成熟，会引起我们整个的金融看到完全不一样的金融服务和银行业的明天。

谢谢各位！

二、金融对经济的积极作用

金融对经济的作用主要体现在三个方面：第一，通过优化资源配置来提高经济发展效率。金融作为信用中介，可以通过融资活动调节各经济主体之间资金余缺，促进社会资源的优化配置，提高经济发展效率。如金融机构与金融市场不仅促进了资金融通，而且减少了交易成本，降低了风险，促使储蓄最大限度地转化为投资，一方面优化了资源使用效率，另一方面促进了经济增长，提高了经济发展效率。第二，为经济的顺畅运行提供必要的中介服务。在市场经济条件下，货币和其他金融工具作为经济的中介和载体，贯穿于社会商品生产、分配、交换和消费的全过程，金融为经济所提供的中介服务越来越多，充分保证了经济的顺畅运行。[①] 第三，充当宏观调控工具以稳定经济发展。金融的宏观调控作用主要是指中央银行以各种货币政策手段作用于商业银行等金融机构，并通过它们的信用活动来实现国家总需求的宏观调控目标，如通过中央银行运用传统的三大法宝，适时松紧银根，调控基础货币或货币供应量的数量与结构，调节经济发展规模、速度和结构，从而实现在稳定物价基础上，促进经济增长的货币政策最终目标。

三、金融对经济的消极影响

金融对经济的消极影响，表现在金融对经济发展负的外部性上。整个金融体系存在负外部性，这里的负外部性是指金融机构的活动会对其他经济主体的福利

① 张强、乔海曙主编：《金融学》，高等教育出版社2007年版，第81页。

产生不利影响。金融对经济的负外部性表现在两个方面：

一是产生经济泡沫，破坏经济发展。经济泡沫是指资产的价格严重背离市场价值的经济现象。金融活动中的高度投机会产生经济泡沫，导致虚拟资本膨胀，破坏经济发展。例如，金融机构的倒闭会削弱整个货币信贷体系或经济增长的基础，金融机构破产的社会成本极大，而市场对此又无能为力，于是由过度投机引发的金融资产泡沫，导致经济泡沫，泡沫迟早会破灭，一旦破灭对经济的打击和破坏是巨大甚至会带来不可估量的损失。

二是如果出现金融危机极易引发经济危机。金融危机是指一个或几个国家与地区的全部或大部分金融指标（如短期利率、货币资产、证券、房地产、企业破产数和金融机构倒闭数）急剧和超周期的恶化。2007 年由美国次贷风波引发的欧美大规模的投资银行、保险公司、商业银行等金融机构的倒闭就是显著的金融危机。金融危机一旦引发经济基本面的极端恶化，大量企业倒闭，社会经济陷入极端萧条中，极易发展为经济危机，如 1929 年出现的世界经济大萧条最初就是由发生在华尔街的金融危机引发的。由于金融危机具有“多米诺骨牌效应”，即所谓的“传染性”，一家或几家银行出现问题，必然会拖累和连带与其有业务往来的银行的连锁反应，从而出现系统性的金融危机，发展严重并且事态不可控制时，便产生了经济危机。

四、经济全球化与金融自由化关系

本章第一节中我们介绍了经济全球化是指商品、服务、生产要素与信息跨国界流动的规模与形式不断增加，通过国际分工，在世界市场范围内提高资源配置的效率，从而使各国间经济的相互依赖程度日益加深的趋势。金融一体化是指作为具有均质化、流动性和一般等价物特点的货币资本随着市场经济的深化和扩展，逐渐跨越国界和行业限制而趋向一体化融通的发展趋势。[①] 金融一体化包括金融全球一体化和金融行业一体化两方面。全球一体化是经济全球化的重要组成部分，是金融业跨越国境发展而逐渐趋于全球一体化发展的趋势，是全球金融业务活动和金融风险发生机制日益紧密联系的客观历史过程。行业一体化即银行、证券、保险等传统的金融服务部门相互渗透、相互融通并逐渐形成统一的大金融产业的趋势和过程。这两个过程相互融合，相互促进，共同促进，构成了金融一体化的发展进程。而金融自由化是指政府放松或解除对金融业的管制，使其自由

① 陈春光：《金融一体化条件下银行业监管研究》，中国财政经济出版社 2004 年版，第 213 ~ 214 页。

地开展业务活动。①

可见，经济全球化要求各国放松对金融业的管制，也就是说经济全球化要求金融自由化配合。经济全球化和金融自由化相互促进，共同推动经济的快速发展和稳步增长。

思考题

1. 金融市场的功能有哪些？
2. 货币市场与资本市场的区别？
3. 简述现代金融体系的构成。
4. 比较直接融资与间接融资的特点。
5. 简述同业拆借市场的主要交易。
6. 简述经济全球化及其影响。
7. 简述金融市场发展对银行的影响。

练习题

一、填空题

1. 金融市场的分类多种多样，按照金融资产的期限长短可分为（　　　　）市场和（　　　　）市场。

2. 金融市场的分类多种多样，根据融资方式可分为（　　　　）和（　　　　）。

3. 金融市场的分类多种多样，根据金融工具上市的先后可分为（　　　　）和（　　　　）。

4. 金融市场的分类多种多样，根据金融交易对象可分为（　　　　）、（　　　　）、（　　　　）、（　　　　）、（　　　　）、（　　　　）。

5. 金融市场的分类多种多样，根据金融交易的交割时间划分为（　　　　）、（　　　　）。

6. 金融市场的分类多种多样，根据金融交易场所划分为（　　　　）、（　　　　）。

7. 在美国，同业拆借又称为（　　　　）。

8. 通过资本市场，银行解决了贷款资金长期占用与保持（　　　　）的

① 徐文彬：《金融业混业经营的范围经济分析》，经济科学出版社2006年版，第3页。

矛盾，资本市场也相应地扩充了自己的领域。

9. 就金融与实体经济的关系来看，金融体系的基本功能始终是（　　　　）。

10. 在金融市场上，人们通过买卖（　　　　　），实现资金从盈余部门向赤字部门的转移。

二、单项选择题

1. 以下不属于非银行金融机构的是（　　）。

A. 金融资产管理公司　　B. 货币经纪公司

C. 信托公司　　D. 农村资金互助社

2. 下列银行中，从未作为政策性银行的是（　　）。

A. 国家开发银行　　B. 中国进出口银行

C. 中国银行　　D. 中国农业发展银行

3. （　　）年中国人民银行将对银行业金融机构的监管职责移交至新设立的中国银监会。

A. 2000　　B. 2001　　C. 2002　　D. 2003

4. 汽车金融公司的监管机构是（　　）。

A. 中国银监会　　B. 中国证监会

C. 中国人民银行　　D. 中国银行业协会

5. 在我国大型商业银行中，最早在香港（H 股）上市的银行是（　　）。

A. 中国农业银行　　B. 中国工商银行

C. 中国银行　　D. 中国建设银行

6. 近年来，城市商业银行发展呈现的趋势是（　　）。

A. 引进战略投资者　　B. 联合重组

C. 跨区域经营　　D. 以上答案都对

7. 我国货币市场不包括（　　）。

A. 银行间同业拆借市场　　B. 债券市场

C. 银行间债券回购市场　　D. 票据市场

8. 全国统一的同业拆借市场形成是在（　　）年。

A. 1984　　B. 1997　　C. 1990　　D. 1996

9. 中国金融期货交易所在（　　）于上海成立。

A. 1994 年　　B. 1997 年　　C. 2002 年　　D. 2006 年

10. 金融市场最主要、最基本的功能是（　　）。

A. 货币资金融通功能　　B. 资源配置功能

C. 风险分散与风险管理功能　　D. 经济调节功能和定价功能

三、多项选择题

1. 宏观经济发展的总体目标包括（　　）。
   A. 经济增长　　B. 充分就业
   C. 抑制通货膨胀　　D. 物价稳定
   E. 国际收支平衡
2. 金融市场的功能包括（　　）。
   A. 货币资金融通功能　　B. 资源配置功能
   C. 风险分散与风险管理功能　　D. 经济调节功能
   E. 定价功能
3. 我国货币政策工具主要包括（　　）。
   A. 公开市场业务　　B. 再贷款与再贴现
   C. 存款准备金　　D. 利率政策、汇率政策
   E. 窗口指导
4. 货币政策目标包括（　　）。
   A. 初始目标　　B. 最终目标
   C. 中间目标　　D. 操作目标
   E. 短期目标
5. 中央银行基准利率由（　　）构成。
   A. 再贷款利率　　B. 再贴现利率
   C. 存款准备金利率　　D. 超额存款准备金利率
   E. 法定准备金利率
6. 下列货币政策目标中，不是中间目标的有（　　）。
   A. 货币供应量　　B. 利率
   C. 准备金　　D. 基础货币
   E. 物价稳定
7. 直接融资领域中的金融中介有（　　）。
   A. 商业银行　　B. 投资银行　　C. 证券公司　　D. 证券交易所
   E. 保险公司
8. 曾经作为我国政策性银行现已改制的是（　　）。
   A. 中国银行　　B. 国家开发银行
   C. 中国进出口银行　　D. 中国农业发展银行

E. 中国工商银行

9. 我国综合类证券公司可从事（　　）。

A. 资金的转账结算业务　　B. 证券承销业务

C. 自营业务　　D. 证券经纪类业务

E. 贷款业务

10. 西方国家按照保险种类建有形式多样的保险公司，如（　　）。

A. 人寿保险公司　　B. 火灾及意外伤害保险公司

C. 信贷保险公司　　D. 存款保险公司

E. 再保险公司

四、判断题

1. 第三产业是指除第一、二产业以外的其他行业，其中包括金融业。（　　）

2. 金融市场包括货币市场、债券市场、股票市场、外汇市场、期货市场、黄金市场、保险市场等。（　　）

3. 金融市场，可以按具体的交易工具的类型划分为货币市场和资本市场。（　　）

4. 流通市场也称二级市场，是对已上市的金融工具进行买卖转让的市场。（　　）

5. 直接融资是指政府、企业等货币资金需求者，直接通过发行债券、股票等形式，从机构、个人等货币资金投资者手中融入所需资金。（　　）

6. 场内交易市场又称有形市场，是指有固定场所、有组织、制度化了的金融交易市场，例如股票交易所。（　　）

7. 场外交易市场又称无形市场，指没有固定交易场所的市场，交易者通过经纪人或交易商的电话、网络等洽谈成交。但柜台市场并不是场外交易市场。（　　）

8. 从1989年至1990年年底，深圳证券交易所和上海证券交易所先后成立，标志着我国股票市场正式形成。（　　）

9. 直接融资工具包括政府、企业发行的国库券、企业债券、商业票据、公司股票、可转让大额定期存单等。（　　）

10. 同业拆借市场同依托其获准开展的债券回购业务与票据市场一起构成我国的货币市场。（　　）

第四章　利息与利息率

利息是在信用基础上产生的一个经济范畴，它是使用借贷资金付出的代价，而利率是用来衡量利息数量多少的一个标准，是使用借贷资金的价格。利率与税率、汇率合称“三率”。三率与价格共同形成市场信号，对宏观经济运行和微观经济运行都有极其重要的调节作用。本章第一节分析利息的本质和利息的计算方法；第二节从多个角度介绍利率的分类；第三节着重讨论影响利率的因素和利率的决定理论；最后一节分析利率对经济的影响及其发挥影响作用的条件，并结合我国的实践探讨利率市场化的相关话题。

第一节　利　　息

一、利息的来源和本质

（一）西方经济学家关于利息的种种不同认识

古典政治经济学派对利息的认识有两个角度。其中，一些人认为利息是与借贷资本相联系的一个经济范畴，并且从借贷货币资本的表面运动来分析利息的来源和性质。如威廉·配第认为利息是暂时放弃货币的使用权而获得的报酬。约翰·洛克认为利息是贷款人承担了风险而得到的报酬。诺思认为利息因为资本的余缺而产生，是资本的租金等等。但是自马西开始，利息的研究开始倾向于对利息来源的分析，认为利息是与分配理论相联系的一个经济范畴，利息是社会总收入的一部分，是资本所有者的报酬。如马西认为利息是货币作为资本的使用价值的报酬，它来源于资本使用后所产生的利润。亚当·斯密在此基础上更进一步指出，利润是剩余价值的转化形式。在古典政治经济学派当中，对利息尽管提出了一些正确的看法，但他们都没有深入地分析利息产生的真正原因，没有把利息和利润区别开来，没有阐明利息与地租、企业主收入之间的关系等等。

与古典政治经济学派不同，近现代西方经济学家主要从资本的范畴、人的主观意愿和心理活动等角度研究利息的来源与本质，提出了众多的学说。如英国经济学家西尼尔的“节欲说”。他认为资本来自储蓄，储蓄又来源于节欲，即要增加储蓄就必须节制当前消费与享受，这需要人们忍受额外的牺牲，利息就是人们牺牲自己目前消费而应得的报酬。奥地利经济学家庞巴维克的“时差利息说”则认为，现在物品要比同类等量的未来物品具有更大的价值，二者之间存在着价值时差，利息是对价值时差的一种补偿。

按照西方经济学家关于利息本质的认识，任何有收益的事物，即使它并不是一笔贷放出去的货币，甚至也不是真正有一笔现实的资本存在，都可以通过收益与利率的对比而倒算出它相当于多大的资本金额。这被称为“资本化”。其计算公式为：

$$P=\frac{C}{r} \tag{4.1}$$

其中，P 为估算的生产要素的价格，C 为持有该要素每年能取得的收益，r 为适当的贴现率。

收益资本化的例子包括土地的价格、人力资本的价格、有价证券的价格。例如，土地本身不是劳动产品，无价格，从而不具备决定其价格的内在根据，但土地可以有收益，于是就可以取得地价。比如，一块土地每亩的年平均收益为 100 元，假定年利率为 5%，则这块土地就会以每亩 2 000 元（=100 元÷0.05）的价格买卖成交。在利率不变的情况下，当土地的预期收益（B）越大时，其价格（P）会越高；而在预期收益不变的情况下，市场利率（r）越高，土地的价格（P）将越低，这就是市场竞争过程中土地价格形成的规律。

同理，有些本来不是资本的东西也因收益的资本化而视为资本。以人力资本为例，若一个人的年工资为 6 000 元，当市场年利率为 5% 时，他的人力资本额可达 12 万元。

（二）马克思关于利息来源和本质的理论

马克思认为利息的本质由利息的来源决定，利息的来源取决于信用关系的性质，最终取决于社会生产方式。在封建社会和奴隶社会，高利贷资本是生息资本的主要形式。高利贷信用的利息来源于奴隶、农民等小生产者的劳动所创造的一部分必要劳动产品价值和全部的剩余产品价值，它体现了高利贷者同奴隶主和封建主共同对劳动者的剥削关系。

在资本主义制度下，资本所有权和使用权分离，借贷资本成为资本商品，是利息产生的经济基础。利息来源于利润，是剩余价值的一种特殊表现形式，它体现了借贷资本家和职能资本家之间瓜分剩余价值的关系，也体现了借贷资本家和职能资本家共同剥削雇佣工人的关系。

二、利息的计算方法

利息的计算方法有两种：单利计算法和复利计算法。

（1）单利计算法是指在计算利息额时，不论期限长短，永远在初始本金上计算利息。其计算公式为：

$$利息 = 本金 \times 利息率 \times 计算期限$$

（2）复利计算法是指计算利息时，按一定期限（如 1 年）将所生利息加入本金，逐期滚算利息。设 P 为本金，I 为利息，r 为利息率，n 为期限，A 表示本利之和。则计算公式为：

$$I = P[(1+r)^n - 1] \qquad A = P(1+r)^n \tag{4.2}$$

单利计算法计算简单、方便，通常适用于短期借贷。复利计算法更符合商品经济条件下的资本特性，即资本在运动中不断增值，而且已经增值的部分作为资本使用，也要增值。因此用复利计算利息，可以正确地反映资金的时间价值（现值和终值）。长期借贷应以复利方法计算利息。

上述复利计算公式表示，现在一定量的货币（P）在未来一定时间（n）后的价值（A），即资本的终值。若把将来某一时期（或时点）的资本值（A）换算成与现在时期（或时点）等值的资本，即通常所讲的贴现，其换算结果称为“现值”（P）。其计算公式为：

$$P = \frac{A}{(1+r)^n} \qquad A = P(1+r)^n \tag{4.3}$$

由公式 4.3 可知，如果知道现值求终值，则直接利用复利计算公式；如果知道终值求现值，则可根据利率倒推出本金。

下例（见表 4.1）说明了初始投资为 500 美元如何在 20 年内，增长成总额为 2 000 美元。尽管每年的利率仅为 7.1773%，但该初始投资的总收益率却达到 400%。开始几年每年获得利息额增长较为缓慢，但随着时间推移，后来的增长速度逐渐提高，资本总额也就随之增加。

表 4.1　**500 美元本金 20 年中各年的本利和**　单位：美元

年限	年初	利息	年末
1	500.00	35.89	535.89
2	535.89	38.46	574.35
3	574.35	41.22	615.57
4	615.57	44.18	659.75
5	659.75	47.35	707.11
6	707.11	50.75	757.86
7	757.86	54.39	812.25
8	812.25	58.30	870.55
9	870.55	62.48	933.03
10	933.03	66.97	1 000.00
11	1 000.00	71.77	1 071.77
12	1 071.77	76.92	1 148.70
13	1 148.70	82.45	1 231.14
14	1 231.14	88.36	1 319.51
15	1 319.51	94.71	1 414.21
16	1 414.21	101.50	1 515.72
17	1 515.72	108.79	1 624.50
18	1 624.50	116.60	1 741.10
19	1 741.10	124.96	1 866.07
20	1 866.07	133.93	2 000.00

复利在评价经济效益方面有着广泛的应用。现值计算法可计算投资收益。项目投资，首先要考虑收益率和利息率之比。一般说来，如收益率高于利息率，则投资有利，可进行此项投资；如收益率低于利息率，则投资不利，不宜进行投资，而应该把资金单纯贷出，以收取利息。怎样比较两者，就是把逐年的投资额和获得的利润按一定的基准日折算成现值加以比较。

复利计算法还可以测算出投资时间分布的不同效益，从而指定正确的投资方案。假设某一项目预计投资 500 万元，如果年利息率为 10%，那么不同的投资时间分布就会产生不同的效益，见表 4.2。

表 4.2 某投资项目的三种投资方案 单位：万元

年份	A 方案	算现值	B 方案	算现值	C 方案	算现值
1	50	46	100	91	150	136
2	50	41	100	93	150	124
3	100	75	100	75	100	75
4	150	102	100	68	50	34
5	150	93	100	62	50	31
合计	500	357	500	389	500	400

可见，上述三种方案尽管均是500万元计划投资数，利息率均为10%，投资期也都为5年，但因为投资的时间分布不同，按现值计算实际投资是不同的。三种方案比较，A方案投资收益最高，B方案其次，C方案最差。

第二节 利 息 率

利息率（简称利率）是一定时期收取的利息同借出款（本金）的比例，它是决定利息数量的因素与衡量标准。

一、利率的一般表示法

利率的表示方法有三种：年利率、月利率和日利率。年利率一般按本金的百分之几表示，例如年利率7.2%，则每年每百元本金的利息收入是7.2元。月利率是按本金的千分之几表示，例如月利率是6‰，则每月每千元本金的利息收入是6元。日利率按本金的万分之几表示，例如日利率是2‱，则每日每万本金可得利息2元。

在实际工作中，利率需要相互换算，即年、月、日利率可互相换算，换算方法为：年利率除以12（月）为月利率，除以360（天）为日利率。反之，月利率乘以12、日利率乘以360则为年利率。月利率除以30（天）为日利率，而日利率乘以30（天）为月利率。

二、利率的种类

利率按照不同的标准，可以划分为不同的种类。

（一）名义利率和实际利率

名义利率就是直接以货币表示的，市场通行使用的票面利率。实际利率是名义利率扣除通货膨胀因素以后的真实利率。名义利率和实际利率的关系可以用公式表示为：

$$实际利率 = 名义利率 - 通货膨胀率$$

判断利率水平高低，不能只看名义利率，还需考虑物价因素。划分名义利率与实际利率的意义在于，它为分析通货膨胀下的利率变动及其影响提供了依据与工具，便利了利率杠杆操作。根据名义利率与实际利率的比较，实际利率呈现三种情况：实际利率为正利率、实际利率为零和实际利率为负利率。在不同的实际利率状况下，借贷双方和企业会有不同的经济行为。一般而言，正利率、零利率和负利率对经济的调节作用是互逆的，只有正利率才符合价值规律的要求。

【案例 4.1】

通货膨胀与保值贴补

当通货膨胀率很高时，实际利率将远远低于名义利率。由于人们往往关心的是实际利率，因此若名义利率不能随通货膨胀率进行相应的调整，人们储蓄的积极性就会受到很大的打击。比如在 1988 年，我国的通货膨胀率高达 18.5%，而当时银行存款利率仅为 7.2%，可计算得实际利率为 -11.3%（=7.2% - 18.5%）。

所以在 1988 年的前三个季度，银行储蓄不仅没给存款者带来收入，连本金的实际购买力也在下降。老百姓的反应就是取款、抢购，以保护自己的财产，因此就发生了 1988 年夏天银行挤兑和抢购之风，银行存款急剧减少。

针对这一现象，我国的银行系统于 1988 年第四季度推出了保值存款，将名义利率大幅度提高，并对通货膨胀所带来的损失进行补偿。表 4.3 给出了 1988 年第四季度到 1989 年第四季度我国的银行系统三年保值存款的年利率，保值贴补措施使得存款实际利率重新恢复到正数水平。以 1989 年第四季度到期的三年定期存款为例，从 1988 年 9 月 10 日（开始实行保值贴补政策的时间）到存款人取款这段时间内的总名义利率为 21.5%，而这段时间内的通货膨胀率仅为 17.8%，因此实际利率为 3.7%。实际利率的上升使存款人的利益得到了保护，存款下滑局面很快得到了扭转。

表 4.3 我国银行系统对三年定期存款的保值率 单位：%

年度．季度	年利率	通货膨胀补贴率	总名义利率
1988.4	9.71	7.28	16.99
1989.1	13.14	12.71	25.85
1989.2	13.14	12.59	25.73
1989.3	13.14	13.64	26.78
1989.4	13.14	8.36	21.50

资料来源：《中国金融年鉴（1990）》。

（二）短期利率和长期利率

短期利率是指融资时间在1年以内的利息率。长期利率是融资时间在1年以上的利息率。一般长期利率高于短期利率水平。因为融资期限长，市场变化大，经营风险大，导致融资风险也就越大，融资期限越长，使用借入资金经营获得的利润越多，借者所应支付的利息就应越多。划分长短期利率的意义主要在于，明确融资期限长短对利率水平的影响，掌握期限利率结构的管理要求，确保借贷资金的真实收益。

（三）固定利率和浮动利率

固定利率是指利息率在整个借款期间内固定不变，不随借贷资金的供求状况和市场利率的波动而发生变化。浮动利率又称可变利率，是指利息率随着市场利率的波动而定期调整变化的利率。固定利率在借款期间不发生变化，因而它的主要优点是容易计算借款成本，简便易行，比较适宜于短期借款或市场利率变化不大的情况。浮动利率在借款期内随着市场利率的变化而定期调整，因而借款人在计算借款成本时比较困难、繁杂，利息负担可能减轻，也可能加重。但由于借贷双方可以共同承担利率变化的风险，利息的负担与资金供求状况密切结合，这种利率比较适宜于中长期贷款。

（四）市场利率、官方利率和公定利率

市场利率是在金融市场上由借贷资金供求关系直接决定并由借贷双方自由议定的利息率。包括借贷双方直接融资时协商的利率和金融市场买卖各种有价证券时的利率。市场利率是借贷资金供求状况变化的指示器。当资金供给大于需求时，利率呈下降趋势；相反，当资金供给小于需求时，利率则呈上升趋势。由于影响资金供求状况的因素十分复杂，因而市场利率的变动非常频繁、灵敏。

官方利率是政府货币管理当局或中央银行确定发布的，各级金融机构都必须执行的各种利息率。由于商品经济条件下，利率对资金活动规模、趋势、效率等影响极大，甚至直接影响国家货币金融政策的贯彻执行，成为一种调节经济活动的重要杠杆，所以，国家不能听任市场利率自由涨落，必须经常采取积极的干预措施，实行必要的管制，这样就产生了官方利率。官方利率是由中央银行按照货币政策的需要直接确定。例如中央银行的再贴现率就是典型的官方利率。中央银行有时还直接规定商业银行的利率最高限以及对商业银行的存贷款利率规定各种限制措施等。

官方利率对市场利率发挥着宏观制约作用，它表达了政府的货币政策意向。所以，市场利率必然会受到官方利率的干预和影响，但是市场利率的变动主要还是取决于借贷资金的供求关系，这样，市场利率和官方利率之间往往存在一定的差距，两者不可能完全保持一致。同时，中央银行在确定官方利率时，总是以市场利率作为重要依据。

由民间金融组织如银行公会所确定的利率是行业公定利率。

（五）存款利率与贷款利率

存款利率是指客户在银行或其他金融机构存款所取得的利息额与存款本金的比率。存款利率的高低直接影响存款者的收益和金融机构的融资成本，对金融机构所能集中的资金数量有着重要影响。

存款利率随着存款种类的不同而不同。一般而言，存款期限越长，存款利率越高。反之，存款期限越短，存款利率越低。有些国家甚至对活期存款不付利息，因为活期存款是银行为客户提供的一种服务，客户在银行存放活期存款随时可以提取或用于支付，而银行为了保证客户提取活期存款必须持有充分的支付准备金，或只能投资于流动性较强的金融资产。

贷款利率是指银行和其他金融机构发放贷款所收取的利息额与贷款本金的比率。贷款利率的高低决定着产业利润在企业和银行之间的分配，从而决定着金融机构的利息收入和借款人的筹资成本，影响着借贷双方的经济利益。贷款利率也因贷款种类和期限不同而不同。

贷款利率一般高于存款利率，贷款利率与存款利率的差额即为存贷利差。存贷利差是银行利润的主要来源，它直接决定着银行的经济效益。由于存款利率的高低直接影响银行集中社会资金的规模，进而影响借贷资金的供求状况和贷款利率，贷款利率的高低直接影响贷款的规模，因此，保持合理的存、贷款利率对实现信贷资金供求平衡及调节货币流通有着重要作用。

我国银行的存贷款利差总的来讲比较大（见表4.4），从1996年至2006年存贷利差从1.08%提高至3.6%，2006年以来，存贷利差逐步缩小，但在2014年11月以前均在390以上。

表4.4　1996年以来我国一年期存贷款利差的变动情况　单位：%

调整时间	贷款利率	存款利率	存贷利差
调整前	12.06	10.98	1.08
1996.05.01	10.98	9.18	1.80
1996.08.23	10.08	7.47	2.61
1997.10.23	8.64	5.67	2.97
1998.03.25	7.92	5.22	2.70
1998.07.01	6.93	4.77	2.16
1998.12.07	6.39	3.78	2.61
1999.06.10	5.85	2.25	3.60
2004.10.29	5.58	2.25	3.33
2006.08.19	6.12	2.52	3.60
2007.05.19	6.57	3.06	3.51
2007.08.22	7.02	3.60	3.42
2007.12.21	7.47	4.14	3.33
2008.10.09	6.93	3.87	3.06
2012.07.06	6.00	3.00	3.00
2014.11.22	5.60	2.75	2.85
2015.10.24	4.35	1.50	2.85

资料来源：根据中国人民银行网站相关数据计算所得。

此外，按照借贷主体的不同，可以划分为中央银行利率、商业银行利率和非银行利率。由于划分标准本身可以是交叉的，故一种利率可能同时具备几种性质。各类利率都不是孤立存在的，相互之间都有很强的内在联系，并相互制约，共同构成一个有机整体，即利率体系。因此，利率体系就是指在一个经济运行机体中存在的各种利息率，由各种内在因素联结成的有机体。

第三节　利率决定理论

确定合理的利率水平是运用利率杠杆调节经济的关键环节。然而，利率的决定并不是人们单纯的主观行为，必须遵循客观经济规律的要求，需要综合考虑各种因素。

一、马克思的利率决定理论

马克思的利率决定论是在批判和继承古典经济学派利息理论的基础上建立起来的，以剩余价值在不同资本家之间的分割作为起点的。马克思揭示：资本所有权与资本使用权的分离是利息产生的经济基础；利息是利润的一部分，剩余价值的转化形式；利息是借贷资本的价格。因此，认为利息率主要是由社会平均利润率和借贷资本供求关系这两个因素决定的。一般在其他条件不变的情况下，利息率与平均利润率成正比。在正常条件下，利息率不能超过或等于平均利润，否则职能资本家就无利可图；利息率的最低界限也不能低于或等于零，否则借贷资本家也无利可图。因此，利息率总是在平均利润率和零之间上下波动。

马克思指出："在货币市场上，一切借贷资本总是作为一个总额和执行职能的资本相对立，从而，借贷资本的供给和借贷资本的需求之间的关系，决定着当时市场的利息状况。"① 生息资本虽然是和商品绝对不同的范畴，但却变成特种商品，因而利息就变成了它的价格，这种价格，就像普通商品的市场价格一样，任何时候都由供求决定。因而，一般情况下，借贷资本供不应求，信用紧缩，利率上升；借贷资本供过于求，信用松动，利率下降，利率的波动受借贷资本供求状况的影响。

此外，法律、人们的道德观念、传统习惯等对利率也有影响。由于受客观条件的限制，马克思的利率决定理论分析了资本主义自由竞争时期市场利率决定和变动的一般规律。

二、古典学派的利率决定理论

19 世纪 80、90 年代，奥地利经济学家庞巴维克（1851～1914）、英国经济学家马歇尔（1842～1924）、瑞典经济学家魏克塞尔（1851～1926）和美国经济学家费雪（1867～1947）等人对支配和影响资本供给和需求的因素进行了深入的探讨，建立了储蓄和投资决定利率的理论。这些理论严格遵循古典经济学重视实物因素的传统，主要从生产消费等实物经济生活中去探求影响资本供求的因素，

---

① 马克思：《资本论》第 3 卷，人民出版社 1975 年版，第 410～411 页。

因而被西方经济学家称为“古典”利率理论。

古典利率理论的基本特点是从储蓄和投资等实物因素来讨论利率的决定，认为利率决定于资本的供给和需求，这两种力量的均衡决定了利率的水平。并且认为通过利率的变动，能够使储蓄和投资自动地达到一致，从而使经济始终维持在充分就业水平。

资本的供给来源于储蓄，而储蓄则意味着人们要牺牲现在的消费，来换取未来的消费，必须给“等待”或者“延期消费”这种行为进行补偿，而利息便是这种补偿。利率越高，意味着这种补偿越大，人们也就越愿意延迟其消费，即增加储蓄。因此储蓄是利率的增函数，即

$$S = S(i), \frac{dS}{di} > 0 \tag{4.4}$$

式中，S 代表意愿的储蓄，i 代表利率。

对于贷款的需求主要来源于投资，而投资量的大小则取决于投资预期报酬率和利率的比较，只有预期报酬率大于利率的投资才是有利可图的。当利率降低时，预期报酬率大于利率的投资机会将增多，从而投资需求将增大，所以投资是利率的减函数，即

$$I = I(i), \frac{dI}{di} < 0 \tag{4.5}$$

式中，I 代表意愿的投资。

古典经济学家认为，利率就是资本的租用价格。正如商品的供求决定均衡价格一样，资本的供求决定了均衡利率。图 4.1 便是这一思想的形象描述。其中储蓄曲线 S(i) 和投资曲线 I(i) 的交点 E 即为均衡的利率和储蓄、投资水平，在这一点上储蓄与投资相等，即 $S_e = I_e$，并且均衡利率 i_e 也被决定了。

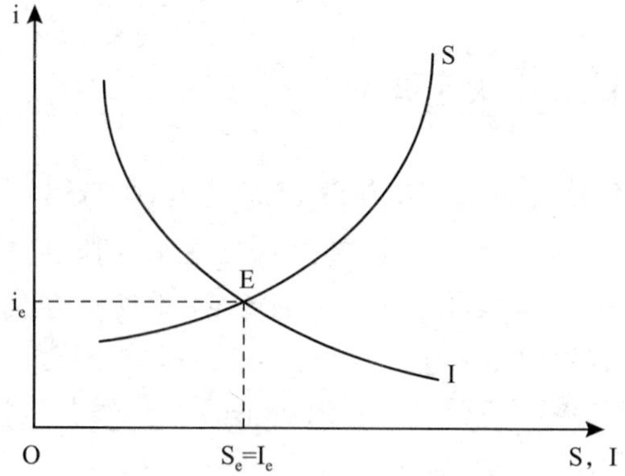

图 4.1　古典利率决定理论

按照这一理论，只要利率是灵活变动的，它就是市场上的价格信号，具有自动调节功能，使储蓄和投资趋于一致。当投资大于储蓄时，利率就会上升，从而使储蓄增加，投资下降，两者最终趋于一致；反之亦然。因此经济不会出现长期的供求失衡，它将自动趋于充分就业水平。

古典学派利率决定理论有两个特点：

（1）古典利率理论是非货币性理论。该理论认为储蓄与投资的均等决定均衡利率。均衡利率不受任何货币数量变动的影响，储蓄与投资都是实物性的，因此利率为实物利率，或称自然利率。

（2）古典利率理论是一种局部均衡理论。储蓄与投资的数量都是利率的函数，而与收入无关。利率的变动仅仅影响储蓄与投资，并促进二者达到均衡，而不影响其他变量。

三、凯恩斯学派的流动性偏好理论

流动性偏好说是由英国经济学家凯恩斯（1883～1946）在20世纪30年代资本主义经济大危机背景下提出的，与“古典”利率理论强调储蓄、投资等实物因素决定利率的观点相反，凯恩斯则从货币因素出发讨论利率决定，从而创立了其货币利率理论。

凯恩斯认为，由于现代货币信用制度的发展，现代货币经济的一个重要特征就是未来充满不确定性，人们无法准确地预测未来。人们持有股票、债券等资产虽有可能获得一定的收益，但也可能会蒙受损失。货币虽然也是一种资产，但却是一种特殊形式的资产，能随时转化为其他商品，因而具有完全的流动性和最小的风险性。但是，在一定时期内，货币供给量有限，人们要取得货币，就必须以支付一定的报酬为条件来使他人让渡一部分货币。在凯恩斯看来，这种为取得货币而支付的报酬就是利息，它是对社会公众在一定时期内放弃对货币流动性的控制权所支付的报酬，而不是对储蓄或等待的报酬。所以在凯恩斯看来，利息完全是一种货币现象，其数量的大小，即利率的高低是由货币供求关系所决定的。

凯恩斯认为，在一定时期内，一个国家的货币供给是外生变量，基本上是由货币当局所掌握和控制。因此，货币供给独立于利率的变动，用M表示货币当局决定的货币供给。而人们对货币流动性的偏好，即货币需求（L）则是内生变量，取决于公众的流动性偏好，主要起因于三种动机，即交易动机、预防动机和投机动机。出于前两种动机的货币需求主要决定于收入，收入越高，交易数量和个人对货币的预防需求也越大，而与利率没有直接的关系。

如果用 L_1 表示交易动机和预防动机所产生的全部实际货币需求，用 y 表示实际收入，则 $L_1(y)$ 为收入 y 的递增函数。出于投机动机的货币需求与利率呈反方向的变化，用 L_2 表示满足投机动机而保有货币的货币需求，i 表示利率水平，则 $L_2(i)$ 为利率的递减函数。

再假设以 M_s 表示货币供给，以 M_d 表示货币需求，则有公式：

$$M_s = M$$

$$M_d = L = L_1(y) + L_2(i) \tag{4.6}$$

当 $M_s = M_d$ 时，i_e 是由货币供给和货币需求决定的均衡利率。如图 4.2 所示。

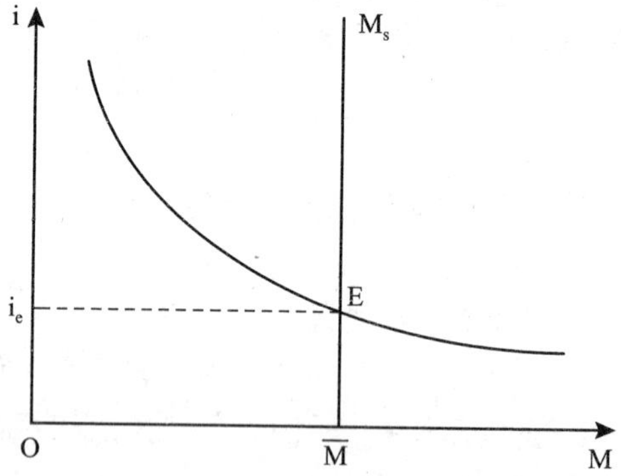

图 4.2 流动性偏好利率理论

如果人们的流动性偏好增强，货币需求大于货币供给，利率便上升。相反，当人们的流动性偏好减弱，货币需求量小于货币供给量时，利率就下降。根据给定的货币需求曲线，货币需求量越大，货币供给越多，利率就越低。但利率降到凯恩斯认为的使货币需求具有完全利率弹性水平以后，无论货币供应如何增加都不会使利率进一步下降。如图 4.3 所示。

当货币供给线与货币需求线的平行部分相交时，利率将不再变动。即无论怎样增加货币供给，货币均会被储存起来，不会对利率产生任何影响。这就是“凯恩斯陷阱”或称“流动性偏好陷阱”。“流动性陷阱”可以用来解释扩张性货币政策的有效性问题，在此区间，货币政策是完全无效的，此时只能依靠财政政策。

流动性偏好利率理论为我们揭示了一条货币作用于实际经济的途径，即货币供给的增加将导致利率的下降，并进而影响到投资和实际收入，当货币供求达到均衡时，整个国民经济处于均衡状态。凯恩斯认为，决定利率的所有因素均为货币因素，利率水平与实体经济部门没有任何关系，属于“纯货币分析”的框架。

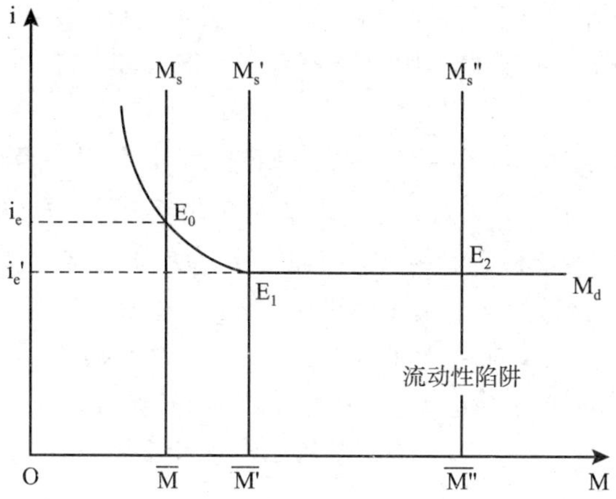

图 4.3 流动性偏好陷阱

四、新古典学派的可贷资金理论

凯恩斯的流动性偏好利率理论改变了古典经济学家仅仅从实物因素角度来考察利率决定的传统，但是他将利率纯粹看作是一种货币现象，而完全忽视储蓄、投资等实际因素对利率的影响。这种观点也遭到了许多批评。20 世纪 30～40 年代剑桥学派罗伯逊提出了可贷资金利率理论，试图将实际因素及货币因素对利率的影响综合起来考虑。这一理论受到俄林、勒纳等经济学家的支持，并且成为一种流行的利率决定理论。

“可贷资金论”一方面反对以费雪为代表的古典学派忽视货币因素，仅以储蓄投资来分析利率决定问题的片面性；另一方面，也抨击凯恩斯完全否定非货币因素（如节欲和资本边际生产力）在利率决定中的作用的观点。其基本主张是：利率为借贷资金的价格，借贷资金的价格决定于金融市场上的资金供求关系，而借贷资金的供求既有实物市场的因素又有货币市场的因素，既有存量又包括流量。

可贷资金的供给来源于四个方面：（1）当前储蓄。（2）固定投资的出售所得。（3）窖藏现金的启用。（4）银行体系所创造的新增货币量。以 S 表示当前储蓄与固定资产出售收入（过去储蓄）的总和，S(i) 是利率的增函数，以 ΔM_s 表示银行体系新创造的货币量，它由货币管理当局决定，为外生变量，故与利率的变化无关。那么，总的可贷资金供给为

$$F_s = S + \Delta M_s \tag{4.7}$$

可贷资金的需求由三个方面所构成：（1）当前投资。（2）固定资本的重置以及折旧与报废的补偿。（3）现金的新增累积和窖藏。假设以 I 表示当前投资与

固定资产重置与补偿总和，I(i) 为利率的减函数；以 ΔM_d 表示货币的净窖藏增量，$\Delta M_d(i)$ 为利率的减函数；则可贷资金的总需求即

$$F_d = I + \Delta M_d(i) \tag{4.8}$$

于是有图 4.4 中 E 点为可贷资金供求均衡点，E 点对应着均衡利率 i_e。

F_d 与 F_s 相交点的利率水平 i_e，表明为可贷资金供求均衡所决定的利率，但这并不表示一定是 I = S 和 $\Delta M_d = \Delta M_s$。如图 4.4 所示，ΔM_d 大于 ΔM_s，其差额为 AB，S 大于 I，其差额为 CD，由于 AB 与 CD 相等，故 F_d 与 F_s 相等。但在货币市场和商品市场中，无论求过于供（$M_d > M_s$），或者供过于求（S > I），对国民收入和国民经济活动都会产生收缩性的压力，在这种情况下，利率也不会保持稳定。只有将收入与国民经济活动调整至货币供求和实物供求同时平衡时，一个稳定的均衡利率才能建立。

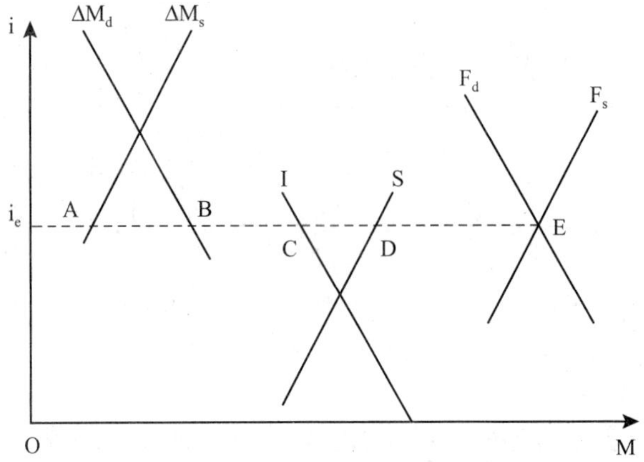

图 4.4　新古典利率决定理论

可贷资金理论认为，市场利率是由可贷资金市场中的供求关系所决定的，任何使可贷资金供给曲线或需求曲线产生移动的因素都将改变均衡利率水平。需求增加（F_d 曲线向右移动）或供给减少（F_s 曲线向左移动）都将使均衡利率升高；需求减少（F_d 曲线向左移动）或供给增加（F_s 曲线向右移动）都将使均衡利率下降。

可贷资金理论从流量的角度研究借贷资金的供求和利率的决定，可以直接用于金融市场的利率分析。特别是资金流量分析方法和资金流量统计建立以后，用可贷资金理论对利率决定作实证研究有实用价值。

但是也有许多西方经济学家提出了质疑，主要集中在两点。一是可贷资金供求均衡时所决定的利率是不稳定的，因为商品市场和货币市场不可能同时达到均

衡，I 与 S，ΔM_d 与 ΔM_s 的差额恰好相等只是暂时和偶然的情况。二是可贷资金理论没有考虑收入水平，而收入对决定利率的因素有很大的影响。

五、IS－LM 框架下的利率决定理论

不管是古典学派的投资储蓄理论和新古典学派的可贷资金理论，还是凯恩斯的流动性偏好理论，都存在一个共同的缺陷，即都采用局部均衡的分析方法。在理论结构中，收入和利率是互相关联的。为此，英国经济学家希克斯和美国经济学家汉森对以上三种模型加以综合和完善，提出了汉森—希克斯一般均衡模型，即著名的 IS－LM 模型。希克斯认为，利率是一种特殊的价格，必须从整个经济体系来研究它的决定。因此应该将劳动生产率、节约、灵活偏好、收入水平和货币供给量，即非货币因素和货币因素结合起来，运用一般均衡的方法来探索利率的决定。

在模型中，当投资与储蓄相等时，实体经济部门达到均衡。即 $Y = S + C = I + C$，C 为消费，得到 $I(i) = S(Y)$，其中投资 I 是利率 i 的递减函数，储蓄 S 是利率 i 的递增函数。

IS 曲线是产品市场均衡曲线，它代表的是使产品市场上的供给等于需求的利率与收入水平的组合，即投资等于储蓄的收入（Y）与利率（i）点的组合轨迹。IS 曲线的形成如图 4.5 所示。

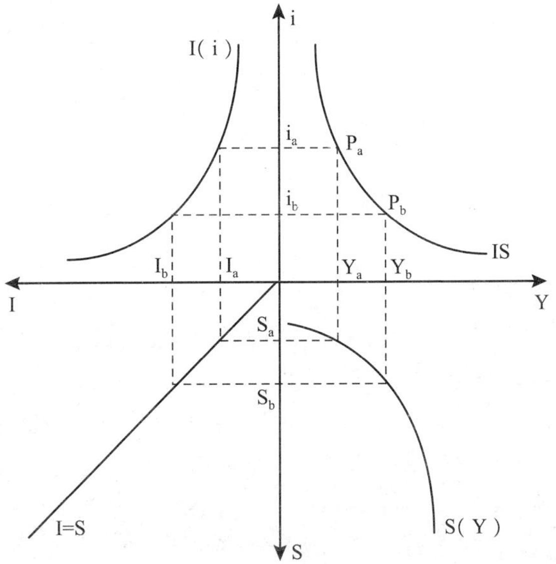

图 4.5　IS 曲线的形成

IS曲线为一条向下倾斜的曲线，因此，在产品市场均衡条件下，利率与收入呈反向变动关系。这是因为由于利率的上升会引起私人投资需求的下降，从而使总需求及均衡收入也随之下降，所以曲线的斜率为负。

当货币供给等于货币需求时，货币部门达到均衡。即

$$L = L_1(Y) + L_2(i) \equiv M_s,\ M_s = \overline{M}$$

其中，$L_1(Y)$ 是收入的递增函数，$L_2(i)$ 为利率的递减函数。

LM曲线是货币市场均衡曲线，也就是在既定的货币供给下使货币需求和货币供给相等的利率（i）和收入（Y）组合（见图4.6）。

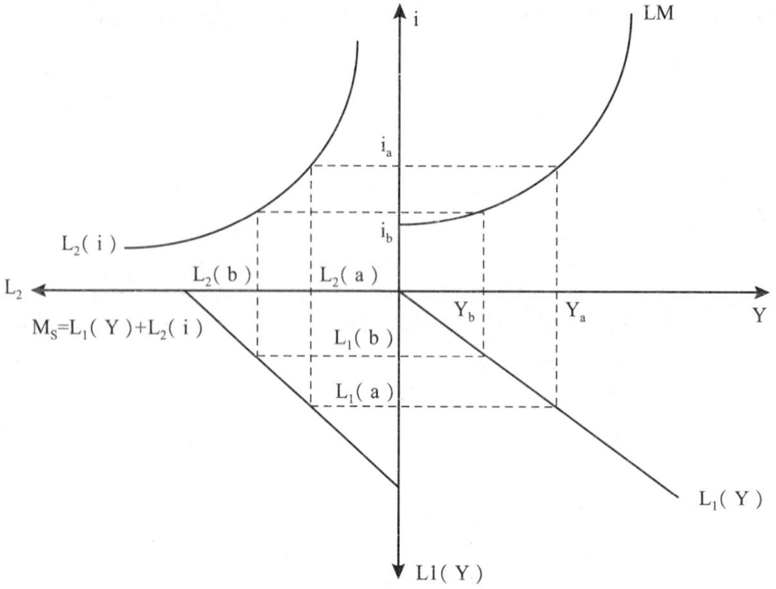

图4.6　LM曲线的形成

得到LM曲线的斜率为正，这一点的经济含义是当货币供给不变时，因收入上升引起的货币需求增加必须通过由利率上升引起的货币需求下降来加以抵消，才能使货币市场继续保持均衡。

当实体经济部门和货币部门同时达到均衡时，整个国民经济才能达到均衡状态。在IS曲线和LM曲线相交于E点时，均衡的收入水平 Y_e 和均衡的利率水平 i_e 同时被决定。

在图4.7中，IS曲线的右上方区域中利率和收入的任何结合点上，投资小于储蓄，即 $I<S$。假设任意一点A在IS曲线的上方，由A向横轴作垂直线，与IS

曲线相交于 B 点，在 B 点，I = S。A 点对应的收入 Y_A 与 B 点对应的收入 Y_B 相等，但 A 点对应的利率 i_A 却大于 B 点的 i_B，因此，A 点的投资小于 B 点的投资。因此，在 IS 曲线的上方区域，I < S。同理，在 IS 曲线的下方区域，I > S。

在 LM 曲线的左下方区域中利率和收入的任何结合点上，货币需求大于货币供给，即 L > M。假设任意一点 C 在 LM 曲线的下方，从 C 向纵轴作垂直线，与 LM 相交于 D 点，在 D 点，$i_C = i_D$，故 $L_2(C) = L_2(D)$，但是由于 $Y_C > Y_D$，因此，$L_1(C) > L_1(D)$，而 D 点代表的是 L = M，故在 C 点的货币需求 L_C 大于此时的货币供给 M。同理，可以得到在曲线的上方区域，L < M。

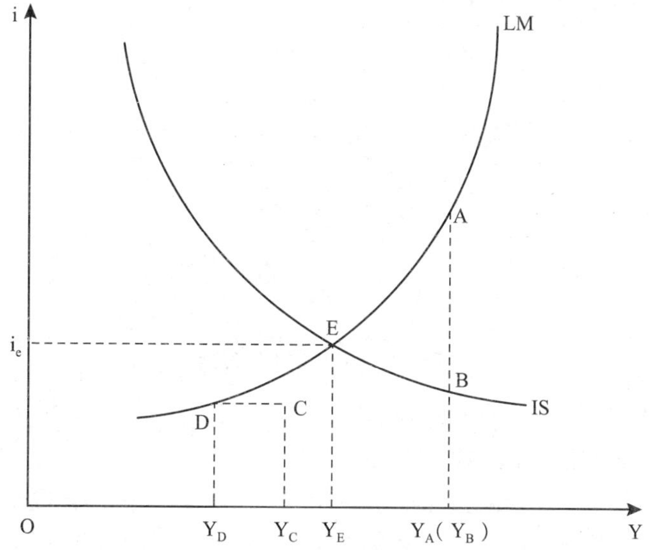

图 4.7　IS－LM 模型中收入和利率的对应关系

从图 4.8 中可以看到，IS 曲线和 LM 曲线移动时，不仅收入会变动，利率也会变动。

当资本投资的边际效率提高时，IS 曲线将向右上方移动，不仅收入提高，利率也上升。这是因为，IS 曲线右移时总支出增加，总支出增加使生产和收入增加，收入增加了，对货币交易需求增加。由于货币供给不变，人们只能通过出售有价证券来获取从事交易增加所需货币，这就会使证券价格下降，即利率上升。同样，LM 不变而 IS 曲线由于边际储蓄倾向提高，向左下移动时，收入和利率都会下降。

当 IS 曲线不变而 LM 曲线向右下移动时，则收入提高，利率下降。这是因为，LM 右移时，货币供给增加或者货币需求下降，在 IS 曲线不变，即产品供求情况没有变化的情况下，LM 曲线右移，意味着货币市场供过于求，导致利率下降。同时利率下降刺激消费和投资，从而使收入增加。同样，当 LM 曲线向左上方移动时，则会使利率上升，收入下降。

如果 IS 曲线和 LM 曲线同时移动时，则要视情况来判断收入和利率的变动情况。

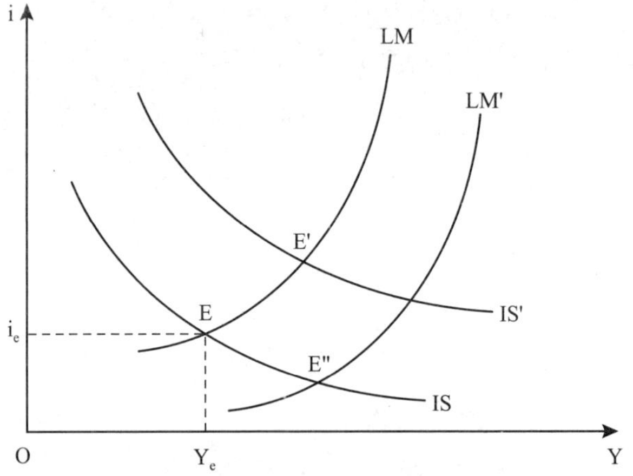

图 4.8 IS 和 LM 的移动

从 IS－LM 模型可以得到以下结论：利率大小取决于投资需求函数、储蓄函数、流动偏好即货币需求函数、货币供给量。

IS－LM 模型是比较系统地揭示利率决定的理论，至今仍然被西方经济学界所推崇，主要原因就是它综合了货币因素和实质因素分析，并把利率决定和国民收入的均衡水平决定分析联系起来。换句话说，IS－LM 模型分析既重视非政策性变量，又重视政策性变量，具有全面、综合的特点，成为分析利率变动趋势一个较好的工具。

第四节 利率的作用

一、利率作用的主要途径

利息是利润的一部分，是货币所有者因贷出货币而从借者手中获得的报酬。

利息既是贷款者的收益，也是借款者的筹资成本。利息的多少关系到借贷双方的经济利益，因此利息成为调节社会经济的重要杠杆。利息水平的高低主要通过利率来衡量，或者说利率是用来计算利息的尺度。具体利息的多少取决于本金的大小、期限的长短和利率的高低。在同样期限、同样本金的情况下，利率高则利息就多，利率低则利息就少。利率的高低决定着利润在货币所有者和货币使用者之间的分配比例。调整利率就能调节货币所有者和货币使用者的经济利益，进而调节整个经济。因此，利息的杠杆作用是通过利率的变化而实现的。

利率在现代市场经济中的作用，具体地表现在它对其他各种经济变量的影响上。而在市场经济中，受到利率影响的经济变量很多，其中最主要的有物价、储蓄、消费、投资等。通过对这些经济变量的影响，利率还将进一步影响到市场经济中的各种具体的经济活动，从而影响就业、产出、收入水平、收入分配及货币流通，还会引起经济的增长与波动、国际收支的平衡与失衡等。

在一个比较成熟的市场经济中，利率的变动（既包括利率水平的变动，也包括利率结构的变动）必将对其他各种经济变量产生相应的影响，而其他各种经济变量的变动又必将对利率产生相应的影响。所以，利率对经济的影响，或利率在经济中的作用，实际上是一种双向的作用与反作用的过程。而这一作用与反作用的过程，正反映了利率与其他各种经济变量之间的相互依存、相互制约及相互影响的关系。深入地研究这些关系，对我们正确地制定和执行利率政策，以充分发挥利率对市场经济的调节作用是很有必要的。

利率的变动对经济运行的作用或影响主要是通过以下几条途径实现的。

（一）利率—储蓄—经济运行

按照经济学的观点，居民的全部收入分为储蓄与消费两部分。一般来讲，利息率越高，消费的机会成本就越大，而储蓄所得的利息收入就越多。因此，居民就会推迟消费而增加储蓄，从而一方面当期消费减少；另一方面使社会积累资金规模增大。由于消费减少，会减少社会总需求，从而减少社会总产出。而储蓄的增加又会提高国民收入储蓄率，从而增加社会总产出。因此，利息率的提高在这种情况下究竟是促进经济增长，还是抑制经济增长？这就要比较消费和储蓄二者的乘数效应。所谓乘数，就是国民收入变动量与引起这种变动量的自变量的变动量比例。当储蓄的乘数效应大于消费的乘数效应时，利率提高，储蓄增加所引起的社会总产出增加的部分大于消费减少所引起的社会总产出减少的部分，从而具有促进经济增长的作用；反之，在利率降低时，储蓄减少引起的社会总产出减少的部分也要大于消费增加引起的社会总产出增加的部分，从而具有抑制经济增长的作用。

如果一国经济中出现了一种普遍的超前消费倾向，或对某一种或几种商品出现超前消费倾向时，提高利率以增加储蓄的作用就不大明显，而降低利率刺激消费的作用却十分明显。如我国由于取消了福利分房，个人贷款买房已成明显趋势的情况下，降低利率对于促进住房消费就具有积极作用。由以上分析可知，利率通过储蓄、消费对经济发挥作用的传递机制可描述为：

$$i\uparrow\rightarrow\begin{cases}C\downarrow\rightarrow AD\downarrow\rightarrow Y\downarrow\\ S\uparrow\rightarrow Y\uparrow\end{cases}\tag{4.9}$$

其中，i 表示利率，C 表示消费，S 表示储蓄，AD 表示总需求，Y 表示总产出。

（二）利率—投资—经济运行

因为利率的高低直接影响投资的成本，所以一般来讲，降低利率意味着企业投资成本降低，从而会增加投资，促进经济增长；提高利率则意味着企业投资成本上升，从而会减少投资，抑制经济增长。但是在利率如何通过投资对经济发挥作用的传递机制方面，经济学家却存在着异议。根据托宾的 q 理论，q 为企业的市场价值除以企业的重置成本。若 $q>1$，即企业的市场价值大于企业的重置成本时，企业可发行股票，而且能在股票上得到一个比他们正在购买的设备和设施要高一些的价格。由于厂商可以发行较少股票而买到较多的投资品，投资支出便会增加。按照这一理论，其传递机制应为：

$$M_s\uparrow\rightarrow i\downarrow\rightarrow P_{股票}\rightarrow q>1\rightarrow I\uparrow\rightarrow Y\uparrow\tag{4.10}$$

其中，M_s表示货币供应量，i 表示利率，$P_{股票}$表示股票价格，I 表示投资，Y 表示总产出。

可是货币学派的经济学家却不这样认为，如布伦纳（K. Brunner）和梅尔特（A. Melter）认为，现代经济由四个市场（当前的新产品市场、已有的资本货物市场、货币市场和证券市场）组成，并存在三种价格：现产品价格、资本货物价格、证券价格。当中央银行调低利率时，会使证券市场上证券价格上升，从而商业银行出售有价证券，致使商业银行超额储备增加。在这种情况下，商业银行开始增加贷款投放，而这会降低利率，并使真实资本价格上升，企业的利润增加。在追求利润最大化这一动机的驱使下，企业便会加大新产品开发力度，增加投资，从而扩大新产品市场，促进经济增长。其作用机制可描述为：

$M_s\uparrow\rightarrow i\downarrow\rightarrow P_{股票}\uparrow\rightarrow$银行出售证券$\rightarrow$银行超额准备金 $iER_j\uparrow\rightarrow$贷款$\uparrow$

$\rightarrow i\downarrow\rightarrow$真实资本价格$\uparrow\rightarrow$新产品开发$\uparrow\rightarrow I\uparrow\rightarrow$新产品市场扩大$\rightarrow Y\uparrow$

虽然各学派对利率如何通过投资对经济发挥作用的传递机制持有不同观点，但是有一点却是相同的，即通常情况下，降低利率会增加投资，从而有利于经济增长；提高利率会减少投资，从而不利于经济增长。在直接融资比重不断上升的今天，利率的高低仍是制约融资成本高低及投资成功与否的一项重要因素。在市场利率较高时发行债券的利率或股票价格就要比市场利率较低时发行债券的利率高或股票价格低，这无疑都会增加直接融资的成本而减少投资。一是在筹资额不变的条件下，总的利息费用支出增加；二是在总的费用支出不变的条件下，筹资额减少，使筹集资金的单位成本上升。同样，在间接融资条件下，利率也可以通过调节信贷规模和结构来影响投资规模和结构，并进一步影响经济的运行。由于贷款利息来自于企业的收益，因此，提高贷款利率必然使企业留利减少，使企业对投资的兴趣减小，贷款数量和投资规模随之收缩。当贷款利率提高到一定程度时，企业不但会减少新借款，甚至还要收缩现有生产规模，把资本从再生产过程中抽出，使生产资金转化为借贷资金，以获取较高的利息。反之，降低贷款利率，减少借款者的借款成本，增加其收益，资金需求者便会增加贷款、投资和扩大生产规模。因此，国家可以通过调整银行利率水平来调节信贷规模和投资规模。

此外，国家可以运用利率调节信贷结构来直接影响产业结构的转变。因为货币资金是各个行业进行生产所必不可少的要素。所以，无论哪一个行业或企业，它有权支配的资金越多，其发展速度就会越快。由此可见，国家可以根据产业结构转变的需要，适时调整利率和信贷结构，对那些符合国民经济长远发展规划的产业或企业，可给予优惠利率贷款作为扶持、鼓励，对那些不符合国民经济长远发展规划的产业或企业，则不予贷款或给予高息贷款，以限制其发展。

（三）利率—物价—经济运行

1. 调节商品市场的需求与供给。在商品经济中，国民收入分配都是以货币形式进行的价值分配。这样，在分配后形成的有支付能力的社会需求与商品可供量在总量和结构上，客观上存在着不相适应的可能性，从而存在着危及物价稳定的因素。国家运用利率杠杆则可以把待实现的一部购买力以存款形式放到银行，从而推迟消费。同时，对于一些紧缺商品，银行也可以通过降低对生产这些产品的企业的贷款利率来促使企业增加投资，扩大生产规模，增加商品供应量，从而对稳定物价和实现供求平衡发挥重要作用。

2. 调节货币的供给与需求。在纸币流通条件下，当流通中的货币量大于商品流通所需要的货币量时，纸币就会贬值，物价就会上涨。因为利率的高低会影响贷款的需求，并进而影响信贷总规模，而信贷总规模又会决定货币供应量。所以，当流通中的货币量超过其需要时，调高贷款利率就会收缩信贷规模，减少货币供应量，促使物价稳定。

二、利率充分发挥作用的基本条件

如上所述，利率作为一个经济杠杆，对宏观经济运行和微观经济运行均有着重要的调节作用，高利率有高利率的作用，低利率有低利率的作用。但是，在现实生活中，并不是有了利息与利率的存在，其作用就能充分发挥出来，要使利率充分发挥作用，必须具备一定的条件。

（一）利率市场化

利率的作用能否发挥出来，发挥到什么程度，与利率管理体制是否合适密切相关。利率管理体制，简单地说就是国家对利率进行管理的一种组织制度。它规定了金融管理当局或中央银行的利率管理权限、范围和程度。从世界各国看，利率管理体制大体可以分为三种类型：(1) 国家集中管理，实行利率管制，国家对直接融资和间接融资活动中的利率实行统一的管理，由管理机构根据宏观经济发展的要求和对金融形势的判断，制定各种利率，各金融机构都必须遵照执行。(2) 市场自由决定，即利率市场化，国家只控制基准利率，其他利率基本放开，由市场的资金供求关系确定。(3) 国家管理与市场决定相结合，这是大多数国家在很长一段时间内所采用的一种利率管理体制。

在特殊时期，利率管制通过降低商业银行的筹资成本，促进了商业银行的发展、企业投资的增加，以及经济的增长。但进入20世纪60年代后期，随着西方国家经济的发展、市场体系的日益完善，利率管制与市场机制调节原理之间的不一致越来越突出。所以，为了适应逐步成熟的市场经济，曾实行利率管制的国家又纷纷放弃管制，转向利率市场化。

事实证明，利率机制发挥作用的条件是利率必须放活，不能管制过死。在市场经济条件下，由市场因素决定的利率才能真正灵敏地反映社会资金供求状况，才能真正成为借贷资金的价格，促进资金合理流动，从而发挥其各种调节作用。

（二）资金借贷双方都是自主经营、自负盈亏的法人主体

利率是通过利益机制的传导而发挥作用的，只有资金的借贷双方都是具有健全的利益驱动和风险约束机制的法人主体，他们才会对利率变化信号做出灵敏的

反应，相应调整自己的经营和投资行为。

（三）完善的金融市场

利率作为资金的价格是以金融市场的存在为前提，并且只有市场上有足够多的买者和卖者，有充足的交易对象——资金，金融资产的种类和数量有了一定的规模，利率杠杆才会有广阔的作用天地。

综上所述，利息和利率作为经济杠杆，若要使其作用充分发挥出来，必须具备一些条件，这些条件在我国还不完全具备。因此，要使利率充分发挥其杠杆作用，就必须创造条件。如深化企业改革，加快国有商业银行的改革步伐，进一步完善金融市场，逐步实现利率的市场化等等。

三、我国的利率市场化改革

（一）利率市场化的理论基础

由于我国没有完善成熟的利率市场化理论，没有利率市场调节的经验，所以只能在学习和借鉴西方利率理论和西方国家利率自由化和市场化经验的基础上，对利率市场化应该达到的目标，需要具备的基本条件，应当采取的顺序、时机的把握和策略的选择等进行理论描述。

（1）发达国家利率理论。在发达国家，伴随着经济的发展，利率理论的发展，先后经历了古典利率理论、凯恩斯流动偏好利率理论、新古典的可贷资金利率理论和新古典综合派的 IS – LM 利率理论等几种主要理论。上文对这几种理论已有较详细的论述，在此不再做深入解析。

（2）发展中国家利率自由化的金融深化理论。麦金农（Mckinnon）和爱德华·肖（Edward Shaw）则更多地关注了发展中国家的金融开放和利率市场化问题。针对发展中国家的金融发展问题，麦金农和爱德华·肖提出了金融深化论和金融抑制论，认为发展中国家抑制市场机制和采取金融管制政策对经济发展带来不利影响。金融抑制主要表现在人为地压低利率和汇率，强制性地规定存款和贷款利率的最高限。在这种情况下，利率就不能准确地反映这些国家资金供求的关系和资金短缺的特征。如果这些国家出现较严重的通货膨胀，那么强制规定的利率上限必然使实际利率成为负数。这样就造成储蓄者不愿将其资金用于储蓄；而投资者却刚好相反，结果使资金供不应求的现象更为严重。为解决资金供求的不平衡，这些国家只能对资金的使用采取配给方式，这样，社会资金就不能得到最有效的利用。

因此，麦金农和爱德华·肖反对政府干预，对信贷配给、规定存贷款利率的上限，以及优惠利率等金融管制政策持否定的态度。为此，他们认为应该实施经济货币化的宏观政策，恢复银行的中介作用，沟通储蓄和投资，打破市场的分割，让市场机制更多地发挥作用。完善利率市场化是金融市场健全的一个重要方面，因此，金融深化论者特别强调利率对经济增长的作用，极力推崇利率自由化，把它作为发展中国家实现经济增长的一剂良药。他们认为，只有通过利率市场化，才能使发展中国家的投资收益率趋于一致，从而使资本市场形成一个统一的整体；他们还认为，发展中国家若实施高利率政策，那么就能够对经济的发展产生一种动力，可以促发新的储蓄增长，并通过投资效率的提高，进而达到促进经济增长的目的。

金融深化论所提出的金融管制的放松，以及利率市场化的调节会增加一国经济活力的观点越来越受到大家的普遍赞同。金融市场开放和利率市场化已成为不少发展中国家金融改革的一个目标，并纷纷制定相关改革政策以促进其实施，利率市场化成为世界范围内的一种趋势。另外，各国同时更加注重利率市场化对一国经济所造成的风险，认真研究利率市场化所需要具备的条件，对利率市场化改革大多采取了渐进的和谨慎的做法，以避免因盲目和过度的金融开放反而给本国经济发展带来不稳定的因素。

（二）我国利率市场化改革的必要性

利率市场化是我国金融体制乃至经济体制改革的关键。因此，稳步推进利率市场化已成为我国进一步深化金融改革的重要任务之一。

（1）利率市场化是让市场在资源配置中发挥主导性作用的必要因素。党的十四大报告确立了我国经济是社会主义市场经济，在市场经济条件下，利率是资金让渡其使用权的价格。经过多年的经济体制改革，我国大部分产品价格已经市场化，这就为资金“价格”——利率的市场化创造了条件，同时也提出了迫切的要求。如果产品价格市场化而资金“价格”（即利率）没有市场化，那么，作为最稀缺而又很重要的资源——资金就无法参与改革产业结构失衡和商品供求结构失衡的资源重组过程。没有资金结构的调整，所谓产业结构与产品结构的调整，不过是纸上谈兵。利率市场化可促使资金真正按收益的高低在社会各生产部门进行分配，从而促使社会生产结构得到优化调整，达到资金资源的合理配置。

（2）利率市场化是我国国有商业银行商业化改革的前提条件。利率是金融机构提供金融产品的价格。商业银行作为经营货币信用业务的特殊企业，定价权是其基本的权利。如果银行连基本的产品定价权都没有，就不可能与企业进行平等的金融产品买卖，更不要说独立的商业化经营了。由于利率受到严格的管理，银行实际上难以有贷款的自主权，不能根据企业的信用差别和项目的回报率、风险水平等灵活地掌握利率。既然国家规定了贷款利率甚至指定了部分贷款对象，银行据此贷出款项的风险损失理所当然地要由国家来承担。管制利率往往也就成为商业银行缺乏效率的客观理由。而且，存款利率的管制使商业银行在与传统资本市场金融机构以及新兴的互联网金融机构竞争客户资源时受到限制，“宝宝”类理财产品对存款的分流就是一个例证。

同时，由于利率受到严格管理，利率风险在银行的风险管理体系中并非是一个主要的风险，商业银行的利率风险管理技术也就成为无本之木。利率市场化以后，市场利率就会不断发生变动，而利率的变动对商业银行的盈利水平有着至关重要的影响，商业银行在经营过程中就不得不考虑市场利率的风险，切实关注资产和负债方由于利率变动对其盈利性、安全性和流动性所带来的影响，自觉进行资产负债管理，使自己成为真正意义上的商业银行。

（3）利率市场化有利于中央银行对金融的间接调控。在国家高度控制的利率管理体制下，中央银行虽然名义上拥有利率决定权，实际上利率调控仍然是一种计划调控，不可能建立适应市场经济发展的金融间接调控体系。而在利率市场化条件下，中央银行对金融的调控只能依靠间接手段，例如通过公开市场操作影响资金供求格局，从而间接影响利率水平，或者通过调整基准利率影响商业银行资金成本，从而改变市场利率水平，以此对经济体系发挥作用。

（4）利率市场化还有利于企业的市场化经营。资金利率是企业经营决策所必须考虑的重要因素之一，如果利率受到政府管制，企业就只能被动接受政府制定的利率水平，无法采用经济手段来预测和防范利率波动带来的风险，无论是事前的决策还是事后的调整，企业都非常被动，这无疑会大大阻碍企业的市场化经营。

（5）利率市场化与金融市场的发展也是相辅相成的，如果利率市场化改革进展缓慢，金融市场的发展也必定受到一定的限制。

（6）利率市场化是金融国际化的客观要求。金融国际化是当今世界经济发展的一个十分显著的特征，是生产国际化、贸易全球化的必然结果。我国作为世界贸易组织的正式成员，必须按照世界通行准则办事，按照国际规定和国际惯例从事金融活动，其中包括国际通行的资金供求由市场利率调节和市场利率要由资金供求状况决定。另外，管制利率也会削弱我国银行的竞争力，很有可能我们会在与外国银行的市场博弈中非常被动地接受变相的市场利率化，即接受市场利率实际上、某种程度已经自由化的现实。如果出现这种情况，中资金融机构过于缺乏在利率市场化环境中进行竞争的经验，其结果可能会使他们在未来激烈的竞争中处于某种劣势，这显然是非常不利的。

近年来人民币国际化进程发展很快，现已成为全球第二大的贸易融资货币、第六大交易货币，有许多国家和地区开始用人民币作为储备货币，而且经过多年努力，人民币终于于2015年11月成功加入国际货币基金组织（IMF）的特别提款权（SDRs）货币篮子中。国际地位的提升，人民币在未来国际社会中发挥越来越重要作用的前景，也对人民币的汇率、利率决定机制提出了更为市场化的要求。因此，我国金融的国际化，呼唤和决定着利率的市场化。

（三）我国利率市场化改革的进程

利率市场化是一个过程，不可能一步到位，要采取渐进式改革方式。我国利率市场化改革始于1996年，改革的总体思路是：先放开货币市场利率和债券市场利率，再逐步推进存贷款利率的市场化。存贷款利率市场化按照“先外币、后本币；先贷款、后存款；先长期、大额，后短期、小额”的顺序进行。近年来，我国利率市场化改革取得了一定的进展。

1. 人民币贷款利率的市场化改革

1987年实行浮动利率制度时，允许各金融机构流动资金贷款利率在20%幅度内浮动。1996年5月，为减轻企业的利息支出负担，贷款利率的上浮幅度由20%缩小为10%，下浮10%不变，浮动范围仅限于流动资金贷款。自1998年10月起，中国人民银行又将金融机构对小企业的贷款利率最高上浮幅度由10%扩大到20%；农村信用社贷款利率最高上浮幅度由40%扩大到50%。1999年4月，贷款利率浮动幅度再次扩大，县以下金融机构发放贷款的利率最高可上浮30%，9月，商业银行对中小企业的贷款利率最高上浮幅度扩大为30%，对大型企业的贷款利率最高上浮幅度仍为10%，贷款利率下浮幅度为10%。

2003年以来，中国人民银行在推进贷款利率市场化方面迈出了重要一步：2003年8月，中国人民银行在推进农村信用社改革试点时，允许试点地区农村信用社的贷款利率上浮不超过贷款基准利率的2倍。2004年1月1日，中国人民银行决定将商业银行、城市信用社的贷款利率浮动区间上限扩大到贷款基准利率的1.7倍，农村信用社贷款利率的浮动区间上限扩大到贷款基准利率的2倍，金融机构贷款利率的浮动区间下限保持为贷款基准利率的0.9倍不变。同时明确了贷款利率浮动区间不再根据企业所有制性质、规模大小分别制定。2004年10月29日，中国人民银行决定不再设定金融机构（不含城乡信用社）人民币贷款利率上限。为了防止出现贷款利率“一浮到顶”的情况，仍对城乡信用社人民币贷款利率实行上限管理，但其贷款利率浮动上限扩大为基准利率的 2.3 倍。所有金融机构的人民币贷款利率下浮幅度保持不变，下限仍为基准利率的 0.9 倍。

2008 年 10 月 22 日，中国人民银行决定自 2008 年 10 月 27 日起，扩大商业性个人住房贷款利率下浮幅度，商业性个人住房贷款利率的下限扩大为贷款基准利率的 0.7 倍。

2012 年 6 月 7 日，中国人民银行决定自 2012 年 6 月 8 日起下调金融机构人民币存贷款基准利率，同时，将金融机构贷款利率浮动区间的下限调整为基准利率的 0.8 倍。同年 7 月 5 日，中国人民银行决定自 2012 年 7 月 6 日起将金融机构贷款利率浮动区间的下限调整为基准利率的 0.7 倍。

2013 年 7 月 20 日，中国人民银行决定全面放开金融机构贷款利率管制。一是取消金融机构贷款利率 0.7 倍的下限，由金融机构根据商业原则自主确定贷款利率水平。二是取消票据贴现利率管制，改变贴现利率在再贴现利率基础上加点确定的方式，由金融机构自主确定。三是对农村信用社贷款利率不再设立上限。四是为继续严格执行差别化的住房信贷政策，促进房地产市场健康发展，个人住房贷款利率浮动区间暂不作调整。至此，贷款利率已经完全实现市场化。

2. 货币市场的利率市场化改革

1996 年我国取消了银行间同业拆借利率上限，标志着同业拆借利率，已是市场化利率。根据资金的供求状况由市场自由决定，形成了货币市场基础利率的雏形。1998 年以来，中国人民银行逐渐放开了对这个市场的准入限制，目前市场成员已涵盖几乎所有的金融机构。随着市场成员的增加，交易量也有所放大。1996 年，国债市场开始采取收益率和价格招标的发行方式，利率由市场决定。1997 年 6 月，中国人民银行开始利用全国统一的同业拆借市场开办银行间债券回购业务。银行间债券回购利率和现券交易价格同步放开，由交易双方协商确定。2000 年 8 月，全国同业拆借系统开始运行，形成了统一的货币市场。

2006 年 1 月 24 日，中国人民银行发布《关于开展人民币利率互换交易试点有关事宜的通知》（银发［2006］27 号），开始建立中国货币市场基准利率（SHIBOR），开展利率互换交易试点，这些措施有利于丰富银行间债券市场投资者风险管理及资产负债管理工具，解决资产负债结构错配问题。

3. 外币利率改革

2000 年 8 月，中国人民银行公开阐明了利率市场化改革的目标和顺序。我国利率管理体制改革的目标主要是建立以中央银行利率为基础、以货币市场利率为中介，由市场供求决定金融机构存、贷款利率水平的市场利率体系的形成机制。改革的方式是渐进、有序，原则上遵循先外币后本币、先贷款后存款、先农村后城市、先大额后小额的步骤，并有可能相互交叉。2000 年 9 月 5 日外币利率改革方案率先公布，决定从 2000 年 9 月 21 日开始，外币贷款利率全部放开，外币存款利率部分放开。外币贷款利率全部放开，即金融机构可以根据国际金融市场利率的变动情况及资金成本、风险差异等因素，自行确定各种外币贷款利率及其计、结息方式；外币存款利率部分放开，即 300 万美元（或等值其他外币）以上大额外币存款利率由金融机构与客户协商确定，300 万美元（或等值其他外币）以下的小额存款，其利率水平由中国银行业协会统一制定，经中国人民银行核准后对外公布。

2002 年 3 月，中国人民银行将境内外资金融机构对境内中国居民的小额外币存款，统一纳入境内小额外币存款利率管理范围。

2003 年 7 月，境内英镑、瑞士法郎、加拿大元的小额存款利率放开，由各商业银行自行确定并公布。小额外币存款利率由原来国家制定并公布的币种减少到境内美元、欧元、港币和日元 4 种。

2003 年 11 月，小额外币存款利率下限放开。商业银行可根据国际金融市场利率变化，在不超过中国人民银行公布的利率上限的前提下，自主确定小额外币存款利率。赋予商业银行小额外币存款利率的下浮权。

2004 年 11 月，中国人民银行在调整境内小额外币存款利率的同时，决定放开一年期以上小额外币存款利率，商业银行拥有了更大的外币利率决定权。

2014 年 2 月 26 日，中国人民银行上海总部召开政策发布会，宣布从 3 月 1 日起放开中国（上海）自贸试验区小额外币存款利率上限。上限放开后，自贸试验区会在全国率先实现外币存款利率的完全市场化，在负债产品市场化定价上先走一步，这是利率市场化改革的重要一步。自贸区的先行先试，将为在全国推进小额外币存款利率市场化积累可复制、可推广的经验，并为下一步深入推进利率市场化改革打好坚实基础。

4. 人民币存款利率的市场化改革

1999 年 10 月，中国人民银行批准中资商业银行对中资保险公司试办五年期以上（不含五年期）、3 000 万元以上的长期大额协议存款业务。利率水平由双方协商确定。这是存款利率市场化的有益尝试。

2002 年 2 月和 12 月，协议存款试点的存款人范围扩大到全国社会保障基金理事会和已完成养老保险个人账户基金改革试点的省级社会保险经办机构。

2003 年 11 月，国家邮政局邮政储汇局获准与商业银行和农村信用社开办邮政储蓄协议存款。

2004 年 10 月 29 日，中国人民银行报经国务院批准，决定允许金融机构人民币年存款利率下浮。即所有存款类金融机构对其吸收的人民币存款利率，可在不超过各档次存款基准利率的范围内浮动，但存款利率不能上浮。至此，人民币存款利率实行下浮制度，实现了“放开下限，管住上限”的既定目标。

2005年，中国人民银行放开了金融机构之间的同业存款利率。

2012年6月7日，中国人民银行决定自2012年6月8日起，将存款利率浮动区间的上限调整为基准利率的1.1倍。

2014年11月22日，中国人民银行将金融机构存款利率浮动区间的上限由存款基准利率的1.1倍调整为1.2倍。

2015年3月1日，中国人民银行将金融机构存款利率浮动区间的上限由存款基准利率的1.2倍调整为1.3倍；5月11日，将金融机构存款利率浮动区间的上限由存款基准利率的1.3倍调整为1.5倍，距离完全利率完全市场化仅“一步之遥”。

6月2日，中国人民银行发布《大额存单管理暂行办法》并正式实施。大额存单是由银行业存款类金融机构面向非金融机构投资人发行的记账式大额存款凭证。大额存单的推出有利于有序扩大负债产品市场化定价范围，健全市场化利率形成机制，也有利于进一步锻炼金融机构的自主定价能力，培育企业、个人等市场参与者的市场化定价理念，为继续推进存款利率市场化进行有益探索并积累宝贵经验。

10月24日，中国人民银行在宣布“双降”的同时，提出“对商业银行和农村合作金融机构等不再设置存款利率浮动上限”，宣布了我国利率管制时代的基本结束。

至此，我国的利率市场化改革按照“先外币、后本币，先贷款、后存款，先长期、大额，后短期、小额”的顺序，几乎已经完成了全部改革步骤，标志着我国的利率管制已经基本放开，利率市场化进入新的阶段。

思　考　题

1. 利息的计算方法有哪些？
2. 利率可以分为哪些种类？
3. 按照马克思的利率理论，利率是由哪些因素决定的？
4. 简介西方的利率决定理论。
5. 试述利率的作用以及发挥作用的环境与条件。
6. 为何说利率市场化是经济发展的必然？
7. 国外利率市场化有哪些经验教训？我国利率市场化改革取得了哪些进展？如何深化我国利率市场化改革？

练　习　题

一、填空题

1. 现代西方经济学的基本观点就是把利息理解为投资人让渡（　　）索要补偿。补偿由两部分组成，对（　　）的补偿和对（　　）的补偿。

2. （　　）是指在多种利率并存条件下起决定作用的利率。

3. 中国的传统习惯，不论是年率、月率、日率都是用（　　）作单位。

4. 美联储的基准利率是（　　）。

5. 根据借贷期间是否调整利率，利率可分为（　　）和（　　）。

6. 商业银行优惠利率（　　）一般贷款利率。

7. 利息计算中有两种基本方法（　　）与（　　）。

二、单项选择题

1. 2007 年 3 月 18 日中国人民银行调整人民币存款基准利率，其中 3 年期整存整取为 3.96%，这个利率不属于（　　）。

A. 官方利率　　B. 实际利率　　C. 固定利率　　D. 长期利率

2. 某企业在市场中通过利率招标的方式发行某 3 年期债券，最后确定票面利率为 3.5%，这个利率不属于（　　）。

A. 名义利率　　B. 实际利率　　C. 固定利率　　D. 长期利率

3. 在多种利率并存的条件下起决定作用的利率是（　　）。

A. 差别利率　　B. 实际利率　　C. 公定利率　　D. 基准利率

4. 下列属于消费信用的形式是（　　）。

A. 直接投资　　B. 银团投资　　C. 赊销　　D. 出口信贷

5. 出口方银行向外国进口商或进口商银行提供的贷款是（　　）。

A. 卖方信贷　　B. 买方信贷

C. 国际金融机构贷款　　D. 政府贷款

6. 只以本金计算利息，不考虑利息再投资情况下使用的利率是（　　）

A. 公定利率　　B. 官定利率　　C. 单利率　　D. 市场利率

7. 我国长期贷款利率采用的是（　　）

A. 浮动利率　　B. 固定利率　　C. 市场利率　　D. 优惠利率

8. 由行业自律组织加以规定的利率是（　　）。

A. 一般利率　　B. 官定利率　　C. 公定利率　　D. 市场利率

9. 国债交易市场形成的利率是（　　）。

A. 一般利率　B. 官定利率　C. 公定利率　D. 市场利率

10. 中央银行的再贴现率、再贷款利率和同业拆借市场利率都可以作为（　）。

A. 基准利率　B. 一般利率　C. 优惠利率　D. 实际利率

11. 月利率是以月为单位计息时使用的利率，表示的方法是（　）。

A. 百分位　B. 千分位　C. 万分位　D. 十分位

12. 我国自1996年以来，连续下调利率，其主要原因是（　）。

A. 经济处于繁荣期　B. 物价负增长

C. 通货膨胀　D. 汇率变化

13. 正常情况下利率应介于（　）。

A. 0和1之间　B. 0和平均利润率之间

C. 市场利率和公定利率之间　D. 优惠利率和一般利率之间

14. 2006年我国提高了存、贷款的利率，其原因是（　）。

A. 经济出现过热迹象　B. 物价负增长

C. 通货紧缩　D. 汇率变化

15. 从现代经济学意义上讲，利息就是借贷资本家贷出资本的机会成本，以此来补偿这一货币资本不能进行生产运营或投资活动而造成的（　）。

A. 收益　B. 损失　C. 成本　D. 现值

16. 利息简单讲就是借贷资本的（　）。

A. 现值　B. 损失　C. 成本　D. 收益

17. 利率是借贷资本的（　），是指利息额与借贷资本金的比率。

A. 价值　B. 成本　C. 价格　D. 利息

18. 我国利率市场化的切入点是（　）。

A. 本币利率市场化　B. 外币利率市场化

C. 贷款利率市场化　D. 存款利率市场化

19. （　）是指按借贷协议在一定时期可以变动的利率，而且具有一定的科学合理性。

A. 名义利率　B. 实际利率　C. 浮动利率　D. 固定利率

20. 市场利率是指借贷双方自愿达成的利率，它是按市场规律根据（　）而自由变动的利率。

A. 资金供求变化　B. 货物供求变化

C. 市场供求变化　D. 物质供求变化

21. 根据马克思的利率决定论，利率的高低取决于（　）。

A. 生产成本　　B. 社会平均收益率

C. 生产价格　　D. 社会平均利润率

22.（　　）的放开是人民币存贷款利率改革的先声，中国的利率将由此逐步实行市场化。

A. 短期商业票据　　B. 浮动利率票据

C. 外币存贷款利率　　D. 证券利率

23. 在20世纪90年代我国政府曾推出存款保值贴补率，是对（　　）的补偿。

A. 违约风险　　B. 通货膨胀风险

C. 偿还期限风险　　D. 流动性风险

24. 我国现行存贷款利率属于（　　）。

A. 官定利率　　B. 公定利率

C. 市场利率　　D. 实际利率

三、多项选择题

1. 利息的两种计算方法是（　　）。

A. 贴息　　B. 单利法　　C. 利息后付

D. 复利法　　E. 平均法

2. 以借贷期内利率是否可以调整，利率可以分为（　　）。

A. 长期利率　　B. 短期利率　　C. 固定利率

D. 浮动利率　　E. 优惠利率

3. 从利率的决定机制角度划分，利率有（　　）。

A. 一般利率　　B. 市场利率　　C. 公定利率

D. 官定利率　　E. 优惠利率

4. 从利率在经济中的作用角度，利率可分为（　　）。

A. 基准利率　　B. 官定利率　　C. 市场利率

D. 一般利率　　E. 优惠利率

5. 以利率计算的基本期限单位为标准，利率可分为（　　）。

A. 市场利率　　B. 优惠利率　　C. 年利率

D. 月利率　　E. 日利率

6. 我国利率体系包括（　　）。

A. 中国人民银行基准利率　　B. 全国统一同业拆借利率

C. 金融机构法定存贷款利率　　D. 各种外汇存贷款利率

E. 各种债券利率

7. 下列价格形式表现为收益资本化的是（　　）。

A. 土地的价格　B. 资本的价格　C. 人力资本的价格

D. 商品的价格　E. 有价证券的价格

8. 对利率概念的表述正确的是（　　）。

A. 利率就是借贷资本的价格

B. 利率就是借贷资本的收益

C. 利率就是利息额与借贷资本金的比率

D. 利率就是货币贷出者在出让货币资本后获得超出货币资本原价的那部分价值

E. 利率的两重含义：一是一般利率；二是银行的存款利率和贷款利率

9. 利率受多种因素的制约，影响利率变动的因素有（　　）。

A. 财政与货币政策

B. 经济周期与宏观经济环境

C. 通货膨胀与价格水平

D. 生产关系与生产力

E. 债券与股票等工具的价格变动

10. 对我国利率市场化的影响表述正确的是（　　）。

A. 导致利率水平的大幅升高

B. 高利率的贷款需求将可能等到满足

C. 金融业竞争激烈导致四大国有独资商业银行的垄断地位增强

D. 商业银行拥有信贷价格制定权

E. 社会公众获得更大的收益空间

11. 我国利率市场化改革采取“渐进模式”的原因是（　　）。

A. 金融危机的爆发说明应采用“渐进模式”

B. 利率市场化改革应只考虑利率因素，不应考虑资本项目开放、汇率自由化等因素

C. 利率市场化改革进程应与一国宏观经济背景相适应

D. 从我国实际情况出发，应采取“渐进模式”

E. 从国际经验看，一国货币资本项目可兑换必须具备一定的前提条件

12. 我国利率市场化的改革方式应为（　　）。

A. “激进模式”　B. “渐进模式”

C. 先外币，后本币　D. 先本币，后外币

E. 先贷款，后存款

13. 到期收益率取决于（　　）。

A. 债券面额　　B. 债券的市场价格

C. 票面利率　　D. 债券期限

14. 利率对风险的补偿，即风险溢价可分解为多个项目其中包括（　　）。

A. 需要予以补偿的通货膨胀风险

B. 需要予以补偿的违约风险

C. 需要予以补偿的流动性风险

D. 需要予以补偿的偿还期限风险

E. 需要予以补偿的机会成本

四、判断题

1. 由政府金融管理部门或中央银行确定的利率，称为行业公定利率。（　　）

2. 可贷资金理论认为，利率仅仅决定于两个因素：货币供给与保有货币的意愿。（　　）

3. 根据凯恩斯主义的理论，在“流动性陷阱”中，货币政策无效。（　　）

4. 现实中的货币需求既包括了执行流通手段和支付手段职能的货币需求，也包括了进行价值贮藏手段职能的货币需求。（　　）

5. 优惠利率的授予常常与国家和产业政策相联系。（　　）

6. 一国的通货膨胀率是影响利率的一个重要因素。（　　）

7. 利率是一定时期酬金与利息之比。（　　）

8. 我国储蓄存款采取复利的计息方式。（　　）

9. 实际利率是指物价不变从而货币购买力不变条件下的利息率。（　　）

10. 行业利率反映了非市场的强制力量对利率形成的干预。（　　）

11. 为保护储户长期储蓄的积极性，当前我国的储蓄存款利率被定为浮动利率。（　　）

12. 在物价上涨条件下，名义利率不变，实际利率下降。（　　）

13. 目前我国银行的存贷款利率是由商业银行自己决定的。（　　）

14. 凯恩斯利率理论完全否定了非货币因素在利率决定中的作用。（　　）

第五章 商业银行与存款创造

商业银行又称存款货币银行，是经济的重要组成部分，在金融体系中占主导地位，发挥不可替代的作用。

本章主要介绍五项内容：商业银行的产生和发展、商业银行的组织形式、商业银行的主要业务、商业银行的经营管理、商业银行的存款创造。

第一节 商业银行的产生和发展

一、早期货币经营业

随着货币与信用的产生和发展，从商人队伍中分离出一部分专门从事钱币兑换、保管、汇兑的货币经营业。它们是早期银行的前身，由于货币经营者一方面办理钱币的兑换、保管，同时收取手续费，如保管费、汇兑费等，另一方面向当时的政府或皇家办理借款，为了确保在办理钱币保管、汇兑业务中，能够产生更多的沉淀资金用于借款，货币经营者取消了收取的保管费，这就产生了早期银行的存款和贷款业务。

二、现代商业银行的产生

早期银行带有高利贷性质，不能满足资本主义工商业发展的需要。为了适应工商业快速发展的需要，早期银行通过两条途径向现代银行转变。一是早期高利贷性质的银行业逐渐适应新条件转变为现代银行，但是这一转变过程极其缓慢；二是根据资本主义股份制原则组建的现代银行。以英国的英格兰银行为代表，其于 1694 年成立，表明世界上第一家股份制商业银行产生了。

三、现代商业银行的发展

（一）现代商业银行的性质

商业银行是经营货币、资金业务的特殊金融服务企业。由于现代商业银行具有存款创造功能，可以通过吸收存款，发放贷款产生派生存款，因此商业银行一般又被称为存款货币银行。

我国商业银行是指依照《商业银行法》和《公司法》设立的吸收公众存款、发放贷款、办理结算等业务的企业法人。

（二）现代商业银行的基本特征与主要职能

现代银行与早期银行最根本的区别在于现代银行独特的信用创造功能。现代银行吸收存款后，在部分准备金制度和转账结算条件下放款，通过贷款创造出新的派生存款，增加货币供应量，形成独特的信用创造功能。

商业银行主要有五大职能：信用中介职能、支付中介职能、信用创造职能、金融服务职能、调节经济职能。其中信用中介是最基本的职能。

第二节　商业银行的组织形式

商业银行的组织形式，可按照机构设置和业务范围（经营模式）进行分类。

一、按机构设置分类

按照机构设置主要有两大类：单一银行制和总分行制。

单一银行制下的商业银行只有一个单独的银行机构，不设分支机构。美国的许多州立银行，就是比较典型的单一银行制模式的商业银行。

总分行制下的商业银行，在总行之下设有多层次的分支机构。英国银行模式就是典型的代表，目前世界各国的商业银行一般都采用这种银行制度。我国也采取总分行模式，设立商业银行。

二、按业务经营模式分类

现代商业银行按照业务经营范围或经营模式可划分为，职能分工型模式和全能型模式。职能分工型是指法律限定金融机构必须分门别类、各有专司。如有专营长期金融的、专营短期金融的、专营有价证券买卖的、专营信托业务的等等，而商业银行是主要经营短期工商信贷业务的金融机构。

全能型商业银行又称综合型商业银行，通常简称为全能银行。它们可以经营包括各种期限和种类的存款与贷款的一切银行业务，同时直至可以经营全面的证券业务、保险业务等。

目前全球的金融机构呈现出向全能方向发展的趋势，即利用金融创新绕开管制，通过收购、合并或成立附属机构形式渗入对方业务领域，[①] 通过直接开办其他金融机构所经营的业务实现综合经营。[②]

第三节　商业银行的主要业务

商业银行业务主要分三大部分：负债业务、资产业务、表外业务。

一、负债业务

形成商业银行资金来源的业务，称为负债业务。此类负债主要分为主动负债和被动负债。

主动负债是指商业银行采取发债的形式获得的经营资金，包括资本性债券、一般性金融债券、国际金融债券。

被动负债是指商业银行利用传统的吸收存款和借入款项而形成的负债。主要包括各类存款（企业定活期存款、个人定活期存款）、同业拆借、向中央银行借款、在国际货币市场借款、回购协议及结算过程中短期资金占用款项。

二、资产业务

商业银行运用其资产的业务，称为资产业务。主要可分为现金资产、票据贴

① 徐文彬：《全能银行发展路径研究》，经济科学出版社 2009 年版，第 103 页。
② 徐文彬：《金融业混业经营的范围经济分析》，经济科学出版社 2006 年版，第 89 页。

现、贷款业务、投资业务。

（一）现金资产

现金资产是指商业银行持有的库存现金以及与现金等同的可随时用于支付的银行资产。我国商业银行的现金资产主要包括三项：库存现金、存放中央银行的存款准备金和存放同业及其他金融机构款项。

（二）票据贴现

票据贴现是指商业汇票的合法持票人，在票据到期前为了获得票款，由持票人或第三人向银行贴付一定的利息后，以背书方式所作的票据转让。

对于持票人来说，贴现是以出让票据形式，提前收回垫支的商业成本。对于贴现银行来说，是买进票据，成为票据的权利人，票据到期，银行可以取得票据所记载的金额。

票据转贴现是指一家银行为了取得资金，将未到期的已贴现的商业票据再以贴现方式向另一家银行转让票据的行为。转贴现是金融机构之间融通资金的一种方式。

再贴现是指商业银行将未到期已贴现的商业票据再以贴现方式向中央银行转让票据的行为。再贴现是商业银行向中央银行融通资金的一种方式，也是中央银行实施货币政策的重要工具。

（三）贷款业务

贷款是指经批准可以经营贷款业务的金融机构对借款人提供的并按约定的利率和期限还本付息的货币资金。贷款不仅是银行最主要的资产，而且是银行最主要的资金运用。贷款业务是指商业银行发放贷款相关的各项业务。

1. 贷款分类

（1）按归还期限划分，可分为短期贷款、中期贷款和长期贷款。短期贷款，即期限在 1 年以内的贷款；中期贷款，即期限在 1～5 年的贷款；长期贷款，即期限在 5 年以上的贷款。

（2）按用途划分，可简单地分为工商业贷款和消费贷款。工商业贷款，指以工商企业原材料的购进以及商品交易等为目的的贷款，属于生产或经营周转性质的贷款；消费贷款，指向以消费为目的的个人发放的贷款。

（3）按贷款保障条件划分，可分为信用贷款和担保贷款。信用贷款，指以借款人信誉发放的贷款；担保贷款，指以特定的抵押品作为担保的贷款，包括保证贷款、抵押贷款和质押贷款。保证贷款是以第三人承诺在借款人不能偿还借款时，按约定承担一般保证责任或者连带责任而发放的贷款，抵押贷款是以借款人或第三人的财产作为抵押物发放的贷款，质押贷款是以借款人或第三人的财产作为质押物发放的贷款。

（4）按照贷款的偿还方式，一次性偿还贷款和分期偿还贷款。一次性偿还贷款是指借款人到期日一次性还清贷款本金的贷款，其利息可以分期支付，也可以在归还本金时一次性付清。分期偿还贷款是指借款人按规定的期限分次偿还本金和支付利息的贷款。

2. 不良贷款

按贷款质量分类，可将贷款划分为正常与不良贷款。而衡量不良贷款的指标有两项：不良贷款额和不良贷款率。其中不良贷款率 = 不良贷款余额/贷款总额。过去我国衡量贷款采用四级分类法，将贷款分为正常和一逾两呆，即正常、逾期、呆滞、呆账。从 1997 年开始，我国陆续采取国际通行的五级分类法，即将贷款分为正常、关注、次级、可疑、损失。其中正常和关注类贷款属于优良贷款，而后三项次级、可疑和损失则属于不良贷款。

（1）正常类：借款人能够履行合同，有充分把握按时足额偿还本息。

（2）关注类：尽管借款人目前有能力偿还贷款本息，但是存在一些可能对偿还产生不利影响的因素。

（3）次级类：借款人的还款能力出现了明显的问题，依靠其正常经营收入已无法保证足额偿还本息。

（4）可疑类：借款人无法足额偿还本息，即使执行抵押或担保的合同约定，也肯定要造成一部分损失。

（5）损失类：在采取所有可能的措施和一切必要的法律程序之后，本息仍然无法收回，或只能收回极少部分。

（四）投资业务

投资业务主要是指商业银行以其资金作为投资而持有各种有价证券的业务活动。证券投资业务已成为国外商业银行的一种重要资产运用形式，在资产中占相当大的比重。而我国商业银行的投资业务在资产业务中占比相对比较小。近几年，随着商业银行综合化经营步伐加快，我国商业银行已经逐渐开始重视证券投资业务对整体利润贡献度的作用。

三、表外业务

20 世纪 80 年代初，西方发达国家的商业银行普遍开始重视表外业务。目前他们的表外业务中非利息收入占利润的60%左右。由于存贷利差不断缩小，传统存贷业务带来的利润增长空间日益减少，为了寻求新的利润增长点，我国商业银行自1997年开始将盈利重心由传统的存贷业务向中间业务倾斜。从2002年表外业务对利润贡献度只有2%，不断发展到10%左右，近几年由于商业银行基金托管业务的发展，几家大型商业银行表外业务对利润的贡献度已经上升到20%以上。

（一）表外业务概述

1. 表外业务定义

表外业务（off-balance sheet activities，OBS）是指商业银行所从事的不列入资产负债表且不影响资产负债总额的业务。

2. 表外业务分类

（1）广义与狭义的表外业务

按业务范畴划分为广义与狭义表外业务。狭义的表外业务又称中间业务，是指银行不运用自己的资金，代替客户办理款项收付、结算或其他委托事项而收取手续费的业务。绝大多数中间业务是无风险的业务，只有国际结算中的信用证，由于是银行信用代替了商业信用，因此属于有风险的表外业务，但是通常情况下，理论上普遍认为中间业务即是无风险的表外业务。

广义表外业务包括三个方面：一是无风险的中间业务；二是银行承担一定风险的表外业务（如贷款承诺、备用信用证、贷款销售与资产证券化、票据发行便利等）；三是金融创新产生的风险极大的衍生产品业务，如即期交易（SPOT）、远期交易（FORWARD TRANSACTION）、调期交易（SWAP）、期权（OPTION）、远期利率协议（FRA）、外汇与利率期货（FUTURE）、股指期货（INDEX FUTURE）等。

（2）无风险与有风险的表外业务

按照银行是否承担风险，表外业务可分为无风险和有风险的表外业务。无风险性主要体现在此类业务中，银行仅作为服务中介提供金融服务而不承担任何资金损失的风险。无风险表外业务主要有结算业务（信用证除外）、代理业务、信托业务、租赁业务。

有风险的表外业务又可分为三类：贸易融资业务、金融保证业务、派生产品业务。

（3）巴塞尔委员会的划分标准

按照巴塞尔委员会提出的要求，广义的表外业务可分为两大类：一是或有债权/债务，即狭义的表外业务，包括：①贷款承诺；②担保；③金融衍生工具，如互换、期货、期权、远期合约、利率上下限等；④投资银行业务，包括证券代理、证券包销和分销等。二是金融服务类业务，包括：①信托与咨询服务；②支付与结算；③代理人服务；④与贷款有关的服务，如贷款组织、贷款审批、辛迪加贷款代理等；⑤进出口服务，如代理行服务、贸易报单、出口保险业务等。

通常我们所说的表外业务主要指的是狭义的表外业务。

（二）结算类中间业务

结算业务是指银行为对公或对私客户采用票据、汇款、托收、信用证、信用卡等结算方式进行货币支付及资金清算所提供的服务。

结算类中间业务包括国内与国际结算：国内结算主要是“三票一汇”，即支票、本票、汇票与汇款；国际结算包括汇款、托收和信用证方式。

1. 国内结算

国内结算是银行应客户要求为其通过现金或支票所引起的货币收付和其他委托事项而收取手续费的业务。结算业务有两种形式，一是现金结算，二是转账结算。国内结算方式主要有传统的“三票一汇”业务与信用卡结算。

（1）汇票

汇票是出票人签发的，委托付款人在见票时或者在指定日期无条件支付确定的金额给收款人或者持票人的票据，分为银行汇票和商业汇票。而商业汇票又根据承兑人的不同，分为商业承兑汇票和银行承兑汇票。汇票既可由付款人给收款人签发，又可由收款人给付款人签发。汇票用于异地清算。

（2）本票

银行本票是银行签发的，承诺自己在见票时无条件支付确定金额给收款人或者持票人的票据。银行本票分为定额银行本票和不定额银行本票。银行本票提示付款期限为两个月。由于本票是付款人给收款人签发的，票据签发日即是承兑日，因而本票不需要承兑，本票用于同城清算，但是我国银行基本上不签发银行本票。

（3）支票

支票是出票人签发的，委托出票人的支票账户所在银行在见票时无条件支付确定金额给收款人或持票人的票据，可用于单位和个人的各种款项结算。分为现金支票、转账支票等。支票必须由付款人签发给收款人，因而不需要承兑，支票同样用于同城清算。支票结算业务是银行应客户要求为其通过支票所引起的货币收付和其他委托事项而收取手续费的业务。

（4）国内汇款

汇款是指银行接受客户的委托，通过银行间的资金划拨、清算、通汇网络，将款项汇往收款方的一种结算方式。

国内汇款又称国内汇兑，或称汇兑业务，即银行代理客户把现款汇给异地收款人的业务。原来汇款只局限于异地之间的资金划拨，但现在同城付款业务也可以使用汇款方式。

（5）信用卡结算

银行卡是由商业银行（或发卡机构）发行的具有支付结算、汇兑转账、储蓄、循环信贷等全部或部分功能的支付工具或信用凭证。银行卡分为借记卡和贷记卡。借记卡又称储值卡，是指银行发行的一种要求先存款后使用的银行卡。贷记卡又称信用卡，是指由商业银行或非银行发卡机构向其客户提供具有消费信用、转账结算、存取现金等功能的信用支付工具（我国目前尚不允许非银行发卡机构发行信用卡）。

2. 国际结算

国际结算有三种形式：汇款、托收、信用证。

（1）境外汇款

①境外汇款含义

境外汇款是指进出口双方在签订贸易合同后，卖方径自将货物发给买方，而买方则通过银行将应付款项用汇付方式汇给卖方，这就是汇款业务。国际汇款对银行来说只发生一笔汇款业务，至于进口商是否汇款或者足额汇款，与银行没有关系，因此汇款业务属于商业信用。

②汇款业务流程（见图5.1）

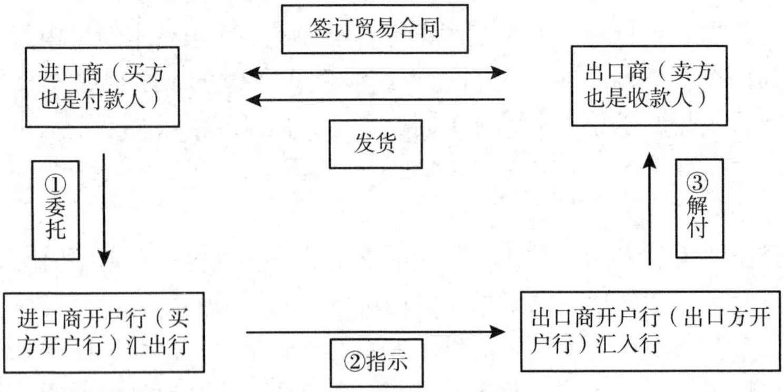

图5.1 汇款业务流程

③汇款支付方式的特点

A. 汇款的风险大。对于预付货款的买方及货到付款的卖方来说，一旦付了款或发了货就失去制约对方的手段，能否收货或付款，完全取决于境外的交易对方的信用，如果对方信用不好，很可能钱货两空。由于汇款结算方式中，对于出口商的保护极差，因此只有进出口商之间有多年的贸易往来关系，彼此相互信任，特别是多年的业务往来中很少出现信用问题的贸易双方，才会采用该结算方式。另外，同一公司的境内外分公司之间及总公司与世界各地分公司之间的业务往来所涉及的款项与资金的划拨，也可采用汇款方式。

B. 资金负担不平衡。对于预付货款的买方及货到付款的卖方来说，资金负担较重，整个交易过程中需要的资金，几乎全部由他们来提供。汇款形式只是商业信用，没有银行信用参与，银行只是办理结算服务并收取手续费的中间业务而已。

C. 手续简便，费用少。汇款支付方式的手续是最简单的，就像一笔没有相对给付的非贸易业务，银行的手续费也最少，只有一笔数额很小的汇款手续费。因此，在交易双方相互信任的情况下，或者在跨国公司不同子公司之间，用汇款支付方式是最理想的。

（2）托收

①托收定义

托收是指委托人（收款人）向其账户所在银行（托收行）提交凭证以收取款项的金融票据或商业票据，要求托收行通过其联行或代理行向付款人收取款项。

②托收业务流程（见图5.2）

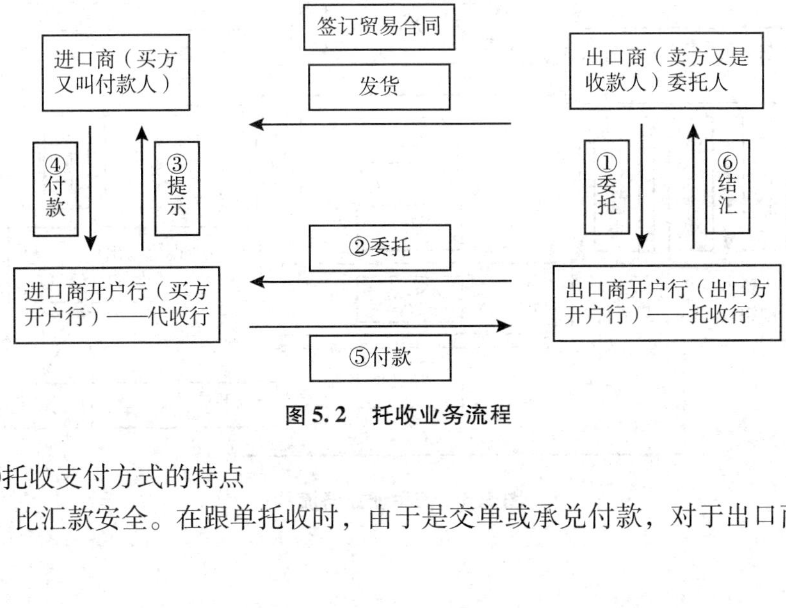

图5.2 托收业务流程

③托收支付方式的特点

A. 比汇款安全。在跟单托收时，由于是交单或承兑付款，对于出口商来说，就不会货到付款时，要冒“钱货两空”的风险。而对进口商来说，托收比预付货款远为安全。

B. 收款依靠商业信用。在托收时，是否付款完全由进口商决定，银行只是转手交单的代理人，对付款不负责任，因此托收是对进口商有利的支付方式。当然进口商也不是没有风险，它的主要风险就是在货到后发现货物与合同不符。因此在托收业务时，进口商也必须了解出口商。托收同样在一定程度上更加保护出口商，因为如果进口商不付款，那么就从银行手中得不到提货单据。

C. 资金负担不平衡。托收时出口商的资金负担较重，但因为有单据，有些银行愿意做押汇，出口商因此能获得融资。而在采用汇款结算方式时，出口商没有单据，所以根本不能做押汇以改善资金周转。

D. 费用略高，手续略多。银行的托收手续比汇款手续费略高些，托收要通过银行交单，自然手续比汇款多，但以此来换得比汇款安全的优点，因此手续费稍高。

（3）信用证

①信用证定义

信用证是一个有条件的银行付款承诺，具体说就是银行根据买方的要求和指示，向卖方开立的在规定的期限内，凭与规定相符的单据，支付一定金额的书面承诺。信用证结算业务实际是在进出口双方签订合同以后，进口商主动请求进口地银行为自己的付款责任做出保证，是银行信用对商业信用的担保。

②信用证业务流程（见图5.3）

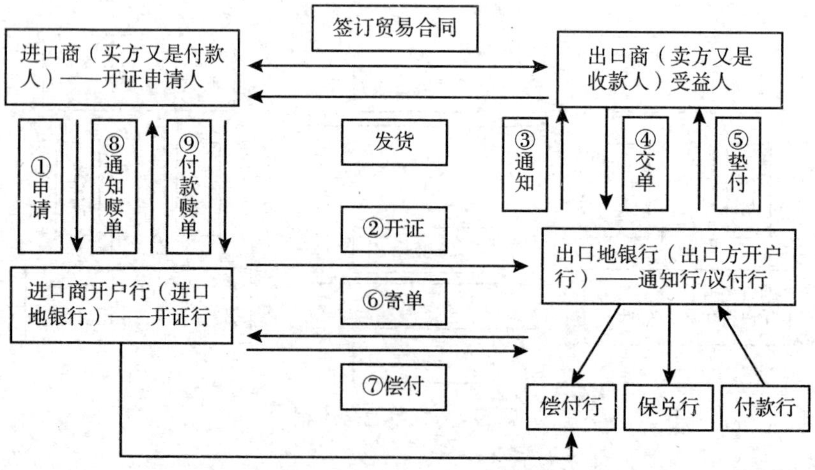

图5.3 信用证业务流程

③信用证的种类

信用证有多种分类方法：按照进出口可分为进口信用证和出口信用证；按开证行保证性质的不同，分可撤销信用证和不可撤销信用证；按信用证项下的汇票是否附商业单据，分跟单信用证和光票信用证；按付款期限分即期信用证和远期信用证；按是否可循环分循环信用证和不可循环信用证；按是否保兑分保兑信用证和无保兑信用证。目前国际上通用的皆是不可撤销信用证。

④信用证结算方式的特点

A. 信用证属于银行信用。与汇款、托收支付方式下付款依靠进口商信用的情况不同，信用证是开证行负责付款，付款依靠银行信用。由于银行信用高于商业信用，银行一旦开出信用证，就成为第一付款责任人，因而在信用证结算方式下，出口商收款是有保障的，同时在国际结算的三种形式中，信用证是最为保护出口商利益的结算方式。

B. 独立的文件。虽然信用证是以买卖合同为基础，贸易双方要受合同约束，但是信用证一旦开出，在信用证业务处理过程中各当事人的责任与权利都以信用证为准，信用证是一个与买卖合同分离的独立文件。

C. 只管单据。虽然信用证在国际结算的三种方式中，最能保护出口商的利益，但是信用证并不是万能的。在信用证方式下，银行是凭相符单据付款，不管事实。尽管这种规则不尽合理，但实际上银行也是不可能去调查事实的，银行只能看单据。在信用证方式下，受益人要保证收款就一定要提供相符的单据，开证行要拒付也一定要以单据上的不符为理由，因此信用证把买卖合同中的货物交易完全转变为只管单据是否相符的单据交易了。

⑤信用证的优缺点

信用证主要有两个优点：一是受益人（出口商）收款有保障；二是资金负担较平衡。信用证同样有两个缺点：一是容易产生欺骗；二是手续烦琐、费用多。

（三）代理类中间业务

代理业务是指商业银行接受客户的委托，以代理人的身份代为办理一些双方议定的经济事务，并从中收取手续费的业务。如商业银行受财政部门的委托，代理发行和兑付国债等。

1. 代收代付业务

代收代付业务是指商业银行利用自身的结算便利，接受客户委托代为办理指定款项收付事宜的业务。

代收代付业务包括代理各项公共事业收费、代理行政事业收费和财政性收费、代发工资、代扣住房按揭贷款等。目前主要是委托收款和托收承付两类。

2. 代理银行业务

代理银行业务包括代理政策性银行、代理中央银行、代理商业银行业务三项。其中代理政策性银行业务是指商业银行受政策性银行委托，对其自主发放的贷款代理结算，并对其账户资金进行监管的一种中间业务。代理中央银行业务是指根据政策、法规应由中央银行承担，但由于机构设置、专业优势等方面的原因，由中央银行指定或委托商业银行承担的业务。代理商业银行业务是指商业银行之间相互代理的业务。

3. 代理证券资金清算业务

代理证券资金清算业务是指商业银行利用其电子联行系统、通存通兑系统、营业网点及人力资源为证券公司总部与其下属营业部代理证券资金清算、汇划等结算业务。

4. 代理保险业务

代理保险业务是指商业银行接受保险公司委托，代其办理保险业务的经营活动。商业银行代理保险业务，既可受托于个人或法人投保各险种的保险事宜，又可作为保险公司的代表，与保险公司签订代理协议，是保险人委托代理银行办理保险业务的代理行为。代理银行依托自身的结算、网络等优势，结合所拥有的客户群资源，为保险公司提供代理保险业务的服务。

5. 代销开放式基金

代销开放式基金是指商业银行利用其网点柜台或电话银行、网上银行等销售渠道代理买卖基金公司发行的开放式基金。银行向基金公司收取基金代销费用。投资者可通过银行柜台在股市营业时间内认购、申购、赎回开放式基金。

6. 代理国债买卖

银行客户可通过银行营业网点购买、兑付、查询凭证式国债、电子式储蓄国债及柜台记账式国债。除金融机构外，凡持有有效身份证件的个人及企事业单位与社会团体的法人，均可在商业银行柜台开立国债托管账户进行国债买卖。柜台交易实行债券和资金的实时交割结算。承办银行和中央国债登记公司可收取与债券托管业务相关的服务费用。

（四）托管与咨询顾问类中间业务

1. 托管业务

托管业务是指具备托管资格的商业银行作为托管人，依据有关法律法规，与委托人签订资产托管合同，履行托管人相关职责的业务。

目前国内商业银行资产托管业务主要有证券投资基金托管、保险资产托管、社保基金托管、企业年金托管、券商资产管理计划资产托管、信托资产托管、商业银行人民币理财产品托管、QFII（合格境外机构投资者）资产托管、QDII（合格境内机构投资者）资产托管等。这里只介绍基金托管业务。

基金托管业务是指有托管资格的银行接受基金管理公司或其他客户的委托，安全保管所托管基金的资产，并办理有关资金清算、资产估值、会计核算、监督基金管理人投资运作等业务的经营活动。

2. 信托业务

从委托人的角度看，信托是把自己的财产委托别人管理或处理来使自己或第三者获得利益的行为。从受托人的角度看，信托则是接受委托人的委托，代为管理、营运和处理托管财产的一种过程。信托业务若按照信托关系划分为公益信托、私益信托、他益信托、自益信托。其中证券投资基金即是自益信托。

3. 租赁业务

租赁是指所有权与使用权之间的一种借贷关系，是在财产所有权不变的前提下，承租人通过向出租人交付租金来租用使用权的经济行为。商业银行所从事的租赁业务是指由银行垫付资金购买资本设备，然后出租给客户并以租金的形式收回资金的一种业务方式，包括融资性租赁、经营性租赁、转租赁、回租租赁。

融资租赁是指出租人根据承租人对租赁物和供货人的选择或认可，将其从供货人处取得的租赁物按合约出租给承租人占有、使用，向承租人收取租金的交易活动。融资租赁是以融通资金为目的的租赁，一般租期较长，占到设备经济寿命的75%以上；经营租赁主要是设备的短期使用或利用服务；转租赁又称再租赁，是将设备或财产租入后再租出的方式；回租租赁是财产所有人将其财产出售以后又租回使用的一种租赁方式，目的在于提高承租人资产的流动性。

4. 咨询业务

咨询业务是指商业银行向工商企业、政府或个人提供所需信息并获得咨询费收入的一种表外业务。商业银行处于现代金融体系的中枢，已成为社会大量经济信息的集散地，不仅拥有丰富的信息资源，而且拥有大量金融专业人才，能为客户提供利率、汇率等多方面的信息，帮助客户选择最有利的金融资产组合和投资机会，同时也为自身赢得了可观的咨询费收入。

5. 财务顾问

财务顾问是指银行根据客户需要，站在客户的角度为客户的投融资、资本运作、资产与债务重组、财务管理、发展战略等活动所提供的咨询、分析、方案设计等服务，并且收取顾问费用的中间业务。财务顾问与银行的咨询业务有较多的相似之处。

6. 理财业务

理财业务是指商业银行将客户关系管理、资金管理和投资组合管理等业务融合在一起，向公司、个人客户提供综合性的定制化金融产品和服务，包括对公理财业务和个人理财业务。

（五）承诺类表外业务

1. 贷款承诺（loan commitment）

贷款承诺是银行与借款客户间达成的一种具有法律约束力的正式契约。银行在有效承诺期限内，按照约定的利率，随时准备应客户的要求向其提供一定金额以内的贷款并收取一定的承诺佣金。它可以分为定期贷款承诺、备用贷款承诺和循环贷款承诺三种类型。

2. 票据发行便利（note-issuance facilities，NIFs）

票据发行便利是一种具有法律约束力的中期周转性票据发行融资的承诺。在该承诺下，银行允诺在一定期间内为其客户的票据融资提供各种便利条件。具体来看，票据发行便利是银行与客户签订的一个中期的循环融资保证协议，协议期限一般是3~7年。在协议期限内，贷款人可以以自己的名义周转性地发行短期票据，循环的短期票据共同构成中期的融资效果，从而利用短期债券利率的成本获得了中长期的资金融通。就银行借款者而言，票据通常是短期存款证，而对非银行借款者来说，票据通常采取本票的形式。

我国商业银行由于受政策层面的制约，尚未开展此项业务。

3. 贷款销售与资产证券化

（1）贷款销售

贷款销售是指银行通过直接出售或证券化的方式，把贷款转让给第三方。

（2）资产证券化

资产证券化是贷款销售的一种方式，它是指银行将具有共同特征的流动性较差的一组盈利资产，比如贷款集中起来，以此为基础发行具有投资特征的证券的行为。

我国大型商业银行如中国工商银行已开展了此项业务，但都是以优良的贷款为基础进行的资产证券化。

（3）资产证券化的种类

①根据产生现金流的基础资产类型不同，可分为住房抵押贷款证券（mortgage-backed securitization，MBS）和资产支持证券（asset-backed securitization，

ABS）两大类。前者基础资产是房地产抵押贷款，包括住房抵押贷款和商用房产抵押贷款；后者基础资产是除房地产抵押贷款以外的其他信贷资产，包括汽车消费贷款、学生贷款、信用卡应收款、贸易应收款、设备租赁费、基础设施收费、保费收入、中小企业贷款等。

②从资产质量看，可分为不良贷款（次级贷款）证券化和优良贷款证券化。

③从贷款的形成阶段看，可分为存量贷款证券化和增量贷款证券化。

④从贷款的会计核算方式看，可分为表内贷款证券化和表外贷款证券化。

（4）资产证券化的好处与风险

通过资产证券化，银行获得了可支配资金的新来源，有助于银行分散信用风险，降低银行对贷款偿还跟踪监督的成本。此外还可以提高流动性较差、变现成本较高的资产的流动性。在商业银行进行贷款销售及资产证券化时，主要面临的风险包括流动性风险和信用风险。在资产证券化时，如果附有追索权，即在债务人违约时，银行需要补偿投资者。在这种情况下银行显然面临信用风险。在不附有追索权的资产证券化情况下，银行对债务人的违约虽然从法律角度看不承担责任，但一旦投资者因为证券质量较差而遭受损失，就必然会影响银行声誉，同时影响银行未来从事的资产证券化业务，损失也相当大。

（六）担保类表外业务

1. 商业信用证（letter of credit，L/C）

银行从事的商业信用证业务是银行担保业务的一种类型，主要发生在国际贸易结算中。信用证业务简单地说就是进口商以开证申请人的身份，请求进口方开户银行开出的以境外出口商为受益人的信用凭证，因此是银行信用对商业信用的担保。本章第二节在讲解国际结算方式时，已经详细地介绍了信用证结算方式，这里不再赘述。

2. 银行承兑汇票

银行承兑汇票是指以银行为承兑人的可流通转让的远期汇票，主要用于国内与国际贸易中。在贸易双方进行商品交易时，若卖方对买方的支付能力有疑虑，就可能要求买方的开户银行对交易用远期汇票进行承兑，这种经过银行承兑的远期汇票就是银行承兑汇票。汇票一经承兑，银行即负有不可撤销的第一性的到期付款责任。因此，银行承兑汇票同样是银行担保业务的一种类型。

3. 备用信用证（standby letter of credit，SLC）

备用信用证是指银行为其客户开立的保证书。这种业务通常涉及三方当事人：开证行、客户和受益人。客户对受益人负有偿付或其他义务时，银行通过备用信用证向受益人承诺，如果客户未按协议规定进行偿付或履行其他义务，开证行有责任按照信用证条款代替客户向受益人进行偿付，银行支付的款项变为银行对客户的贷款。

（七）衍生产品类表外业务

1. 远期利率协议（forward rate agreement，FRA）

远期利率协议是20世纪80年代初在国际金融市场上出现的一种防范利率风险的金融工具。交易双方签署一项协议，对未来某一时段的利率予以约定。若到期时的市场利率与合同利率有差距，则由某一方予以补足，从而起到保值的作用。

【案例5.1】

某公司计划3个月后从国际市场上筹集1 000万美元，期限为6个月。当时的LIBOR为6%，为避免3个月后LIBOR上升的风险，该公司可与银行叙做"远期利率协议"，向银行买进一笔"三对九"（即3个月后起算，期限为6个月的"FRA"，利率固定为6%，金额为1 000万美元。若3个月后LIBOR已升到7%，该公司即可根据协议获得银行补给的一笔款项，金额根据LIBOR与合同利率的差距计算，从而将筹资成本固定在6%）。

3个月是递延期限，6个月为协议期限，6%为协议利率。通过案例5.1可以看出，"FRA"做法简单易行，交易双方需要动用的只是"合同利率"与"市场利率"之差的一点资金，从而使交易风险大大降低，正因为具有上述优点，"FRA"自问世以来广受欢迎，已成为国际金融工具中的翘楚。

2. 互换业务（swap）

互换又称调期，是指两个或两个以上的当事人按照预先约定的条件，在约定的时间内相互交换一系列支付款项，以达到转移、分散和降低风险的一种互利金融交易。

互换主要有三种类型：货币互换、利率互换、利率与货币交叉互换。

（1）货币互换

货币互换（currency swaps）又称外汇互换，亦称外汇调期（或称外汇掉期），它是指在约定期限内交换约定数量两种货币的本金，同时定期交换两种货币利息的交易。货币互换交易的本金交换形式是：在协议生效日双方按约定汇率交换本币与外币的本金，在协议到期日双方再以相同汇率、相同金额进行一次本金的反向交换。货币互换利息交换形式是：交易双方定期向对方支付以换入货币计算的利息金额，交易双方可按照固定利率计算利息，也可以按浮动利率计息。

通过货币互换，交易双方可以有效地规避外汇风险。值得注意的是虽然货币互换称为外汇互换，又称为外汇调期交易，但货币互换多数情况是在两国政府或者中央银行安排下进行的，而外汇调期交易是外汇市场上自发的为了调节头寸或保值避险而进行的外汇买卖行为。另外，外汇市场上绝大多数外汇调期买卖的期限较短，通常以 1 个月、3 个月的居多，最长也一般不超过 12 个月，而政府主导下的货币互换通常期限在 2 年以上，甚至更长。鉴于此，在外汇市场上的货币互换，习惯上称为外汇调期。

【案例 5.2】

据韩联社 2008 年 11 月 4 日报道，继韩国政府与美国缔结 300 亿美元规模的货币互换协议后，韩政府正积极推进与中、日两国扩大货币互换额度至 100 亿和 300 亿美元。分析指出，韩国与我国和日本签订扩大货币互换协议有助于韩国解决外汇流动性不足问题，并遏制韩元贬值和稳定东亚地区金融体系。

【案例 5.3】

2008 年 12 月 12 日，我国央行与韩国银行宣布签署双边货币互换协议：规模为 1 800 亿元/38 万亿韩元，双方可在上述规模内，以本国货币为抵押换取等额对方货币。

【案例 5.4】

路透社 2009 年 6 月 25 日电——韩国、瑞典、墨西哥和巴西等多国央行宣布延长同美联储（FED）的货币互换安排至 2010 年 2 月 1 日，原先的安排将于 2009 年 10 月底到期。韩国央行，墨西哥央行和巴西央行同美联储的互换额度均为 300 亿美元。

另外同日内，与美联储延长货币互换额度安排的央行还包括澳洲、加拿大、丹麦、英国、新西兰、挪威、新加坡、瑞士和欧洲央行。

（2）利率互换（interest rate swaps）

利率互换又称利率调期，是指交易双方约定在未来的一定期限内，根据约定数量的同种货币的名义本金交换利息额的金融合约。

按利率互换类别划分为三种：第一，同一种货币的固定利率与浮动利率的互换；第二，不同货币的固定利率与浮动利率的互换；第三，不同货币的固定利率与固定利率的互换。因此，利率互换通常又可简单地表示为债务人根据国际资本市场利率趋势，将其自身的浮动利率债务转化成固定利率债务，或将固定利率债务转换成浮动利率债务。通过利率互换可以降低借款成本，或密闭利率波动的风险，同时还可以固定自己的边际利润。

【案例5.5】

东方公司向金融机构申请到美元5 000万、期限为5年的浮动利率贷款，利率为6个月LIBOR+0.40%，本金在未来各结息日等额偿还，每半年还本付息一次。浮动利率的美元债务使东方公司面临着美元利率风险，由于认为目前美元利率处于低点，且预测将来美元利率会上升，东方公司与中国建设银行进行了下列交易，锁定了债务成本，规避了利率风险。交易日为2004年9月30日。交易后，每个还本付息日，东方公司向中国建设银行按固定利率3.90%支付利息，中国建设银行向东方公司按6个月LIBOR+0.40%支付利息，利息支付方式为轧差交割。如利率上升后，浮动利率水平超过固定利率，中国建设银行需向东方公司支付差额部分的利息。叙做该笔利率调期的结果是将来无论LIBOR高低，东方公司均按3.90%支付债务利息，控制了利率上升的风险，锁定了债务成本。

利率调期优点在于没有本金的交换，买卖比较灵活，期限可较长（5~10年），没有额外的费用。当债务人预期市场利率下降时，可将固定利率债务转换成浮动利率债务；当债务人预期市场利率上升时，则可将浮动利率换成固定利率，避免还债成本的上升。

（3）货币利率交叉互换（cross currency and interest swap）

货币利率交叉互换又称货币利率交叉调期，它是将融资和外汇风险防范有机地结为一体，筹资者可在一个对自己有利的市场筹集到成本低的货币，然后通过调期交易，把它换成自己所需要的货币。

【案例5.6】

某公司筹集到了一笔200万瑞士法郎的5年期6%固定利率债务，但因该公司的收入为美元，该公司即可与银行叙做货币利率交叉调期，将瑞士法郎债换成美元债（汇率为1美元=1.25瑞士法郎），并在5年期间支付美元利息（假定为8%），在调期结束时，仍按照约定汇率1.25买回当初卖出的瑞士法郎，用以偿还贷款。具体做法如下：

第一步：调期业务开始时，公司将筹集到的200万瑞士法郎，按1.25的汇率卖给中国建设银行，中国建设银行向公司支付160万美元。

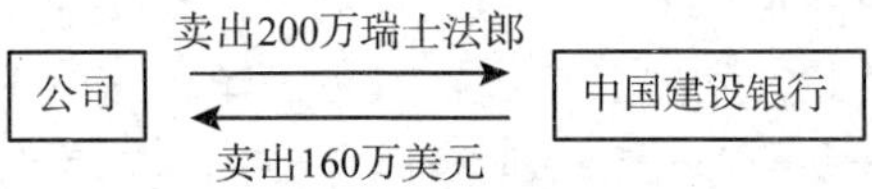

第二步：调期后，公司向中国建设银行支付美元利息中国建设银行向公司支付瑞士法郎利息。

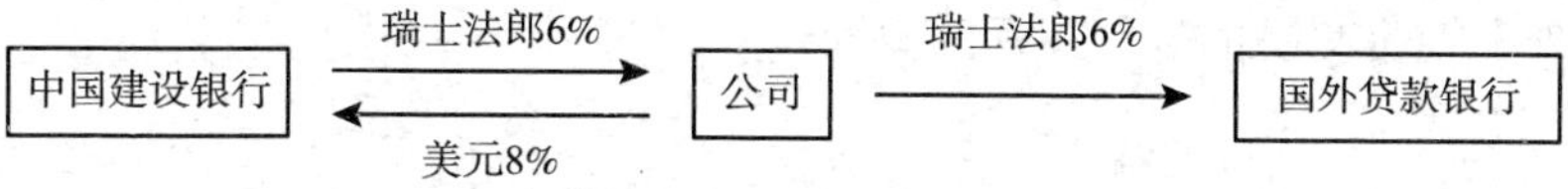

第三步：调期结束时，公司按1.25的汇率买回瑞士法郎，用于归还贷款。

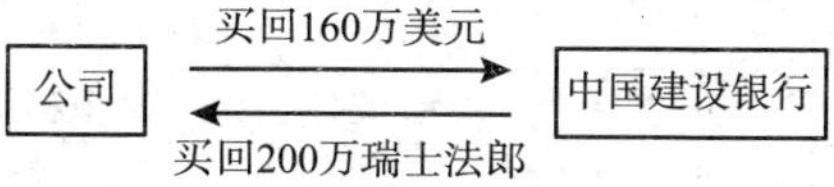

通过此笔调期，公司将原来的固定利率的瑞士法郎债换成了固定利率美元债。货币利率交叉调期还包括浮动利率——浮动利率及货币调期、固定利率——浮动利率及货币调期等多种形式。公司可根据自身债务特点，收入来源及对各种货币利率走势的判断，选取对自己最有利的方式，来达到规避风险、降低成本的目的。

3. 期货交易（future）

期货交易是指交易双方在集中的期货市场上以公开竞价的方式所进行的期货合约的买卖。期货合约是一种标准化的合同，它由买卖双方订立，约定在未来日期按照约定价格交割一定数量商品。

期货交易必须在期货交易所场内进行，因此标准化合约必须具有如下特点：一张期货合约是一份合法的有约束力的协议，为了交割而进行的商品质量和数量都是既定的，现在将价格固定下来，同时期货交易有固定的交割月份，价格最小变动点等规则要求，即期货交易的规则、期货合约和期货合约的单位、期货价格变动规则（点）、期货交割月份、期货交易时间、期货交易的叫价制度、保证金及佣金等一系列的管理规定。

金融期货交易（financial futures）是指以各种金融工具或金融商品为标的的期货交易方式。金融期货合约就是指根据买卖双方同意的价格、买进或卖出一定标准数量和质量的某一金融工具，在约定的将来某一月份交割的可转让的法律约束性协议或文件。金融期货按照交易对象的不同，可分为货币期货、利率期货和股票指数期货三类。

（1）货币期货（currency futures）

①货币期货定义

货币期货又称外汇期货（foreign exchange futures），亦称外币期货，它是指所交易的对象是外汇期货合约，主要用来规避外汇市场上汇率波动的风险。

②外汇期货交易的合约指标

芝加哥商品交易所的国际货币市场（IMM）外汇期货合约指标（见表5.1）。可作为外汇期货交易的合约指标的模板。

表5.1　　IMM交易的部分外汇期货合约指标

	澳元	英镑	欧元	瑞士法郎	日元	加拿大元
交易单位	10万澳元	6.25万英镑	12.5万欧元	12.5万瑞士法郎	1 250万日元	10万加元
报价方法	美分/澳元	美分/英镑	欧元/美分	美分/瑞士法郎	美分/日元	美分/加元
最小变动价位	1点（0.0001）	2点（0.0002）	1点（0.0001）	1点（0.0001）	1点（0.0001）	1点（0.0001）
最小变动值	10.00美分	12.50美分	12.50美分	12.50美分	12.50美分	10.00美分
购买数量限制	60 000张	6 000张	6 000张	60 000张	6 000张	6 000张
交割月份	3、6、9、12各月份的第三个星期三					
交割时间	芝加哥时间上午7：20～下午2：00					
最后交易日	交割日前两个交易日（于当日上午9：16收盘）					
交割地	清算所指定的货币发行国银行					

【案例5.7】

某人2010年3月1日在芝加哥国际货币市场（IMM）购进一份6月份交投的瑞士法郎期货合约，当天的结算价格为CHFI = $1.0203。为此，他必须支付12 251.99美元（125 000×1.0203）。到了5月4日，该货币市场6月份交投的瑞士法郎合约的结算价格变为CHFI = $1.0603，于是他便将手头的那份合约以现在的价格抛出，得到132 537.5美元，获利10 024.514美元［10 024.514 = 12 500×(1.0603－1.0203)］。

③套期保值

套期保值又称套头交易，亦称“对冲”。它是一种把价格波动造成损失的风险减少到最低限度的一种买卖方法。为了保值，在买进或卖出实际商品（外汇、利率、股指）的同时或前后，在期货交易所卖出或买进等数量的期货合同，由于期货市场和现货市场的价格走势基本一致，所以，实际现货市场的亏（盈）可从期货市场的盈（亏）得到弥补或冲销。

单纯叙做期货交易，主要是为了投机，可能会带来很大收益，但也同样面临巨大的风险。因此，无论是外汇期货、利率期货、指数期货，多与现货市场进行反向操作，以对冲风险达到套期保值作用。

下面是比较典型的利用外汇现货市场与外汇期货市场进行的套期保值行为。

【案例 5.8】

某一美国公司与英国公司签订合约，将在6个月后出口价值300万美元的电子设备，而英国公司将用英镑支付该笔货款。假定，当时英镑兑美元汇率为1GBP = 1.4510USD，该合约的付款额应为2 067 540英镑，而美国公司必须承担6个月后英镑贬值的风险，如果届时英镑贬值至1.3850美元，美国公司所收到的2 067 540英镑，仅能够兑换2 863 542美元，该出口商即蒙受了136 458美元损失。该出口商可以在外汇期货市场上卖出外汇期货合约来降低英镑贬值的风险。如果英镑贬值，该出口商在现货市场的现金损失，可以由期货合约上的利润补回。假设当上述合约签订时，外汇期货市场英镑兑美元汇率为1GBP = 1.4830USD，当该批电子装备出口时，现货市场上英镑对美元的汇率下跌至1GBP = 1.3850USD，期货市场上英镑对美元下跌至1GBP = 1.4170USD。卖出套期保值的交易流程如表5.2所示。

表 5.2　外汇期货和外汇现货市场套期保值

现货市场		期货市场		基差
拥有英镑	1.4510	卖出英镑合约	1.4830	-0.0320
卖出英镑	1.3850	买进英镑合约	1.4170	-0.0320
现货市场损失	0.0660	期货市场利润	0.0660	0

注：各种手续费未计算在内。

（2）利率期货（interest rate futures）

利率期货是以利率期货合约为交易对象的交易，它以各种利率的载体作为合约的标的物，实际上是附有利率的债券期货，主要用来规避金融市场上利率波动的风险。

利率期货交易与外汇期货交易过程、操作、规则等，原理是一样的。下面介绍美国短期国库券期货交易。

【案例 5.9】

面值10 000美元、91天期、收益率为4%的美国国库券，售价9 900美元，91天满期时可收回10 000美元。国库券期货合同规定为面值100万美元，91天期的国库券，最低价格波动幅度为1点，即25美元。每日价限最高不超过前一个交易日最高价的50点（1 250美元）或最低价的100点（2 500美元），报价采取“国际货币市场——IMM”设计的一种指数为基础的方法，即用100减去国库券年收益率来报价，如6%收益率的国库券报价为94.00，这里94.00并不是国库券期货的实际价格，如以上述报价，其实际价格为1 000 000×[1－(6/4)%]=985 000（美元）。

（3）股票指数期货（stock index futures）

①股票指数期货定义及特点

股票指数期货的交易对象是股票市场的价格指数，可用来规避股市波动的系统风险。它是一种买空卖空式保证金买卖（以小搏大），股票指数期货的价格是按购买或出售时的有关指数数字成交的，股票指数期货交易用现金结算而不用实物交割。

【案例5.10】

某人在2010年8月23日买入4份9月份的恒生指数期货合约，当时指数为22 317点，等到9月16日时，恒指达到22 617点，这时他将4份合约卖出，获得收益为6万港币［60 000=50×4×(22 617－22 317)］。香港恒生指数一点为50港币。

②国际上比较著名的几种股票指数期货

国际上比较著名的股票指数期货有香港恒生指数期货、美国标准普尔·500指数期货、日本日经指数期货（NK225）、英国金融时报指数、我国深沪300指数。其中，香港期货交易所（HKFE）于1986年5月开始经营股票指数的期货交易，所选用的指数是香港最具代表性的恒生指数。它是香港推出的第一种金融期货。我国深沪300指数期货是从2010年4月16日正式推出的。

③利用股票指数期货进行套期保值

A. 出售股票指数期货合约的套期保值

【案例5.11】

在香港的某股票持有人A，在1992年8月10日持有价值为50 000港币的股票，由于他认为股市前景暗淡，便出售9月期的恒生指数期货合约。由于8月10日当天的9月份期货合约的恒生指数为2 800点。故卖出合约价值为2 800×50=140 000（港币）。到了9月底，股市果真下降，A所持股票价值下降到35 000港币。其在股市损失就是15 000港币。但因他事前作了套期保值交易，恒生指数也下降约200点，变成2 600点，由于他在期货市场盈利200×50=10 000（港币），故实际损失为5 000港币。

B. 购入股票指数期货合约的套期保值

【案例 5.12】

某一交易商B，在1992年8月1日，售出36 000港币的股票，同时购入9月份恒生股票指数期货合约，当日9月份合约的恒生指数为3 200点，则此份合约的价格为3 200×50=160 000（港币），到8月底，股市上升使B出售股票的价值增至42 000港币，则B在股市上损失为6 000港币（42 000－36 000）。但因为B事前购入了股票指数期货合约，当恒生指数由3 200点升到3 348点时，B在股票指数期货市场上的收益便为（3 348－3 200）×50=7 400（港币），此数足以弥补他在股市上的损失，同时还有剩余。

（4）期货交易带给银行的风险

期货交易往往只进行盈亏计算而不真实地进行实物交割，即通过在到期日前买进或卖出与原方向相反的合约来完成交易。从事期货交易会给银行带来流动性风险，信用风险、市场风险和基差风险。

（5）现货交易与期货交易的关系

①二者的区别

商品交易按成交方式、成交地点和交易的性质分为两大类：现货交易与期货交易。现货交易又称为实物交易，它是实际商品的即期交割，买卖双方可以任何方式，在任何地点成交。现货交易的特点是出售商品收取现金并立即交货，即所谓的“一手交钱，一手交货”。进行现货交易的场所称为现货市场，在现货市场上是不可以“买空卖空的”。

期货交易采用标准化的合约，合约内规定了交易数量单位、远期交货时间、保证金条款等内容。其必须在场内进行，也就是期货交易所内完成交易，同时期货交易极少有实物交割的，而且可以买空卖空，以小博大。

②二者的联系

期货交易虽然与现货交易有较大的不同，但是二者相互关联密切。通常期货市场走势是现货市场未来的发展趋势，期货交易有助于商品（股票、利率、货币、股票指数、黄金、石油等）在现货市场上的买卖更顺利地进行；而现货交易活跃，又可以促进期货交易的繁荣。

（6）期货合约和现货合约区别

期货合约比现货合约标准化与简单化（标准的数量、标准的规格和标准的交收地点）期货合约不需实际交割。现货合约的手续费由买卖价差显示，因交易量大小而不同。而期货合约其每份合约有定额手续费。

4. 期权（options）

（1）期权的定义

期权又称选择权，是一种能在未来某特定时间以特定价格买进或卖出一定数量某商品的权利。以这种权利为标的所进行的交易就是期权交易。

金融期权（financial options）是以金融商品或金融期货合约为标的的期权交易。

（2）期权的分类

①看涨与看跌期权

看涨期权是指期权买方在规定的期限内享有按照一定的价格向期权卖方购入某种基础资产的权利，但不负担必须买进的义务。投资者一般在预期价格上升时买入看涨期权，而卖出者预期价格会下跌。

看跌期权是指买方在规定的期限内享有向期权卖方按照一定的价格出售基础资产的权利，但不负担必须卖出的义务。投资者一般在预期价格下跌时买入看跌期权，而卖出者预期价格会上升。

②欧式与美式期权

期权按行使权利的时限分为欧式期权和美式期权。欧式期权的买方只能在期权到期日方能行使权利；美式期权的买方可以在买入后至到期日之间的任何时间行使权利。由于美式期权的买方选择余地很大，更加灵活，有相对较多的主动权，因此付出的期权费（有时又称为保险费）也要高于欧式期权。欧式期权的僵硬做法使其有渐渐被美式期权取代的可能性。

（3）货币期权与利率期权

金融期权主要包括货币期权和利率期权两大类。

①货币期权

货币期权，即外汇期权。

A. 外汇期权定义。外汇期权实际上是一个合约，买方拥有一种权利，可以在合约期满日或以前按规定的汇率买进预先约定数量的外汇，也有放弃合约不执行的权利。买进期权的费用称为期权费，将来若协议汇率对己有利就执行期权，否则就放弃，最大的损失以付出的期权费为限。

【案例 5.13】

2010 年 9 月 27 日，某公司进口英国设备，3 个月后须支付 100 万英镑，然而公司手边只有美元，当时市场即期汇率为 1GBP = 1.4410USD，为了防范汇率风险，该公司付出 2 万美元的期权费买进了 GBP CALL USD PUT 的欧式期权，执行价格为 1.4410，金额为 100 万英镑，期限为 3 个月。即该公司有权在 3 个月以后以 1.4410 的汇率抛售美元买入英镑。若 3 个月后汇率为 1GBP = 1.4810USD，执行合约；若汇率为 1GBP = 1.4010USD，则放弃执行合约权利。

B. 外汇期权优点。外汇期权交易可以满足国际支付、汇率风险控制等多种需要。客户只需付出有限的期权费就可具有在约定的时间内按事先确定的价格买入或卖出一定数量的外汇货币资产的权利，用于锁定未来支付的最大成本或未来收入的最小收益，达到防险保值的目的，而且仍可享受市场汇率波动可能带来的好处。

②利率期权

A. 利率期权含义。利率期权是指在浮动利率的债务人不愿意将其浮动利率债务转换成固定利率债务以固定还款成本时，便可以通过买进或卖出利率期权来达到防范利率风险的目的。

B. 利率期权种类。利率期权有三种类型：第一种是利率封顶、第二种是利率封底、第三种是利率两头封。

第一种：利率封顶（CAP）

利率封顶，又称利率上限，是指封顶期权的买方在向卖方支付期权费后，在双方商定一个利率上限的基础上，卖方向买方保证，在规定的时期内，如果市场利率高于协定利率的上限，则向买方支付市场利率高于上限利率的差额；如市场利率低于协定上限，则双方不发生资金的偿付。

【案例 5.14】

某公司有笔浮动利率债务 5 000 万美元，该公司从建行买入利率封顶期权，协议利率上限为 7%，期权利率费为年率 0.25%，若市场利率高于 7%，比如 8%，该公司按 8% 向国外贷款银行付息后，还可以从建行获得 1% 的利差补偿，而使得实际付息成本为 7%。若市场利率低于 7%，则与建行不发生资金偿付，按市场利率付贷款利息即可。总之，不论市场利率如何变化，该公司付出的最高利率不会超过 7%（不考虑期权费因素）。可见购买封顶期权使浮动利率债务人既转移了市场上升导致还款成本提高的风险，又可保留市场利率下降时享有低息的机会。

【案例 5.15】

我国某公司向美国进口一批价值 1 亿美元设备，得到国外买方信贷，期限为 7 年，贷款利率为浮动利率，6 个月 LIBOR + 0.65%。若该客户与国内银行签订了买入封顶期权，协定利率上限为 4%，期权费为年率 0.25%，若市场利率高于 4%，比如 5%，该公司按 5% 向国外贷款银行支付利息后，还可以从国内银行获得1%的利差补偿，从而使实际付息成本为4%。若市场利率低于4%，则按市场利率付贷款利息即可，不与国内银行发生资金偿付。

【案例5.16】

2003年3月份，深科技从英国进口磁头设备，到国内银行申请外币贷款7 000万美元，期限为5年，每半年还本付息一次。深科技于是向多家银行询价。工行报价按6个月LIBOR+300BP浮动；建行报价按6个月LIBOR+200BP浮动；最后深科技与中国进出口银行做业务，该行给予封顶利率为1.9%，当时的LIBOR水平在1.31%。从2004年以后五年间LIBOR最高时达到5.5%，绝大多数时间在1.9%以上，只有很少时间在1.9%以下，因此当LIBOR在1.9%以上时，中国进出口银行将替深科技补足利率差额，当LIBOR在1.9%以下时，深科技按照实际利率支付该行利息，因而深科技锁定了利息成本，中国进出口银行因为属于国家政策性银行，不以营利为目的，虽然收取了期权费，但是却替客户支付了数量巨大的外汇利息。

第二种：利率封底（FLOOR）

利率封底，又称利率下限，是指卖方在从买方收到期权费后，承担在协定期限内，当市场利率下降到协定封底利率以下时，向买方补偿市场利率低于封底利率的利差的做法。

【案例5.17】

例如，某公司有一笔8 000万美元浮动利率债务，为降低还款成本，该公司可出售8 000万美元的利率封底期权，封底利率为5%，收到的期权费为0.85%。若市场利率低于5%，比如为3%，公司按3%支付贷款利息后，还需要向银行支付2%的利息差额，而使得实际债务成本限制在4.15%（3%+2%-0.85%），如此则将最低债务成本限制在4.15%的水平，但若市场利率水平较高，如为6%，则实际债务成本可降低为6%-0.85%=5.15%。由此可见，出售封底期权是一种降低债务成本的手段，但由于对债务成本进行了封底，一旦利率大幅度下降，也会失去享有低利率的好处。

第三种：利率两头封（COLLARS）

利率“两头封”又称利率上下限，亦称利率双封，是指利率“封顶”和“封底”两种金融工具结合使用。购买两头封是在买进封顶期权的同时，卖出一个封底期权，以期权费收入来部分或全部抵消期权费支出，从而达到既防范风险又降低费用成本的目的；而出售两头封则是指在卖出封顶期权的同时，买进一个封底期权。

【案例 5.18】

某债务人公司购买一个两头封，即买入封顶，协定利率为6%，期权费支出为0.6%，同时卖出封底，协定利率为5%，期权费收入为0.8%。这样，便将债务的实际最高成本限定在6% -0.2% =5.8%的水平，但也将债务的最低成本固定在5% -0.2% =4.8%的水平。如此债务人避免了利率大幅度上升带来还款成本增加的风险，并因期权费的净收入而使债务成本得以降低，但却也可能因此而失去利率大幅度下降带来的好处。

5. 多种衍生产品套期保值

（1）以交易为基础的结构性套期保值

以交易为基础的结构性套期保值也叫做对冲套期保值，跨国公司以外汇即期、远期、外汇、利率调期买卖来规避风险和保值，即将同种货币的收入和支出抵消或将同种货币的资产和负债抵消。

（2）战略性的结构化套期保值

战略性结构化套期保值是一种在全球市场上跨国经营的长期选择。一个跨国公司不可能做到对其经济风险完美套期保值，但是在某种程度上，它还是有可能建立结构性套期保值的，如在货币收入和支出之间建立长期的匹配关系；将公司的成本结构（按币种）与其主要的竞争对手相匹配。

第四节　商业银行的经营管理

一、商业银行经营原则

商业银行经营管理过程中，应坚持“三性”原则，即盈利性、流动性和安全性。我国商业银行把安全性放在第一位，即安全性、流动性和盈利性。

（一）盈利性

盈利性原则是指商业银行在经营资产业务中以寻求利润最大化为目的获取收益。注重资产业务的盈利性是银行经营管理的基本原则。

（二）流动性

流动性原则是指银行必须能够随时应付客户的提款，满足必要的贷款。其包含两层含义：一是指商业银行必须保有一定比例的现金资产或其他容易变现的资产；二是指商业银行取得现款的能力。

（三）安全性

安全性原则是指银行的贷款必须安全，即银行在放款和投资等业务经营过程中，要能够按期收回本息，特别要避免本金受损。同时银行保证客户存入银行的存款必须安全。

商业银行经营的“三性”原则，同时也是经营管理过程中需要达到的三大目标。三者之间既存在矛盾，又相互联系。一般而言，流动性与安全性成正比，流动性越强，风险越小。而风险性越高的资产业务，盈利性就越大，但银行经营的安全性就越低；反之亦然。商业银行是金融企业，以盈利为目的，因而需要在经营管理实践过程中，不断地对安全性、流动性、盈利性进行均衡协调。

二、商业银行经营管理的发展历程

（一）资产管理阶段

20 世纪 60 年代之前，银行经营管理处于资产管理阶段。在这一阶段银行只重视资产业务的管理。其特色有两点：一是注重储备资产管理。银行的储备资产包括一线储备和二线储备。一线储备是指无收益或低收益的现金资产，包括库存现金、在中央银行的准备金存款、存放在同业的活期存款等，这是商业银行为应付客户提现的第一道防线。二线储备是指短期有价证券，主要是国库券，它具有很强的变现能力，但收益较低。一线储备和二线储备各自的构成及其在储备资产中应占的比例是储备资产管理的中心。二是注重贷款管理。包括贷款的期限结构管理、贷款质量管理。

（二）负债管理阶段

20 世纪 60 年代之后，商业银行经营管理向负债管理转变。首先，改变经营方针，调整负债结构，如发行可转让大额定期存单；其次，规避金融监管，创新金融工具，如提供“自动转账服务”、开设“货币市场账户”和“NOW（negotiable order of withdrawal account，可转让支付命令）账户”等；第三，到国际金融市场筹措资金，如借入欧洲美元市场资金；第四，在同业拆借市场拆入资金后向客户放款。

（三）资产负债综合管理阶段

从20世纪70年代中期开始，受两次石油危机的冲击，在世界范围内出现经济停滞、通货膨胀的局面，银行利率也波动不定，迫使银行不得不同时注意负债与资产两个方面的管理。由此开始了资产负债综合管理的新阶段。资产负债综合管理的基本思想是将资产和负债两个方面加以对照并作对应分析，通过调整资产负债双方达到合理搭配。例如，针对解决银行流动性风险这一核心问题，既可从资产和负债两方面去预测银行流动性的需要，同时又可从这两方面去寻找满足流动性需要的途径。

（四）全面风险管理阶段

20世纪80年代之后，商业银行经营管理从资产负债综合管理向全面风险管理转换。全面风险管理包括全球的风险管理体系、全面的风险管理范围、全程的风险管理过程、全新的风险管理方法以及全员的风险管理文化等先进的风险管理理念和方法。

第一，全球的风险管理体系。根据业务中心和利润中心建立相适应的区域风险管理中心，与国内的风险管理体系相互衔接和配合，对各国、各地区的风险进行识别，对风险在国别、地域之间的转化和转移进行评估和风险预警。第二，全面的风险管理范围。对整个银行内各个层次的业务单位、各种风险进行通盘管理。第三，全程的风险管理过程。银行每个业务环节都存在潜在风险，银行的风险管理也应贯穿于业务发展的每个过程。第四，全新的风险管理方法。通过内部模型来识别、计量和监控风险，使得风险管理越来越多地体现出客观性和科学性的特征。第五，全员的风险管理文化。银行每个人在从事岗位工作时都必须深刻了解可能存在的潜在风险因素，并主动地加以预防。

第五节　商业银行的存款创造

一、商业银行存款创造的基本原理

（一）存款创造的含义

存款创造是指商业银行先利用其自身吸收存款以及获取各项资金来源的有

利条件，再通过发放贷款、从事投资、办理结算等业务活动，从而衍生出更多的存款，达到扩大信贷规模、增加货币供应量的行为。一般具有存款创造的银行有两类：一是中央银行，二是商业银行。其中中央银行的存款创造主要表现在对银行券的发行以及为商业银行的存款创造提供相应的条件上，商业银行的存款创造主要表现在提供信用，而且提供信用的规模并不完全受现金存款的限制。

（二）存款创造的相关因素

商业银行以原始存款为基础、在银行体系中繁衍出数倍于原始存款的派生存款。

1. 原始存款

原始存款是指商业银行吸收的现金存款或中央银行对商业银行的再贷款所形成的存款。原始存款是存款货币创造的基础，就单个商业银行来说，原始存款的增加并不仅仅是现金的流入造成的，也可能是接受其他银行的支票存款所致。后者就商业银行的整个体系来讲，则只是结构性的变化，并不会使整个商业银行体系的存款准备金总额有任何增加。

2. 派生存款

派生存款是相对于原始存款而言的，是指商业银行以原始存款为基础、运用信用流通工具和转账结算的方式发放贷款或进行其他资产业务时，所衍生出来的、超过原始存款的存款。派生存款必须以一定数量的原始存款为基础，原始存款量的大小，对于派生存款量的大小有直接的制约关系。派生存款只能在银行体系内部的现实的信用活动中，通过信用流通工具的使用以及转账结算的条件下才能形成。

3. 存款准备金

存款准备金是为了限制商业银行信贷扩张和保证客户提取存款，以及为资金清算的需要而准备的资金。商业银行只要经营存款业务，就必须提留存款准备金。其初始意义在于保证商业银行的支付和清算能力，之后才逐渐演变成为中央银行的货币政策工具。中央银行通过对存款准备金比率的限制与调整，可以影响商业银行的存款创造能力，进而调节整个社会的货币供应量。商业银行存款准备金以两种具体形式存在：一是商业银行持有的应付日常业务所需的库存现金，二是商业银行在中央银行的存款。

法定存款准备金是中央银行在法律赋予的权限范围内，为了影响商业银行的存款创造能力和货币供给能力，要求商业银行按照规定的比率上存中央银行的资金，具有法律效力。存款准备金、法定存款准备金、超额准备金、备付金之间的数量关系，可表述为：

存款准备金 = 库存现金 + 商业银行在中央银行的存款

法定准备金 = 法定准备金率 × 存款总额

超额准备金 = 存款准备金 − 法定准备金

存款准备金 = 库存现金 + 法定准备金 + 备付金

商业银行在中央银行的存款 = 法定准备金 + 备付金

超额准备金 = 库存现金 + 备付金

在存款总额一定的条件下，法定存款准备金率越高，商业银行可用于放款的资金数额就越少，反之则越多。这种关系表明，法定存款准备金的高低对于商业银行的存款创造能力有重大影响。

二、商业银行存款创造的前提条件

商业银行只有具备了如下三个基本条件，商业银行存款创造功能才能得以实现。

（一）银行创造信用流通工具

商业银行的存款创造包括两层含义：一是指信用工具的创造，如存款货币、各种票据等；二是指信用量的创造，即扩大信贷规模，进而扩大货币供应量。信用工具的创造是信用量创造的前提，信用量的创造是信用工具创造的结果。

（二）部分准备金制度

部分准备金制度是相对于全额准备金制度而言的。在全额准备金制度下，商业银行必须为增加的每一笔存款保持100%的现金准备。例如，如果某人存入银行10 000元，银行只能把此10 000元全部放入保险柜中，或者上存中央银行，而不再有多余的资金开展任何放款、投资业务。此时，银行的现金资产和存款负债均为10 000元，二者之比为1∶1，没有多倍的存款创造。这样，银行只是存款客户的资金保管者，存款客户不仅不能从银行那里得到任何利息。相反，存款客户还必须向银行支付资金的保管费。但是在部分准备金制度下，商业银行对于吸收的存款，则不需要为此保留等额的现金准备以应付提现，而只是按照中央银行发布的法定存款准备金比率，留下规定比例的现金，并上存中央银行，其余的资金就可以用于放款和投资，如此循环下去，就会形成多倍的存款创造。

（三）非现金结算制度

非现金结算是相对于现金结算而言的。现实经济生活中这种100%现金提取是不大可能的，更多的是使用非现金结算方式。非现金结算是在银行活期存款的基础之上，通过签发支票和活期存款的转移，来完成货币的收付。这种结算方式下的资金运动，并不表现为现金形式，而只是将活期存款从一个存款账户转移到另一个存款账户，用于支付的货币仍然留在银行里，只是银行的债权人发生了变化，这一过程对于商业银行来讲意义是非同小可的，因为形式上的存款转移意味着实质上的现金并不流出银行系统，资金来源不减少，是银行以增记客户存款的方式发放贷款的物质基础。即使转账结算的双方不在同一家银行，但转出方银行的存款减少，必然是转入方银行存款的等额增加。这就使得多倍的存款创造成为可能。

因此，商业银行的存款创造必须同时具备部分准备金制度和非现金结算制度两个条件。部分准备金制度只为吸收存款后，能够运用部分存款提供了可能；如果仅仅具备非现金结算制度而实行全额准备金制度，商业银行也不能创造出存款货币，因为此时存款在银行体系内转移必然是等额现金的转移，存款总量不会超过银行吸收的现金量。

三、存款创造的过程

（一）派生存款乘数的导出

原始存款包括客户以现金存入银行形成的存款和中央银行通过再贷款，再贴现形式提供给商业银行的资金。由于各国基本上都实行部分准备金制度，因此商业银行可以将一小部分现金作为付现准备，其余部分用于放款。同时又因为实行非现金结算方式，客户在取得贷款后，一般不会立即提取现金，而是转入其在银行的活期存款账户，这时银行一方面增加了放款，另一方面增加了活期存款，而这些活期存款就是贷转存而产生的派生存款。在信用制度发达的国家，银行的大部分存款都是通过这种营业活动创造出来的。下面通过例子来说明这一点。

假定法定准备金率为20%，再假定银行客户会将其一切货币收入以活期存款方式存入银行。在这种情况下，甲客户将100万元存入自己开户的A银行，银行系统就因此增加了100万元准备金。A银行按法定准备金率保留20万元作为准备金存入中央银行，其余80万元全部贷出，假定是借给一家公司用来买机器，机器制造厂乙得到这笔从甲银行开来的支票又全部存入与自己有往来的B银行，B银行得到这80万元支票存款后留下16万元作为准备金存入中央银行，然后再贷放出去64万元，得到这笔贷款的丙厂商又会把它存入与自己有业务关系往来的C银行，C银行留其中12.8万元做准备金存入自己在中央银行的账户上，然后再贷出51.2万元。由此，不断存贷下去，各银行的存款总和是：

$$\begin{aligned}&100+80+64+51.2+\cdots\\&=100\times(1+0.8+0.8^2+0.8^3+\cdots+0.8^{n-1})\\&=\frac{100}{1-0.8}=500\text{（万元）}\end{aligned}$$

而贷款总和是：

$$\begin{aligned}&80+64+51.2+\cdots\\&=100\times(0.8+0.8^2+0.8^3+\cdots+0.8^{n})\\&=400\text{（万元）}\end{aligned}$$

从这个例子可以看出，存款总和（D）同这笔原始存款（R）及法定准备金率（r_d）之间的关系为：

$$D=\frac{R}{r_d} \tag{5.1}$$

这个例子中，假定这笔原始存款来自中央银行增加的一笔原始货币供给，则这笔原始货币供给将使活期存款总和（也就是货币供给量）扩大为这笔新增原始货币供给量的$\frac{1}{r_d}$倍。$\frac{1}{r_d}$称为货币创造乘数（又称派生乘数），用k表示，则有$k=\frac{1}{r_d}$，它是法定存款准备金率的倒数。若法定准备金率是20%，则存款货币派生乘数为5。

由以上分析可以看出，派生存款乘数的大小和法定准备金率有关，法定存款准备金率越大，乘数就越小。这是因为，准备金率越大，说明商业银行吸收的每一轮存款中可以用于贷款的份额越小，由于贷款转化为存款，因而，下一轮存款就越小。

派生存款乘数既可称为货币创造乘数，又可称为派生倍数或存款扩张倍数。可见派生倍数即法定准备金率的倒数，法定存款准备金率越高，派生倍数越小；法定准备金率越低，派生倍数越大。

（二）修正和完善后的派生存款乘数

以上存款货币派生乘数为法定准备金率的倒数是有严格的假定条件的，即商业银行没有超额储备以及银行客户将一切货币收入存入银行，支付完全以支票形式进行，没有现金从银行系统漏出。在这些条件不满足的情况下，派生存款乘数也就不再是法定准备金率的倒数。而是需要将存款创造过程中漏出因素，纳入派生存款乘数考虑范围中来，故而需要对于派生倍数进行修正和完善。

一般地，商业银行除了留存法定准备金之外，往往还自愿保留一定数量的超额准备金，而且超额准备金与活期存款在数量上也保持着某种相对固定的比例关系，存款乘数将因此变小。用 r_e 表示超额准备金率，则加上超额准备金的存款货币派生乘数就变为：

$$k = \frac{1}{r_d + r_e} \tag{5.2}$$

除了商业银行一般会留存超额准备金外，银行客户在接受贷款后，一般也不会分文不动地全部存入银行活期存款，往往会提取一部分现金用于支出，这部分现金因流出银行体系（称为现金漏损），也会限制存款货币派生乘数。用 c 表示现金漏损率，即提取现金占活期存款的比例，则加上现金外流的派生存款乘数为：

$$k = \frac{1}{r_d + r_e + r_c} \tag{5.3}$$

另外，支票存款也有可能转为定期存款。在新增可签发支票的活期存款中，有一部分将逐步转为新增定期存款。这部分新增定期存款虽未流出银行体系，但不再参与存款创造。所以，应将占可签发支票的活期存款转为定期存款的比例 t 乘以其法定准备金率 r′，再列入货币创造乘数的分母。这样，经过修正的存款货币派生乘数为：

$$k = \frac{1}{r_d + r_e + r_c + tr'} \tag{5.4}$$

由此可以看出，货币创造过程中的各种漏出，使存款货币派生乘数变得不确定，漏出越多，乘数作用衰减越大。

思　考　题

1. 商业银行为什么能够派生存款？
2. 存款创造的含义？
3. 存款货币是如何被创造的？
4. 制约存款创造的因素有哪些？
5. 商业银行的三大业务和“三性”原则是什么？

6. 国际上按照贷款质量划分，贷款分为哪几类？衡量每一类贷款的标准如何？

练 习 题

一、填空题

1.（　　　　）的成立，标志着现代银行制度的建立，也意味着动摇了高利贷在信用领域的垄断地位。

2. 按经营模式划分，将商业银行分为（　　　　）和（　　　　）。

3. 商业银行经营的三性原则是盈利性、（　　　　）和（　　　　）。

4. 贷款的五级分类法把贷款分为正常、（　　　　）、（　　　　）、（　　　　）和（　　　　）。

5. 存款货币银行吸收外来资金的方式主要有吸收存款、（　　　　）、（　　　　）、从国际货币市场借款、结算过程中的短期资金占用和发行金融债券。

6. 存款货币银行向中央银行借款的主要形式有（　　　　）和（　　　　）。

7.（　　　　）市场是我国规模最大的一种货币市场，因此是中国人民银行进行公开市场操作的场所。

二、单项选择题

1. 在二级银行体制下，M =（　　）。

A. 原始存款×货币乘数　　B. 基础货币×货币乘数
C. 派生存款×原始存款　　D. 基础货币×原始存款

2. 现金漏损率是指（　　）。

A. 漏损现金/库存现金　　B. 漏损现金/存款总额
C. 漏损现金/存款准备金　　D. 漏损现金/贷款总额

3. 某商业银行的存款总额为4 000万元，其在中央银行的存款为380万元，库存现金为90万元。若法定存款准备金率为6%，则其超额存款准备金是（　　）万元。

A. 140　　B. 230　　C. 240　　D. 470

4. 下列商业银行存款准备金等式中，正确的是（　　）。

A. 超额存款准备金 = 存款准备金 − 库存现金
B. 库存现金 = 存款准备金 − 商业银行在央行的存款

C. 存款准备金 = 法定存款准备金率 × 存款总额

D. 法定存款准备金 = 库存现金 + 超额存款准备金

5. 法定存款准备金率为7%，超额存款准备金率为5%，存款货币最大扩张额为6 000万元。如果不考虑其他因素，则原始存款为（　　）万元。

A. 120　　B. 720　　C. 2 100　　D. 5 000

6. 银行系统吸收的、能增加其存款准备金的存款，称为（　　）。

A. 派生存款　　B. 原始存款　　C. 现金存款　　D. 支票存款

7. 法定存款准备金应该等于（　　）。

A. 存款准备金率 × 存款总额

B. 存款准备金率 × 法定存款总额

C. 法定存款准备金率 × 存款总额

D. 法定存款准备金率 × 原始存款总额

8. 法定存款准备金率 × 原始存款总额的货币乘数等于（　　）。

A. 货币需求量 × 基础货币　　B. 货币供给量 × 基础货币

C. 货币需求量 ÷ 基础货币　　D. 货币供给量 ÷ 基础货币

9. 商业信用的债务人是（　　）。

A. 银行　　B. 企业　　C. 中央政府　　D. 消费者

10. 银行信用的债权人是（　　）。

A. 金融机构　　B. 消费者　　C. 企业　　D. 社会公众

11. 具有信用创造的银行是中央银行和（　　）。

A. 投资银行　　B. 保险公司　　C. 商业银行　　D. 农业银行

12. 信用创造是指（　　）先利用自身吸收存款，再通过相关业务创造出更多的存款货币的行为。

A. 商业银行　　B. 中央银行　　C. 农业银行　　D. 保险公司

13. 商业银行的信用创造表现在（　　）。

A. 信用工具的创建上　　B. 信用量的创造上

C. 提供信用上　　D. 保险信用上

14. 法定存款准备金等于（　　）。

A. 库存现金 + 商业银行在中央银行的存款

B. 法定存款准备金率 × 存款总额

C. 存款准备金 − 法定存款

D. 存款货币 × 法定存款准备金率

15. 如果法定存款准备金为10万元，超额存款准备金为9万元，则实际存款准备金为（　　）万元。

A. 1　　B. 10　　C. 19　　D. 9

16. 如果其他因素不考虑，当存款乘数 $K=4$，法定存款准备金率 $r=20\%$，则现金漏损率 c 为（　　）。

A. 10%　　B. 15%　　C. 5%　　D. 20%

17. 原始存款是指商业银行吸收的，能增加其（　　）的存款。

A. 基础货币　　B. 准备金　　C. 存款　　D. 负债

18. 派生存款是指商业银行以（　　）为基础，运用信用流通工具进行其他资产业务时所衍生出来的、超过最初部分存款的存款。

A. 基础货币　　B. 货币乘数　　C. 货币供应量　　D. 原始存款

19. 法定存款准备金率越低，商业银行用于放款的资金就（　　）。

A. 越多　　B. 越小　　C. 不变　　D. 为零

20. 中央银行提供的基础货币与商业银行存款货币的创造是（　　）关系。

A. 主动与被动　　B. 源头与支流　　C. 政府与企业　　D. 主观与客观

21. 基础货币无论是通货转化为存款，还是存款转化为通货，都具有一定的（　　）。

A. 流动性　　B. 安全性　　C. 效应性　　D. 稳定性

22. 某商业银行的存款总额为 5 000 万元，其在中央银行存款为 380 万元，库存现金为 100 万元，法定存款准备金率为 6%，则其超额存款准备金是（　　）万元。

A. 240　　B. 470　　C. 140　　D. 180

23. 如果法定存款准备金与实际存款准备金相等，则有（　　）。

A. $r_e=0$　　B. $r_e>0$　　C. $r_e<0$　　D. r_e 趋于无穷大

24. 基础货币等于（　　）。

A. 通货 + 存款货币　　B. 通货 + 存款准备金

C. 存款货币 + 存款准备金　　D. 原始存款 + 派生存款

25. 现金漏损率是指现金漏损与（　　）之间的比率。

A. 存款总额　　B. 贷款总额　　C. 库存现金　　D. 存款准备金

26. 在存款派生乘数 $K=1/r$ 的公式中，最大的不足是其中未包括（　　）因素。

A. 直接与间接　　B. 主动与被动　　C. 源头与支流　　D. 政府与企业

27. 我国现在普遍发展的“借记卡”属于（　　）。

A. 信用卡　　B. 支票卡　　C. 储值卡　　D. 智能卡

28. 如果借款人的还款能力出现了明显的问题，依靠其正常经营收入经营无法保证足额偿还本息，那么该笔贷款属于五级分类法中的（　　）。

A. 关注　　B. 次级　　C. 可疑　　D. 损失

29. 货币互换发生的前提是（　　）。

A. 存在对货币需求相反的交易双方

B. 能使双方都获益

C. 存在利率差异

D. 必须有在期限和金额上存在相同利益而对货币币种需求相反的交易双方

30. 利率互换发生的前提是（　　）。

A. 交易双方在金融市场上有不同的信用等级，进而产生了融资时的比较优势

B. 必须由在期限和金额上存在相同利益而对贷款需求相反的交易双方

C. 存在利率差异

D. 能使双方都获益

31. 下列关于远期利率协议的说法中，正确的有（　　）。

A. 在远期利率协议下存在本金的转移

B. 如果协议签订后市场利率下降，买方受到保护

C. 合同是标准化的

D. 是一种场外交易的金融产品

32. 在《巴塞尔协议》中信用风险转换系数为100%的有（　　）。

A. 普通担保　　B. 履约担保书

C. 投标保证书　　D. 用于特别交易的备用信用证

33. 银行为了防范由于利率变动而产生的市场风险，通常会采用在期货市场上进行反方向的对冲交易，这种对冲交易（　　）。

A. 可以使金额等于远期利率协议之名义本金金额

B. 只能减少市场风险而不能将其完全消除

C. 期货支付可以从远期交易中获得补偿，不会对银行的流动资金造成压力

D. 可以完全消除银行的市场风险

三、多项选择题

1. 下列属于基础货币的有（　　）。

A. 存款货币　　B. 流通中的通货　　C. 存款准备金

D. 货币供给量　　E. 贷款

2. 商业银行创造派生存款的条件有（ ）。

A. 银行创造信用流通工具 B. 全额准备金制度

C. 部分准备金制度 D. 现金结算制度

E. 非现金结算制度

3. 信用是以借贷为特征的经济行为，其特点为（ ）。

A. 信用是以还本付息为条件的借贷行为

B. 信用反映的是债权债务关系

C. 债权人仅为金融机构

D. 信用提供形式仅为货币资金

E. 信用以相互信任为基础

4. 商业银行信用创造的含义是（ ）。

A. 货币量的创造 B. 信用量的创造 C. 信用工具的创造

D. 存款量的创造 E. 贷款量的创造

5. 具有信用创造功能的金融机构是（ ）。

A. 农业银行 B. 投资银行 C. 商业银行

D. 证券公司 E. 中央银行

6. 决定一家商业银行的存款准备金的数量，是通过（ ）计算出来的。

A. 库存现金 B. 存款总额

C. 法定存款准备金率 D. 商业银行在中央银行的存款

E. 超额存款准备金

7. 下列关于基础货币的表达式正确的是（ ）。

A. 基础货币 = 流通中的通货 + 存款准备金

B. 基础货币 = 货币供应量/货币乘数

C. 基础货币 = 流通中的通货 + 库存现金

D. 基础货币 = 库存现金 + 在中央银行的存款

8. 下列对货币乘数表述正确的是（ ）。

A. 货币乘数是原始存款与派生存款的比值

B. 货币乘数是库存现金与商业银行在中央银行的存款的比值

C. 货币乘数是货币供应量与基础货币的比值

D. 货币乘数是一定的基础货币发挥作用的倍数

E. $C+R$ 是基础货币量，$C+D$ 是货币供给量，则货币乘数 $m=(C+D)\div(C+R)$

9. 商业银行的存款准备金存在的具体形式是（ ）。

A. 库存现金　B. 派生存款　C. 商业银行在中央银行的存款
D. 库存准备金　E. 法定存款

10. 商业银行创造派生存款的条件是（　）。
A. 银行创造信用流通工具　B. 法定存款准备金率
C. 现金结算制度　D. 非现金结算制度
E. 部分准备金制度

11. 存款货币的创造在数量上的限制因素有（　）。
A. 库存现金　B. 法定存款准备金
C. 现金漏损率　D. 超额存款准备金率
E. 定期存款准备金率

12. 中央银行对商业银行开展资产业务时，表现为基础货币等量增加的有（　）。
A. 公开市场　B. 再贷款　C. 再贴现
D. 调整型准备金　E. 担保

13. 基础货币包括（　）。
A. 货币供给量　B. 存款货币　C. 存款准备金
D. 通货　E. 派生存款

14. 货币乘数就是一定量的基础货币发挥作用的倍数，它同（　）。
A. 货币供给量成正比　B. 货币供给量成反比
C. 基础货币成正比　D. 基础货币成反比
E. 货币需求量相等

15. 国家信用的债权人一般包括（　）。
A. 中央政府　B. 金融机构　C. 外国政府
D. 社会公众　E. 企业

16. 商业银行的作用是（　）。
A. 充当企业之间的信用中介
B. 充当企业之间的支付中介
C. 变社会各阶层的积蓄和收入为资本
D. 创造信用流通工具
E. 创造基础货币

17. 属于存款货币银行负债业务的是（　）。
A. 存款　B. 贷款　C. 从中央银行借款
D. 银行同业拆借　E. 投资

18. 属于存款货币银行资产业务的是（　　）。

A. 存款　　B. 贷款　　C. 证券投资

D. 贴现票据　　E. 发行金融债券

19. 禁止或限制银行对股票进行投资的原因是（　　）。

A. 保持银行业的稳定

B. 防止股市波动

C. 防止对特定企业提供数额过大的融资支持

D. 防止垄断

E. 能利用借贷信息更好地判断企业状况进行更合理的投资

20. 属于存款货币银行中间业务的是（　　）。

A. 汇兑　　B. 代收　　C. 互换　　D. 期权

E. 转贴现

21. 存款货币银行据以获取收益的业务种类是（　　）。

A. 负债业务　　B. 资产业务　　C. 中间业务　　D. 表外业务

E. 向央行借款业务

22. 存款货币银行影响派生存款能力的因素有（　　）。

A. 财政性存款　　B. 原始存款

C. 法定存款准备金率　　D. 超额准备金率

E. 流通中的现金

23. 通常法律规定，商业银行及其有关金融机构必须向中央银行存入一部分存款准备金，目的在于（　　）。

A. 保证存款机构的清偿能力

B. 保证存款机构的盈利性

C. 保证国家的财政收入

D. 有利于中央银行调节信用规模和货币供应量

E. 保证中央银行的存款量

四、判断题

1. 存款货币银行的资金主要由自有资本构成。（　　）

2. 开立活期存款账户的目的是未来通过银行进行各种支付结算。（　　）

3. 贴现业务是对票据的买卖，并不是一项信用业务。（　　）

4. 分业经营限制了商业银行的业务经营能力，不利于提高资金的配置与使用效率。（　　）

5. 美国商业银行创造可转让支付命令书（NOW）的目的是规避储蓄账户不得使用支票的规定。（ ）

6. 一般来说，流动性较强的资产盈利性也比较好。（ ）

7. 依据确实有真实交易背景的票据进行贷款，可以保障贷款按期收回。（ ）

8. 活期存款的到期日为零。（ ）

9. 二级市场是有价证券在发行人与投资者之间流通的市场。（ ）

10. 借贷过程中，从债权人方面说，要承担货币贬值的通货膨胀风险；而就债务人说，则会遭遇通货紧缩的风险。（ ）

11. 假如信息完全对称，市场不存在交易成本，也即市场不存在摩擦的情况下，那么银行中介也就没有存在的理由。（ ）

12. 银行间拆借市场即可拆借短期资金，又可以进行长期资金的贷放。（ ）

13. 表外业务是商业银行所从事的不列入资产负债表且不影响资产负债总额的经营活动。（ ）

14. 汇票一经承兑，银行即负有不可撤销的第二性的到期付款责任。（ ）

15. 银行承兑汇票是以银行为承兑人的不可流通转让的远期汇票，主要使用于国内和国际贸易中。（ ）

16. 跟单信用证是一个无条件的银行付款承诺，具体说就是银行根据买方的要求和指示，向卖方开立的在规定的期限内，凭与规定相符的单据支付一定金额的书面承诺。（ ）

17. 在备用信用证中，一般情况下银行与受益人之间不发生资金支付关系，这是它与商业信用证的一个最主要的区别。（ ）

18. 银行从事票据发行便利业务，是利用自身在票据发行中的优势帮助客户售出短期票据以实现筹集资金的目的。（ ）

19. 由于商业银行的表外业务不纳入商业银行的资产负债表，所以同表内业务相比，对表外业务进行有效监管和恰当的内部控制难度更小。（ ）

20. 金融衍生产品交易往往有较大的杠杆作用，如果发生亏损而不及时止损，可能产生数倍甚至数十倍于原始资产的亏损，给银行的正常经营带来巨大的危害。（ ）

21. 为了防范承诺业务的风险，商业银行应采用浮动利率，使合同利率与市场利率相一致，以此来规避由于利率变化而给银行可能带来的风险。（ ）

22. 票据发行便利根据有无包销可分为包销的票据发行便利和无包销的票据发行便利。（ ）

23. 贷款销售是银行通过直接出售或证券化的方式，把贷款转让给第三方，从而收取转让费。（ ）

24. 资产证券化是贷款销售的一种方式，它是指银行将具有共同特征的流动性较差的一组盈利资产如贷款集中起来，以此为基础发行具有投资特征的证券的行为。（ ）

25. 互换是指两个或两个以上的当事人按照预先约定的条件，在约定的时间相互交换一系列支付款项，以达到转移、分散和降低风险的一种互利金融交易。（ ）

26. 在同城结算中，商业银行主要采用的结算方式是托收结算。（ ）

27. 期货交易往往只进行盈亏计算而不需真正地进行实物交割，即通过在到期日前买进或卖出与原方向相反的合约来完成交易。（ ）

28. 商业银行的咨询业务是指商业银行向工商企业、政府或个人提供所需信息并获得咨询费收入的一种表外业务。（ ）

29. 表外业务往往只是完成了风险的转移而没有消除风险。（ ）

30. 表外业务的发展不会影响一国货币当局所采取货币政策的有效性。（ ）

31. 在金融期货交易中，只有基差不变时，利率风险才可以被完全消除，当基差变动时，用期货规避风险的能力就会减弱。（ ）

32. 为了防范风险，银行应该挑选较高质量的资产进行证券化。（ ）

五、案例分析题

（一）现假设银行系统的①原始存款为 900 万元，②法定存款准备金率为 6%，③现金漏损率为 15%，④超额准备金率为 3%。

根据上述材料，计算并回答下列问题（保留两位小数）。

1. 此时，银行系统的派生存款总额为（ ）万元。

A. 3 750　B. 4 286　C. 5 000　D. 10 000

2. 此时，银行系统的存款乘数约为（ ）。

A. 4.17　B. 6.67　C. 16.67

3. 如果③、④比率都为 0，银行系统的派生存款总额为（ ）万元。

A. 10 000　B. 12 000　C. 15 000　D. 18 000

4. 如果③、④比率都为 0，银行系统的存款乘数，约为（ ）。

A. 4.17　B. 6.67　C. 16.67　D. 33.33

5. 银行系统存款创造的限制因素主要有（ ）。

A. 原始存款量与定期存款量　　B. 现金漏损率与定期存款准备金率
C. 存款乘数与货币乘数　　D. 超额存款准备金率

（二）设某地区某时流通中通货为1 500亿元，中央银行法定存款准备金率为7%，商业银行的存款准备金为500亿元，存款货币总量为4 000亿元。

根据上述材料回答下列问题：

6. 下列属于基础货币的有（　　）。
A. 存款货币　　B. 通货　　C. 货币供给量　　D. 存款准备金

7. 存款乘数与货币乘数非常相似，并可以相互推导。两者所不同的是（　　）。
A. 货币乘数的分母不包括通货　　B. 存款乘数的分子包括通货
C. 货币乘数的分母包括通货　　D. 存款乘数的分母包括通货

8. 该地区当时的货币乘数为（　　）。
A. 2.00　　B. 2.75　　C. 3.00　　D. 3.25

9. 该地区当时的货币供给量为（　　）亿元。
A. 3 000　　B. 4 500　　C. 5 500　　D. 6 000

10. 若几日后，中央银行将法定存款准备金率调整为6%，则该地区当时的货币供应量将（　　）。
A. 减少　　B. 不变　　C. 不确定　　D. 增加

（三）现假设某银行体系由中央银行以及中国银行、中国工商银行、中国建设银行、中国农业银行等商业银行组成，商业银行只保留法定存款准备金，超额准备金全部用于贷款或投资，银行客户不提取现金，银行只经营活期存款，法定存款准备金率为7%，原始存款量为100万元。

根据以上资料，试回答以下问题：

11. 该银行体系的存款扩张倍数为（　　）。
A. K = 12.5　　B. K = 14.29　　C. K = 99.9　　D. K = 1 428

12. 该银行体系的存款货币的最大扩张额为（　　）万元。
A. 800　　B. 9 900　　C. 1 250　　D. 1 429

13. 商业银行只要经营存款业务，就必须提留存款准备金。超额存款准备金等于（　　）。
A. 法定存款准备金率 × 库存现金
B. 法定存款准备金率 × 存款总额
C. 存款准备金 - 法定存款准备金
D. 库存现金 + 商业银行在中央银行的存款

14. 派生存款的大小与下列因素的关系，表述正确的是（　　）。

A. 同法定存款准备金率成反比　　B. 同原始存款的数量成正比
C. 同法定存款准备金率成正比　　D. 同超额存款准备金成反比
E. 同原始存款的数量成反比

15. 法定存款准备金具有法律效力，法定存款准备金率越高，存款扩张倍数（　　）。

A. 越小　　B. 不变　　C. 越大　　D. 为零

16. 中央银行通过对存款准备金比率的限制与调整，可以影响商业银行的信用创造能力，进而调节整个社会的货币供应量。商业银行的法定存款准备金等于（　　）。

A. 法定存款准备金率×存款总额
B. 存款准备金－法定存款准备金
C. 库存现金＋商业银行在中央银行的存款
D. 法定存款准备金率×库存现金

17. 存款准备金是为了限制商业银行信贷扩张和保证客户提取存款，以及为资金清算的需要而准备的资金，决定一家商业银行上存中央银行的法定存款准备金的数量，是通过（　　）计算出来。

A. 超额存款准备金　　B. 库存现金
C. 存款总额　　D. 法定存款准备金率

（四）某宏观经济体，其基础货币为B，货币乘数为S，通货为C，存款准备金为R，货币供给量为Ms，存款货币为D。

根据上述资料，回答以下问题：

18. 基础货币又称高能货币、强力货币或货币基础，其主要包括（　　）。

A. 存款货币　　B. 货币供给量　　C. 通货　　D. 存款准备金

19. 根据基础货币与货币供给量之间的关系可得出，货币乘数m应该等于（　　）。

A. $(C+R)\div(C+D)$　　B. $(C+D)\div(C+R)$
C. $(C-D)\div(C-R)$　　D. $(C-R)\div(C-D)$

20. 货币乘数就是一定量的基础货币发挥作用的倍数，它（　　）。

A. 与基础货币成反比　　B. 与货币供给量成反比
C. 与基础货币成正比　　D. 与货币供给量成正比

21. 如果用Ms代表货币供给，那么，货币供应Ms应该等于（　　）。

A. $m+B$　　B. $m-B$　　C. $m\times B$　　D. $m\div B$

第六章　货币供给

在现代市场经济中，货币流通的范围和形式不断扩大，现金和活期存款普遍被认为是货币，定期存款和某些可以随时转化为现金的信用工具也具有货币性质，也在一定范围内影响着货币供给。

在货币供给这一章主要介绍四个方面的内容：货币供给与货币层次的划分、货币供给的有关理论、货币供给与银行体系的资产负债表、货币供给机制。

第一节　货币供给与货币层次的划分

一、货币供给与货币供应量

（一）货币供给

货币供给（money supply）也称为货币供应，是指一个国家在某一时点上流通中的货币总额，它包括中央银行在内的金融机构所供给的存款货币和现金两部分构成。它是一个存量概念，而不是一个流量概念。即它是一个时点的变量，而不是一个一定时期的变量。

货币供给有狭义、广义之分。狭义的货币供给是由流通中的纸币、铸币和活期存款构成，银行的活期存款是货币供给的一个重要组成部分。从广义上说，货币供给还包括商业银行的定期存款、储蓄和贷款协会及互助储蓄银行的存款，甚至还包括储蓄债券、大额定期存单、短期政府债券等现金流动资产。

（二）货币供应量

货币供给量是一个非常重要的宏观经济变量，一国一定时期货币供给量是否合理，不仅影响着货币市场能否实现均衡，而且能够通过影响利率、价格等因素对宏观经济产生重要的影响。货币供给量是政府实施宏观经济调控的重要对象。中央银行可以通过增加或减少货币供应量控制货币市场，实现对经济的干预。

研究货币供给的目的，是为了使经济社会实际提供的货币量与经济发展客观需求的货币量相吻合。所以，合理的货币供给量如何决定，受到哪些因素的影响是货币供给研究的重点。

二、货币层次的划分

通常情况下，各国按货币的流动性程度将货币划分为不同的货币层次，作为其对货币的度量和管理的依据。因为不同层次的货币对各国经济产生影响的程度不同；一个国家的货币供给总量影响着商品价格、就业和经济活动水平，以及货币本身的价值。货币供给的变化是由中央银行和商业银行等金融机构的行为引起的。一般来说，货币是由中央银行发行的，中央银行垄断了货币发行权，它发行的货币具有无限法偿能力，在一切交易中可以无限制地使用。商业银行的活期存款占货币供给的绝大部分，它包括原始存款和派生存款。原始存款是居民个人和企业在商业银行的现金存款，它只是将现金变为活期存款，不会引起货币供给总量的变化。派生存款是商业银行通过发放贷款、投资等资产业务创造的存款，派生存款增加货币供给总量。中央银行通过对存款准备率的规定来影响存款货币的创造。货币供给不仅是一个重要的货币理论问题，也是一个涉及货币控制和管理政策的重大实践问题，世界各国对货币供给都给予了高度的重视。

20 世纪 60 年代，美国联邦储备银行出于制定货币政策的需要，根据金融资产流动性的强弱对货币进行层次划分统计。随后，各国中央银行纷纷效仿，成为各国的普遍做法。按照国际货币基金组织（IMF）的分类，货币供给分为以下三个层次：

M_0：现金；

M_1：M_0 + 银行活期存款（支票存款）；

M_2：M_1 + 银行定期存款和具有市场性的短期信用工具。

我国对货币层次的研究比较晚，按照 IMF 的口径，我国从 1994 年第三季度起由中国人民银行正式推出货币量统计指标并向社会公布，1995 年调整了各层次货币量的统计范围。参照国际通用原则，根据我国实际情况，中国人民银行将我国货币供应量指标分为以下四个层次：

M_0：流通中的现金；

M_1：M_0 + 企业活期存款 + 机关团体部队存款 + 农村存款 + 个人持有的信用卡类存款；

M_2：M_1 + 城乡居民储蓄存款 + 企业存款中具有定期性质的存款 + 外币存款 + 信托类存款；

M_3：M_2 + 金融债券 + 商业票据 + 大额可转让存单等。

其中，M_1 是通常所说的狭义货币量，流动性较强；M_2 是广义货币量，M_2 与 M_1 的差额是准货币（quasi-money），流动性较弱；M_3 是考虑到金融创新的现状而设立的，暂未测算。在数量上，M_3 等于 M_2、金融债券、商业票据以及大额可转让定期存单之和。

在我国的货币层次划分中，M_0 是最活跃的货币，与消费物价水平变动密切相关，一直是我国中央银行关注和调节的目标；M_1 反映着经济中的现实购买力，也是反映企业资金松紧的重要指标，流动性仅次于 M_0；M_2 不仅反映现实的购买力，还反映潜在的购买力，它能够反映社会总需求的变化，在宏观调控中也有重要意义。若 M_1 增速较快，则消费和终端市场活跃；若 M_2 增速较快，则投资和中间市场活跃。中央银行和各商业银行可以据此判定货币政策。M_2 过高而 M_1 过低，表明投资过热、需求不旺，有危机风险；M_1 过高而 M_2 过低，表明需求强劲、投资不足，有涨价风险。

表 6.1 显示了我国自 20 世纪 90 年代以来每年各种层次的货币供给量的情况。按照我国货币层次的划分标准，我国 M_0 层次的货币供应量（流通中的现金）已经从 2000 年年底的 14 652.7 亿元增加到 2014 年年底的 60 259.53 亿元，是 2000 年年底货币供应量的 4.11 倍。2014 年 M_1 层次的货币供应量为 348 056.41 亿元，为 2000 年年底 M_1 层次货币供应量的 6.55 倍，2000 年年底 M_1 供应量为 53 147.2 亿元。而我国 2014 年 GDP 数值为 2000 年的 6.38 倍，当然这只是从静态的角度来度量货币供给量的变动情况，并没有考虑到由于支付方式的变化而引起的货币流通速度增加的因素。

表 6.1　　货币供应量（年底余额）　　单位：亿元

年份	货币和准货币（M_2）	货币（M_1）	流通中现金（M_0）	活期存款	准货币	定期存款	储蓄存款	其他存款
1990	15 293.4	6 950.7	2 644.4	4 306.3	8 342.7			
1991	19 349.9	8 633.3	3 177.8	5 455.5	10 716.6			
1992	25 402.2	11 731.5	4 336.0	7 395.2	13 670.7			
1993	34 879.8	16 280.4	5 864.7	10 415.7	18 599.4	1 247.9	15 203.5	2 148.0

续表

年份	货币和准货币（M_2）	货币（M_1）	流通中现金（M_0）	活期存款	准货币	定期存款	储蓄存款	其他存款
1994	46 923.5	20 540.7	7 288.6	13 252.1	26 382.8	1 943.1	21 518.8	2 920.9
1995	60 750.5	23 987.1	7 885.3	16 101.8	36 763.4	3 324.2	29 662.2	3 777.0
1996	76 094.9	28 514.8	8 802.0	19 712.8	47 580.1	5 041.9	38 520.8	4 017.4
1997	90 995.3	34 826.3	10 177.6	24 648.7	56 169.1	6 738.5	46 279.8	3 150.7
1998	104 498.5	38 953.7	11 204.2	27 749.5	65 544.9	8 301.9	53 407.5	3 835.5
1999	119 897.9	45 837.2	13 455.5	32 381.8	74 060.6	9 476.8	59 621.8	4 962.0
2000	134 610.3	53 147.2	14 652.7	38 494.5	81 463.1	11 261.1	64 332.4	5 869.7
2001	158 301.9	59 871.6	15 688.8	44 182.8	98 430.3	14 180.1	73 762.4	10 487.8
2002	185 007.0	70 881.8	17 278.0	53 603.8	114 125.2	16 433.8	86 910.7	10 780.7
2003	221 222.8	84 118.6	19 746.0	64 372.6	137 104.3	20 940.4	103 617.7	12 546.2
2004	254 107.0	95 969.7	21 468.3	74 501.4	158 137.2	25 382.2	119 555.4	13 199.7
2005	298 755.7	107 278.8	24 031.7	83 247.1	191 476.9	33 100.0	141 051.0	17 325.9
2006	345 603.6	126 035.1	27 072.6	98 962.5	219 568.5	38 723.1	161 587.3	19 249.1
2007	403 442.2	152 560.1	30 375.2	122 184.9	250 882.1	46 932.5	172 534.2	31 415.4
2008	475 166.6	166 217.1	34 219.0	131 998.2	308 949.5	60 103.1	217 885.4	30 961.1
2009	606 225.01	220 001.51	38 245.97	181 755.5	386 223.5	82 284.92	260 771.7	43 166.85
2010	725 774.1	266 621.5	44 628.2	221 993.4	459 230.3	105 858.65	303 302.5	50 069.1
2011	851 590.9	289 847.7	50 748.46	239 099.2	561 743.22	166 616.04	352 797.5	42 329.7
2012	974 148.8	308 664.23	54 659.81	254 004.5	665 484.6	195 940.1	411 362.6	58 181.9
2013	1 106 524.98	337 291.05	58 574.44	278 716.61	769 233.93	232 696.58	467 031.12	69 506.23
2014	1 228 374.81	348 056.41	60 259.53	287 796.88	880 318.4			

注：2001 年 6 月起，已将证券公司客户保证金计入货币供应量（M_2），含在其他存款项内。
资料来源：国家统计局网站。

第二节　货币供给的有关理论

在经济理论中，关于货币供给到底是外生变量还是内生变量，货币供给到底应该遵循什么样的原则，受到什么因素的制约，不同的经济学派观点有很大的差别，其中比较典型的有凯恩斯学派、新古典综合派、货币学派以及新自由学派关于货币供给的有关主张。

一、凯恩斯及凯恩斯学派的货币供给分析

20 世纪 60 年代以前，中央银行能够比较有效地控制货币供给。因为当时凯

恩斯宏观经济理论中的货币市场模型，将货币供应量纯粹作为中央银行决定的外生变量来处理。新剑桥学派不完全赞同凯恩斯关于货币供给是外生变量的观点。他们一方面同意凯恩斯的中央银行能够控制货币供给的观点，另一方面又认为中央银行控制货币供给的能力是有限的，而不是绝对的，同时中央银行增加货币供给的能力要远大于其减少货币供给的能力。

二、新古典综合学派对凯恩斯货币供给理论的发展

新古典综合学派坚持货币供给内生论。货币供应量主要由银行和企业的行为所决定，后者又取决于经济体系中的多种变量，而央行又不能有效地控制和支配银行、企业的行为，因此货币供应量是内生变量。

三、货币学派的货币供给理论

（一）货币学派的货币供给理论主张

货币需求是相对稳定的，要保证货币需求与供给平衡就必须保证货币供给的稳定性。弗里德曼认为应当把重点放在货币供给上。以控制货币供给为主要手段的货币政策是调控宏观经济的主要政策，其他经济政策若不通过货币政策或无货币政策的配合，都不可能达到预期的效果。据此，他提出了控制货币供应量的“单一规则”。

（二）单一规则的要点

公开宣布并长期坚持一个固定不变的货币供应量增长率，这需要解决三个问题：一是界定所考察的货币数量范围。弗里德曼认为应该是流通中的现金加上商业银行的全部存款。二是确定货币数量的增长率。弗里德曼认为应该与经济增长率大体相适应，或者略高于同期经济增长率。三是货币供应量增长率一经确定，不能任意改变，在年内也不允许季节性波动。

四、新经济自由主义的货币供给理论

新自由主义货币供给的主要观点是要保证市场经济模式协调与稳定，首先必须保持货币稳定，其次保持货币币值的稳定，货币供给必须与商品的供给相联系。

新自由主义关于货币供给的原则，一是货币供给与社会生产能力相适应的原则；二是保持商品追逐货币局面的原则，即货币供给的增长应略低于商品供给的增长；三是货币供应量增长率的区间论。

第三节 货币供给与银行体系的资产负债表

一、银行体系的资产负债表

根据定义的不同，货币可分为 M_0、M_1、M_2 和 M_3 等几个层次。通常货币存量被定义为公众持有的银行存款和流通中的现金之和，即

$$M = D + Cp \tag{6.1}$$

其中，M、D 和 Cp 分别代表货币存量、银行存款和流通中的现金。

一般在讨论货币政策的过程中，货币供给被假定为外生变量，是由政府所决定的。货币供给量的变化再通过各种传导机制对实际变量（投资、收入等）发生影响。在贵金属时代，货币的存在以贵金属的存在为前提。在银行制度的演变过程中，虽然银行券的发行在一定程度上已经脱离了银行系统所持有的贵金属，但依然是以银行的贵金属储备为基础的。在现代银行制度中，货币供给量已同贵金属基本无关。下面，我们给出简化的普通银行、中央银行和由普通银行和中央银行构成的银行体系的资产负债表（见表 6.2、表 6.3）。

表 6.2　　普通银行的资产负债

资　　产	负　　债
对公众的贷款（BLP）	公众存款（D）
对政府的债权（BLG）	从中央银行借款（CLB）
在中央银行的存款（BB）	
库存现金（Cb）	

表 6.3　　中央银行资产负债

资　　产	负　　债
中央银行对银行的贷款（CLB）	流通中的现金和银行库存现金（Cu + Cb）
中央银行对政府的债权，包括国债券（CLG）	银行在中央银行的存款（BB）
外汇储备（F）	政府在中央银行的存款（G）

冲销银行体系内部的交易，把上述两表结合起来便得到整个银行体系的资产负债表（见表6.4）。

表6.4 整个银行体系的资产负债

资产	负债
对公众的贷款（BLP）	现金（Cu）
对政府的债权（BLG + CLG）	公众存款（D）
外汇储备（F）	

由于政府在中央银行存款较少，可忽略不计。从表6.4可以看出，银行体系的负债就是经济中的货币存量和货币供应量（M = D + Cu）。另一方面，由于资产负债表的资产和负债永远相等，货币供给量的变化必然引起银行体系资产的相应变化。反之，银行体系资产的变化也必然引起货币供应量的变化。

二、货币创造的源泉

现在我们讨论货币是如何被创造出来的。政府可以印刷钞票，但印刷钞票本身是否就能够增加货币供应量呢？答案是不能。钞票必须能够用出去，否则钞票只能堆放在政府的金库中。政府把现金投入流通的最简单的办法就是把钱花出去。政府花钱的方式可能是多种多样的。例如，政府采购商品，购买资产如购回政府债券等都可以把现金投入流通领域。总之，政府的任何购买活动都能增加现金供应量。相反，政府导致公众建立对政府的债权或清偿对政府债务的任何活动，如纳税、购买政府债券等，都可以减少现金供应量。现金的净投放往往是同政府的财政赤字相联系的。银行存款是银行负债，作为货币最主要组成部分的银行存款的创造过程则涉及银行资产和负债的同时创造问题。当银行给客户提供一笔贷款的同时，客户在银行的账户上便增加了同一数量的存款。换言之，每笔贷款都创造同等数量的存款。如果政府使用支票而不是现金进行支付，则政府实质上是在向银行借贷。但政府向银行的借贷一般是通过第三者进行的。政府一般用支票支付政府雇员工资。该雇员把政府开出的支票存入银行，一笔存款因此被创造出来。另一方面，银行增加了对政府的债权。也就是政府通过第三者实现了从银行的借款。值得注意的是，银行可以继续持有这一支票，可以把支票存入中央银行，也可以把支票换成政府债券。但银行以后的这些活动都不会进一步改变货币供给量。因为银行对支票的不同处理只会改变其资产的形式而不会改变其总量。总之，货币的创造可能来自政府的现金支出，可能来自政府通过第三者向银行的借款，也可能是银行向客户提供的贷款。最后，政府买进外汇也必须向流通领域中投入等值的货币。从数量上看，银行贷款是货币创造的最重要的源泉。

根据银行体系的资产负债表，我们有

$$M = BLP + CLG + BLG + F \tag{6.2}$$

其相应的增量公式为

$$\Delta M = \Delta BLP + \Delta CLG + \Delta BLG + \Delta F \tag{6.3}$$

我们又知道政府财政赤字有三种融资方式：向中央银行借贷、向普通银行借贷和向社会公众借贷

$$PSD = \Delta CLG + \Delta BLG + \Delta Bonds \tag{6.4}$$

其中，PSD 为政府借贷需求，Bonds 为社会公众购买的国债。由公式 6.3 和公式 6.4 相减可得

$$\Delta M = PSD - \Delta Bonds + \Delta BLP + \Delta F \tag{6.5}$$

从公式 6.5 可以看出，货币创造的源泉可归结为：(1) 向社会公众出售政府债券后仍不能满足政府的借贷需求（即政府的财政赤字）；(2) 普通银行对公众贷款的净增量；(3) 外汇储备的增加量。

第四节　货币供给机制

通过以上分析得知，中央银行并不能直接控制普通银行的资产负债表。如银行存款是发生在社会公众与商业银行之间的经济活动的结果，对此中央银行并无直接控制能力。中央银行所能控制的只是它自己的资产负债表。

根据货币供给乘数理论的基本思想，货币当局可以直接控制基础货币，而基础货币同货币供给量之间存在着一种确定的关系，即货币供给模型，货币供给等于基础货币与货币乘数的乘积。因而通过改变基础货币，中央银行可以间接控制货币供给量的变化。

我们用 M_s 代表货币供应量，B 代表基础货币，m 代表货币乘数，那么货币供给模型如公式 6.6 所示。

$$M_s = B \times m \tag{6.6}$$

从方程 6.6 可以看出，影响货币供给的因素有两大项：一是基础货币，二是货币乘数。

一、基础货币

（一）基础货币定义

基础货币（base money）又称高能货币（high-powered money）或强力货币，是指创造存款货币作用的商业银行在中央银行的存款准备金与流通于银行体系之外的通货之和，也就是通货和活期存款之和。基础货币由现金和存款准备金两部分构成，二者都是中央银行的负债。前者包括商业银行持有的库存现金、在中央银行的法定存款准备金以及超额存款准备金。用公式表示为：

$$B = C_u + R_d + R_e \tag{6.7}$$

其中，B 代表基础货币，R_d 代表商业银行的法定存款准备金，R_e 代表商业银行的超额存款准备金，C_u 则代表流通于银行体系之外的现金，也就是非银行部门持有的通货。基础货币是中央银行的负债。

（二）基础货币与商业银行货币创造之间的关系

1. 中央银行通过基础货币创造货币的机制

作为银行体系内存款扩张、货币创造的基础，基础货币数量大小对货币供应总量有决定性的影响。

商业银行创造存款货币的规模首要的决定因素是其获得的原始存款，原始存款正是来源于中央银行创造和提供的基础货币：中央银行把通货投入流通，公众用通货向银行存款，可以增加商业银行新的原始存款；中央银行扩大信贷，可以直接增加商业银行的准备金，从而增加商业银行体系的原始存款量。相反，如果中央银行缩减或收回对商业银行的信贷支持，从而减少基础货币的供给，则必然引起商业银行准备金持有量的减少，因此导致商业银行体系对贷款和存款的多倍收缩。

可以说，中央银行提供的基础货币与商业银行创造的存款货币之间的关系，实际上是源与流的关系。商业银行作为直接货币供给者，其创造存款货币的存贷活动，以及提供的货币数量，均建立在基础货币规模的基础上。当经济中原有的基础货币已最大限度地为商业银行所利用并创造出多倍存款货币而仍然不能满足经济发展的需要时，唯一的办法是由中央银行补充基础货币。即，随着社会扩大再生产的不断发展，新的基础货币不断被中央银行创造出来，又经商业银行体系不断创造出满足经济需要的追加货币供给。

另外，如果流通中非银行部门及公众的现金持有量不变，只要中央银行不增加基础货币的供给量，商业银行的准备金则很难再有增加，从而也就无法再去扩张贷款、创造存款。所以，中央银行通过对基础货币及其数量的增减变化，可以直接控制商业银行准备金的增减，从而决定着商业银行存款创造的能力。

中央银行通过对商业银行存款创造的源头——基础货币的创造与提供，使商业银行存款创造的流量——派生存款量牢牢掌握在中央银行手中。也就是说，中央银行虽然不能直接派生存款，但是却掌握着商业银行派生存款的基础。

2. 商业银行创造派生存款的机制

由于中央银行提供的基础货币与商业银行存款货币的创造，是源与流的关系。因此，商业银行应从三个方面配合中央银行进行货币供给量的调控。

第一，积极调整存款结构，努力获取低成本的原始存款。第二，大胆、稳健经营，合理调度资金头寸。超额存款准备金是商业银行的存款准备金减去法定存款准备金后的剩余部分，是商业银行随时可以调度、使用的资金头寸。它包括两部分：一是存放在商业银行自身金库中的库存现金；二是商业银行存放在当地央行的备付金。超额存款准备金率就是这个剩余部分与存款总额之间的比例。这个比例既不能过高，也不能过低，过高会增加商业银行的经营成本，丧失许多更好投资机会；过低又会加大商业银行经营管理者的操作难度，并增加商业银行的经营风险。再次，努力降低非银行部门和银行客户对现金的持有比率。现金漏损率是指非银行部门所持有的中央银行现金负债与商业银行活期存款负债之间的比率。这个比率对商业银行的原始存款量有直接的影响，这个比率越高，说明市场上流通的通货越多，在基础货币量不变的情况下，则会使商业银行的原始存款量越少，创造派生存款的能力越低。

二、货币乘数

（一）货币乘数的推导

货币乘数就是基础货币创造货币供给 M 的倍数。前面已经提到，基础货币又称高能货币，是银行准备金与非银行部门持有的通货之和。而基础货币 $B = C_u + R_d + R_e$，它是商业银行借以扩张货币的基础。考虑到货币供给（严格意义上的货币供给 M_1） $M = C_u + D$，即为通货和活期存款的总和，则：

$$\frac{M}{B} = \frac{C_u + D}{C_u + R_d + R_e} \tag{6.8}$$

再将方程 6.8 中右式的分子分母都除以 D，则得：

$$\frac{M}{B}=\frac{C_u+D}{C_u+R_d+R_e}$$

$$=\frac{\frac{C_u}{D}+1}{\frac{C_u}{D}+\frac{R_d}{D}+\frac{R_e}{D}}=\frac{r_c+1}{r_c+r_d+r_e} \tag{6.9}$$

这里，$\frac{M}{B}$就是货币乘数（用 m 表示），它等于$\frac{r_c+1}{r_c+r_d+r_e}$。货币乘数 m 之所以和前面所说的存款货币派生乘数 $k=\frac{1}{r_d+r_e+r_c}$不同，是因为上面例子中仅把活期存款当作货币供给量，而这里已把活期存款与通货合在一起当成货币供给量。在这里，由于$\frac{M}{B}=\frac{r_c+1}{r_c+r_d+r_e}$，即 $M=\frac{r_c+1}{r_c+r_d+r_e}\cdot B$；而货币乘数 $m=\frac{r_c+1}{r_c+r_d+r_e}$和法定存款准备金率、中央银行再贴现率、市场借款利率及现金占活期存款的比率有关。

因此，整体说来，货币供给可看作是基础货币供给、法定存款准备金率、再贴现率、市场利率和现金占活期存款比率的函数。所以这些影响货币供给的因素都可以归结到准备金变动对货币供给变动的作用上来，因为准备金是银行创造货币的基础。银行正是通过控制准备金的供给来调节整个货币供给的。

（二）限制货币乘数的因素

从货币乘数的计算公式中，我们还可以看到，货币供给量由三种社会力量所制约：

（1）中央银行。中央银行可利用的社会力量是基础货币、法定存款准备金率等；

（2）商业银行。商业银行为了经营需要，可以调节超额准备金率的水平；

（3）公众（个人、家庭、企业）持有金融资产结构的选择，即持有多少现金、多少活期存款、多少定期存款等，都会对货币乘数产生影响。

中央银行在货币供给量的调控中处于主导的、决定性的地位。这是因为：首先中央银行具有通过经济手段、行政手段管理全国金融活动的职能；其次，中央银行是商业银行的最后贷款者，可以影响商业银行的超额准备金率；再次，中央银行是发行银行，可以通过控制现金投放量影响公众现金持币量；最后，中央银行还可以通过利率的调节影响公众持有的金融资产结构。

（三）影响货币乘数各变量之间的关系

影响货币乘数（m）的因素主要有法定准备金率（r_d）、超额准备金率（r_e）现金漏损率（r_c）三项，其中 r_d（required reserve rate）是指令性的，完全由央行控制的变量；r_e（excess reserve rate）是指导性的，央行不可控变量，由商业银行自身控制的变量；r_c 现金漏损率，是由社会公众包括企业和个人行为引起的，它是央行和商行都不可控变量。

因此，当 r_d 和 r_e 越高，m 越小；r_d 和 r_e 越小，m 越大；当央行提高 r_d 时，商业银行可降低 r_e，而 m 没有变化，甚至 m 提高；当央行降低 r_d 时，商业银行可能提升 r_e，而 m 没有变化，甚至 m 下降。

以上是从理论上阐述 r_d、r_e、r_c 三者与货币乘数 m 之间的关系，处于银行体系货币供给创造的理想化状态，最大化存款货币的派生，事实上央行可控变量只有法定准备金率（r_d）。

长期以来，人们一直在争论着这样一个问题，即货币供给量是外生变量（由中央银行货币政策完全控制的变量），还是内部内生变量（由经济过程制约的变量）。从上述分析可知，货币供给量既是外生变量，又是内生变量，中央银行不可能完全控制它。因此，对货币供给量进行经常性调节就成为中央银行的主要任务。

思　考　题

1. 什么是货币供给？
2. 我国是如何划分货币层次的？
3. 货币创造的源泉有哪些？
4. 不同经济学派关于货币供给的有关主张有什么不同？
5. 什么是基础货币？什么是派生存款？
6. 货币乘数大小的影响因素有哪些？

练　习　题

一、填空题

1. M_1 是指（　　　　）和（　　　　）这两者之和，在我国称之为（　　　　）。

2. 各国中央银行在确定货币供给的统计口径时，都以（　　　　）的大小作为标准。

3.（　　　　）是指一定时点上不考虑物价因素影响的货币存量。

4.（　　　　）是指剔除物价影响之后的一定时点上的货币存量。

5. 在典型的、发达的市场经济条件下，货币供给的控制机制是由对两个环节的调控所构成：对（　　　　）的调控和对（　　　　）的调控。

6. 货币当局运用传统三大法宝（　　　　）、（　　　　）和（　　　　）来间接调控货币供应量。

7. 贴现政策是指货币当局通过变动自己对商业银行所持有票据再贴现的（　　　　）来影响贷款的数量和（　　　　）的政策。

8. 当货币当局从银行、公司或个人购入债券时，会造成（　　　　）的增加。

9. 从财政发债对货币供给的影响来看，如果公众用储蓄或定期存款购买国债，则意味着 M_2 中的（　　　　）减少。

10. 通货比也称现金漏损率，与（　　　　）是负相关关系。

二、单项选择题

1. 信用创造货币是现代信用货币制度下货币供给机制的重要内容，在我国能够创造基础货币的金融机构是（　　）。

A. 中央银行　　B. 商业银行　　C. 政策性银行　　D. 投资银行

2. 信用扩张是现代信用货币制度下货币供给机制的重要内容，在我国能够扩张信用、创造派生存款的金融机构是（　　）。

A. 中央银行　　B. 商业银行　　C. 信托投资公司　　D. 保险公司

3. 一般而言，货币供给方程中的存款与法定准备金比率 D/R_d 决定于：（　　）。

A. 中央银行的行为　　B. 商业银行的行为

C. 企业的行为　　D. 居民的行为

4. 一般而言，货币供给方程中的高能货币 H 决定于：（　　）

A. 居民的行为　　B. 企业的行为

C. 货币当局的行为　　D. 商业银行的行为

5. 以下关于货币运动过程中货币供给和货币需求之间关系的表述，正确的是（　　）。

A. 货币供给是主动的

B. 有时货币供给主动，有时货币需求主动

C. 货币需求是主动的

D. 有时货币供给和货币需求是同时变动的，没有主次之分

6. 划分货币层次的最基本依据是资产（　　）。

A. 收益性　　B. 安全性　　C. 流动性　　D. 风险性

7. 新古典综合学派发展了凯恩斯货币供给理论，该理论认为货币供给量是（　　）。

A. 外生变量

B. 内生变量

C. 既是外生变量，又是内生变量

D. 既不是外生变量，也不是内生变量

8. 货币供应量主要由银行和企业的行为所决定，后者又取决于经济体系中的多种变量，而中央银行又不能有效地控制和支配银行、企业行为，因此货币供应量是内生变量。这是（　　）的观点。

A. 凯恩斯学派　　B. 新古典综合学派

C. 货币学派　　D. 新经济自由主义

9. 财政有赤字，货币供应量（　　）。

A. 增加　　B. 减少　　C. 不确定　　D. 不变

10. 黄金储备对货币供应量的影响取决于黄金（　　）。

A. 输出量与输入量的变化　　B. 开采量的多少

C. 销售量的增减　　D. 收购量与销售量的变化

三、多项选择题

1. 一般而言，货币供给方程中的存款与通货比率 D/C 决定于（　　）。

A. 居民的行为　　B. 企业的行为

C. 商业银行的行为　　D. 中央银行的行为

E. 政府的行为

2. 目前我国广义货币量包括（　　）。

A. M_1　　B. 证券公司客户保证金

C. 定期存款　　D. 储蓄存款

E. 商业票据

3. 广义货币供应量一定，当 M_1/M_2 的值趋于减小，则表明（　　）。

A. 广义货币供应量中的准货币比重上升

B. 货币供应的流动性减弱

C. 狭义货币供应量的比重下降

D. 货币流通速度下降

E. 货币供应的流动性增强

4. 观察“货币供给流动性”可判断经济发展态势 M_1/M_2 的值趋大，可能表明（　　）。

A. 经济趋热　　B. 经济趋冷

C. 消费信心增强　　D. 投资信心减弱

E. 终端市场趋冷

5. 中央银行公开市场业务操作工具的优点有（　　）。

A. 能够主动影响商业银行准备金　　B. 可进行经常性的操作

C. 吞吐的规模和方向可灵活安排　　D. 可进行连续性的操作

E. 不需要发达的金融市场

6. 对居民持币行为进行分析，对通货比产生影响的因素主要有（　　）。

A. 法定存款准备率的变动　　B. 财富效应

C. 预期报酬率变动的效应　　D. 非法经济活动的规模

E. 央行再贴现率水平

7. 公开市场业务操作要有效地发挥作用，其前提条件是（　　）。

A. 可用以操作的证券要达到种类必须齐全

B. 可用以操作的证券要达到必需的规模

C. 金融市场必须杜绝投机行为

D. 金融市场必须是全国性的

E. 金融市场必须是全民参与的

8. 商业银行具有信用扩张的能力，但这一能力并不是无限的。一般来说，银行体系扩张信用、创造派生存款的能力要受到下列因素的直接制约，即（　　）。

A. 物价水平　　B. 收入水平

C. 缴存中央银行存款准备金　　D. 提取现金数量

E. 企事业单位及社会公众缴付税款

9. 可能引起货币供应量减少的因素有（　　）。

A. 央行的黄金销售量大于收购量　　B. 国际收支逆差

C. 财政收支结余　　D. 国际收支顺差

E. 财政有赤字

10. 可能引起货币供应量增加的因素有（　　）。

A. 央行的黄金销售量大于收购量　　B. 国际收支逆差

C. 财政收支结余　　D. 国际收支顺差

E. 财政有赤字

四、判断题

1. 只要恰当地解决了现金供给问题，整个货币流通的一切问题都可迎刃而解。 (　　)

2. 在发达的现代市场经济中，财政赤字与货币供给的增长通常都存在着一对一的关系。 (　　)

3. 在发达的市场经济条件下，货币当局完全可以对货币乘数进行直接调控。 (　　)

4. 中央银行通过购买或出售债券的公开市场操作可直接影响基础货币的增减。 (　　)

5. 狭义货币乘数和广义货币乘数均具有明显的顺周期波动的特征。 (　　)

6. 公开市场业务，对于货币当局来说，易于较灵活地运用。 (　　)

7. 法定准备金政策主要是通过利率机制间接地起作用，作用温和。 (　　)

8. 信贷资金占用时间延长，在相同的产出水准下会相对增加对贷款的需求并从而增加货币供应量。 (　　)

9. 基础货币又称强力货币，它不仅包括中央银行的货币供应量，而且还包括财政部的货币供应量。 (　　)

10. 成本收益动机是决定商业银行向中央银行借款的行为动机。 (　　)

11. 仅以当年现金增量的多少来度量货币供给松紧程度就容易导致错误的判断。 (　　)

12. 不涉及中央银行资产业务的财政赤字弥补方式，不会引起货币供应总量的变动。 (　　)

13. 货币当局的贴现政策对短期市场利率常起导向作用。 (　　)

14. 商业银行保存超额准备的行为，不论起于何种动机，均意味着对准备比例（R/D）的制约。 (　　)

15. 在影响我国20世纪80年代末90年代初的货币乘数波动的因素中超额准备金率的影响最大。 (　　)

第七章　货币需求

从经济学说发展史上看，经济学家从不同的层面对货币需求进行了有意义的探索。从探讨的发展脉络来看，主要沿着四个路径进行：首先是货币需求研究，即为什么要持有货币，也就是持有货币的动机、影响持有货币的因素或者变量有哪些，这些因素怎样影响货币需求量，即这些变量与货币需求量的函数关系及方程式是怎样的。其次是如何确定货币需求量，即用数学方法与函数关系来表述、用方程式或模型的形式进行定量分析。再次是对货币需求研究线索的梳理，传统货币数量论与马克思货币必要量公式是货币需求理论的先驱，凯恩斯及其流派将货币需求函数从不稳定状态向成熟的货币需求方向发展，弗里德曼在沿用凯恩斯流动偏好理论的基础上，将凯恩斯学派货币需求函数进行丰富和发展，供给学派将货币需求函数投入社会实践中。最后是研究货币需求的意义，一方面具有现实指导意义，即指导各自国家的货币政策的制定，另一方面进行货币需求量的测量。

本章重点介绍七项内容：货币需求概述、马克思的货币需求理论、古典货币需求理论、凯恩斯学派的货币需求理论、弗里德曼现代货币主义、马克思货币需求理论与西方主要货币需求理论的比较、我国货币需求理论的研究和探索。

第一节　货币需求概述

一、货币需求与货币需求量

货币需求是指经济主体能够并愿意持有的货币行为，它是客观有效的需求。

货币需求量是指在特定的时间和空间范围内（通常是指某国的某年），经济中各部门需要持有的货币数量总和，即一定时期内经济对货币的客观需求量。

二、微观货币需求与宏观货币需求

经济学家从两个不同角度对货币需求进行考察，一种是从社会总量的角度出发，仅仅把货币视为交易媒介，探讨为完成一定的交易量，需要有多少货币来支撑。另一种则是从微观个人的角度出发，把货币视为一种资产，即货币与股票、债券及各种实物资产一样，是人们持有财富的一种形式，与前者的不同之处在于，它还具有交易媒介职能。因而，形成微观货币需求和宏观货币需求的概念。

微观货币需求，是指个人、家庭、企业等微观经济主体，在既定的收入水平、利率水平和其他经济条件下，愿意把自己财富或收入中的多大比例以货币形式保有。其主要解决微观主体持有多少货币最合算，试图解决微观个体持有的货币量达到效用最大化和机会成本最小化的问题。

宏观货币需求，是指一个国家经济合理协调发展或者要达到当局制定的宏观经济发展目标在总体上需要的货币供应量。宏观货币需求是从市场供给、货币流通速度等宏观变量入手，探讨一个国家经济发展客观上所需要的货币量，即从一个国家的社会总体出发，强调货币的交易手段职能，在分析市场供求、收入及财富指标变化的基础上，探求一国经济发展所需的货币需求量。

无论是微观货币需求还是宏观货币需求，都是从不同角度和着力点对货币需求进行的有益探讨和研究，因此在考察货币需求时，既要考虑彼此之间的相互联系、相互依存，又不可将彼此相互替代，而必须把二者有机地结合起来共同加以考虑。

三、名义货币需求与实际货币需求

从货币需求与物价关系角度划分，货币需求可分为名义货币需求和实际货币需求。

名义货币需求，是指一个国家或社会各经济部门不考虑物价变动情况下的货币需求。一般用 M_d 表示。

实际货币需求，是指剔除物价变动因素之后的货币需求。一般用 M_d/P 表示。

名义货币需求与实际货币需求的区别在于是否剔除通货膨胀或通货紧缩因素的影响。

第二节　马克思的货币需求理论

一、马克思的货币必要量公式

马克思货币需求理论是在旧的货币数量论如休谟模型基础上，以劳动价值理论为基础发展起来的。马克思在研究金属货币流通时指出：“就一定时间的流通过程来说：商品价格总额/同名货币的流通次数 = 执行流通手段职能的货币量。这个规律是普遍使用的。”①

$$\text{执行流通手段职能的货币量}(M) = PQ/V \quad (7.1)$$

马克思货币需求理论集中反映在其货币必要量公式中，其货币流通公式：

$$PQ = MV \quad (7.2)$$

$$M = PQ/V \quad (7.3)$$

上述方程中，P 为商品价格，Q 为商品交易量，V 为货币流通的平均速度，M 为货币需求量。货币量取决于价格水平，进入流通的商品数量和货币流通速度三个因素。方程 7.3 还表明，在一定时期内，执行流通手段的货币必要量主要取决于商品价格总额和货币流通速度两个因素，它与商品价格总额成正比，与货币流通速度成反比。

二、马克思货币必要量的前提假设

（一）马克思货币必要量前提假设条件

任何关于货币需求的理论，都有其各自的前提假设和探讨的前提条件。马克思在分析这个问题时有一个极其重要的假设，即在经济中存在着一个数量足够大的黄金贮藏：当流通中需要较多的黄金，黄金从贮藏中流出，进入流通；当流通中有一些黄金不需要了，则退出流通，转为贮藏。即假设存在一种自动调解器，所以流通需要多少货币，就有多少货币存在于流通之中，但在实际经济生活中并不一定必然存在这样的假定。

① 马克思：《资本论》第 1 卷，人民出版社 1975 年版，第 139 页。

（二）纸币流通规律与金币流通规律不同

在金币流通条件下，流通所需要的货币数量是由商品价格总额决定的；而在纸币为唯一流通手段的条件下，商品价格水平会随纸币数量的增减而涨跌。

（三）马克思货币需求揭示商品流通决定货币流通的基本原理

马克思对货币需求的分析是以简单商品流通为前提的，因此货币与社会再生产、银行、信用制度等的关系没有被纳入考察范畴，即舍掉了银行、信用、利率等因素对货币需求的影响。

三、马克思货币必要量规律具有重要的理论指导意义

马克思货币必要量公式具有重要的理论指导意义，揭示了决定货币需要量的本质，反映了商品流通决定货币流通这一基本原理，马克思的货币必要量公式是在总结前人对流通中货币数量广泛研究的基础上，对货币需求理论的主要概括，也是现代货币需求理论的先驱。

第三节　古典货币需求理论

一、传统的货币数量论

货币数量论主要观点是货币最重要，货币数量多少决定物价水平的升降变动。货币数量说分为新旧数量论。

（一）旧货币数量论

旧货币数量说以休谟的货币数量模型 $P = M/Q$、李嘉图模型 $W = Q/M$ 为代表，到20世纪30年代之前发展至顶峰。旧的货币数量说认为短期内，商品供应量是稳定的，但是他们否定劳动价值论，同时也都没有考虑货币流动速度的问题。因此，存在较大局限性。

（二）新货币数量论

由于旧的货币数量论存在缺陷，西方经济学家进一步提出了新的货币数量

论。新货币数量论，以费雪的交易方程和剑桥余额方程为代表，到20世纪50年代中期之后，新货币数量论已经建立起较成熟的理论发展体系。新货币数量论中，费雪交易方程和剑桥余额方程是影响最大的两个公式。

1. 费雪现金交易方程

美国耶鲁大学经济学教授欧文·费雪在所著《货币的购买力》（1911年）一书中提出现金交易方程。以P代表平均价格水平，M代表货币供应量，V代表货币年流通速度，T代表1年内商品和劳务的交易总量，交易方程为：

$$P = MV/T \tag{7.4}$$

$$MV = PT \tag{7.5}$$

费雪认为，方程7.5中，V是一个比较稳定的因素，因为V是由一些制度上的因素决定的，而这些制度上的因素在短期内不会发生大的变化，可以视为一个常数。方程7.5中，T同样被认为是比较稳定的，因为T决定于资源、技术条件，而这些条件不可能在短期内有大的增长，所以是稳定的、不易发生变化的因素。由于V、T短期内比较稳定，V/T在短期内可视为不变常数，那么方程中只有P的变化会随M变化而变化，即只有物价水平P和货币量M有直接关系。费雪认为货币量是最活跃因素，会经常发生变动，而且是主动的变动，而物价则是被动因素，只要货币量发生变化，就会马上反映到物价上来，引起物价的变动，因此，交易方程式所反映的是货币量决定物价水平的理论。

由于在费雪方程中，关注的是整个经济为了实现一定交易量所需要的货币量，因此在交易方程中的货币只是作为交易媒介和支付手段来发挥作用的，而这里的货币需求量是流通中发挥交易手段功能的货币，因而又被形象地称为“长了翅膀的货币”。

2. 剑桥现金余额方程

英国剑桥学派经济学家庇古1917年提出了剑桥方程，他强调货币执行贮藏手段职能，在假定必须实现交易的情况下，个人所愿意持有的货币数量。剑桥方程为：

$$M = KPY \tag{7.6}$$

方程7.6中，P表示一般物价水平，Y表示1年的最终产品和劳务总量，PY即为国民收入，M表示人们手中持有的货币量，K表示人们手中经常持有的货币量与国民收入的比率，K实际上是交易方程中V的倒数，即K=1/V。

剑桥学派认为货币需求同名义国民收入成比例，K即为比例系数，如果把K看作一个常数，方程7.6与费雪方程只有符号不同，只需令K=1/V，就完全一样了。其中Y代表总资源（总收入），K代表总资源中愿意以货币形式持有的比重（相当于交易方程中货币流通速度的倒数），P代表货币价值（即货币购买力，为物价指数的倒数)，M 代表名义货币供给，KY 代表实际的货币需求。

庇古认为，货币的价值由货币供求的数量关系决定。货币需求是以人们的手持现金来表示，它不仅作为交易媒介的货币，也包括贮藏货币，这是剑桥方程区别于交易方程的关键所在，等式中 K 就集中反映了这一思想。剑桥学派把 K 解释为人们的持币量与支出总量的比例。持有货币的比例越大，所需货币越多。然而，两者在本质上是一致的，都是试图说明物价和货币价值的升降取决于货币量的变化。假定其他因素不变，物价水平与货币量成正比，货币价值与货币量成反比。

由于剑桥方程中，货币发挥贮藏手段职能，因此又被形象地称为“坐下来的货币”。剑桥方程注重货币的储藏手段职能，已把货币视为一种资产，关注利率、预期利率、隐含利率因素对货币需求量的潜在影响。

二、费雪现金交易方程与剑桥现金余额方程的关系

（一）费雪方程与剑桥方程的区别

费雪方程与剑桥方程主要有四点区别：一是费雪方程是现金交易说，而剑桥方程是现金余额说。二是费雪方程中货币发挥流通手段职能，而剑桥方程中货币发挥贮藏手段职能。三是费雪方程是从宏观角度来解释货币变动与价格的关系，而剑桥方程是从微观角度进行分析的。四是费雪交易方程研究方法侧重于制度上的结构，而剑桥方程研究方法因侧重于作为一种资产，一种价值储藏的货币需求，而不仅仅作为实现交易的一种手段的货币需求，因此，后者关注利率和预期利率。

（二）费雪方程与剑桥方程的相同点

费雪方程与剑桥方程主要有三点相同之处：一是他们皆认为货币最重要，二是货币变动都要求价格升降，三是他们都是货币数量论观点。

他们都认为 V 或 K 是比较稳定的，T 或 Y 在充分就业假设前提下，同样被认为是比较稳定的。因此，物价水平同货币数量是成比例变动的，物价水平高低，取决于货币数量的多少，因而称为“货币数量论”。

第四节 凯恩斯学派的货币需求理论

凯恩斯是现代宏观经济学的创始人，其在 1936 年所著的《就业、利息和

货币通论》中，一方面继承了剑桥学派的分析方法，从资产选择的角度来考察货币需求，另一方面在扬弃古典货币数量论的基础上，提出了自己的货币需求理论。

凯恩斯流动偏好理论又称为灵活偏好，是指公众愿意用货币形式持有收入和财富的欲望及心理喜好。凯恩斯的货币灵活偏好被称为流动偏好理论，流动偏好即是一种普遍心理倾向，即愿意持有具有完全流动性的货币而不是其他缺乏流动性的资产，以应付日常的、临时的或投机的需要，从而产生货币需求。而流动偏好产生的原因就是三大动机。

凯恩斯继承了剑桥学派庇古关于货币需求的两个观点：一是为了日常交易上的需要，二是为了预防意外的使用。只不过他把第一个需求称为交易动机，把第二个需求叫作预防动机。同时他提出了第三个动机，即投机性动机。

一、货币需求的三大动机

1. 交易性货币需求

交易动机是指由于收入和支出的时间不一致，为进行日常交易而产生的持有货币的愿望。时间上的不一致主要表现在三个方面：一是在相同收入水平下，收入时距的不同，会产生货币需要的差距；二是若个人或企业获得收入的时间差相同，而其他情况不变，则交易货币的需要量将主要受收入水平制约；三是如果收入和收入时距均相同，那么个人或企业的支出形态也会改变货币的持有余额。基于交易动机而产生的货币需求就构成货币交易性需求，它决定于收入的大小，并与收入的大小正相关。

2. 预防性货币需求

预防动机是指个人或企业为应付各种紧急情况而产生的持有货币的愿望，如应付失业、疾病等意外的需要，以及企业的不时之需。由此形成的货币需求称为预防性货币需求，它同样与收入水平正相关。

3. 投机性货币需求

凯恩斯指出人们持有的金融资产（非物质资产）可分为货币和债券两类，债券的市场价格与市场利率成反比，如果利率上升，则债券价格下跌；如果利率下降，则债券价格上升。由于人们对未来利率变动的预期有很大的不确定性，迫使人们在持有金融资产时必然在货币与债券之间进行选择，以获利或免遭损失。

二、凯恩斯的投机性货币需求与利率的负相关关系

凯恩斯把用于储存财富的资产分为两类：货币与债券。货币是不能产生利息收入的资产；而债券是能产生利息收入的资产。人们持有货币，货币在持有期间不能给其持有者带来收益，即收益为零。人们持有债券，则有两种可能：如果利率趋于上升，债券价格就要下跌；利率趋于下降，债券价格就要上升。

在后一种情况发生时，当然持有者有收益；而在前一种情况发生时，假若债券价格下跌幅度很大，使人们在债券价格方面的损失超出了他们从债券获得的利息收入，则收益为负，这时人们会增大对货币的需求，减少债券持有；相反，人们会减少货币需求，增加债券持有。利率、债券与货币持有的变动关系如图 7.1 所示。

现行利率高 → 未来利率走势趋于下降 → 债券价格上升 → 债券持有增加 → 货币需求减少；

现行利率低 → 未来利率趋于上升 → 债券价格下降 → 债券持有减少 → 货币需求增加。

现行利率高↑ → 未来利率下降 → 货币持有减少↓

现行利率低↓ → 未来利率上升 → 货币持有增加↑

⇒

利率高↑ → 货币持有减少↓

利率低↓ → (人们将手中储蓄存款转化为货币持有)即货币持有增加↑

图 7.1　利率、债券与货币持有的变动关系

三、凯恩斯的货币需求函数方程及其特点

(一) 凯恩斯货币需求函数方程

凯恩斯主义把人们持有货币的三大动机划分为两大需求，他一方面认为交易动机与预防动机构成对消费品的需求，人们对消费品的需求取决于“边际消费倾向”，即消费增量占收入增量的比率；另一方面认为投机动机构成对投资品的需求，人们对投资品的需求取决于“资本边际效率”，而资本边际效率主要由利率水平决定。在此基础上，凯恩斯提出了自己的货币需求函数：

$$M_d/P = L_1(Y)^{+} + L_2(r)^{-} \tag{7.7}$$

$$M_d/P = L(Y^+, r^-) \quad (7.8)$$

方程 7.8 中，M_d 为名义货币需求总量，M_d/P 为实际货币需求总量，L_1、L_2 为函数符号，Y 为国民收入水平，r 为利率水平，+、- 分别代表正比和反比关系。值得注意的是凯恩斯讨论其货币需求总量时，以实际的货币需求为准，而不是名义货币需求，因为他认为人们在决定持有多少货币时根据的是这些货币能购买到多少商品，而不是仅仅看货币的面值是多少。

（二）凯恩斯货币需求函数的特点

首先，提出了投机性货币需求。凯恩斯认为这一需求受未来利率不确定性影响，从而把利率变量引入货币需求函数中。这就为中央银行运用利率杠杆调节货币供应量提供了理论依据。

其次，凯恩斯主义把货币需求量与名义国民收入和市场利率联系在一起，从而否定了传统的货币数量论关于货币数量直接决定商品价格的说法，使货币成为促进宏观经济发展的重要因素，对通过收入政策和利率政策调控货币供应量，促进经济增长有重要的借鉴意义。

再次，由于货币需求对利率的敏感性，可以得知凯恩斯的货币需求函数不稳定。因为市场利率往往有较大的变动，受其影响人们对货币这种资产的需求也会有较大的变动。同时货币需求不仅是波动的而且是难以预测的。

最后，提出流动性陷阱假设。所谓流动陷阱是指凯恩斯在其货币需求理论分析中所提出的一种假说，即当一定时期的利率降到不能再低时，人们就会产生利率上升从而债券价格下跌的预期，货币需求弹性就会变得无限大，即无论增加多少货币，都会被人们储存起来（流动性陷阱见图 7.2）。

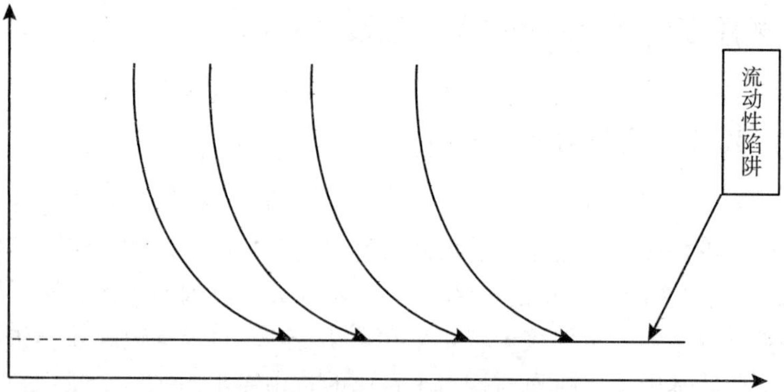

图 7.2 凯恩斯货币需求函数

四、凯恩斯后继者对其货币需求理论的发展

凯恩斯弟子和后凯恩斯主义者在20世纪50年代之后，修正了凯恩斯理论中某些与现实明显不符的结论，进一步丰富和发展了凯恩斯的货币需求理论。这些新理论模型有一个共同的特点，那就是都突出地强调了利率对货币需求的影响。不同于凯恩斯，其后继者认为，交易动机和预防动机的货币需求也是利率的函数。

第五节　弗里德曼的现代货币主义

一、弗里德曼认为凯恩斯货币理论存在的缺点

弗里德曼认为凯恩斯货币理论比传统的货币数量论有进步，但是仍存在缺点。主要原因是凯恩斯只注意到利率和收入对货币需求的影响，而忽略了人们对财富的持有量也是决定货币需求的重要因素。凯恩斯把财富构成看得过于简单，好像在现实社会中，只有货币和债券两种资产可供人们选择。

弗里德曼首先接受了剑桥学派的观点，认为人们持有货币不仅仅是因为交换，还因为货币是财富。但他又认为，货币数量说不是产出、货币收入或物价水平的理论，而是货币需求理论。其次，弗里德曼则在吸收和修正凯恩斯灵活偏好基础上，推演出其现代货币主义的理论。

二、弗里德曼现代货币主义的货币需求函数

弗里德曼现代货币主义的货币需求函数方程：

$$M_d/P = f(Y, w; r_m, r_b, r_e, 1/p\ dp/dt; u) \quad (7.9)$$

方程7.9中，M_d代表名义货币量，P代表物价水平，Y代表恒久性收入，W代表非人力财富占总财富的比率，r_m、r_b、r_e分别代表存款、债券和股票的预期名义收益率，$1/p\ dp/dt$代表物价水平的预期变动率，u代表随机因素的影响总和。

弗里德曼认为，影响人们持有实际货币的因素来自四个方面：

（1）Y 代表恒久性收入。这是弗里德曼分析货币需求中所提出的概念，可以理解为预期未来收入的折现值，或预期的长期平均收入。恒久性收入越高，所需货币越多。它与货币需求正相关。

（2）w 代表非人力财富占总财富的比率。弗里德曼把财富分为人力财富和非人力财富。人力财富是个人的挣钱能力，很不容易转化为货币。非人力财富即物质财富。未来的人力财富总要转化为现实的非人力财富，转化过程需要货币。人力财富比例越高，所需准备的货币就越多。在总财富中人力财富占比越大，货币需求相对越大；而非人力财富占比越大，货币需求相对越小。因而，非人力财富占个人总财富的比率与货币需求存在负相关关系。

（3）金融资产的预期收益率。r_m、r_b、r_e、$1/p \cdot dp/dt$ 在弗里德曼货币分析中被统称作机会成本变量，即能从这几个变量的相互关系中衡量出持有货币的潜在收益或损失。

持有货币的名义收益率一般等于 0，持有其他金融资产如股票、债券、定期存单等的收益率一般大于 0。因此，其他金融资产的收益率越高，持有货币的机会成本越高，持有货币的数量就会减少。

物价变动率也就是保存实物的名义报酬率。物价向上的变动率越高，其他条件不变，货币需求量越小。

把物价变动纳入货币需求函数，是通货膨胀的现实反映。在其他条件不变时，货币以外其他资产如证券、证券收益率越高，货币需求量也越小。

（4）其他因素。u 是一个代表多种因素的综合变数，是指不属于上述三个方面，而又影响货币需求的各种随机因素。因此，可能从不同的方向对货币需求产生影响。

三、弗里德曼货币需求函数方程揭示的结论

（1）弗里德曼的货币需求函数方程是就个人实际货币需求而言的。但是他又认为，如果把函数中的 W 排除在外，单个财富持有者的货币需求函数可以适用于企业对货币的需求；如果去掉 Y、W 在各单个财富持有者之间分配上的影响，这个货币需求函数就可以适用于整个社会。弗里德曼认为，这时 M 和 Y 分别代表人均货币持有量和人均实际收入，而 W 则是指非人力形式在财富总量中所占的比重。

（2）弗里德曼对于货币需求最具有概括性的论断是由于恒久性收入的波动幅度比现期收入小得多，且货币流通速度（恒久性收入除以货币存量）也相对稳

定，因而，货币需求也是比较稳定的。

(3) 弗里德曼货币需求函数暗含着货币需求对利率并不敏感，因此货币需求函数是相对稳定的。

第六节 马克思货币需求理论与西方主要货币需求理论的比较

一、对西方主要货币需求理论的评价

费雪发展了一种以交易为基础的货币需求理论——现金交易说，表明实际交易额的需求同实际收入成正比例，对利率变动不具有敏感性。暗含货币流通速度是个常数，总支出仅仅决定于货币数量变动，即货币需求完全取决于名义收入。

剑桥学派的理论观点试图回答个人要持有多少货币的问题。这种理论观点也认为对实际余额的需求是与实际收入成正比例。虽然也得出了货币需求与名义收入成比例的结论，但是它比费雪模型又迈进了一步，考虑到可使这一比例发生变化的可能性。故而，其与费雪不同的是，没有排除利率对货币需求的影响。古典学派的货币流通速度实际上可视为常数的观点与实际不符。

凯恩斯提出持有货币的三种动机，扩展了剑桥学派的理论观点。他将三种动机归结为流动偏好理论，认为货币需求的交易和预防动机同收入成正比例，而货币需求的投机动机则对利率及关于利率未来动向的预期极为敏感，其结论蕴含的观点是货币流通速度很不稳定，不能视为常数。

凯恩斯理论的近期发展对凯恩斯持有货币的三种动机提供了更合理的基础。有根据认为利率对货币需求的交易动机和预防动机以及对投机动机都很重要。

弗里德曼的货币需求理论使用了与凯恩斯和古典剑桥学派一样的分析方法。他运用资产需求理论得出对货币需求是持有货币的机会成本和恒久性收入的函数。与凯恩斯不同，他认为货币需求是稳定的，对利率的变动是不敏感的。他的货币需求速度可预测的观点，转而得出了货币是总支出的主要决定因素的数量论结论。

大量的实践经验表明，货币需求对利率的确是敏感的，但是流动性陷阱并不真实地存在；货币需求函数一段时期是稳定的，一段时期却又是不稳定的；货币流通速度具有较大的波动性，同时还表现出顺应经济周期波动的特点。

二、马克思货币需求理论与古典货币数量论比较

马克思货币需求以劳动价值论为理论基础，古典的货币数量论以货币名目论为理论基础，二者的理论基础是有本质区别的。马克思认为货币是从商品中分离出来的、固定地充当一般等价物的特殊商品，具有价值和使用价值，商品流通是第一性的，商品流通决定货币流通，故而货币流通是第二性的；而传统的货币数量论认为货币数量的变动会引起价格水平的同比例变动。

马克思货币需求理论与古典货币数量论又有相同之处，特别是与费雪的现金交易方程有十分相近的地方，它们都揭示了决定货币需求的因素具有一致性。如交易商品数量、价格水平、货币流通速度等。

三、马克思与凯恩斯及弗里德曼的货币需求理论比较

马克思货币需求理论与凯恩斯流动偏好理论和弗里德曼现代货币主义主要有三方面的区别：

首先，马克思货币需求理论从宏观上考察货币作为商品交换的媒介，考察的是社会总量的货币需求；凯恩斯和弗里德曼皆是从微观经济个体的角度，考察公众持有货币的动机，因而不仅包括交易需求，而且包括对资产的需求。

其次，从马克思货币需求公式可以看出，决定流通中的货币必要量的主要有三个因素：商品交易数量、商品价格水平、货币流通速度。在凯恩斯的货币需求函数中，主要有两大因素：一个是国民收入，另一个是利率；在弗里德曼的货币需求函数关系中，有三大变量：规模变量、机会成本变量、其他变量。

最后，马克思货币需求公式中一个非常重要的变量就是货币流通速度。而在凯恩斯和弗里德曼的货币需求函数中没有直接引入货币流通速度，但是凯恩斯认为货币流通速度极不稳定，故而其货币需求方程也是不稳定的，弗里德曼却认为货币流通速度是相对稳定的，因而其货币需求函数也是稳定的。

四、现代货币主义与凯恩斯流动偏好理论的比较

（一）相同点

二者都以灵活偏好的分析为基础，都对利率进行了分析。二者都把物价的变动归结为货币供应量的变动，同时都摒弃了新古典学派把货币与经济分开的“两

分法”，而把二者结合起来，认为货币供应量的变动，不仅会影响物价，还会影响国民收入或经济发展水平。

（二）不同点

（1）凯恩斯流动偏好函数中的Y是指现期实际收入水平（即当期消费函数），而弗里德曼的货币需求函数中的Y，则是指作为总财富水平代表的恒久性收入（即跨期约束消费函数）。

（2）凯恩斯流动偏好函数中的r只限于债券的预期利率，而现代货币主义的货币需求函数中的r则指各种有形财富（货币、债券、股票、物质财富）的预期报酬率。

（3）凯恩斯虽然把货币视为财富持有人手中的一种资产，但他着重于把货币视为债券的相近替代物，故着重于考察利率及其在货币与债券之间替代方面所起的作用，从而确定人们对货币的需求，利率高人们会少保留货币在手中。反之，利率低人们则会多持有货币。弗里德曼认为，货币不仅仅是债券的相近替代物，而且其他金融资产也都是货币的替代物。

（4）凯恩斯由于强调利率作用，而又从收入—支出分析出发，认为货币变动对国民收入影响是通过利率机制间接起作用的，其传导机制如7.10式所示：

$$M \rightarrow r \rightarrow I \rightarrow Y \tag{7.10}$$

弗里德曼基于利率对社会经济变动的影响较小，认为货币的变动将直接影响名义国民收入，其传导机制如7.11式所示：

$$M \rightarrow MV \rightarrow Y \tag{7.11}$$

（5）在货币政策与财政政策选择上，弗里德曼主张采用货币政策，并实行“单一规则”。在货币政策操作上，弗里德曼主张要主动地平抑经济周期波动。这为各国中央银行应对经济周期的变化，以保持经济平稳发展提供了理论依据。凯恩斯主张“相机抉择”，财政政策与货币政策应合理搭配，通常情况下应以财政政策为主，货币政策配合财政政策。

第七节 我国对货币需求理论的研究和探索

一、利用计量模型对货币需求量的测算

前面分别介绍了五种测算货币需求量的理论模型，这些模型是前人从不同角

度揭示的影响货币需求量的各种因素，为后人计量货币需求量提供了思路。如果要把这些高度抽象的理论模型应用于实践，在具体的计量中还存在相当大的困难。如何克服这些困难，把理论模型转化为实用的计量模型，中外学者先后作了大量的探索，并取得了不少有价值的成果。

（一）西方学者的实证研究

弗里德曼提出货币需求函数方程，通过实证研究得出货币需求量同国民收入和利率间的相关数据以后，西方学者掀起一股实证研究的热潮。例如美国普林斯顿大学教授格尔德菲尔德提出的货币需求量计量模型备受推崇。在此基础上，美国中央银行（美联储）根据他们的研究成果，提出了一个更为成熟的计量模型：

$$\log\left(\frac{M_d}{P}\right) = a_0 + a_1\log\frac{M_s}{P} + a_2\log\left(\frac{GNP}{P}\right) + a_3\log(R) + a_4\log(r) \quad (7.12)$$

M_d/P 为实际货币需求量；M_s/P 为上期已知的货币供应量（M_1、M_2、M_3）；GNP/P 为实际国民生产总值；R 为联邦基金等短期利率的综合；r 为定期存款和长期债券等利率的综合；a_0、a_1、a_2、a_3、a_4 为常数系数，可根据有关统计资料，用最小二乘法解出。

从美国公布的结果来看，这项预测技术已收到实效，引起世界各国的普遍关注。

（二）我国学者的探索

近些年我国学者从马克思货币流通规律出发，结合改革以来出现的新情况，吸收了西方货币需求理论的合理成分，提出了许多测算货币需求量的计量模型。其中，具有代表性的有基本公式法和微分法。

1. 基本公式法

考虑到经济活动中货币流通的连续性和继承性，根据经济增长率、物价变动率和货币流通速度变化率三个因素，计算计划期的货币需求量增长率。

$$M'_d = \frac{(1+n')(1+p')}{1+V'} - 1 \quad (7.13)$$

当货币流通速度延缓时取 $-V'$，加快时取 $+V'$。方程式 7.13 中，M'_d为货币需求量增长率，n'为经济增长率，p'为计划调价幅度，V'为货币流通速度变化率。

例如，按照我国工农业总产值再翻一番的战略目标，今后 10 年每年经济增长率应保持7%左右的速度，计划每年调价幅度为2%，货币流通速度年递减率[①]为2.5%，则货币需求量增长率应为：

$$M_d' = (1+7\%)(1+2\%)/(1-2.5\%)-1 = 1.119-1 = 11.9\%$$

2. 微分法

把马克思的货币流通规律变形为：M = PQ/V，然后再微分得：

$$M_d' = n' + p' - V' \qquad (7.14)$$

如果仍用上例数据计算，则：

$$M_d' = 7\% + 2\% - (-2.5\%) = 11.5\%$$

以上两种计算模型有两点需要注意，一是两种模型计量的都是计划期货币需求增长率，是一个计划相对数。因而，必然要求基期货币流通状况基本正常，否则，要相应加以调整。二是两种模型计量的都是流通手段需要量，是狭义货币需求量，从而把贮藏货币需求量排斥在外，这同现实经济生活不符。以上两公式计算结果不太一致，具体应用时可互相印证或根据经验数据进行相应调整。

二、我国货币需求函数的重新构造

我国学者通过以上两种方法得出的货币需求函数方程，普遍被实践中应用。但是目前国内学者，再次根据货币需求理论，重新构造了我国货币需求函数，其函数关系见方程7.15：

$$M_d = f(Y, P, I_b, I_m, u) \qquad (7.15)$$

式中，Y为按不变价格计算的实际国民收入，M_d为总体货币需求量，P为价格水平，I_b为银行存款利率，I_m为金融资产收益率，u为随机变量（可能出现、偶尔造成货币需求变动的因素，如市场供求状况、制度性因素等）。

我国的货币需求模型主要包括四项因素，货币需求量与实际国民收入、价格水平和银行存款利率呈同方向变动，与金融资产收益率呈反方向变动，货币需求量与随机变量的关系不确定（有的随机因素可能导致货币需求量增加，有的随机因素变动可能导致货币需求量减少）。

思　考　题

1. 凯恩斯流动偏好函数及其特点是什么？

---

① 全国经济专业技术资格考试用书编写委员会编：《经济基础知识》，辽宁人民出版社、辽宁电子出版社2007年版，第123页。

2. 弗里德曼现代货币主义货币需求函数的含义及现实意义是什么？
3. 通过比较说明费雪方程与剑桥方程各自的特点。
4. 比较马克思货币需求理论与古典货币数量论的异同。
5. 弗里德曼现代货币主义是如何评价凯恩斯货币需求理论的？
6. 弗里德曼货币需求函数揭示的结论有哪些？
7. 比较现代货币主义与凯恩斯流动偏好理论。
8. 论述西方五大货币需求模型及其相互关系。

练 习 题

一、填空题

1. 费雪模型强调的是货币的交易手段功能，而剑桥模型则重视货币作为一种（　　　　）的功能。

2. 费雪方程称为（　　　　），而剑桥方程则称为（　　　　）。

3. 剑桥方程中的货币需求决定因素多于费雪方程，特别是（　　　　）的作用已成为不容忽视的因素之一。

4. 凯恩斯认为，人们的货币需求行为取决于交易动机、（　　　　）和（　　　　）。

5. 强调（　　　　）对货币需求的重要作用是弗里德曼货币需求理论的一个特点。

6. 对于货币需求的决定因素，通常划分为三类：一类为（　　　　）变量，如收入和财富；一类为（　　　　）变量，如利率、物价变动率；余下的则称为其他变量，如制度因素等。

7. 马克思认为，货币量取决于价格水平、商品数量和货币的（　　　　）三个因素。

8. 纸币流通规律与金币流通规律不同：在金币流通条件下，流通所需要的货币数量是由（　　　　）总额决定的；而在纸币为唯一流通手段的条件下，（　　　　）会随纸币数量的增减而涨跌。

9. 由交易动机和预防动机决定的货币需求取决于（　　　　）水平；基于投机动机的货币需求则取决于（　　　　）水平。

10. 不同于凯恩斯，其后继者认为，交易动机的货币需求和（　　　　）也是利率的函数。

11. 实际货币需求与名义货币需求之间的区别在于是否剔除（　　　　）的影响。

12. 资产选择，就其最广泛的意思来说，目的不外乎两个：一是（　　　），二是（　　　）。

二、单项选择题

1. 费雪认为商品价格水平 P 尤其取决于（　　）。

A. 金融资产价格 q 的变化　　B. 货币流通速度 V 的变化

C. 货币数量 M 的变化　　D. 商品交易数量 T 的变化

2. 凯恩斯指出，人们保有的依赖于收入水平的货币需求不仅出于交易动机，而且还出于（　　）。

A. 预防动机　　B. 储存价值　　C. 投机动机　　D. 储藏财富

3. 以费雪和庇古为代表的传统货币数量说认为货币对实物经济不起作用，他们的基本观点是（　　）。

A. 假定其他因素不变，商品价格水平与货币数量成正比，货币价值与货币数量成正比

B. 假定其他因素不变，商品价格水平与货币数量成正比，货币价值与货币数量成反比

C. 货币数量说是关于货币需求的理论

D. 人们对货币的需求量取决于他们的流动性偏好

4. 凯恩斯的货币需求理论突破了西方经济学传统的货币理论研究范围，将货币作为宏观经济中的一个重要经济变量和政策变量来研究，其函数表达式是（　　）。

A. $MV = PT$

B. $M = KPY$

C. $M_d/P = f(Y, w; r_m, r_b, r_e, 1/p\ dp/dt; u)$

D. $M_d/P = L_1(Y)^+ + L_2(r)^-$

5. 弗里德曼认为，货币政策的传导变量应为（　　）。

A. 基础货币　　B. 超额储备　　C. 货币供应量　　D. 利率

6. 凯恩斯认为，如果人们预期利率下降，其理性行为应是（　　）。

A. 多买债券、多存货币　　B. 少存货币、多买债券

C. 卖出债券、多存货币　　D. 少买债券、少存货币

7. 弗里德曼的货币需求函数强调的是（　　）。

A. 恒常收入的影响　　B. 人力资本的影响

C. 利率的主导作用　　D. 汇率的主导作用

8. 马克思的货币必要量规律表示为（　　）。

A. $M_d = L_1(y) + L_2(r)$

B. $PT/V = M_d$

C. $M_d = f(Y, w; r_m, r_b, r_e, 1/p\ dp/dt; u)P$

D. $M_d = kPY$

9. 凯恩斯主义认为，货币政策的传导变量是（　　）。

A. 基础货币　　B. 超额储备　　C. 利率　　D. 货币供应量

10. 凯恩斯认为，投机性货币需求受未来（　　）的影响。

A. 利率不确定性　　B. 收入不稳定性

C. 证券行市不稳定　　D. 国家政策

11. 经济学意义上的货币需求是一种（　　）。

A. 社会学意义上的需求　　B. 心理学意义上的需求

C. 社会各经济主体对货币的需求　　D. 一种主观的、一厢情愿的占有欲

12. 马克思揭示的货币必要量规律是以他的（　　）为基础的。

A. 货币金属论　B. 劳动价值论　　C. 货币数量论　　D. 剩余价值论

13. 下列选项中不属于马克思货币必要量规律前提条件的是（　　）。

A. 金是货币商品

B. 商品价值总额是既定的

C. 执行流通手段职能的货币

D. 储蓄、投资、资本运动等引起的货币需求

14. 凯恩斯在探求人们对货币需求和持有货币动机时，在庇古的两个动机基础上，又提出了第三个动机，即（　　）。

A. 投机性动机　B. 预防动机　　C. 交易动机　　D. 消费动机

15. 凯恩斯认为人们对投资品的需求取决于（　　）。

A. 货币供应量　B. 基础货币　　C. 交易动机　　D. 投机动机

16. 凯恩斯主义的货币需求函数的特点是（　　）。

A. 投机性货币需求不受利率不确定性影响

B. 把货币需求量与名义国民收入和市场利率联系在一起

C. 通过收入政策和利率政策调控货币供应量

D. 货币数量直接决定商品价格

17. 被称为当代货币主义的货币需求函数的是（　　）。

A. 马克思货币必要量规律　　B. 凯恩斯主义的货币需求函数

C. 弗里德曼的货币需求函数　　D. 传统数量论者

18. 弗里德曼的货币需求函数模型为（　　）。

A. $M_d/P = f(Y_p, w; r_m, r_b, r_e, 1/p\ dp/dt; u)$

B. $M_d = f(y, r)$

C. $M_d = M_1 + M_2 = L_1(Y)^+ + L_2(r)^-$

D. $M'_d = n' + P' - V$

19. 在弗里德曼的货币需求函数中，其中最强调的是（　　）的主导作用。

A. 利率　　B. 恒常收入

C. 各种资产的预期收益　　D. 随机变量

20. 弗里德曼与凯恩斯在货币政策选择上产生的分歧是（　　）。

A. 传导变量　　B. 货币供应量　　C. 货币稳定性　　D. 货币流量

21. 弗里德曼认为货币政策应实行（　　）。

A. 相机行事　　B. 单一规则　　C. 当机立断　　D. 随机变量

22. 凯恩斯认为货币政策应实行（　　）。

A. 单一规则　　B. 当机立断　　C. 适度从紧　　D. 相机行事

23. 凯恩斯认为人们所持有的金融资产可分为（　　）和货币两类。

A. 股票　　B. 存款　　C. 长期债券　　D. 现金

24. 凯恩斯在债券市场价格与市场利率中分析到：利率上升，债券价格（　　）。

A. 下跌　　B. 上涨　　C. 不变　　D. 无法确定

25. 凯恩斯认为，债券的市场价格与市场利率（　　）。

A. 成正比　　B. 成反比　　C. 无关　　D. 相关

三、多项选择题

1. 下列关于货币需求特性的表述中，正确的是（　　）。

A. 货币需求是主观需求　　B. 货币需求是客观需求

C. 货币需求是派生需求　　D. 货币需求是原生需求

E. 货币需求是有效需求

2. 传统货币数量说研究的是商品价格与货币数量之间的关系，可以表示其内容的函数式有（　　）。

A. $M = PQ/V$

B. $MV = PT$

C. $M_d = kPY$

D. $M_d/P = f(Y_p, w; r_m, r_b, r_e, 1/p\ dp/dt; u)$

E. $L = L_1(y) + L_2(r)$

3. 凯恩斯的流动性偏好理论认为，影响人们流动性偏好的因素主要有（　　）。

A. 交易动机　　B. 预防动机

C. 投机动机　　D. 发展动机

E. 价值动机

4. 在弗里德曼的货币需求函数中，与货币需求成正比的因素有（　　）。

A. 恒久性收入　　B. 人力财富比例

C. 存款的收益率　　D. 债券的收益率

E. 股票的收益率

5. 我国学者以马克思的货币流通规律为基础，得到的货币需求计量模型是（　　）。

A. $M_d = f(y, r)$

B. $M_d/p = f(Y, r)$

C. $M_d = (1 + n') + (1 + P')/(1 + V') - 1$

D. $PT/V = M_d$

E. $M'_d = n' + P' - V'$

6. 弗里德曼把影响货币需求量的诸因素划分为（　　）。

A. 各种金融资产　　B. 恒常收入与财富结构

C. 各种资产预期收益和机会成本　　D. 各种随机变量

E. 各种有价证券

7. 马克思货币必要量规律的前提条件是（　　）。

A. 金是货币商品　　B. 执行流通手段职能的货币量

C. 信用交易　　D. 转账结算

E. 商品价格总额既定

8. 凯恩斯接受了经济学家庇古对货币需求的两个意见，它们是（　　）。

A. 日常交易上的需求　　B. 预防意外的作用

C. 利率变动的需求　　D. 债款的需求

E. 投资品的需求

9. 凯恩斯主义的货币需求动机是（　　）。

A. 消费动机　　B. 交易动机

C. 投资动机　　D. 预防动机

E. 投机性动机

10. 凯恩斯的投机性动机把人们所持有的金融资产分为（　　）。

A. 储蓄　　B. 货币
C. 长期债券　　D. 商品
E. 消费品

11. 凯恩斯把人们持有货币的三个动机分为两类需求，即（　　）。

A. 对消费品的需求　　B. 对交易品的需求
C. 对投资品的需求　　D. 对保险品的需求
E. 对奢侈品的需求

12. 凯恩斯主义货币需求函数的特点是（　　）。

A. 货币量直接决定商品价格
B. 利率影响货币需求
C. 把货币需求量与名义国民收入和市场利率联系在一起
D. 货币量无法决定货币价格
E. 人们的购买力影响货币需求

13. 弗里德曼认为影响货币需求量的因素是（　　）。

A. 恒常收入和财富结构
B. 收入政策和利率政策
C. 各种资产的预期收益和机会成本
D. 投机性货币需求受未来利率影响
E. 各种随机变量

14. 剑桥学派认为，决定人们持有货币多少的因素是（　　）。

A. 恒久性收入　　B. 持有货币可能拥有的便利
C. 个人的财富水平　　D. 利率变动
E. 货币流通速度

15. 属于宏观货币需求模型的是（　　）。

A. 马克思的货币必要量公式　　B. 费雪方程
C. 剑桥方程　　D. 弗里德曼货币需求函数
E. 凯恩斯流动偏好理论

16. 费雪方程（　　）。

A. 把货币需求与支出流量联系在一起
B. 重视货币存量占收入的比例
C. 称为现金余额说
D. 重视货币支出的数量和速度

E. 重视利率对货币需求的影响

17. 凯恩斯后继者们对凯恩斯的货币需求理论做了修正、补充，认为（　　）。

A. 投机性货币需求是利率的函数

B. 交易性货币需求也是利率的函数

C. 预防性货币需求同样也是利率的函数

D. 多样化的资产选择影响人们的投机性货币需求

E. 恒久性收入影响货币需求

18. 现代货币主义（　　）。

A. 强调恒久性收入对货币需求的重要作用

B. 考察的货币扩及 M_2 等大口径的货币诸形态

C. 看重货币数量与物价水平之间的因果联系

D. 强调机会成本变量对货币需求的最重要影响

E. 强调货币流通速度对货币需求的影响

19. 对于货币需求的决定因素，目前一般认为有（　　）。

A. 收入和财富　　B. 利率变动

C. 物价变动率　　D. 制度因素

E. 财政赤字

20. 研究货币需求量必须解决的基本问题有（　　）。

A. 人们为何需要货币　　B. 需要多少货币

C. 货币需求受哪些因素影响　　D. 货币的购买力

E. 货币需求的结构

四、判断题

1. 弗里德曼基本上承袭了传统货币数量论的观点，即非常看重货币数量与物价水平之间的因果联系。（　　）

2. 剑桥方程重视货币作为一种资产的功能。（　　）

3. 弗里德曼考察的货币是扩及 M_2 等大口径的货币诸形态。（　　）

4. 货币当局可以通过估算微观主体货币需求来估算货币需求。（　　）

5. 投机性货币需求同利率存在正相关关系。（　　）

第八章　中央银行与货币政策

中央银行产生和发展有着历史的必然性，并且经历了一个较长的历史过程。中央银行的职能可以概括为“发行的银行、银行的银行和国家的银行”。中央银行制度包括单一式中央银行制度、复合式中央银行制度、准中央银行制度和跨国中央银行制度等基本类型。货币政策是指中央银行为实现给定的经济目标，而采取的调节和控制货币供给量和利率等中介指标进而影响宏观经济的方针和措施的总和。货币政策在国家的宏观经济政策中居于十分重要的地位。货币政策包括政策目标、实现目标的政策工具、政策的传导机制和政策效果等基本内容。这些基本内容紧密联系，构成一个国家货币政策的有机整体。

第一节　中央银行概述

一、中央银行的产生与发展

（一）中央银行产生的客观经济原因

15 世纪、16 世纪欧洲资本主义制度开始形成，17 世纪，西欧的商品经济已经比较发达，之后经济和社会发展以前所未有的速度迈向现代化。伴随着商品经济的快速发展和资本主义生产方式的兴起，银行的设立和发展也出现了高潮。1587 年威尼斯银行成立、1593 年米兰银行成立、1609 年阿姆斯特丹银行成立，其他地方的银行也纷纷设立。商品经济的快速发展和银行的普遍设立促进了货币、信用与经济的融合。在 17 世纪末和 18 世纪初，信用制度和银行体系已成为当时商品经济运行体系的重要支撑。但这时的信用制度特别是银行信用体系还比较脆弱，银行的大量设立和业务活动的创新以及信用规模的扩大缺少有效的、稳定的制度保证。于是，出现了很多问题，具体包括银行券的分散发行导致其社会接受程度差异大；票据交换和清算的速度减缓；银行的破产倒闭使信用体系和经济运行不断受到冲击；金融秩序混乱等。为了解决这些问题，中央银行便应运而生。

1. 信用货币的发行

与金属货币相比较，银行券已是一种信用货币，虽然银行券的持有人可以到发行银行兑换金属货币，但银行券本身已是金属货币的代表符号，它的流通支付能力取决于其兑换金属货币的能力，即取决于发行银行的信誉。如果发行银行都能保证自己发行的银行券及时足额兑换，银行券的发行在给商品流通带来方便的同时不会产生大的问题。但实际上，随着银行数量的不断增加和银行竞争的加剧，银行因经营不善而无法保证自己所发行银行券及时兑现的情况时有发生，再加上不断出现的银行破产倒闭，使银行券的信誉大打折扣，也给社会经济的发展带来混乱。特别是在商品经济关系和债务关系越来越复杂，银行与企业之间、银行与银行之间的联系越来越密切的情况下，某种银行券不能兑现所带来的连锁反应对社会的影响就变得极为突出。另一方面，众多银行各自独立发行的银行券由于其发行银行的实力、资信状况、经营状况和分支机构设立状况的不同，其被接受程度和使用范围是不同的。实力强、信誉好的银行所发行的银行券流通性强，被接受程度高，而实力小、信誉弱的银行所发行的银行券在流通中受到很大限制。再有，由于各个银行都可以发行自己的银行券，在同一地区会有多种银行券同时流通。总之，分散发行、多种信用货币同时流通与货币的“一般等价物”的属性产生了矛盾，给社会生产和流通带来了困难。因此，客观上要求信用货币的发行权走向集中统一，由资金雄厚并且权威的银行发行能够在全社会流通的信用货币。这便是中央银行产生的基本经济原因之一。

2. 票据交换和清算

随着商品经济的发展和银行业务的不断扩大，隐含收受票据的数量也急速增长，各银行自行轧差当日清算的方式也遇到很大困难。不断增长的票据交换和清算业务与原有的票据交换和清算方式产生较大矛盾，不仅异地结算的时间延长，速度减缓，即使同城结算也遇到很大困难。虽然当时在一些城市已由若干银行联合建立了票据交换所，但不能为更多的银行所利用。如英国伦敦在 1770 年由数家银行成立的票据交换所只允许成员银行参与交换，直到 1854 年 6 月 8 日才允许同城其他银行参与其中。在银行数量增加、银行业务扩大和银行间债权债务关系日益复杂的情况下，由单个或少数银行自行处理结算和清算业务，已不能满足商品经济活动和银行业务发展的要求，这在客观上要求建立一个全国统一和公正的权威性清算机构，作为金融支付体系的核心，能够快速清算银行间各种票据从而使资金顺畅流通，保证商品经济的快速发展。这也是中央银行产生的一个基本经济原因。

3. 银行的支付保证能力

在社会化大生产和商品经济快速发展的情况下，银行贷款业务不断扩大。虽然银行在从事放款业务时也会留出一定的支付准备金用于对存款人的随时支付，但银行出于获利的考虑，不可能保留过多的准备金，而是根据经验使其保持在一个尽可能低的水平上。当银行遇到贷款不能按时收回而存款人大量提款的情况时，银行的支付往往会发生困难。应付这种情况的一般做法是向其他银行拆借，但拆借的数量不可能很大，因为其他银行也不会保留太多的支付准备金。加之银行业竞争的加剧，当一家银行遇到支付困难时，也不是其他所有银行都愿意伸出援助之手的。因此，当困难严重时，银行的破产倒闭在所难免。事实上，随着银行业务规模的扩大和业务活动的复杂化，银行的经营风险也是不断增加的，单个银行资金调度困难和支付能力不足的情况经常出现，因一家银行支付困难而波及数家银行甚至整个金融业发生支付危机的现象也时有发生。为了保护存款人的利益和银行乃至整个金融业的稳定，客观上需要有一家权威性机构，适当集中各银行的一部分现金准备作为后盾，在银行出现难以克服的支付困难时，集中给予必要的贷款支持，充当银行的“最后贷款人”。这是中央银行产生的另一个基本经济原因。

4. 金融业的稳健运行

随着商品货币经济关系的发展，金融业在整个社会经济关系中的地位和作用日益突出，金融运行的稳定成为经济稳定发展的重要条件。而金融业是一个特殊的高风险行业，经营过程中稍有不慎，则很可能导致破产。而银行业日益激烈的竞争，又促使一些银行去冒更大的风险，所以银行破产倒闭的现象时有发生。由于银行联系着千家万户，银行的倒闭对经济和社会造成的震动和破坏要比其他非金融企业大得多。因此，客观上需要有一个超然于所有金融企业的专门机构来约束金融企业的行为，对金融业进行监督和管理，从而减少金融业运行的风险，保证经济的健康发展。这是中央银行产生的又一个基本经济原因。

5. 政府融资

在资本主义制度确立的过程中，政府的职能作用也越来越突出。政府职能的强化增加了开支，政府融资便成为一个重要问题。在各自独立发展的银行体系中，政府融资要与多家银行建立联系，且这种联系也是极其松散的，这就为政府融资带来不便。为了保证和方便政府融资，发展或建立一个与政府有密切联系、能够直接或变相为政府筹资或融资的银行机构逐步成为政府要着力解决的重要问题，这也是中央银行产生的基本经济原因之一。

上述诸多方面提出的客观要求直接推动了中央银行的产生。但这些客观要求并非同时提出，其迫切程度也并不完全相同，因此，中央银行的形成与发展也经历了一个较长的历史过程。

（二）中央银行产生与发展

1. 中央银行制度的初步形成

中央银行的产生基本上有两个渠道：一是由信誉好、实力强的大银行逐步发展演变而成，政府根据客观需要，不断赋予某家银行某些特权，从而使其逐步具有中央银行的某些性质并最终发展成为中央银行；二是由政府出面直接组建中央银行。

从17世纪中后期中央银行萌芽到第一次世界大战开始的250多年间，中央银行制度基本上处于初步形成阶段。从1656年瑞典银行建立到美联储的创建，在这200多年的时间里，约有29个国家建立了中央银行，其中欧洲19家，美洲5家，亚洲4家和非洲1家。这一阶段产生的中央银行基本上都是通过第一种渠道形成的。

下面简要介绍中央银行制度在西方主要国家的出现和形成过程。

瑞典银行成立于1656年，1668年改组为国家银行，1897年获得唯一货币发行权。

英格兰银行成立于1694年，1833年法律赋予其中央银行货币发行权，1928年成为唯一的发行银行，1854年基本取得了清算银行的地位，在19世纪出现的多次金融危机中，充当了最后贷款人的角色。

美国第一银行（1791～1811年）和美国第二银行（1816～1836年）具有部分中央银行职能，主要业务内容是发行货币、接受政府存款和向政府机构提供贷款以及办理票据贴现和接受私人存款。同时通过拒收过度发行银行券的州立银行的银行券或要求发行银行兑换黄金，达到管理州立银行、整顿货币发行纪律的目的，引起州立银行和反对加强联邦权力的农业州的普遍不满和反对，他们认为联邦银行的建立违反了联邦宪法。所以两家银行到期后均未能展期。1873～1907年，美国几乎每隔数年就要发生一次金融危机。1912年国会决定建立兼顾各州利益又能满足银行业集中管理需要的联邦储备制度。1913年国会通过《联邦储备条例》，真正全面履行中央银行职能的美国联邦储备体系于1913年成立。

德国Reichs Bank成立于1875年，到1912年基本上独享了货币发行权。

日本银行成立于1882年，1889年统一并独享货币发行权后逐步成为中央银行。

2. 中央银行制度的推广

第一次世界大战后，由于中央银行战时大量向财政借贷，导致通货膨胀的普遍发生。为稳定币值，1920年在比利时首都布鲁塞尔召开了历史上第一次国际金融会议，会议提出了在世界各国普遍建立中央银行的必要性。1922年在瑞士日内瓦召开的国际经济会议上，重申和强调了布鲁塞尔会议形成的决议。由此推动了中央银行产生与发展的又一次高潮。此阶段产生的大部分中央银行是通过政府的力量创建的，而不是由商业银行演进而成的。

第一次世界大战结束与第二次世界大战发生之间成为中央银行制度推广的时期。1921~1942年，新成立的中央银行共有43家，欧洲16家，美洲15家，亚洲8家，非洲2家，大洋洲2家。

3. 中央银行制度的发展

第二次世界大战后，中央银行制度获得进一步的发展和完善，中央银行成为国家干预和调节经济，稳定金融市场的必不可少的工具。第二次世界大战后，为了恢复经济发展，稳定经济金融秩序，各国都对中央银行加强了控制，与此同时，中央银行的权力与责任也大大加强了。从1944年布雷顿森林体系的建立到20世纪70年代初该体系解体的近30年间，中央银行制度的发展主要表现在两方面：一是欧美国家中央银行以国有化为主要内容的改组和加强，如法兰西银行于1945年、英格兰银行于1946年、德意志联邦银行于1957年分别实现国有化；二是亚洲、非洲等新独立的国家普遍设立中央银行。

这一时期新成立的中央银行绝大部分是由政府直接组建的，并借鉴了欧美中央银行发展的经验，使中央银行直接具备了比较全面的现代中央银行特征。经济和金融发展较晚的亚洲和非洲国家中央银行的普遍设立，完成了中央银行制度在全世界范围内的扩展，中央银行制度成为世界各国的一项基本经济制度。

二、中央银行的职能

对中央银行职能的归纳与表述有多种方法，有的归纳为服务职能、调节职能和管理职能三类；有的归纳为政策功能、银行功能、监督功能、开发功能和研究功能五大类；还有的归纳为制定和执行货币政策、对金融业实施监督管理和维护金融稳定、组织参与和管理支付清算等三个方面。不过，最早对中央银行职能的典型概括，当属“发行的银行、银行的银行和国家的银行”三大职能这一基本表述，这种概括由来已久，简明、形象、便于理解和记忆，因此，下面按这一表述进行分析。

（一）发行的银行

发行的银行是指国家赋予中央银行集中和垄断货币发行的特权，是国家唯一的货币发行机构。中央银行集中和垄断货币发行权是其自身之所以成为中央银行最基本、最重要的标志，也是中央银行发挥其全部职能的基础。

在实行金本位的条件下，货币的发行权是指银行券的发行权。对银行券发行的管理，各国均有由立法程序确定的严格制度。要保证银行券的信誉和货币金融的稳定，银行券必须能够随时兑换为金币，同时，存款账面上的存款货币也能够顺利地转化为银行券。要做到这一点，中央银行必须集中足够的黄金储备，作为支撑银行券发行与流通的信用基础。金本位制解体以后，中央银行凭借国家授权以国家信用为基础而成为垄断的货币发行机构，中央银行按照经济发展的客观需要和货币流通及其管理的要求发行纸币。

货币发行是中央银行的重要资金来源，也为中央银行调节金融活动和全社会货币、信用总量，促进经济增长提供了资金力量。因此，具有“发行的银行”这一基本职能是中央银行实施金融宏观调控的必要条件。

（二）银行的银行

银行的银行是指中央银行的业务对象不是一般企业和个人，而是商业银行和其他金融机构及特定的政府部门，其与业务对象之间的业务往来仍具有银行固有的办理“存、贷、汇”的业务特征，中央银行为商业银行和其他金融机构提供支持、服务的同时也是它们的管理者。

中央银行作为银行的银行，具体表现在三个方面。

1. 集中存款准备金

为保证商业银行和其他存款机构的支付和清偿能力，从而保障存款人的资金安全及合法权益，也为了保障商业银行等金融机构自身运营的安全，各国一般都通过法律规定，商业银行及有关金融机构必须要按存款的一定比例向中央银行缴存存款准备金。在商业银行及有关金融机构出现支付和清偿困难，并在中央银行认定的必要条件下，才允许其动用。中央银行集中存款准备金的另一个目的是为了调节信用规模和控制货币供应量。中央银行可以根据宏观调节的需要，变更、调整法定存款准备金的比率，影响货币乘数，改变商业银行及其他存款机构的信用创造能力，调控货币供应量。此外，中央银行集中保管商业银行及其他金融机构的存款准备金也增加了中央银行的资金实力，形成中央银行的主要资金来源之一。当某家商业银行发生支付、清偿困难时，中央银行不但在认定的条件下允许其动用所缴纳的存款准备金，而且在特殊情况下还可以提供远超过其所缴数额的资金支持。因此，中央银行集中存款准备金是现代中央银行制度的一项极其重要的内容。

【附录8.1】

2015年9月15日起中央银行改革存款准备金考核制度

金投股票网9月11日讯　为进一步完善存款准备金制度，优化货币政策传导机制，增强金融机构流动性管理的灵活性，中国人民银行决定，自2015年9月15日起改革存款准备金考核制度，由现行的时点法改为平均法考核。即维持期内，金融机构按法人存入的存款准备金日终余额算术平均值与准备金考核基数之比，不得低于法定存款准备金率。

同时，为促进金融机构稳健经营，存款准备金考核设每日下限。即维持期内每日营业终了时，金融机构按法人存入的存款准备金日终余额与准备金考核基数之比，可以低于法定存款准备金率，但幅度应在1个（含）百分点以内。将存款准备金时点法改为平均法考核，既可以为金融机构管理流动性提供缓冲机制，也有利于平滑货币市场波动。

央行有关负责人就实施平均法考核存款准备金答记者问。

1. 实施存款准备金平均法考核的背景是什么？

答：1998年存款准备金制度改革至今，我国对金融机构存款准备金实行时点法考核，金融机构存款准备金需每日达到法定要求。即维持期内每日营业终了时，金融机构按法人存入的存款准备金余额与准备金考核基数之比，不得低于法定存款准备金率。

目前，主要经济体央行均采用平均法考核存款准备金。平均法考核方式给予金融机构流动性管理上更多的便利性，但也对中央银行流动性管理提出更高要求。随着我国金融改革的不断深化，逐步具备了存款准备金实施平均法考核的基础。将存款准备金考核标准由每日达标改为平均达标，既可以为金融机构管理流动性提供缓冲机制，增强灵活性，也有利于改善货币政策传导机制，为货币政策操作框架转型创造条件。

2. 改革存款准备金考核制度对于金融机构流动性管理有何积极意义？

答：此次改革存款准备金考核制度，采取小步审慎推进的做法，对存款准备金实施平均法考核的同时，辅以日终透支上限管理。实施平均法的目的主要是提高金融机构管理流动性的灵活性和便利性，而不是增强透支能力。改革后的考核制度有助于金融机构平衡好资金运用效率和流动性安全的关系，督促其不断提高流动性管理的主动性和科学性，也有利于平滑货币市场波动。

3. 存款准备金考核由时点法改为平均法会不会释放大量流动性？

答：存款准备金考核由时点法改为平均法，可以降低金融机构应对突发性支付的超额准备金需求，提高资金使用效率，在流动性存在一定缺口时可以释放一定的流动性，但在当前流动性合理充裕的情况下，此次改革基本不会对市场流动性造成影响。下一步，央行将按照稳健货币政策的总体要求，结合货币市场流动性状况，进一步提高公开市场操作的灵活性，保持流动性合理充裕和货币市场稳定运行，引导货币信贷平稳适度增长。

2. 充当商业银行等金融机构的“最后贷款人”

最后贷款人一词是巴奈霍特于1837年在其《伦巴街》一书中首次提出的，是指在商业银行发生资金困难而无法从其他银行或金融市场筹措资金时，向中央银行融资是最后的办法，中央银行对其提供资金支持则是承担最后贷款人角色，否则便会发生困难，而使银行破产倒闭。在19世纪中叶前后，连续不断的经济动荡和金融危机使人们认识到，金融恐慌或支付链条的中断是触发经济危机的导火线，而要避免或减轻金融危机和经济危机，应该让中央银行承担最后贷款者的责任。最后贷款人可以发挥以下作用：（1）当商业银行或其他金融机构发生资金周转困难、出现支付危机时，中央银行为其提供全力支持，以防银行挤提风潮的扩大导致支付链条中断以致引起金融恐慌甚至整个银行业的崩溃；（2）为商业银行办理资金融通，使其在同业拆借方式之外，增加银行资金头寸短期调剂的渠道，提供最终保障；（3）中央银行通过对商业银行等金融机构提供多种资金支持方式，调节银行信用和货币供应量，传递和实施金融调控的意图。中央银行主要采取办理票据再贴现和贷款等方式为商业银行和其他金融机构提供资金融通。中央银行根据宏观经济政策和金融政策的需要，可以主动采取降低或提高再贴现率和贷款利率的措施，以调节商业银行的信用规模。“最后贷款人”的角色确立了中央银行在金融体系中的核心和主导地位，确定了中央银行对金融机构实施金融监管的必然性和必要性。

【附录8.2】

中央银行放松对商业银行的存贷比要求

新浪财经讯 北京时间2014年12月25日晚外媒报道称，中国央行［微博］正准备采取更多措施，放松存贷比率方面限制，增强银行放贷能力，拉动中国经济增长。

华尔街日报指出，据银行业的知情高管透露，央行本周三在大型金融机构会议上透露，来自非银行金融机构的存款很快会被允许纳入存贷比的计算。此举将令银行存款总额大大增加，从而有条件发放更多贷款。

目前中国银行业计算存贷比时，来自非银行金融机构的存款不包括在内。据中国的监管要求，中资银行的贷款上限为存款的75%。

参会的银行业高管透露，央行官员还指出，对于多出的这部分存款，银行不必向央行单独缴纳存款准备金。目前大型中资银行必须将存款的20%存放在央行，这就是存准率。银行管理人士称，上述两项措施加起来的效果相当于将中国的银行业存款准备金率下调1.5个百分点。

【附录 8.3】

2015 年 10 月 10 日中国人民银行发布公告：扩大信贷资产质押再贷款试点范围

2015 年 10 月 10 日中国人民银行发布公告：在前期山东、广东开展信贷资产质押再贷款试点形成可复制经验的基础上，央行决定在上海、天津、辽宁、江苏、湖北、四川、陕西、北京、重庆等 9 省（市）推广试点。

公告称，信贷资产质押再贷款试点是完善央行抵押品管理框架的重要举措，有利于提高货币政策操作的有效性和灵活性，有助于解决地方法人金融机构合格抵押品相对不足的问题，引导其扩大"三农"、小微企业信贷投放，降低社会融资成本，支持实体经济。

有媒体早前曾介绍过，以往中国央行以质押方式投放基础货币的质押品多为国债、央行票据、政策性金融债、高等级信用债等，这是央行首次将信贷资产纳入合格抵押品范围。利用这种新渠道，商业银行可以将优质的存量信贷资产质押给央行，获得央行的再贷款，从而达到盘活存量信贷资产的效果。

华创证券宏观经济研究主管钟正生曾分析认为，信贷资产质押再贷款本质上与抵押补充贷款（PSL）相同。PSL 向商业银行全面拓展，抵押品进一步扩容应该都是可以期待的。

《上海证券报》也曾指出，之所以央行先将优质信贷资产纳入再贷款抵押品框架，一方面是为了解决中小金融机构抵押品不足的问题，另一方面也是为了保障央行债权的安全。

所谓的再贷款，是指央行对金融机构发放的贷款，是我国央行重要的货币政策工具之一。随着经济进入新常态，再贷款在货币调控体系中的功能得以不断扩充。中国社会科学院金融研究所货币理论与货币政策研究室主任彭兴韵教授认为，目前而言包括以下六种：

（1）支小再贷款，即是向金融机构发放的专门用于发放小微信贷的再贷款。这是为缓解小微企业融资难而采取的定向再贷款。

（2）支农再贷款，即央行向一些符合条件的中小金融机构发放并由后者用于"三农"的央行早前还创设了支农再贷款。由于小微企业和三农贷款面临更严重的信息不对称，又不具有规模经济效应，以利润最大化为目标的金融机构往往不愿意向小微企业和三农提供金融支持。央行创设支小再贷款与支农再贷款，则可以在一定程度上弥补市场缺陷。

（3）常备借贷便利。创设于 2014 年 1 月，常备借贷便利旨在向符合审慎要求的地方法人机构提供短期流动性支持。开展该操作的主要目的是，发挥常备借贷便利的利率作为市场利率上限的作用。这表明，央行在 2014 年的货币政策操作中，具有了利率走廊的雏形。随着 2014 年债券市场利率下行，央行在第二季度后未进一步开展常备借贷操作。

（4）中期借贷便利。创设于 2014 年 9 月，它向符合宏观审慎管理要求的商业银行、政策性银行提供中期基础货币。央行在《2014 年货币政策执行报告》指出，中期借贷便利可以发挥中期利率政策的作用，引导金融机构加大对小微和三农的信贷支持力度，促进降低贷款利率和社会融资成本。

（5）抵押补充贷款，是央行以抵押方式向金融机构发放的贷款，合格抵押品范围主要是高信用级别的债券和优质信贷资产。相比较而言，抵押补充贷款的期限更长一些，金融机构获取抵押补充贷款后，可以开展相对更长期限的资产活动。

（6）信贷资产质押再贷款。对中国而言，这是一个全新的货币工具，它以金融机构非标准化的信贷资产作为从央行获得再贷款的合格抵押品。这一政策工具的应用，将极大地扩展中小金融机构从央行获得再贷款的合格抵押品资产范围，提高了这些金融机构信贷资产的流动性。

信贷资产抵押再贷款首次出现在央行2月发布的《2014年第四季度中国货币政策执行报告》中，报告披露了这种盘活信贷资产的新渠道，并提到2014年已在山东、广东两省开展这类质押的试点。

除了再贷款形式的创新，2014年以来抵押品范围也不断扩容：

（1）高信用级别的债券，如国债、中央银行债券和政策性金融债券。

（2）商业银行持有的信贷资产。抵押补充贷款便是以高信用级别的债券和优质信贷资产作为合格抵押品的。但央行在2014年开展试点并在2015年推广信贷资产质押贷款中，所要求的合格信贷资产的品质，会远低于抵押补充贷款的要求。

（3）将地方债纳入央行SLF、MLF和PSL的抵押品范围内。此外，地方债还被纳入中国国库和地方国库现金管理抵押品范围。这是在2015年为配合化解地方政府债务风险、积极推动地方政府债务置换而采取的一项举措。

彭兴韵认为，随着再贷款工具的创新、抵押品范围的扩大和功能的扩展，中国货币政策传导机制也正在发生一些重要的变化：

货币政策传导渠道被缩短，不仅会改变流动性的总量结构，也会改变市场的流动性结构，从而影响市场利率结构，使得央行的货币政策可以更好地发挥定向调控功能，减少对总量货币调控的依赖。

3. 组织、参与和管理全国的清算

中央银行组织、参与和管理全国的清算始于英格兰银行，这种做法大大简化了各银行之间资金往来的清算程序，后来被其他国家相继效仿而推广。在存款准备金制度建立后，各商业银行都在中央银行设立了存款账户，这给中央银行负责全国的资金清算带来了极大的便利。各金融机构之间的清算通过其在中央银行的存款账户进行转账、轧差，直接增减其存款金额便可完成。中央银行办理金融机构同城票据交换和同城、异地的资金清算，具有安全、快捷、可靠的特点。这一方面加速了资金周转，减少了资金在结算中的占用时间和清算费用，提高了清算效率，解决了非集中清算带来的困难；另一方面，中央银行通过组织、参与和管理清算，对金融机构体系的业务经营能够进行全面及时地了解和把握，为中央银行加强金融监管和分析金融流量提供了条件。目前，大多数国家的中央银行都已成为全国资金清算中心。随着资金清算数量的不断扩大和科技成果在清算体系中的运用，中央银行对清算方法也作了技术性的改进，如大量采用电子数据处理系统等，使清算的准确性、时效性有了极大的提高。尽管现代支付清算体系结构发生了一些变化，如一些国家的支付清算功能已部分社会化，但中央银行作为支付清算的组织、管理和监督者的地位与作用却日益重要。

中央银行作为银行的银行，通过国家授权开展特定的金融业务活动为中央银行调控金融、经济和管理金融业的基本职责提供了稳定有效的途径。

（三）国家的银行

国家的银行是指，中央银行根据法律授权制定和实施货币政策，对金融业实施监督管理，负有保持货币币值稳定和保障金融业稳健运行的责任；代表国家政府参加国际金融组织，签订国际金融协定，参与国际金融事务与活动；为政府代理国库，办理政府所需要的银行业务，提供各种金融服务。此外，许多国家中央银行的主要负责人是由政府任命；绝大多数国家中央银行的资本金为国家政府所有或由政府控制股份；还有些国家的中央银行直接是政府的组成部门。

中央银行具有国家的银行的职能，主要通过以下几个方面体现：

1. 代理国库

国家财政收支一般不另设机构经办具体业务，而是交由中央银行代理。政府的收入和支出均通过财政部门在中央银行内开立的各种账户进行。主要包括：按国家预算要求代收国库库款；按财政支付命令拨付财政支出；向财政部门反映预算收支执行情况；经办其他有关国库事务等。

2. 代理政府债券的发行

为调剂政府收支或弥补政府开支不足，许多国家的政府经常利用发行政府债券这种形式。中央银行通常代理政府债券的发行以及办理债券到期时的还本付息等事宜。

3. 为政府融通资金，提供信贷支持

在政府财政收支出现失衡、收不抵支时，中央银行一般都负有向政府融通资金、提供信贷支持的义务。其方式主要有两种：一种是在法律许可限度内，直接向政府提供贷款或透支；另一种是购买政府债券。

4. 为国家持有和经营管理国际储备

世界各国的国际储备一般都是由中央银行持有并进行经营管理。中央银行对国际储备的管理包括：（1）对储备资金总量进行调控，使之与国内货币发行和国际贸易等所需的支付相适应；（2）对储备资产结构特别是外汇资产结构进行调节。

5. 代表国家政府参加国际金融组织和各项国际金融活动

国家对外金融活动一般都授权中央银行作为国家政府的代表来参加。国家的对外金融活动包括：（1）参加国际金融组织，如国际货币基金组织、世界银行、亚洲开发银行等国际性金融组织；（2）代表政府签订国际金融协定；（3）参与国际金融事务与活动，如出席各种国际性金融会议，参加国际金融事务的谈判、协调和磋商，办理政府间的金融事务往来及清算等。

6. 制定和实施货币政策

货币政策是政府对经济实行宏观调控的基本经济政策之一。对于货币政策的制定和实施，世界各国一般都是通过法律赋予中央银行承担此项职责。

7. 对金融业实施金融监督管理

中央银行对金融业的监督管理包括：制定并监督执行有关金融法规、基本制度、业务活动准则等；监督管理金融机构的业务活动；管理、规范金融市场。

8. 为政府提供经济金融信息和决策建议

中央银行作为金融业的管理中心，能够掌握全国经济金融活动的基本资料信息，能够比较及时地反映整个经济金融运行状况，在政府的经济决策中，中央银行一般都扮演重要角色，发挥重要的作用。

总之，发行的银行、银行的银行和国家的银行，体现了中央银行的基本职能，世界上绝大多数国家的中央银行一般都具备这三大基本职能。但在具体内容上，各国中央银行之间还有所差异，在职责发挥上，不同国家的中央银行其侧重点也有所不同，另外，同一国家的中央银行在不同的发展时期，其职能的具体内容和侧重点也是不断发生变化的。

三、中央银行制度的基本类型

（一）单一式中央银行制度

单一式中央银行制度是指国家建立单独的中央银行机构，使之全面行使中央银行职能的中央银行制度。这种类型又分两种情况。

1. 一元式中央银行制度

这是指一国只设立一家统一的中央银行行使中央银行的权力和履行中央银行的全部职责，中央银行机构自身上下是统一的，机构设置一般采取总分行制，逐级垂直隶属。绝大多数国家的中央银行都实行这种体制，如英国、法国、日本和1984 年以后的中国等。

2. 二元式中央银行制度

这是指中央银行体系由中央和地方两级相对独立的中央银行机构共同构

成。中央级中央银行和地方级中央银行在货币政策方面是统一的，中央级中央银行是最高决策机构，地方级中央银行要接受监督和指导。但在货币政策的具体实施、金融监管和中央银行有关业务的具体操作方面，地方级中央银行在其辖区内有一定的独立性，与中央级中央银行也不是总分行的关系，而是按法律规定分别行使其职能。这种制度一般与联邦制的国家体制相适应，如美国实行这种制度。

（二）复合式中央银行制度

复合式中央银行制度是指国家不单独设立专司中央银行职能的中央银行机构，而是由一家国家大银行兼行中央银行职能的中央银行制度。这种制度往往与中央银行初级发展阶段和国家实行计划经济体制相适应，苏联、1990 年前的东欧国家和 1983 年前的中国都是实行这种制度。

（三）准中央银行制度

准中央银行制度是指国家不设立完整意义上的中央银行，而设立类似中央银行的金融管理机构执行部分中央银行的职能，并授权若干商业银行也执行部分中央银行职能的中央银行制度。如新加坡、马尔代夫等国实行该制度，我国在香港特区也实行这一制度。

（四）跨国中央银行制度

跨国中央银行制度是指由若干国家联合组建一家中央银行，由这家中央银行在其成员国范围内行使全部或部分中央银行职能的中央银行制度。这种中央银行制度一般与区域性多国经济的相对一致性和货币联盟体制相对应。实行跨国中央银行制度的国家主要在非洲和东加勒比海地区，如西非货币联盟、中非货币联盟、东加勒比海货币区都属于这种制度类型。欧洲中央银行也属于跨国中央银行制度，但它是一种不同于前述跨国中央银行的新型银行。

欧洲中央银行是根据 1992 年《马斯特里赫特条约》的规定于 1998 年 7 月 1 日正式成立的，其前身是设在法兰克福的欧洲货币局。欧洲央行的职能是“维护货币的稳定”，管理主导利率、货币的储备和发行以及制定欧洲货币政策，其职责和结构以德国联邦银行为模式，独立于欧盟机构和各国政府之外。由欧洲中央银行和欧盟所有成员国中央银行组成欧洲中央银行体系。保持价格稳定和维护中央银行的独立性是欧洲中央银行的两个主要目标，并通过公开市场业务、流动资金经常便利和准备金制度实现其货币政策目标。

第二节 货币政策及其目标

一、货币政策的概念与内容

（一）货币政策的概念

货币政策是指中央银行为实现给定的经济目标，而采取的调节和控制货币供给量和利率等中介指标进而影响宏观经济的方针和措施的总和。货币政策在国家的宏观经济政策中居于十分重要的地位。一般而言，货币政策的变化会引起总需求和总供给的变化、一般价格水平的变化、经济增长速度和经济结构的变化、国际收支平衡的变化等，因而它是现代市场经济国家最重要的宏观经济调控手段之一。中央银行在国家法律授权的范围内独立地或在中央政府领导下制定货币政策，并运用其拥有的货币发行权和各种政策手段，利用其领导和管理全国金融机构的特殊地位，组织货币政策的实施。

（二）货币政策的内容

货币政策包括政策目标、实现目标的政策工具、政策的传导机制和政策效果等基本内容。这些基本内容紧密联系，构成一个国家货币政策的有机整体。中央银行在制定和实施货币政策时，必须对这一有机整体进行统筹考虑。

二、货币政策的目标

货币政策目标是指中央银行通过货币政策操作而要达到的最终目的，具体包括稳定币值、经济增长、充分就业、国际收支平衡和金融稳定等。

（一）稳定币值

稳定币值的要求包括两个方面：稳定对内的币值，也就是稳定物价；稳定对外的币值，也就是稳定汇率。稳定物价是指一般物价水平在某一时期保持大体稳定，但这并不意味着个别商品的价格是绝对不变的。在动态经济中，整个价格水平的稳定与个别市场的价格变动并不矛盾。所以货币政策目标不是简单地抑制物价水平的上升或下降，而是维持物价总水平的基本稳定。因此，稳定物价的实质是控制通货膨胀，避免通货紧缩。稳定物价也是稳定汇率的前提，但稳定物价与稳定汇率这两个方面并不总是能够同时实现的，为了达到稳定汇率的目标往往会使物价受到影响。

（二）经济增长

经济增长是提高社会生活水平的物质保障。一个国家的经济实力，是决定其在国际经济和政治格局中竞争能力的重要因素，因此，加速经济发展对每个国家而言都非常重要。因此，作为宏观经济目标的增长应是长期稳定的增长。低于潜在水平的增长将会导致资源的浪费，高于潜在水平的增长将会导致通货膨胀和资源的破坏。过度追求短期的高速甚至超速增长可能导致经济比例的严重失调、经济的剧烈波动。货币政策作为国家干预经济的重要手段，保持国民经济的长期稳定增长是不可推卸的责任。

（三）充分就业

所谓充分就业是指任何愿意工作并有劳动能力的人都可以在较合理的条件下随时找到合适的工作。但充分就业并不意味着每个人都有工作，实际上，充分就业是与同某种数量的失业同时并存的。由于摩擦性失业、结构性失业、季节性失业和过渡性失业的存在，一定程度的失业在经济正常运行中是不可避免的。这些失业被称为自然失业，而由于总需求不足所导致的失业则应是尽量避免的。因此，充分就业的目标就是要把失业率水平降低到自然失业率水平。就业水平受经济发展的规模、速度和结构以及经济周期不同阶段等众多因素的影响。货币政策对国民经济发展的规模、速度、结构以及经济周期变动等方面具有重要影响，特别是在经济衰退、失业严重的时候，实行扩张性的货币政策，对扩大社会总需求、促进经济发展、降低失业率具有重要意义。

（四）国际收支平衡

保持国际收支平衡是保证国民经济持续稳定增长和经济安全甚至政治稳定的重要条件。国际收支失衡，无论是逆差还是顺差，都会给该国经济带来不利影响。巨额的国际收支逆差可能导致外汇市场对本币信心的急剧下降，资本的大量外流，外汇储备的急剧下降，本币的大幅贬值，并导致严重的货币和金融危机。而长期的巨额国际收支顺差，既使大量的外汇储备闲置，造成资源的浪费，又使本国货币供给量增加，进而导致或加剧国内通货膨胀。此外，巨额的经常项目顺差或逆差还可能加剧贸易摩擦。货币政策制定者可以通过相应的利率政策和汇率政策来改善国际收支失衡的状态，因此，货币政策在调节国际收支方面具有重要作用。

（五）金融稳定

金融稳定是一个广义的概念，是指金融机构、金融市场和市场基础设施运行良好，能够与经济社会发展保持协调，并能抵御各种冲击而不会降低运行效率的一种状态。保持金融稳定是避免金融危机和经济危机的重要前提。保持银行业等金融机构和金融市场的基本稳定，防范和化解系统性金融风险是金融稳定的目标。对经济全局而言，要维护金融安全和金融主权，以避免金融危机对经济金融发展的干扰和破坏。对金融部门而言，要防范和化解全局系统性金融风险和局部系统性金融风险，及时切断风险传播，阻止风险的蔓延。对社会经济个体而言，要提供一个合理的金融预期，增强他们对货币和金融体系的信心。中央银行关注金融稳定并将其作为自己的重要任务之一与中央银行的“最后贷款人”地位直接相关。

三、货币政策目标的选择

（一）货币政策目标之间的关系

五大货币政策目标之间既有统一性又有矛盾性。

1. 充分就业与经济增长的关系

根据奥肯定律，失业与经济增长之间通常存在负相关关系，因而，充分就业与经济增长之间通常存在正相关关系。但是，由于经济增长可分为劳动密集型、资本密集型和知识密集型等不同的发展模式，除劳动密集型外，其他几种增长模式都与充分就业有一定的矛盾。

2. 稳定币值与经济增长和充分就业的关系

根据菲利普斯曲线和奥肯定律，通货膨胀与经济增长和就业水平之间通常存在正相关关系，因此稳定币值与经济增长和就业水平之间存在负相关关系。但过高的通货膨胀将破坏正常的经济秩序，从而迫使经济进行紧缩调整，降低经济增长速度和就业水平。

3. 稳定币值与国际收支平衡和金融稳定的关系

币值稳定有利于国际收支平衡，国际收支平衡有利于金融稳定，金融稳定也有利于国际收支平衡。

（二）货币政策目标的选择

由于五大货币政策目标之间既有统一性又有矛盾性，所以五大目标往往不能兼顾。这就出现了货币政策目标的选择问题，并出现了单目标论、双目标论和多目标论之争。实践中各国对货币政策目标的选择各有侧重，同一国家在不同时期的目标选择也有所变化。

单目标论认为，由于各个目标之间的矛盾性，货币政策只能以单一目标为己任。但在选择哪个目标作为货币政策的唯一目标上又有不同的观点：一种观点从稳定物价及经济正常运行和发展的基本前提出发，主张稳定币值是货币政策的唯一目标；另一种观点则认为经济增长是稳定物价的基础，主张以经济增长为货币政策的唯一目标。

双目标论认为，货币政策的目标不可能是单一的，而应当同时兼顾稳定币值和经济增长这双重目标。经济增长是币值稳定的物质基础，而币值的稳定又有利于经济的长期稳定增长。二者互相制约互相影响，只偏重某一目标的结果不仅不可能在长期经济运行中实现该目标，对整个国民经济的稳定协调发展也是不利的。《中国人民银行法》规定，中国人民银行的货币政策目标是："保持货币币值的稳定，并以此促进经济增长"。

多目标论认为，货币政策作为宏观经济间接调控的主要经济手段之一，对各个目标都具有十分重要的影响，不能只将一个或两个目标作为其政策目标，而应该在总体上兼顾各个目标，而在不同时期以不同的目标为相对重点。

四、通货膨胀目标制

20 世纪 90 年代以后，一些国家先后采取了通货膨胀目标制（inflation targeting）的货币政策。政策的核心是以未来一段时间内数量确定的通货膨胀率目标或者目标区为货币政策目标，并根据对未来中长期通货膨胀的预测采取适当的货币政策操作。通货膨胀目标制较之采用货币供给量、利率作为中间目标，增加了货币政策的透明度，通过解释实现公众最关切的通货膨胀目标所需的代价和手段，则提高了货币政策的可信度。这样的货币政策目标，是明确的单一目标主张。采用通货膨胀目标制要求中央银行的货币政策对经济状况的变化有灵敏的反应，这无疑对中央银行的货币政策操作提出了极高的要求。

通货膨胀目标制是一种长期货币政策目标。正确预测通货膨胀率的难度较大，货币政策对物价的影响又有较长的滞后期，而且各种经济冲击对物价也会产生短暂的影响。所以，以通货膨胀为目标的国家并不排除中央银行在特殊情况下，以充分就业和经济增长等短期货币政策目标为重心，允许短期内偏离长期通货膨胀目标。如果出现通货膨胀真的偏离目标区的情况，中央银行必须做出解释。

这样的政策思路和实践，已得到一些肯定的评价。到目前为止，新西兰、加拿大、英国、瑞典、芬兰和澳大利亚等国都实施了通货膨胀目标制。

第三节　货币政策工具

一、一般性货币政策工具

（一）存款准备金政策

存款准备金政策是指中央银行对商业银行等存款金融机构的存款规定存款准备金率，强制性地要求其按照规定的比例计提并上缴存款准备金。目前，凡是实行中央银行制度的国家，一般都实行法定存款准备金制度。

调整法定存款准备率会从两个方面影响货币量。第一，法定存款准备率的调整会改变银行体系的准备金结构。提高法定准备率，银行体系原先持有的一部分超额准备金就会转为法定准备金，从而降低了银行体系创造派生存款的基础；反之，中央银行降低法定准备率，商业银行体系部分法定准备就会转化成超额准备金，商业银行就可以利用这部分超额准备金创造更多的派生存款。第二，法定准备率是影响货币乘数值的重要因素。提高法定准备率会降低货币乘数值；相反，降低法定准备率则会提高货币乘数值，从而提高银行体系扩张货币的能力。

一般认为，通过调整法定准备率来控制货币供应量的主要优点是，它对所有银行的影响是平等的。但这一工具也有两个主要的不足：第一，它是货币政策工具中的巨斧，对货币供应量的冲击可能会过大，无法进行微调。第二，当中央银行提高法定准备金比率时，会对那些超额准备很低的银行带来流动性问题。不断地调整法定准备金比率，会使银行难以进行流动性管理，也增加了合理运用资金的难度。所以，中央银行一般很少通过调整法定准备金比率来控制货币供应量。

（二）再贴现政策

再贴现是商业银行将其持有的商业票据拿到中央银行进行贴现。在货币政策操作中，再贴现机制就是中央银行变动再贴现率，影响商业银行通过贴现申请贷款的意愿，进而影响其准备金和基础货币。再贴现率是中央银行对商业银行贴现时收取的利率，它实际上是商业银行从中央银行贴现贷款时所支付的必要成本。当中央银行提高贴现率时，就提高了商业银行向中央银行再贴现借款的成本，于是，商业银行会减少向中央银行再贴现的数量，从而减少基础货币。反之，当中央银行降低再贴现率时，再贴现对商业银行就变得更具吸引力，再贴现就会增加，从而就可增加基础货币和货币供应量。

除了调整再贴现率外，中央银行可以对再贴现的量进行限制，也可以规定适于再贴现的票据标准。譬如，中央银行规定，只有 AAA 级信用级别企业的商业票据才可以进行再贴现，这样就大大限制了适于再贴现的票据范围。再如，中央银行规定，一家银行在某一段时期内可通过再贴现向中央银行获得贷款的最高限额为 5 000 万元，这时，即使商业银行愿意接受中央银行的再贴现率，其再贴现需求也不能得到完全满足，即商业银行遇到了“配给”。

再贴现机制其实在很大程度上发挥着中央银行最后贷款人的作用，解决了商业银行的准备金和流动性不足的问题。此外，作为一项政策工具，它还具有“告示效应”，即作为一种信号表明中央银行未来的货币政策意向，从而影响商业银行或社会公众的预期。中央银行提高再贴现率时，人们可能认为中央银行要紧缩货币供应，通货膨胀率会下降。如果真如此，那么，在高通货膨胀时期人们会因物价水平的上涨而使抢购的动机减弱。反之，若中央银行降低再贴现率，公众可能会认为这是中央银行扩张性货币政策的一个信号，物价水平会上升，支出意愿也会相应增强。不过，“告示效应”也完全可能起到相反的作用，引起公众预期的混乱。比如，当中央银行降低再贴现率时，公众认为这是中央银行面对经济衰退的自然反应；如果公众认为中央银行的货币政策并不足以刺激经济景气的回升，他们的预期收入会减少，他们就会进一步削减支出，此时，降低再贴现率的效果反而会变成紧缩性的。

中央银行调整再贴现率，尽管改变了商业银行从中央银行借款的成本，但能否达到中央银行的预期效果，还取决于商业银行对再贴现率变动的反应弹性。如果商业银行对再贴现率的变动并不敏感，中央银行就难以运用再贴现机制控制货币供应量。而且，商业银行愿意再贴现多少，完全是根据商业银行自身的目标来进行决策的，中央银行完全处于被动地位。

（三）公开市场操作

公开市场操作是中央银行在证券市场上买进或卖出有价证券，影响银行体系的准备金，并进一步影响货币供应量的行为。中央银行在公开市场上买入政府债券，银行体系的准备金会增加，并进一步为银行体系的货币创造奠定基础；反之，则会减少银行体系的准备金，从而引起货币供应量的收缩。

一般而言，中央银行公开市场操作最理想的工具是短期政府债券。这是因为，中央银行的公开市场活动对债券市场行情有所影响，一部分债券持有者成为货币政策实施的净受益者，而另一部分债券持有者却成了政策的受害者。为了避免债券价格在公开市场操作中的大幅波动，中央银行必须选择那种市场容量大、潜在风险小的券种作为操作对象。就长期政府债券而言，尽管它有可靠的信用保证，但其市场容量狭小，流动性较低，加之中央银行的货币政策只能也只会影响短期利率，而不是长期利率，因而它不能满足中央银行公开市场业务的需要。对公司债券和公司股票来说，不仅其市场容量小，经不住中央银行公开市场活动的轻微冲击，而且其潜在风险巨大。由于公司股票价格是该公司经营业绩的“晴雨表”，公司股票价格的变化反映了股票持有者对该公司资产价值的信心和市场估价，而中央银行的公开市场操作并不以营利为目的，因而，若将公司股票作为公开市场的操作工具，中央银行的活动所引起的公司股票价格变化并不反映公众对该公司资产的市场客观评价，这种股票价格的走势就可能导致资源配置的扭曲。问题的要害之处还在于，中央银行将这两种市场容量狭小的证券作为其公开市场的操作对象，引起证券价格的剧烈波动，不仅有失公平，而且其后果是社会成本极其高昂，因此，公开市场的操作就会流于形式而失败，收不到预期的政策效果。同时，那些从事证券业务的金融机构，持有的证券大大超过了其自有资本，若因公开市场活动而使其受到严重冲击，可能导致它们不再组织证券市场，仅仅作为买卖双方搭线的掮客，这样一来就会降低资本市场效率。显然，只有政府债券，尤其是短期政府债券，才能满足中央银行公开市场业务对券种选择的两个要求，它无论在质上还是在量上都是其他债券所不可比拟的，因而是中央银行公开市场操作最理想最有效的金融工具。

公开市场操作可分为主动性操作和防御性操作两类。主动性公开市场操作旨在改变银行体系的准备金和基础货币；防御性公开市场操作旨在抵消影响基础货币的其他因素变动的影响，使基础货币保持相对稳定。如果宏观经济出现衰退迹象，投资减少，消费不振，中央银行为扩大货币供应量，就会采取主动性的公开市场操作，大量买入政府证券，增加银行体系的准备金。再比如，政府存款和邮政存款的增加会减少基础货币，如果中央银行不希望政府存款和邮政储蓄的增加减少基础货币，它也可以通过在公开市场购买政府证券来冲销基础货币的减少，这就是防御性的公开市场操作。

公开市场操作是以正回购或逆回购的方式进行的。正回购是指中央银行与金融机构在签订协议时，首先以议定的价格将其手中所持有的国债暂时让渡给后者，并同时约定中央银行同意在未来某一天按协商好的价格重新如数购回这些债券。正回购中，中央银行将其持有的国债让渡给商业银行，在中央银行的资产负债表上就反映为政府债券的减少，同时负债方则表现为金融机构准备金的减少。因此，中央银行正回购操作主要是为了回收基础货币。

相反，如果中央银行要投放基础货币，就可以采取逆回购式的公开市场操作。逆回购是指中央银行与商业银行等金融机构签订协议时，后者将其手持有的国债以议定的价格暂时让渡给中央银行，同时约定中央银行在未来某一天再按协商好的价格如数卖给原来的金融机构。逆回购中，中央银行的资产负债表的资产方表现为政府债券的增加，同时负债方显示为商业银行准备金的增加。

同法定准备金比率和再贴现政策相比，公开市场操作具有以下几个优点：(1) 中央银行在利用公开市场操作时可以主动出击，什么时候买进、什么时候卖出有价证券来改变银行体系的准备金，可由中央银行控制。(2) 公开市场操作具有灵活多变的特点，买进或卖出有价证券数量的多少完全根据中央银行的需要决定，因此，公开市场业务被称为“微调”的货币政策工具。(3) 易于进行反向纠正。如果中央银行突然发现，因公开市场买进而过多地扩张了货币供应量，它就可以立即在公开市场上出售有价证券来收回多余的基础货币；反之亦然。(4) 公开市场业务操作起来方便快捷。现代各国的证券市场交易系统很先进，只要交易指令一发出，通常在极短时间内就可完成交易。(5) 中央银行的公开市场业务还可以影响利率结构。比如，中央银行在公开市场上买进 1 000 万元短期国库券，同时卖出 1 000 万元长期政府公债，这样，就可能引起短期国库券的价格上升，长期国债价格下跌。因此，即便基础货币总量并没有受到影响，短期国库券价格上升会使短期利率下跌，而长期公债价格下跌会使其利率上升。

二、选择性货币政策工具

（一）消费者信用控制

消费者信用控制是指中央银行对消费者就不动产以外的耐用消费品分期购买或贷款的管理措施，以影响消费者对耐用消费品的需求。现在，很多消费都可以通过信用而获得，比如汽车消费贷款、耐用品消费贷款等。但是，当消费需求增长过快时，就可能引发或加剧通货膨胀；反之，如果消费需求严重不足，就会造成企业库存增加，打击企业的投资意愿，使经济陷入衰退。为了降低因消费需求波动而带来的经济周期波动，中央银行可以进行消费信用控制。当然经济过热、通货膨胀率较高时，就可以对消费信用采取一些必要的管理措施，如规定分期购买耐用消费品首期付款的最低限额，规定消费信贷的最长期限，规定可用消费信贷购买的耐用消费品种类，紧缩消费信贷；反之，当经济增长乏力，消费需求不振时，则采取措施扩大消费信贷。

（二）证券市场信用控制

证券市场信用控制是指中央银行对有价证券的交易，规定应支付的保证金比率，以限制用借款购买有价证券的比重。中央银行规定保证金限额的目的，一方面是为了控制证券市场的信贷资金的需求，稳定证券市场价格；另一方面则是为了调节信贷供给结构，通过限制大量资金流入证券市场，使较多的资金用于生产和流通领域。

（三）不动产信用控制

不动产信用控制是指中央银行对商业银行等金融机构向客户提供不动产抵押贷款的管理措施。主要规定贷款的最高限额、贷款的最长期限和第一次付现的最低金额等。采取这些措施的目的主要在于限制房地产投机，抑制房地产泡沫。

（四）优惠利率

优惠利率指中央银行对国家拟重点发展的某些部门、行业和产品规定较低的利率，以鼓励其发展，有利于国民经济产业结构和产品结构的调整和升级换代。优惠利率主要配合国民经济产业政策使用。实行优惠利率有两种方式：低贷款利率、低再贴现率。

三、直接信用控制

（一）利率最高限

利率最高限是指规定存贷款利率的最高限额。如美国在1933～1935年的银行法案中就规定了联储有权制定定期存款和储蓄存款的利率上限，称为Q条例和M条例。它规定活期存款不准付息，定期存款及储蓄存款不得超过最高利率限额。其目的是防止银行用抬高利率的办法竞相吸收存款和为牟取高利而进行高风险存贷。

（二）信用配额

信用配额是中央银行根据金融市场的供求状况和经济发展的需要，分别对各个商业银行的信用规模加以分配和控制，从而实现其对整个信用规模的控制。

（三）流动性比率

流动性比率是指商业银行流动资产与存款的比率。规定的流动比率越高，商业银行能够发放的贷款，特别是长期贷款的数量就越少，因而可以起到限制信用扩张的作用。此外，提高流动性比率还具有降低商业银行经营风险的作用。

（四）直接干预

直接干预指中央银行直接对商业银行的信贷业务、放款范围等加以干预。如对业务经营不当的商业银行拒绝再贴现或采取高于一般利率的惩罚性利率、直接干预商业银行对存款的吸收等。

四、间接信用指导

（一）道义劝告

道义劝告是指中央银行利用其声望和地位，对商业银行和其他金融机构经常发出通告、指示或与各金融机构的负责人进行面谈，交流信息，解释政策意图，使商业银行和其他金融机构自动采取相应措施来贯彻中央银行的政策。例如，当房地产和股票市场泡沫较严重时，中央银行就可以劝告商业银行注意这些贷款的风险，诱导商业银行逐步减少对这些领域的贷款。从长期来看，中央银行与商业银行的利益是一致的，因此，在有些情况下，道义劝说非常有效。但是，道义劝说的有效性主要取决于中央银行的声望以及它与商业银行之间的合作程度等因素，并不像其他政策工具那样，中央银行处于较为主动的地位，因此，道义劝说只能是一项辅助性货币政策工具。

（二）窗口指导

中央银行根据产业行情、物价趋势和金融市场动向，规定商业银行的贷款重点投向和贷款变动数量等。我国在取消贷款规模控制以后，更加注重窗口指导的作用：定期对国有商业银行下达贷款增量的指导性计划，引导其贷款规模控制；在1998年颁发了产业投资指导政策，以指导商业银行的贷款方向。

第四节 货币政策的中间目标和传导机制

一、货币政策的中间目标

（一）中间目标的概念

中央银行操作货币政策工具后，并不能直接达到最终目标，与货币政策最终目标之间还有一段距离，因此，需要在货币政策工具与最终目标之间设置中间目标。根据中间目标对货币政策工具反应的先后和作用于最终目标的过程，又可以将中间目标分为操作目标和中间目标。操作目标是与货币政策工具联系最为紧密的政策变量，是政策工具操作直接引起变动的指标。中间目标处于最终目标和操作目标之间，与最终目标紧密联系。

货币政策工具、最终目标与中间目标之间的关系可用图8.1表示如下：

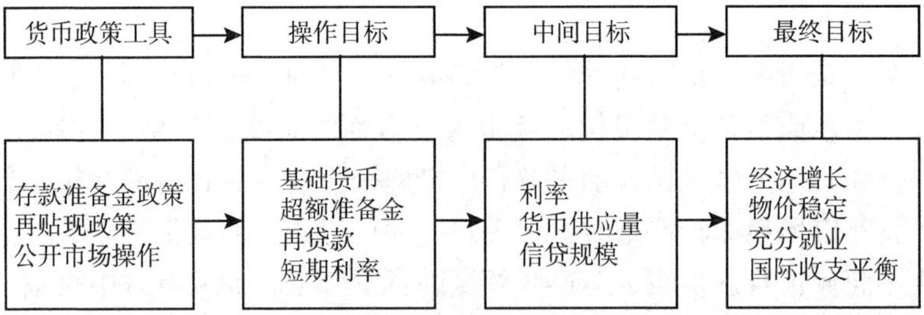

图8.1 货币政策工具、中间目标与最终目标之间的关系

（二）中间目标的选择标准

货币政策的中间目标不是任意确定的，一项指标要成为货币政策的中间目标，必须满足三个标准，即可测性、可控性和相关性。

1. 可测性

可测性有两个方面的含义：第一，这些变量是可以量化的；第二，中央银行可以非常及时地得到这些变量的准确数据。缺少这两个标准，都不是可测的。人的心理因素、情绪可能会影响人们的购买行为以及对工作的态度，因而对经济增长、就业等都有一定影响，但它们不可以量化。个人消费支出是可以量化的，但中央银行不能及时获得这些数据，要取得这些数据会有一段时间的滞后。

2. 可控性

可控性即这个变量是中央银行可以大致直接控制的，否则，该项指标对货币政策就没有多大作用。人们的情绪、心理因素就是中央银行不能够控制的，个人消费支出也不是中央银行通过货币政策所能直接控制的。如果一个指标是中央银行所不能控制的，那么，再做怎样的努力也是徒劳的。

3. 相关性

相关性即作为货币政策中间变量的指标必须与货币政策最终目标之间有高度的相关性——中间目标变量的变化会立即引起最终目标变量某种程度的变化。只有具有高度相关性，中央银行才能根据这些中间变量来判断最终目标的变化情况。

（三）操作目标

可以作为操作目标的指标一般有基础货币、超额准备金和再贷款。

1. 基础货币

基础货币等于中央银行的资产与负债方的政府存款、资本金、邮政储蓄存款等之间的差额。中央银行可以从它的资产负债表中得到基础货币的准确数据。虽然中央银行不能控制政府存款和邮政储蓄存款，但中央银行完全可以通过资产活动来冲销资产负债表中其他科目的变化对基础货币的冲击。例如，在商业银行准备金没有变化的情况下，邮政储蓄存款增加了 10 亿元，这就引起了流通中的现金进而基础货币初始减少了 10 亿元，中央银行可以很快地在公开市场购买 10 亿的政府债券，冲销最初减少的这 10 亿元基础货币，从而使基础货币保持在原来水平上。从相关性上看，如果基础货币变动是由流通中现金变动引起的，那么，就可能对物价水平带来直接影响。如果是商业银行超额准备金变动引起了基础货币变动，那么，这就改变了商业银行创造贷款的能力，进而对投资等也具有直接影响。因此，无论从哪个方面来考察，基础货币都是一个较为理想的手段变量。

2. 超额准备金

超额准备金由两部分构成：商业银行在中央银行的备付金存款和库存现金。

中央银行从商业银行的准备金账户中减去法定存款准备金就可以直接得到备付金总额，但是，商业银行的库存现金并不明显地反映在中央银行的资产负债表上，因此，超额准备金的可测性相对于基础货币就要差一些。另外，虽然中央银行可以通过公开市场操作来影响商业银行的超额准备金，但是，商业银行最终持有多少超额准备金，是根据商业银行自身的利益最大化、风险等因素来决定的，因此，中央银行对商业银行超额准备率的可控性并不是特别强。最后，超额准备金的相关性较强，至少与信用总量和存款货币的波动具有较大的相关性。在经济趋向繁荣时，对贷款的需求增加，商业银行会减少超额准备金，增加放款，从而满足投资需求和促进经济增长。因此，中央银行可以在一定程度上通过影响商业银行的超额准备金，从而达到影响经济活动的目的。

3. 再贷款

再贷款是中央银行对商业银行提供的贷款，它也是我国中央银行投放基础货币的主要渠道之一，直接反映在中央银行资产负债表的资产方。因此，中央银行可以直接从其资产负债表中得到有关再贷款的真实数据。中央银行通过调整再贷款的规模，影响商业银行的超额准备金，所以，再贷款与商业银行信贷规模的相关性较强。一般而言，只有当企业对商业银行的信贷需求大量增加时，商业银行才会向中央银行申请再贷款，因此，再贷款与经济波动是顺周期的。在可控性方面，再贷款是中央银行的资产活动，从理论上讲，中央银行完全可以按照自己的目标控制再贷款规模。但是，我国以前总是存在货币供给（信贷供给）的倒逼机制，中央银行确定的再贷款规模被屡屡突破，那时，中央银行对再贷款的控制能力其实是较弱的。但自1997年之后，由于我国出现了储蓄大于投资的资本过剩局面，中央银行对再贷款的控制能力便增强了。

（四）中间目标

可供选择的中间目标包括利率、货币供应量、信贷规模等。

1. 利率

利率是凯恩斯学派一直坚持的货币政策中间目标。将利率作为中间目标的理由是：（1）从可测性来看，利率是可量化的，中央银行可及时得到利率变动的有关数据。看看每天的金融报纸，基本上都可以找到有关利率的数据。（2）利率与投资、消费等都具有较高的相关性。利率上升，投资和消费都可能会减少；反之亦然。（3）利率是可以由中央银行控制的，中央银行可以通过制定和调整再贴现率，来调控社会的利率水平。

但是，应当注意，利率作为货币政策中间目标事实上存在着很大局限性。第一，经济理论中“利率”一词是指所有借款的加权平均利率，而从公布的数据中得到的利率仅是公开市场和从银行借款的账面利率，并没有包括公司内源融资的隐含利率，也没有包括借款者从银行或从公开市场上借款所发生的其他成本，因此，利率的可测性并非最理想的。第二，虽然利率是顺循环的，经济繁荣时，投资和消费需求增加，利率会上升；经济衰退时，投资和消费需求会减少，利率会下降，但这只是一种理论上的分析。利率与经济活动之间的相关性到底有多大并不容易确定，因为，除了利率之外，经济行为还受其他因素的影响。再者，存在信息不对称时，贷款者不能对借款风险做出明确区分。在既定利率水平上，贷款者会采取信用配给，有些企业在根本得不到贷款或者只能得到部分贷款时，利率对它们没有什么作用，而在公布的利率数据中，是无法剔除这一因素的。第三，在完全市场化的国家，存贷款利率并非由中央银行决定的。中央银行能控制的利率只是再贴现率，除此之外，还有国债利率、同业拆借利率、资本市场债券利率等等。即使中央银行开始时能够影响这些利率，但这只是暂时的。若中央银行降低利率，促进了投资和消费增加，进而使得国民收入提高，但这些又反过来增加了利率上升的压力。在开放经济条件下，中央银行调整利率还会受汇率波动的约束。另外，影响投资和消费的主要是长期利率，而不是短期利率，中央银行能控制的也只是短期利率，这也是中央银行对利率的可控性较差的一个主要原因。

2. 货币供应量

在货币的可测性方面，中央银行可很容易地看到各个层次货币的数据。因此，货币供应量作为中介指标的主要问题就在于其相关性和可控性。就相关性而言，货币供应量的变动对投资、消费或净出口都会带来一定的影响，与最终目标有一定的相关性。但是，由于货币有不同的层次，每个层次的货币供应量可能与货币政策最终目标中的某一子项相关性较强，而与其他子目标的相关性较弱。比如，M_0和 M_1 的流动性最强，货币流动性的变化与物价水平之间的相关性较强，具体地说，M_0和 M_1 相对于 M_2 的增长会伴随着物价水平的上升；反之，物价水平则有下降的趋势。但是，它们与投资、就业和经济增长之间的相关性就要弱一些。就可控性而言，流通中的现金反映在中央银行资产负债表的负债方，中央银行可以通过各种手段完全控制流通中现金 M_0。但 M_1 和 M_2 就不同了。除了基础货币外，货币乘数中所有的变量会影响到货币乘数值的大小，这些因素并不是中央银行所能控制的，所以，货币供应量作为中介变量，除了 M_0外，M_1 和 M_2 的可控性较差。

3. 信贷规模

20 世纪 80 年代，哈佛大学的本明杰·弗里德曼提出了以未清偿贷款或债务作为货币政策的中间目标。信贷是企业资本投资和流动资金的主要融资渠道，它也是顺循环的——信贷规模增加，投资和消费也会增加，从而促进经济增长；反之，则会使经济增长率下降。但是，随着直接融资的发展和金融结构的调整，信贷规模与经济增长率之间的相关程度可能会减弱。同时，信用的存在，也可能造成虚假繁荣，加剧经济周期波动。可控性方面，在信贷规模控制下，中央银行通过行政方式规定了商业银行信贷规模的上限，中央银行对信贷规模的控制能力似乎是较强的。但是，与再贷款一样，由于倒逼机制的存在，信贷规模也被屡屡突破，而且信贷规模控制与市场化改革相悖。从 1998 年起，我国就取消了信贷规模控制，实行资产负债比例管理，商业银行发放多少贷款完全取决于负债规模、利润目标和风险控制，中央银行对信贷规模的可控性又进一步下降了。

二、货币政策传导机制

货币政策传导机制是中央银行利用货币政策工具、操作手段指标变量，操作后达到货币政策最终目标的过程。更通俗地说，它就是中央银行执行货币政策后，通过什么样的途径达到货币政策的最终目标。货币政策实际上是总需求管理政策，除了政府支出不受中央银行货币政策影响之外，投资、消费和净出口都受到货币政策的影响。因此，货币政策传导机制可从投资、消费和国际贸易三个方面来分析。

（一）投资渠道

1. 凯恩斯利率传导机制

凯恩斯主义认为，货币供应量增加，会使利率下降，利率下降又降低了投资成本，从而促使投资支出增加，投资增加使得国民收入增加；反之，货币供应量减少，则会使利率上升，利率上升又会使投资减少，从而进一步使国民收入减少。因此，凯恩斯的利率传导机制可描述如下：

$$M\uparrow \rightarrow i\downarrow \rightarrow I\uparrow \rightarrow Y\uparrow \text{，或者反之，} M\downarrow \rightarrow i\uparrow \rightarrow I\downarrow \rightarrow Y\downarrow$$

2. 托宾的 q 理论

托宾发展了一个股票价格与投资支出之间关系的 q 理论。托宾 q 为企业的市场价值与资本重置成本之比。如果 q 值大于 1，说明企业的市场价值高于资本的重置成本，建立新厂房如购买新设备的资本成本要低于收购同等规模企业的价值。比如，如果 A 企业的市值为 2 亿元，而该企业的资本重置成本只有 1.6 亿元，因此，托宾 q 值为 1.25。这时，如果 B 企业要进入 A 企业所在行业，它有两条途径可供选择：一是收购 A 企业，二是自己建立新的厂房和机器设备。比较一下，收购 A 企业的成本为 2 亿元；新建同等规模厂房和机器设备所需成本只有 1.6 亿元。显然，B 企业的最好选择是建设新厂房和购买新的机器设备。这时，就扩大了投资支出。

反之，如果 q 小于 1，说明企业的市值低于资本的重置成本，建立新厂房和购买新机器的成本要高于收购同等规模企业的成本。如果将上例反过来，A 企业的市值为 1.6 亿元，而它的重置成本为 2 亿元，因此，托宾 q 值为 0.8。这时，B 企业收购 A 企业的成本比它建立新厂房和购置新机器设备的成本要少 4 000 万元。因此，在这种情况下，总的投资支出就不会增加。

那么，货币政策是如何影响到托宾 q 值的呢？货币供应量增加后，人们会发现手持货币比实际需要多，于是，将多余现金用于投资，其中之一就是购买股票，而由于股票的需求增加，股票价格会上涨，从而提高了企业的市场价值和托宾 q 值。因此，若以 P_s 表示股票价格，那么通过托宾 q 值的货币政策传导机制为：

$$M\uparrow \rightarrow P_s\uparrow \rightarrow q\uparrow \rightarrow I\uparrow \rightarrow Y\uparrow$$

反之，如果是减少货币供给，则有：

$$M\downarrow \rightarrow P_s\downarrow \rightarrow q\downarrow \rightarrow I\downarrow \rightarrow Y\downarrow$$

3. 可贷资金传导

货币政策影响投资支出的另一个渠道就是可贷资金。当中央银行采取宽松的货币政策后（例如，在公开市场上大量购买政府债券或降低再贴现率），商业银行体系超额准备金会增加，可用于发放贷款的资金增加。这时，企业的贷款需求就较容易得到满足，从而投资支出增加，投资增加又进一步引起国民收入增长。以 L_a 表示贷款量，因此，可贷资金的传导渠道之一就是：

$$M\uparrow \rightarrow L_a\uparrow \rightarrow I\uparrow \rightarrow Y\uparrow$$

反之，如果中央银行减少货币供应量，则会有相反结果。即：

$$M\downarrow \rightarrow L_a\downarrow \rightarrow I\downarrow \rightarrow Y\downarrow$$

即使中央银行没有通过公开市场业务或调整再贴现率改变商业银行的可贷资金量，在选择性货币政策工具时，信贷渠道也会发挥重要的作用。当中央银行提高了证券保证金比率时，用于股票投资的贷款量会减少，股票价格会下跌，从而使托宾 q 值下降，这样，资本市场上的收购活动就会增加，全社会实物资本支出总量会相应减少；反之，如果中央银行降低了证券交易保证金比率，那么，用于购买股票的贷款量增加，股票价格会上升，提高了托宾 q 值，因而，投资支出会增加。所以，可贷资金的另一条传导渠道就是：

证券交易保证金比率↓→用于股票投资的贷款↑→P_S↑→q↑→I↑→Y↑

（二）消费者支出渠道

1. 利率与收入渠道

货币供应量增加，会使利率下降，消费者的支出会增加，储蓄意愿会降低。同时，货币供应量增加会使人们的临时性收入增加，而根据恒久性收入理论，临时性收入增加，就会促使消费支出增加。反之，若中央银行利用货币政策减少货币供应量，则会通过反向的渠道减少消费支出。如果以 C 表示消费支出，Y_t表示临时性收入，则通过利率和收入的传导机制可表述如下：

$$M\uparrow\rightarrow\left\{\begin{matrix} i & \downarrow \\ Y_t & \uparrow \end{matrix}\right\}\rightarrow C\uparrow\rightarrow Y\uparrow$$

2. 财富效应

储蓄生命周期理论表明，消费者是按时间均匀地安排他们一生的消费支出的，而决定消费者支出的是消费者的毕生财富，不仅仅是当期的收入水平。消费者毕生财富包括所有的金融资产，如股票或债券等。当股票和债券价格上升后，消费者的财富就会增加，这样就会扩大消费者支出。因此，财富效应对消费支出的影响渠道为：

M↑→P_S↑→毕生财富↑→C↑→Y↑

3. 流动性效应

流动性效应就是消费者持有资产的流动性的变化，会对其财务状况产生影响，从而影响消费者支出。消费者陷入财务困境的可能性越大，消费支出就越可能相应减少；如果陷入财务困境的可能性降低，那么，消费支出就可能会增大。如果股票、债券等金融资产价格上升，那么，消费者持有的金融资产不仅很容易在公开市场上销售出去，而且遭受损失的可能性很小，那么，他陷入流动性困境的可能性就较小；反之，陷入流动性困境的可能性较大。因此，流动性效应的传导渠道之一就是：

M↑→P_S↑→金融资产价值↑→流动性困境可能性↓→C↑→Y↑

流动性效应还存在于消费信用比率控制这一选择性货币政策工具上。如果消费信用比率降低，那么，消费者要从银行等金融机构通过信贷来解决流动性困境就较为困难，这样，他们就会减少消费支出。反之，如果提高消费信用比率，那么，消费者就可以获得更多信贷进行消费，从而消费需求会增加。消费信用比率的一个特例就是住房抵押贷款的首付率。如果提高首付率，那么，购买者就必须积蓄更多资金才能支付首付款，这样，对住房的有效需求就会降低。反之，对住房的需求会上升。因此，通过流动性效应的第二个传导机制是：

消费信用比率↑→消费信贷可得性↑→流动性困境可能性↓→C↑→Y↑

（三）国际贸易渠道

在开放经济条件下，净出口是构成一国总需求的重要组成部分。但是，净出口受汇率变动影响极大。当外汇汇率上升、本币汇率下跌时，本国商品在国际市场上的价格会相应地降低，因此，出口可能会增加，进口会相应减少。反之，当本币汇率上升、外币汇率下跌时，则本国商品在国际市场上的竞争力会相应降低，净出口可能会下降。

货币政策如何影响汇率呢？货币供应量的扩张会使利率下降。如果国外利率并没有相应地下调，国内利率与国外利率之间利差会扩大。根据利率平价理论，这时，本币汇率会下跌，外币汇率会上升。反之，如果紧缩货币供应量，则通过利率平价的作用，本币汇率可能会上升，外币汇率会下跌。以 e 表示外汇汇率水平（直接标价法），NX 为净出口，通过国际贸易的传导机制可表述如下：

M↑→i↓→e↑→NX↑→Y↑

第五节　货币政策效应

一、影响货币政策效应的因素

（一）货币政策时滞

货币政策时滞是指从制定政策到获得主要的或全部的效果所必须经历的时间。时滞是影响货币政策效应的重要因素。

货币政策时滞分为认识时滞、决策时滞和效应时滞。中央银行并不能立即获得经济形势变化的信息，统计数据的收集还需要一段时间，从经济形势的变化到中央银行认识到需要采取相应的货币政策来调节经济状况之间的时间间隔就是认识时滞。同时，也并不是中央银行认识到需要采取货币政策就可以立即执行货币政策，它往往还需要就货币政策的方向、操作力度等问题进行讨论，制订详细的货币政策操作计划，这就产生了决策时滞。如果参与货币政策的决策者中，对经济形势的判断、货币政策的具体执行存在很大争论，决策时滞可能还很长。中央银行操作货币政策工具后，最初也只能改变基础货币、商业银行体系的超额准备金和短期利率等，要经过货币供应量、长期利率的变化才能影响投资、消费和净出口，并对货币政策最终目标产生影响。从中央银行操作货币政策工具到货币政策最终目标变量改变之间的时间间隔就是效应时滞。

货币政策时滞可能使初衷为稳定经济的货币政策转化为造成经济不稳定的动因。例如，中央银行操作货币政策，等到其开始发挥作用时，经济状况或许已经发生逆转，以致出现了中央银行在经济衰退时实施的扩张性政策到经济开始繁荣时，才发挥效力，结果使物价水平不断上涨，甚至出现严重的通货膨胀。反之，在上一年繁荣时期实行的紧缩性货币政策，在经济已经由繁荣转向衰退时才开始发挥作用，结果使本已恶化的经济雪上加霜。因此，由于时滞的存在，中央银行在执行货币政策时有可能达不到最终的货币政策目标。

弗里德曼带领其弟子们做了实证分析，实验结果表明，发达国家货币政策时滞为 12 个月，发展中国家货币政策时滞可达 18 个月。

（二）货币流通速度

货币流通速度的快慢会使货币供给量发生变化，进而对货币政策有效性产生影响。

货币流通速度一个相当小的变动，如果政策制定者未能预料到或在估算这个变动幅度时出现小的差错，都可能使货币政策效果受到严重影响，甚至有可能使本来正确的政策走向反面。

（三）微观主体预期的对消作用

货币当局推出的政策，面对微观主体广泛采取的对销作用的对策，可能归于无效。当一项货币政策提出时，各种微观经济主体，立即会根据可能获得的各种信息预测政策的后果，从而很快地做出对策，而且极少有时滞。

（四）透明度和取信于公众问题

货币政策决策的透明度，对于政策效应的发挥至关重要。从方针政策和决策准则来看，要求在决策者和广大公众之间高度沟通。如果决策过程不透明，就难以树立公众对货币当局的信任，这样不能诱导公众预期，造成政策的压力。

（五）其他经济政治因素

1. 客观经济条件变化的影响

一项既定的货币政策出台后总要持续一段时间，在这段时间内，如果生产和流通领域出现某些始料不及的情况，而货币政策又难以做出相应的调整时，就可能出现货币政策效果下降甚至失效的情况。

2. 政治因素对货币政策效果的影响

由于任何一项货币政策方案的贯彻，都可能给不同阶层、集团、部门或地方的利益带来一定的影响。这些主体如果在自己利益受损时做出较强烈的反应，就会形成一定的政治压力。当这些压力足够有力时，就会迫使货币政策进行调整。

二、西方货币政策效应理论的演变

1. 古典学派的观点

古典学派认为，工资和价格是极富弹性的，所以经济活动总是能够迅速调整到自然产出率水平，即假设总供给曲线在短期内是通过自然产出水平的一条垂线。这样，总需求曲线的移动就只会影响通货膨胀水平而不会影响产出水平，因而货币政策和所有的政府干预都是无效的。

2. 早期凯恩斯主义的政策有效论

凯恩斯主义者假设价格水平可看作固定不变的，总供给曲线被视为一条水平线。因而，货币供给的增加，总需求曲线的右移，只会带来产出的增加，而不会带来通货膨胀的增加。

3. 早期的菲利普斯曲线

1958 年英国经济学家菲利普斯在文章中，用曲线反映了英国 1861 ~ 1957 年货币工资变化率与失业之间的关系，二者之间存在负相关关系。根据奥肯定律，失业与经济增长率负相关，因而，菲利普斯曲线可以表示为通货膨胀与经济增长之间的正相关关系。该曲线就是总供给曲线。向右上方倾斜的总供给曲线说明，当总需求曲线移动时，既影响通货膨胀也影响经济增长，即货币政策是有效的。

4. 货币主义的货币中性论

弗里德曼指出菲利普斯曲线的一个严重缺陷在于它忽视了影响工资和价格变动的一个重要因素：通货膨胀预期的影响。他提出了附加预期的菲利普斯曲线，并首次将菲利普斯曲线分为长期和短期菲利普斯曲线。预期的通货膨胀率是由前期通货膨胀率决定的，因而是一种适应性预期。短期菲利普斯曲线是向右上方倾斜的，长期菲利普斯曲线是一条垂线。因此，货币政策在短期内是有效的，而长期内却是无效的。因此，他主张放弃相机抉择的货币政策，而实行单一规则的货币政策。

5. 卢卡斯的政策无效性命题

卢卡斯认为公众的预期不是适应性预期而是理性预期。适应性预期是人们仅根据过去的通货膨胀实际而对未来变动趋势的一种预测，是一种被动的预期。而理性预期则是人们充分运用其所掌握的知识和信息所做出的切合未来实际的最佳预测。

人们一旦获得新的信息，就会立即调整其预测并采取明智的行动，这种预期而今也会与实际存在误差，但在平均水平上是与实际相一致的。因此，当中央银行扩张性的货币政策使通货膨胀上升的时候，公众根据正确的预期所预先采取的行动将抵消扩张性货币政策的作用，因而被预期到的货币政策是无效的。

6. 新凯恩斯主义主张

新凯恩斯主义奉行理性预期理论，但是他们认为由于现实中的信息不完全和非对称，即使理性预期也难与政府行为完全一致；由于时间交错的影响，价格是黏性的而非完全伸缩性的，因此，即使公众完全预期到货币政策的变动，价格也不能完全调整，货币政策仍然是有效的。

综上所述，从理论演变过程来看，关于货币政策效应问题的认识经历了有效——无效——有效的演变；从宏观调控的实践来看，随着金融创新工具的迅速发展，货币政策有效调控的难度在增大，但总体上仍不失为宏观调控的重要工具之一。

货币政策作用的有效发挥是与各个国家各个时期的宏观经济环境、经济波动的不同阶段、各种政策工具的合理使用和有效性协调分不开的。

思 考 题

1. 试论货币政策和货币政策时滞。
2. 试论中央银行货币政策的一般性调控工具。
3. 试论货币政策及其内外时滞。
4. 试论中央银行调控货币供给的传统三大政策工具的作用机理和特点。
5. 试论货币政策三个层次目标。

练 习 题

一、填空题

1. 美国联邦储备系统把经济增长、(　　　　)、(　　　　) 和国际收支平衡等作为货币政策目标。

2. 典型市场经济条件下，调控货币供给的传统货币政策工具包括(　　　　)、(　　　　) 和 (　　　　)。

3. 根据《中华人民共和国中国人民银行法》，我国货币政策目标的规范表述是（　　　　）。

二、单项选择题

1. （　　）是中央银行为实现特定的经济目标而采取的各种控制、调节货币供应量或信用量的方针、政策、措施的总称。

A. 国际收支　　B. 货币政策

C. 货币政策工具　　D. 信贷政策

2. 关于货币政策的基本特征，下列表述不正确的是（　　）。

A. 货币政策主要是直接调控政策

B. 货币政策主要是间接调控政策

C. 货币政策是宏观经济政策

D. 货币政策是调节社会总需求的政策

3. 在市场经济条件下，社会总需求是指（　　）。

A. 消费需求和投资需求　　B. 进口需求和出口需求

C. 全社会固定资产投资总额　　D. 有货币支付能力的总需求

4. 无论是广义还是狭义的货币政策，其制定者和执行者都是（　　）。

A. 商业银行　　B. 外汇银行　　C. 中央银行　　D. 财政部

5. 国家赋予中国人民银行制定和执行货币政策的法律地位是为了实现（　　）的目标。

A. 经济增长　　B. 稳定物价　　C. 充分就业　　D. 国际收支平衡

6. 物价稳定的前提或实质是（　　）。

A. 货币含金量的稳定　　B. 货币购买力的相对稳定

C. 物价指数稳定　　D. 商品数量稳定

7. 以下不属于一国货币政策的最终目标的选项是（　　）。

A. 经济增长　　B. 产业结构升级

C. 充分就业　　D. 国际收支平衡

8. 我国货币政策的目标是（　　）。

A. 稳定币值　　B. 经济增长

C. 充分就业　　D. 保持货币币值稳定，促进经济的增长

9. 作为调节对象和监测货币政策效果的金融指标是（　　）。

A. 货币最终目标　　B. 货币政策工具

C. 货币政策中间目标　　D. 货币政策

10. 信用总量是狭义概念的中间目标，其实质是更大口径的（　　）。

A. 货币供应量　　B. 现金发行量

C. 银行备付金率　　D. 同业拆借利率

11. 我国当前货币政策最主要的中间目标是（　　）。

A. 现金发行量　　B. 货币供应量

C. 银行备付金率　　D. 再贴现金额

12. 货币当局为实现货币政策最终目标而采取的措施和手段是（　　）。

A. 货币政策中间目标　　B. 货币政策最终目标

C. 货币政策工具　　D. 货币政策操作目标

13. 一般性货币政策的主要作用在于对（　　）进行总量调控，对整个经济产生影响。

A. 货币贮存量　　B. 货币供应量

C. 货币发行量　　D. 现金发行量

14. 既是中央银行最早拥有的也是现在一项主要的货币政策工具的是（　　）。

A. 存款准备金率　　B. 公开市场业务

C. 同业拆借　　D. 再贴现

15. 可以很好影响信贷结构的货币政策工具是（　　）。

A. 再贷款　　B. 再贴现

C. 公开市场业务　　D. 存款准备金率

16. 证券市场信用控制属于（　　）货币政策工具。

A. 一般性　　B. 直接信用控制

C. 选择性　　D. 间接信用控制

17. 道义劝告和窗口指导属于（　　）货币政策工具。

A. 一般性　　B. 间接信用控制

C. 选择性　　D. 直接信用控制

18. 1998 年，我国取消了对商业银行的贷款限额，标志着我国货币政策传导机制从双重传导过渡到以（　　）为主。

A. 直接传导　　B. 直接、间接传导

C. 快速传导　　D. 间接传导

19. 总供给是指整个经济社会所提供的商品和劳务总量，统计量一般用（　　）。

A. 国内生产总值　　B. 国际收支

C. 国民生产总值　　D. 国内消费总值

20. （　　）实际上就是经过整理简化了的中央银行资产负债表。

A. 货币概览　　B. 货币当局概览
C. 资产概览　　D. 负债概览

21. 能反映基础货币与货币供应量、信贷总额、政府预算以及国际收支之间的关系及相互影响的是（　　）。

A. 货币概览　　B. 存款银行货币概览
C. 货币供应概览　　D. 货币当局概览

22. 根据货币当局概览，下列属于资产的选项是（　　）。

A. 对存款货币银行贷款和再贴现　　B. 法定准备金存款
C. 备付金存款　　D. 银行现金库存

23. 货币概览的准货币等于（　　）。

A. 流通中现金和单位活期存款之和　B. 流通中现金和单位定期存款之和
C. 单位定期存款和流通中现金之和　D. 单位定期存款和储蓄存款之和

24. 经济增长的周期波动要求货币需求增长的周期波动（　　）。

A. 更小　　B. 更大　　C. 不变　　D. 无法确定

25. 根据货币政策的反周期功能原理，当一国经济加速趋热或处于过热阶段时，其中央银行实施货币操作目标应该是（　　）。

A. 增加货币需求量　　B. 增加货币供应量
C. 减少货币供应量　　D. 减少货币需求量

26. 中央银行运用货币政策调控宏观经济生效是需要时间的，这段时间称为（　　）。

A. 时效　　B. 时段　　C. 时滞　　D. 时期

27. 当宏观经济处于消费需求偏旺而投资需求不足的结构性矛盾时期时，运用的货币政策和财政政策的配合形式是（　　）。

A. 松的货币政策与松的财政政策　　B. 紧的货币政策与紧的财政政策
C. 松的货币政策与紧的财政政策　　D. 紧的货币政策与松的财政政策

28. 当宏观经济存在投资需求偏旺而消费需求不足的结构性矛盾时期时，运用的货币政策和财政政策的配合形式是（　　）。

A. 松的货币政策与紧的财政政策　　B. 紧的货币政策与紧的财政政策
C. 松的货币政策与紧的财政政策　　D. 紧的货币政策与松的财政政策

29. 为了控制价格、货币工资和其他收入的增长率而采取的货币和财政措施以外的行动的是（　　）。

A. 财政政策　　B. 收入政策　　C. 货币政策　　D. 产业政策

30. 产业政策的核心是（　　）。

A. 产业结构　B. 产业组织　C. 产业管理　D. 产业发展

三、多项选择题

1. 以下对货币政策的表述正确的是（　　）。
A. 货币政策主要由货币政策目标、货币政策工具等构成
B. 货币政策是中央银行的金融行业管理政策
C. 货币政策是国家宏观经济政策的重要组成部分
D. 货币政策在广义上包括与货币、银行有关的一切政策
E. 通常人们所说的货币政策是指狭义的货币政策

2. 货币政策的基本特征是（　　）。
A. 属于宏观经济政策　B. 是中央银行金融管理政策
C. 是调节社会总需求的政策　D. 主要是间接调控政策
E. 是长期连续的经济政策

3. 国家宏观经济调控体系主要由（　　）组成。
A. 货币政策　B. 财政政策
C. 汇率政策　D. 收入政策
E. 产业政策

4. 调控社会总需求的两大支柱政策是（　　）。
A. 财政政策　B. 收入政策
C. 利率政策　D. 货币政策
E. 产业政策

5. 货币政策的主要内容是（　　）。
A. 信贷政策　B. 利率政策
C. 产业政策　D. 收入政策
E. 外汇政策

6. 随着利率市场化的进程，中央银行主要控制（　　），其他利率将逐步放开，由市场决定。
A. 准备金存款利率　B. 再贷款利率
C. 再贴现利率　D. 再存款利率
E. 商业银行贷款利率

7. 下列属于货币政策类型的是（　　）。
A. 盈利型货币政策　B. 亏损型货币政策
C. 扩张型货币政策　D. 紧缩型货币政策

E. 非调节型货币政策

8. 扩张型货币政策采取的主要措施有（　　）。

A. 降低法定存款准备金率　　B. 提高法定存款准备金率

C. 降低再贴现利率　　D. 提高再贴现利率

E. 公开市场上买入证券

9. 选择货币政策类型的主要依据是（　　）。

A. 要适应国家总体经济政策

B. 要适应货币流通自身的要求

C. 各货币政策类型的优劣

D. 要适应社会总需求与总供给的平衡状况

E. 要适应国家政治政策

10. 货币政策的最终目标包括（　　）。

A. 稳定物价　　B. 经济增长

C. 充分就业　　D. 国家安定

E. 国际收支平衡

11. 货币政策中间目标承担的功能主要包括（　　）。

A. 传导功能　　B. 测度功能

C. 监管功能　　D. 补充功能

E. 缓冲功能

12. 货币政策中间目标的选择标准是（　　）。

A. 相关性　　B. 独立性和自主性

C. 可测性和可控性　　D. 抗干扰性

E. 适应性

13. 按狭义概念划分，我国货币政策中间目标是（　　）。

A. 同业拆借利率　　B. 信贷规模

C. 货币供应量　　D. 信用总量

E. 银行备付金率

14. 我国经济转轨时期，货币政策中间目标（　　）的运用极为重要。

A. 货币供应量　　B. 信贷规模

C. 基础货币回笼量　　D. 银行备付金额

E. 现金发行量

15. 操作目标与狭义的中间目标比较，其特点是（　　）。

A. 离最终目标更远　　B. 离货币政策工具更远

C. 离货币政策工具更近　　D. 受货币政策工具直接控制

E. 离最终目标更近

16. 一般性货币政策工具是市场经济国家普遍采用的传统政策工具，它包括（　　）。

A. 银行备付金　　B. 再贷款

C. 存款准备金率　　D. 再贴现

E. 公开市场业务

17. 存款准备金率通常被认为是货币政策最猛烈的工具之一，其作用于经济的途径有（　　）。

A. 对货币基础的影响　　B. 对货币乘数的影响

C. 宣示效果　　D. 结构调节效果

E. 对超额准备金的影响

18. 存款准备金率作为货币政策工具的优点是（　　）。

A. 中央银行具有完全的自主权

B. 作用猛烈

C. 对货币供应量的作用迅速

D. 对松紧信用较公平

E. 政策效果在很大程度上受超额准备金的影响

19. 再贴现是中央银行货币政策工具之一，其作用于经济的途径有（　　）。

A. 借款成本效果　　B. 宣示效果

C. 对货币乘数的影响　　D. 结构调节效果

E. 对超额准备金的影响

20. 再贴现作为货币政策工具运用的前提条件是（　　）。

A. 在金融领域以票据业务为主要的融资方式

B. 再贴现利率高于市场利率

C. 再贴现利率低于市场利率

D. 借款成本效果明显

E. 商业银行要以再贴现方式向中央银行借款

21. 紧缩货币政策的主要措施有（　　）。

A. 提高法定准备金率　　B. 提高再贴现利率

C. 降低再贴现利率　　D. 公开市场上买进证券

E. 公开市场上卖出证券

22. 公开市场业务的主要缺点是（　　）。

A. 从政策实施到影响最终目标，时滞较长
B. 它的主动权在商业银行
C. 带来政策效果的不确定性
D. 没有弹性，作用猛烈
E. 不能稳定证券市场

23. 以下属于选择性货币政策工具的是（　　）。
A. 公开市场业务　B. 优惠利率
C. 消费者信用控制　D. 存款准备金率
E. 不动产信用控制

24. 下列属于直接信用控制的货币政策工具是（　　）。
A. 道义劝告　B. 流动性比率
C. 利率限制　D. 贷款限额
E. 直接干预

25. 间接信用控制的货币政策工具的优点是（　　）。
A. 比较灵活　B. 缺乏法律约束力
C. 节省费用　D. 缺乏灵活性
E. 法律约束力强

26. 我国主要运用的货币政策工具有（　　）。
A. 信贷计划　B. 中央银行贷款
C. 利率政策　D. 存款准备金
E. 优惠利率

27. 货币政策调控系统主要由（　　）等基本要素构成。
A. 货币政策工具　B. 货币政策对象
C. 货币政策中间目标　D. 货币政策最终目标
E. 货币政策范围

28. 总需求统计量一般用（　　）之和表示。
A. 投资需求　B. 消费需求
C. 固定资产需求　D. 出口需求
E. 净出口需求

29. 从经济周期循环波动图中，可以看出（　　）是极重要的转折点。
A. 复苏过程　B. 谷底
C. 下滑趋势　D. 复苏上升
E. 峰顶

30. 属于目前中国人民银行公开市场业务的交易品种是（　　）。
A. 债券　　B. 银行票据
C. 外汇　　D. 股票
E. 开放式基金

四、判断题

1. 在经济疲软、萧条的形势下，要想通过扩张的宏观经济政策克服需求不足，以促进经济转热，财政政策不如货币政策。（　　）

2. 任何国家的任何时期，货币政策的目标无论是如何描述的，无论是否有明文规定，稳定币值都是其中的一个目标。（　　）

3. 由于货币政策操作必然影响资本市场的价格，并通过资本市场影响到其他微观经济行为，所以多数货币当局对资本市场的运行负有干预责任。（　　）

4. 货币政策决策维持必要的透明度，即可取得公众的信任，使得公众的推测常常符合货币当局决策的意向，从而成为贯彻货币政策的积极的助力。（　　）

5. 对于发展中国家来说，在"三元冲突"中理想的选择当然是保住货币政策独立性和汇率稳定，从而放弃资本自由流动，也即实行外汇管制。（　　）

6. 固定汇率制下，扩张性货币政策在造成本国产出的上升的同时，却使得外国的产出下降，这是一种典型的"以邻为壑"政策。（　　）

7. 弗里德曼对通货膨胀的预期是适应性预期，而卢卡斯对通货膨胀的预期看法是理性预期。（　　）

8. 托宾的 q 大于 1 时，社会投资需求增加。（　　）

9. 凯恩斯主张相机抉择，而弗里德曼主张单一规则。（　　）

10. 弗里德曼指出，菲利普斯曲线的一个严重缺陷在于它忽视了影响工资和价格变动的一个重要因素——通货膨胀预期的影响。（　　）

11. 弗里德曼提出了附加预期的菲利普斯曲线。（　　）

12. 菲利普斯曲线表示通货膨胀与失业率之间的替代关系（trade-off）。（　　）

13. 根据奥肯定律，失业与经济增长率负相关，亦即就业与经济增长正相关。（　　）

14. 菲利普斯曲线可以表示为通货膨胀与经济增长之间正相关关系。（　　）

五、案例分析题

（一）货币概览分析是中央银行组织实施宏观调控时进行货币政策决策的基础，是科学地进行宏观经济分析的重要部分，请回答下列问题：

1. 货币概览的作用主要体现在（　　）。

A. 反映基础货币的形成、使用及其结构

B. 分析货币供应量与政府预算、国际收支、国内经济部门之间的联系

C. 计算货币供应量

D. 分析货币供应量的形成和变化

2. 在货币概览中属于狭义货币供应量 M_1 的是（　　）。

A. 单位活期存款　　B. 活期储蓄存款

C. 流通中现金　　D. 定期储蓄存款

3. 在货币概览中属于广义货币供应量 M_2 的是（　　）。

A. 单位定期存款　　B. 定期储蓄存款

C. 流通中现金　　D. 单位活期存款

4. 经过整理简化了的中央银行资产负债表称为（　　）。

A. 货币概览　　B. 货币当局概览

C. 存款银行货币概览　　D. 货币供应概览

5. 假设某年货币概览中的各项变动如下：国外资产增加 1 000 亿元，贷款增加 7 000 亿元，财政借款减少 2 000 亿元，则，如果年初货币供求平衡，且该年货币需求不变，那么经济可能会出现（　　）。

A. 货币供给大于需求　　B. 货币供给小于需求

C. 通货膨胀　　D. 通货紧缩

6. 可以反映基础货币与货币供应量、信贷总额、政府预算以及国际收支之间的关系程度及相互影响的是（　　）。

A. 存款银行货币概览　　B. 货币当局概览

C. 货币供应概览　　D. 货币概览

7. 包括在货币概览中，也包括在货币当局概览储备货币中的是（　　）。

A. 流通中现金　　B. 储蓄存款

C. 单位定期存款　　D. 单位活期存款

8. 假设某年货币概览中的各项变动如下：国外资产增加 1 000 亿元，贷款增加 6 000 亿元，财政借款减少 2 000 亿元，其他项目不变，则（　　）亿元。

A. M_1 增加了 1 000　　B. M_2 减少了 2 000

C. M_1 减少了 2 000　　D. M_2 增加了 5 000

（二）1997 年，亚洲金融危机迅速蔓延，世界经济增势减缓，对我国的外来投资和出口贸易影响重大。1997 年下半年以来我国零售物价指数开始全面持续下跌，居民消费价格指数从 1998 年 3 月开始全面、持续下跌，存在“通货紧缩

趋势”。为此中国人民银行采取了一系列货币政策措施予以应对。

根据上述资料，回答问题：

9. 中央银行为实现特定的经济目标而采取的各种控制、调节货币供应量或信用量的方针、政策、措施的总称是（　　）。

A. 货币政策目标　　B. 信贷政策
C. 货币政策　　D. 货币政策工具

10. 中央银行可采取的稳健货币政策措施是（　　）。

A. 下调利率　　B. 上调利率
C. 改革存款准备金制度　　D. 再贷款

11. 中央银行根据不同时期国家的经济目标和经济状况，不断地调节货币供应量，这种货币政策类型是（　　）。

A. 扩张型货币政策　　B. 调节型货币政策
C. 紧缩型货币政策　　D. 非调节型货币政策

12. 下列中央银行采取的措施中属于运用一般性货币政策工具的是（　　）。

A. 运用中央银行再贷款　　B. 加强道义劝告
C. 改革存款准备金制度　　D. 启动消费者信用控制工具

13. 货币政策四大最终目标之间的关系是比较复杂的，其中，货币政策最终目标之间基本统一的应是（　　）。

A. 充分就业与经济增长　　B. 经济增长与国际收支平衡
C. 经济增长与稳定物价　　D. 稳定物价与充分就业

14. 在我国，中央银行与商业银行行长联席会议制度是货币政策工具中的（　　）的特殊形式。

A. 优惠利率　　B. 道义劝告
C. 公开市场业务　　D. 窗口指导

15. 货币政策中间目标又称中介目标，是作为调节对象和监测货币政策效果的金融指标，当前我国最主要的货币政策中间目标是（　　）。

A. 银行备付金　　B. 货币供应量
C. 信贷规模　　D. 现金发行量

16. 存款准备金率作为一种货币政策工具，其优点主要有（　　）。

A. 中央银行拥有自主权　　B. 政策效果受超额准备金的影响
C. 商业银行拥有自主权　　D. 对货币供应量作用迅速

17. 货币政策的基本特征包括（　　）。

A. 宏观间接调控政策　　B. 调节社会总需求的政策

C. 长期连续的经济政策　　D. 调节社会总供给的政策

18. 这一时期我国信贷管理体制也进行了重大改革，目前的信贷管理体制的特点是（　　）。

A. 总量控制　　B. 自求平衡　　C. 比例管理　　D. 计划指导

19. 在货币政策类型的选择上，一般要考虑（　　）。

A. 中央银行与政府的关系

B. 货币流通自身的要求

C. 不同时期国家总体经济政策和经济状况

D. 社会总供求平衡状况

第九章 通货膨胀与通货紧缩

通货问题是当今社会一个普遍存在的经济现象，没有国家能够幸免，所不同的只是通货问题的影响程度、作用方向和轻重大小之别。本章将集中讨论通货问题的两种主要状态——通货膨胀和通货紧缩——的定义、类型、成因、影响及其治理对策等，从而对这一问题有一个全面的了解。本章共介绍五项内容：通货膨胀的定义和测量、通货膨胀的类型与成因、通货膨胀的效应、通货膨胀的治理、通货紧缩。

第一节 通货膨胀的定义和测量

一、通货膨胀的定义

如何定义通货膨胀，迄今为止尚未形成一个统一的说法。权威的《大英百科全书》干脆说："不存在一个唯一的普遍接受的关于通货膨胀的定义。"通货膨胀是经济过程中的综合病症，它在不同的国家和地区、不同时期和不同经济背景下，表现出多种特征。同时，随着经济理论研究的发展，人们对通货膨胀的成因、表现形式及内在机制的认识也更为深刻。因此，各学派依据不同的理论体系或从不同的角度定义通货膨胀，也就不足为奇了。

从20世纪50年代以来西方经济学界对通胀的定义大致可以分为两大类：一类是"物价派"，侧重通货膨胀造成的结果，认为通货膨胀是指一般物价水平出现持续性的普遍上升的过程；另一类是"货币派"，强调通货膨胀发生的原因，认为流通中的货币供应量超过实际需要量时就发生了通货膨胀。

(1)"物价派"是以新古典综合派经济学家萨缪尔森、斯蒂格利茨、曼昆等人为主要代表，他们明确提出通货膨胀就是一般物价水平的上涨或持续上涨，不论什么原因造成的物价水平上涨都是通货膨胀，由于物价上涨率是衡量通货膨胀的最明晰的指标，人们通过它可以直接感受到通货膨胀的存在。因此，经济学家通常将通货膨胀与物价上涨等同起来。例如，新古典综合派代表人物保罗·萨缪尔森认为，"通货膨胀的意思是，物品和生产要素的价格普遍上升的时期——面包、汽车、理发价格上升；工资租金等等也都上升。"美国出版的一本《现代经济词典》对通货膨胀的定义是："一般物价水平的持续上升。其结果是购买力下降。"最新版的英国《经济词典》对通货膨胀的定义是："通货膨胀指价格总水平的持续上升，可看作货币的贬值。"

（2）"货币学派"则认为通货膨胀的根本原因在于货币的超量发行。货币学派的代表人物弗里德曼一方面认为通货膨胀就是物价的普遍上涨，同时又指出："通货膨胀是一种货币现象……如果货币数量增加的速度超过能够买到的商品和劳务增加的速度，就会发生通货膨胀。"新自由主义者哈耶克更明确指出："通货膨胀一词的原意和真意是指货币数量的过度增长，这种增长会合乎规律导致物价上涨。"在哈耶克看来，通货膨胀必然导致物价普遍上涨，但由于其他原因（例如收成不好、石油或其他能源短缺等）而引起的物价上涨则不能称为通货膨胀。这种定义也包括了物价上涨，但其核心在于货币供应过多，而不是物价上涨。持这一观点的部分人还认为，物价总水平的上涨不一定就是通货膨胀，只是通货膨胀的表现形式，且并不是完全的表现形式。当货币发行量过多并超过某种临界点时可能会由于政府的价格管制或其他因素，使过量的货币并不通过物价表现出来。

西方经济学家们尽管对通货膨胀的定义意见不一，但在各种文献研究中，"物价派"的观点还是占主流地位的，更多的选用物价指标对通货膨胀进行测量和分析。

我国对通货膨胀的认识在20世纪70年代有了比较大的突破，逐渐认识到通货膨胀是一种经济现象，不能对其进行社会性质的区分，认为社会主义社会就不存在通货膨胀，虽然没有其存在的必然性，但有其可能性，即只要存在商品经济就有出现通货膨胀的可能。

一个大家普遍能够接受的定义是：通货膨胀是商品和劳务的货币价格总水平持续明显上涨的过程。对于这个定义，还有必要增加几点说明：

（1）通货膨胀不是指一次性或短期的价格总水平的上升，而是一个持续的过程。同样，也不能把经济周期性的萧条，价格下跌以后出现的周期性复苏阶段的价格上升贴上通货膨胀的标签。只有当价格持续地上涨作为趋势不可逆转时，才可称为通货膨胀。

（2）通货膨胀不是指个别商品价格的上涨，而是指价格总水平（即所有商品和劳务价格的加权平均）的上涨。

（3）通货膨胀是价格总水平的明显上升，轻微的价格水平上升，比如说0.5%，就很难说是通货膨胀。不过，能够冠以“通货膨胀”的价格总水平增长率的标准到底是多少，取决于人们对通货膨胀的敏感程度，是一个主观性的概念。

二、通货膨胀的测量

通常使用计算物价指数和“通货膨胀缺口”两种方法来测量通货膨胀的程度。

（一）物价指数法

通货膨胀的结果是货币贬值，在市场经济条件下，货币贬值更多地表现为市场价格的上涨。因此，通货膨胀主要以物价上涨为标志，物价指数成为测定通货膨胀的重要尺度。各国衡量物价水平的指数很多，但主要都是从零售、批发或者经济总量的角度反映商品在不同时期内的价格水平的变化。作为对衡量通货膨胀的物价水平指标的考察，关键是物价指数的选择问题。通货膨胀率的计算公式一般为：t年的通货膨胀率=［t年的价格水平－（t－1年）的价格水平］÷（t－1年）的价格水平×100%。由此可见，所谓通货膨胀率，实际上也就是物价指数。一般的，各国物价指数是指报告期物价水平对基期物价水平的比率。物价指数等于或小于100%，说明物价持平或下跌；物价指数大于100%，说明物价上涨，其超出的部分即为物价上涨率，也就是通货膨胀率，即通货膨胀率＝物价指数－100%。

物价指数多以采样商品或劳务的价格为基础，用加权平均方法计算。计算公式为：

$$I_t = \frac{\sum_{t=1}^{n} P_{it} \times Q_{i0}}{\sum_{t=1}^{n} P_{i0} \times Q_{i0}} \times 100$$

假设，I_t为计算期物价指数；n表示样本数量；P_i表示在样本中，第i种商品或劳务的价格；Q_i表示第i种商品或劳务的数量（交易量、生产量或消费量）；用t与0分别表示计算期与基期。则P_{i0}表示第i种商品的基期价格；P_{it}表示第i

种商品的计算期价格；Q_{i0}表示第 i 种商品基期的数量；Q_{it}表示第 i 种商品计算期的数量。

目前，以国民生产总值物价平减指数反映的范围最广泛，内容最全面。但由于计算工作量很大，且统计数字发表较滞后，所以西方国家一般都把数字发表较为及时的价格指数作为反映通货膨胀的主要指标，并以消费者价格指数的应用较为常见。

（1）消费物价指数（consumer price index），该指数是根据家庭消费的有代表性的商品和劳务的价格变动情况而编制的物价指数。它既可作为通货膨胀率的测定指标，又可作为工资、津贴调整的依据。它能反映直接影响一般民众生活状况的物价趋势，现在很多国家用它来衡量通货膨胀率。这一指数的优点是资料容易收集，公布次数较频繁，因而能及时地反映影响社会公众生活费用的物价趋势。缺点是该指数包括的范围较窄，不包括国家和集团的消费、生产资料及进出口商品和劳务的价格变化，不能反映用于生产的资本品以及进出口商品和劳务的价格变动趋势。从某种意义上讲，消费物价指数只能作为判断物价的参考指标，而不能作为全面反映全社会物价变动趋势的技术指标。

（2）批发物价指数（wholesale price index），该指数是反映不同时期商品批发价格变动状况的物价指数，故又称为生产者物价指数。它是根据制成品和原材料的批发价格编制而成的，因此这一指数的优点是能较灵敏地反映厂商生产成本的变动状况。但是它不包括各种劳务，因此其变化并不能像消费物价指数那样直接影响人民的生活。

（3）国民生产总值物价平减指数（gross national price dellator），该指数是按现行价格计算的国民生产总值对固定价格计算的国民生产总值的比率。例如，某国 1985 年的 GNP 按当年的现行价格计算为 11 300 亿美元，而按 1980 年固定价值（或基期价格，即以 1980 年为 100）计算则为 6 896 亿美元，则 1985 年的 GNP 物价平减指数为 11 300 ÷ 6 896 × 100% = 164%。也就是说，1985 年与 1980 年相比，物价上涨了 64%（164% − 100%）。GNP 物价平减指数的优点是其所包括的范围较广，除消费品和劳务外，还包括资本品以及进出口商品等，即包括居民和企业部门的消费也包括政府等公共部门的消费，因而它能较全面地反映一般物价水平的变动趋势。但编制 GNP 物价平减指数需要收集大量资料，一般只能一年公布一次，某些统计制度和技术较落后的国家甚至编不出这一指数，而且易受价格结构因素的影响。

（二）缺口法

在经济理论中，除了用物价指数来衡量已经发生的通货膨胀的严重程度外，还有一种测量通货膨胀压力大小的办法，即测算“通货膨胀缺口”。通货膨胀缺口与以物价指数衡量的通货膨胀率不同，前者只是用来估计通货膨胀发生的可能性，后者则用于度量现实的通货膨胀。

测算通货膨胀缺口的工作最初是由凯恩斯做的，它等于有效总需求与可供私人消费的商品与劳务总量之间的差额，表现为市场上对商品和劳务消费的过度需求。当这种过度需求的压力加大而又没有其他方法可以缓和释放时，通货膨胀就可能现实地发生。

在英国，官方曾明确地把不可能通过举债或私人储蓄等方式予以弥补的财政赤字称为“通货膨胀缺口”。20 世纪 40 年代初，英国财政大臣将通货膨胀缺口的定义为：在政府支出中，有一部分数额没有社会成员投放的真实人力或物资资源与之相应，这一数额即为通货膨胀缺口。

第二节　通货膨胀的类型与成因

一、通货膨胀的类型

通货膨胀因分类标准不同可以划分为不同的类型，主要的分类标准及由此划分的类型如下。

（一）按照通货膨胀的表现形式分类

（1）公开型通货膨胀也称开放型通货膨胀，是指在市场机制充分运行和政府对物价不加控制的情况下所表现出来的通货膨胀。在市场经济条件下，特别是在较为发达的市场经济中，由于市场机制较为完善，且没有政府的直接干预，货币的多少直接影响着物价水平的升降。因此，通货膨胀便以物价水平公开上升的形式表现出来，物价水平的上升幅度可以准确地反映通货膨胀的程度。

（2）隐蔽型通货膨胀也称抑制型通货膨胀，是指政府通过计划控制和行政管制手段（包括票证限额、价格控制等）来抑制物价的上涨，使通货膨胀的压力不通过一般物价水平的上涨表现出来，而是以非价格的方式（如商品与物资的短缺等）表现出来。

（二）按照通货膨胀的程度分类

（1）爬行的（或温和的）通货膨胀。这是指一般物价水平按照不太大的幅度持续上升的通货膨胀。一般年通货膨胀率（即物价上涨率）为2%～4%。不过对此难以规定一个准确的界限。事实上，这一界限在不断提高。现在许多经济学家认为通货膨胀率在10%以下即可认为是爬行通货膨胀。

（2）严重的通货膨胀。这是指一般物价水平按照相当大的幅度持续上升的通货膨胀。一般物价上涨率在10%以上，达到两位数水平。这时人们纷纷抢购商品，货币流通速度加快，货币购买力下降，且人们往往预期物价水平还将进一步上涨，因而采取各种措施抢购商品，从而使通货膨胀更为加剧。如果不采取有力的反通货膨胀措施，就有可能发展成为失控的恶性通货膨胀。

（3）恶性的通货膨胀。这是指失控的、野马脱缰式的通货膨胀。通货膨胀率在100%以上，最严重时甚至达到天文数字。当恶性通货膨胀发生后，价格持续猛涨，人们为了尽快将货币脱手，大量地抢购商品、黄金和各种金融资产，从而大大加快了货币的流通速度。结果是，人们对本国货币完全失去了信任，货币极度贬值，货币购买力猛跌，各种正常的经济联系遭到破坏，货币体系和价格体系以致整个国民经济完全崩溃。

【案例9.1】

国民党统治时期的恶性通货膨胀

1935年的法币改革为国民党政府推行通货膨胀政策铺平了道路。由于国民党政府过分依赖增发货币来为巨额的政府预算赤字融资，在从1935年法币开始走上中国历史舞台至1949年的短短十几年间，法币经历了一个持续而且不断加速的贬值，最后完全形同废纸。且看100元法币购买力：

1937年　可买大牛2头；

1941年　可买猪1头；

1945年　可买鱼1条；

1946年　可买鸡蛋1个；

1947年　可买油条1/5根；

1948年　可买大米2粒。

其贬值速度简直超乎人们的想象。

资料来源：石柏林：《凄风苦雨中的民国经济》，河南人民出版社1993年版；张公权：《中国通货膨胀史》，载《工商经济史料丛刊》第1辑至第4辑。

这种划分方式主要适用于物价不受管制的市场经济国家。

（三）按照通货膨胀产生的原因分类

这是最常见的通货膨胀分类。主要划分为以下几种类型：需求拉上型通货膨胀、成本推进型通货膨胀、混合型通货膨胀、结构型通货膨胀、预期型通货膨胀、输入型通货膨胀等。这种通货膨胀类型的划分实际上是按照对通货膨胀成因的解释而划分的。对通货膨胀成因的分析是通货膨胀理论的一大重要内容。下面我们将重点介绍以上六种类型通货膨胀成因说。

二、通货膨胀的成因

（一）需求拉上说

这一理论是从需求的角度来解释通货膨胀的原因。根据这种理论，在社会消费支出和投资支出激增的情况下，由于各种原因，如生产资源和要素已接近充分就业，或达到充分就业，商品供给和劳务供给的增加受到了限制，或没有能随有效需求的增长而相应地增加，引起一般物价水平的上涨，从而形成需求拉上型通货膨胀。因此，需求拉上型通货膨胀，实际上就是由于总需求的增长速度超过了按现行价格的供给的增长速度，使太多的货币去追求太少的商品和劳务而引起一般物价水平持续上涨的现象。需求拉上说的理论基础有两种。

1. 凯恩斯学派的过度需求理论

这一学派对通货膨胀的成因分析着重于实际总支出（即消费、投资与政府支出的总和）大于实际总收入所造成的通货膨胀缺口。通常，这一理论是由著名的“凯恩斯交叉”来表示的。如图 9.1 所示。

在图 9.1 中，纵轴 EX 表示实际支出，横轴 Y 表示实际收入。根据凯恩斯的分类，实际总支出可分为消费支出（C）、投资支出（I）和政府支出（G）。OD 是 45°线，OX = OF 是充分就业量。当总支出线在高于 B 点处与 OD 线相交时（在图 9.1 中是 A′点），说明总需求大于充分就业情况下的总供给，图 9.1 中的 AB 就形成了“通货膨胀缺口”（inflationary gap）。在 A′点才可以达到供求平衡，但经济上已处于充分就业，不可能再增加 FF′量的产量，而只能是 FF′名义收入的增加，即只能代表物价的上涨。

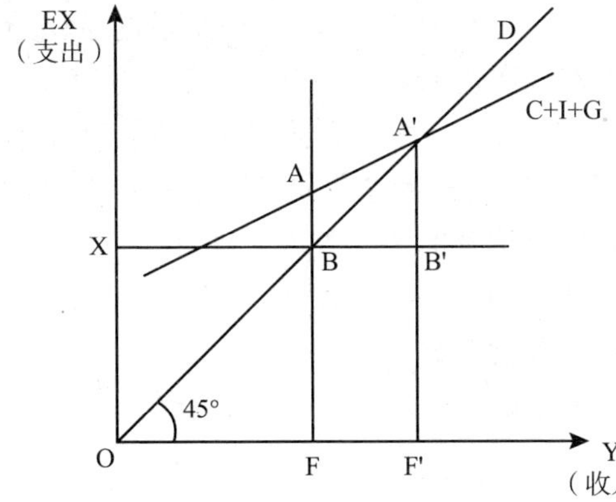

图 9.1 需求拉上型通货膨胀

这一理论模式有一个明显的缺陷，即断定通货膨胀只能在达到充分就业水平后才可能发生。因此，它无法解释通货膨胀与失业并存的现象以及通货膨胀与实际产量增长的关系。实际上在实现充分就业之前仍有可能发生通货膨胀。于是，又有图 9. 2 所示，即运用总体需求与供给曲线来阐述需求拉上型通货膨胀。

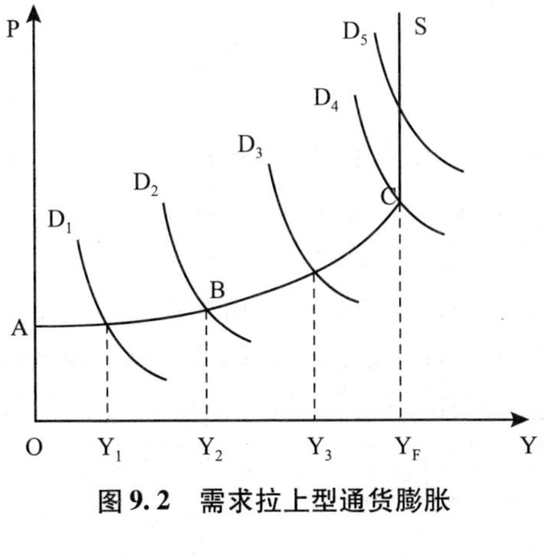

图 9.2 需求拉上型通货膨胀

在图 9. 2 中，横轴代表总产出或实际收入（Y），纵轴代表物价水平（P），社会总供给曲线（AS）可按社会的就业状况而分成 AB、BC 与 CS 三个阶段。（1）AB 阶段的总供给曲线呈水平状态，这意味着供给弹性无限大，因为这时社会上存在着大量的闲置资源或失业人口。当总需求从 D_1 增至 D_2 时实际收入便从

Y_1 增至 Y_2，物价水平几乎保持不变。（2）BC 阶段的总供给曲线表示社会逐渐接近充分就业，此时为扩大产量而增加的需求会促使生产要素资源价格的上涨。因此，当总需求从 D_2 增至 D_3 时，实际收入有所增加，但增加幅度减缓，同时物价水平也有所上升。（3）CS 阶段的总供给曲线表示社会已经达到充分就业的状态，Y_F 表示充分就业时所能达到的实际收入，这时的总供给曲线成为无弹性的曲线。当总需求从 D_4 增加至 D_5 时，只会导致物价水平的上升。

2. 货币数量说的需求膨胀理论

古典或传统的货币数量论是假定生产量恒等于充分就业量，货币流通速度 V 为一固定不变的量。因此，一方面货币量 M 增加后，代表名义支出总量或需求总量的 MV 必然增加。另一方面，PQ 代表名义供给总量，由于生产量 Q 恒等于充分就业量 Q′，所以没有增加产量的可能。因此根据交易方程 MV = PQ，总需求的增加必然引起物价的上涨。

以弗里德曼为代表的新货币数量说，对传统的古典理论提出了若干技术上的修正。他们认为货币流通速度 V 未必是固定不变的常数，而是相对稳定的函数，生产量 Q 未必恒等于充分就业量 Q′，充分就业只是一种常态。因此，他也同样认为，在总供给不变时，总需求的增加也必然引起物价的上涨。由此看来，无论是新的货币数量说还是旧的货币数量说，都在于强调通货膨胀是一种纯粹的货币现象，货币数量（即总需求）的增加为一般物价水平上涨的唯一原因，且认为货币数量的增加将导致一般物价水平同比例地上升。

以上两种理论形态都认为物价上涨的原因是商品与劳务的总体需求大于总体供给。但至少有两点不同：货币学派认为货币数量的增加直接导致总需求的增加，货币供应量的增加是总需求增加的主要原因；而凯恩斯学派则认为总需求各构成部分（即消费支出、投资支出和政府支出）的增加是需求增加的原因。货币学派认为充分就业是一种常态，所以由货币供给增加所产生的总需求的增加必然形成需求拉上型通货膨胀；而凯恩斯学派则认为充分就业并不是一种常态，非充分就业才是一种常态。当经济处于非充分就业水平时，总需求的增加部分推动物价水平上涨部分刺激或诱导总供给增加；只有当达到充分就业时，总需求增加才全部通过物价上涨反映出来。

（二）成本推进说

与需求拉上说相反，成本推进说认为通货膨胀的根源在于总供给方面，把通货膨胀归咎于商品生产成本的增加，把由生产成本的提高而引起的通货膨胀称为成本推进型通货膨胀。亦即所谓成本推进型通货膨胀是指在总需求不变的情况下，由于生产要素价格（包括工资、租金、利润以及利息等）上涨，致使生产成本上升，从而导致物价总水平持续上涨的现象。

西方的成本推进型通货膨胀理论是在20世纪50年代后期流行起来的，由于西方的限制性的货币政策和财政政策在抑制通货膨胀方面经常失灵，达不到预期目的，使得一部分经济学家怀疑通货膨胀成因绝不单纯是需求拉上，也可能来自供给方面，是由成本推进的。货币和财政政策的失效，是由于用对付需求拉上型通货膨胀的方法来对付成本推进型通货膨胀，这就加重了通货膨胀的压力，因为紧缩需求的政策限制了供给能力，压抑了投资产出率。现在需要一种从供给方面分析通货膨胀成因的理论，作为制定限制成本上升而不是限制需求的反通货膨胀政策；由此可见，成本推进说是作为一种新的通货膨胀理论被提出来的。下面我们借用图9.3简单说明成本推进型通货膨胀理论。

在图9.3中，横轴代表总产出或实际收入，纵轴代表物价水平，Y_F为充分就业条件下的实际收入，S_0、S_1、S_2为总供给曲线，D为总需求曲线。随着生产成本的提高，总供给曲线由S_0向左上方移至S_1，再由S_1移至S_2。结果，在国民收入由Y_F下降至Y_2和Y_1的同时（国民收入之所以下降是由于生产成本提高以后会导致失业增加，从而引致产量的降低），物价水平却由P_0上升至P_1和P_2。由此可见，生产成本的提高将会导致企业生产的压缩、失业增加和总供给的减少，从而成为通货膨胀和失业增加的根源。

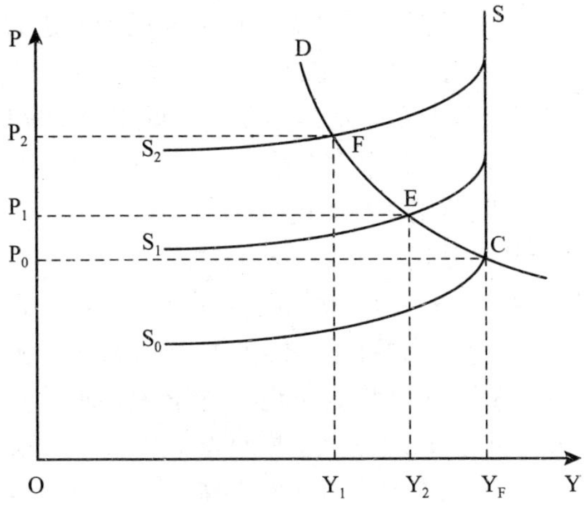

图9.3　成本推进型通货膨胀

成本推进型通货膨胀又可分为以下三种。

（1）工资推进型通货膨胀。它是指由于工人工资的增加超过了劳动生产率的提高而引起的通货膨胀。西方经济理论认为，由于工会的强大垄断力量操纵了劳动力市场的价格，工资出现“刚性”，即只升不降的现象。当工资的增长快于劳动生产率的增长时，生产成本就会提高，从而导致物价上涨，而物价上涨后工人又会要求提高工资，对物价产生压力。如此循环造成工资—物价呈螺旋式上升。

（2）利润推进型通货膨胀。它是指垄断组织和垄断企业为了保证一定利润而提高价格所引起的一般物价水平的持续上涨。

（3）汇率成本推进型通货膨胀。它是指本国货币对他国货币汇率升值而引起的出口产品成本上升，或者外国货币贬值造成的外汇倾销所引起的物价持续上涨。另外，如果本国货币对外贬值，导致进口原材料和其他商品价格上涨，从而使利用这些原材料进行生产的企业成本增加，使商品价格提高，并带动国内其他商品价格的持续上涨。

（三）供求混合推进说

至此，我们已分别介绍了需求拉上说与成本推进说两种分析通货膨胀成因的理论。这两种理论是分别从需求与供给两个方面对通货膨胀成因进行探究的。随着通货膨胀理论的发展，一些经济学者认为需求拉上说与成本推进说只可提供分析通货膨胀的初步概念，在现实经济生活中，通货膨胀究竟是需求拉上还是成本推进是很难分清的。认为通货膨胀是由需求拉上和成本推进共同起作用导致的，既有来自需求方面的因素，又有来自供给方面的因素，即所谓“拉中有推，推中有拉”。这种从供给与需求两个方面及其相互影响说明通货膨胀成因的理论称作“需求拉上一成本推进说”或“供求混合推进说”。

这种混合型的通货膨胀可用图 9.4 说明。

这种通货膨胀可能从过度需求开始，也可能从供给（或成本）方面开始的。图9.4 中，Y_F为经济体系处于充分就业时的实际收入，我们先假设首先因工资提高引起供给曲线 S_1 移至 S_2，这时如果总需求不增加（D_1 线），则产量将减少（$Y_F - Y_1$）。价格水平由 P_a涨至 P_b。但政府为了维持充分就业而运用扩张性政策，使总需求曲线由 D_1 移至 D_2，产出和就业水平恢复至原来水平，则物价水平涨至 P_c。由于物价水平的进一步上涨，工资会再一次提高，引起供给曲线由 S_2 再移至 S_3，物价水平又涨至 P_d。出于维持就业的政策调控目标，需求曲线从 D_2 又移至 D_3，依此循环，成本推进与需求拉上结合，形成所谓的工资与价格螺旋形上升。

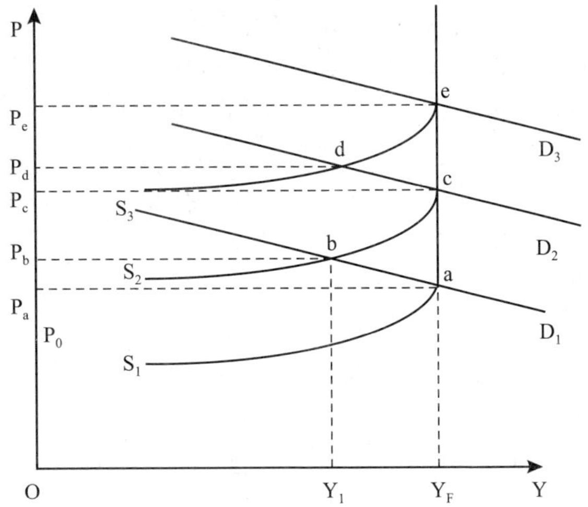

图 9.4　供求混合型通货膨胀

（四）结构说

在西方，有些经济学者认为，即使整个经济中的总需求和总供给处于平衡状态，但由于经济结构方面的因素有变动，一般物价水平的上涨也将会发生，这就是所谓的“结构型通货膨胀”。结构型通货膨胀理论出现在 20 世纪 60 年代。该理论的最早倡导者是保罗·斯特里坦、威廉·鲍莫尔等。到了 70 年代，结构型通货膨胀理论又分别由乔弗雷·梭纳德、约翰·希克斯以及斯堪的纳维亚经济学家奥克鲁斯特、埃德格伦、法克森、奥德纳等人进一步加以发展。

引发结构型通货膨胀有四种原因：

（1）需求结构转移。即在总需求不变的情况下，某个部门的一部分需求转移至其他部门，而劳动力和其他生产要素却不能及时转移，于是，需求增加部门的工资和产品价格上涨，而需求减少部门的产品价格却未必相应下降，因此导致物价总水平的上升。

（2）部门差异。即产业部门生产率的增长一般快于服务业部门，但两大部门的货币工资增长速度却相同，而且这种增长速度是由产业部门生产率的增长速度所决定的，于是服务业部门货币工资的增长速度必然会超过其生产率的增长速度，造成其成本持续上升的压力，从而成为一般物价水平上涨的原因。

（3）斯堪的纳维亚小国型通货膨胀。挪威、瑞典等斯堪的纳维亚国家的经济学家奥德、奥克鲁斯特等将结构型通货膨胀同开放经济结合起来分析，创立了著名的“小国开放模型”。它所研究的是处于开放经济中的“小型国家”是如何受世界通货膨胀的影响而引起国内通货膨胀的。所谓“小国”是指该国在世界市场上只是价格的接受者，而不能决定商品的国际价格。对于这样一些开放经济的小国来说，因经济与外部世界密不可分，经济结构可分为两大部门：一个是生产出口产品并参加世界市场竞争的开放经济部门（包括大多数制造业、运输业、一部分农业和矿业等）；另一个是生产内销产品不参加世界市场竞争的非开放经济部门（包括服务业、建筑业、公用事业和小部分生产性加工行业等）。由于小国在世界市场上是价格接受者，因此当世界市场上的价格上涨时，开放经济部门的产品价格也随之上涨，结果会使开放经济部门的工资也相应上涨。一旦开放经济部门的价格、工资上涨后，又会带动非开放经济部门的价格和工资上涨，导致“小国”全面通货膨胀。

（4）不合理的经济结构不适应经济发展的需要，使得物价水平随着经济的发展一起上涨。这类原因造成的通货膨胀多发生于发展中国家。在发展中国家，往往传统农业部门与现代工业部门并存。由于农业生产结构僵化，资本短缺，农业生产率及供给弹性低下等，农产品不能满足工业化及经济发展的需要，从而使农产品价格上涨。而农产品价格是一种基础价格，其上涨又会带动整个物价水平上涨。对农产品的供不应求本可通过进出口贸易来解决，即以出口工业品来换取农产品。但是由于发展中国家的进出口结构不合理，出口以初级产品为主，进口又以资本品及中间投入品为主，而这些进口品又是维持国内经济增长所必不可少的，这样，出口收入的增长赶不上进口支出的增长，结果势必导致国际收支的逆差，出现本币贬值，于是进口品的国内价格就会立即上升，在进口需求呈刚性的情况下，进口品价格的上涨就会推动国内生产成本及物价水平全面上涨。

（五）通货膨胀预期说

预期是指对未来价格波动的预测。在西方经济学中，预期分为适应性预期和合理预期（或称理性预期）。适应性预期是指人们通常对价格的变动采取适应性的方式，即依据以往价格的波动来修改自己对未来价格的看法。适应性预期在20世纪50~60年代十分流行，但后来逐渐为合理预期所取代。合理预期学派认为，在适应性预期的条件下，人们处于被动的地位，他们是随着客观形势的变化而逐渐调整价格预期和采取对策的。合理预期概念与此不同。合理预期是指人们进入市场以前，已经充分了解以往的价格变动情况，参与市场以后，又把过去的信息同现在的信息综合在一起，然后根据这些信息对未来的价格变动做出预测。这样，他们的决策是有依据的，他们不会轻易地改变自己的决策，也不易被市场中的假象所迷惑。

预期在经济决策中起着重要的作用，这一观点对通货膨胀理论，特别是对菲利普斯曲线产生了重要影响。甚至有些经济学家认为，20 世纪 70 年代后的通货膨胀理论与传统通货膨胀理论的最大区别就在于引进了通货膨胀预期的作用。

菲利普斯曲线是英国经济学家菲利普斯于20 世纪 50 年代提出的，并被很多经济学家所引用，用来分析短期的失业与通货膨胀的交互变化。如图 9.5 中，纵轴表示通货膨胀率，横轴表示失业率，图中的曲线即菲利普斯曲线，表示通货膨胀率与失业率的相关关系。由该曲线可知，当失业率越低时，通货膨胀率越高；反之，失业率越高时，通货膨胀率越低。因此，政府在面临通货膨胀和失业两大经济和社会问题时，会遇到两难的困境，即如果要降低失业率就不得不付出通货膨胀率的代价，而如果要降低通货膨胀率又不免会导致失业率的上升。

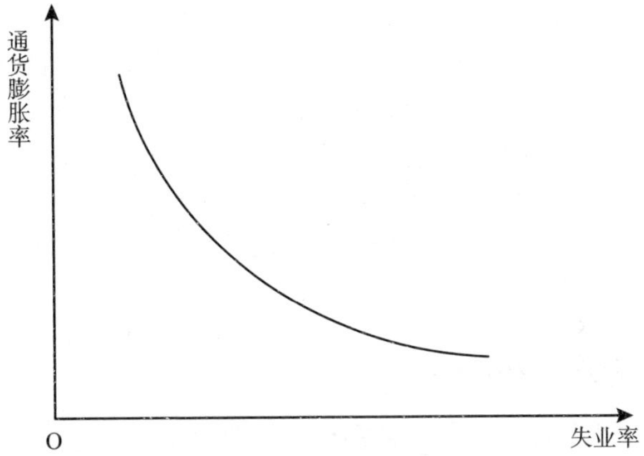

图 9.5　菲利普斯曲线

在通货膨胀与失业关系问题上，凯恩斯学派认为，两者具有此消彼长的替代关系，政府可以根据揭示这一关系的菲利普斯曲线权衡利弊，在二者之间进行选择，调整和管理国民经济；滞胀的出现只表明二者互换的代价更大了。

货币学派则依据适应性预期，提出了自然失业率假说来反驳凯恩斯学派的理论，认为由于失业率与实际工资相连而与名义工资无关，菲利普斯曲线所描述的关系只能在最初人们没有预期到的名义量和通货膨胀变化引起劳资双方误解时才成立，一旦劳资双方的适应性预期产生作用后，初期所下降的失业率又会回到自然失业率的水平，因此菲利普斯曲线在短期内可以存在，在长时期内则是不存在的。

而合理预期学派认为，由于合理预期的存在，菲利普斯曲线甚至在短期内也是不存在的。因为该学派认为，人们会根据迄今为止所有的资料来预测下期的任何经济变量的变动。各经济单位均能正确地预计未来的通货膨胀率。通货膨胀一旦被人们所预期，雇员在提出工资增长率时就会加上预期的通货膨胀率，而雇主也知道通货膨胀将达到某一水平，其产品价格将与通货膨胀按比例上涨，从而同意雇员的要求。因此，尽管发生了通货膨胀，但实际工资率并未下降，雇主当然不会因此增雇工人。这样失业率在短期内也不会下降。充分预期到的通货膨胀对就业的实际量不产生任何影响。如果政府长期实施通货膨胀政策，在公众的合理预期作用下，不但失业率不会下降，反而会加速通货膨胀。

在上述理论的基础上，合理预期学派提出了预期通货膨胀说。他们认为，由于政府在第二次世界大战后相当长的一段时间里推行膨胀性政策来干预经济，形成了公众的通货膨胀预期，在“物价还要继续上涨”的驱使下，为了避免损失，人们事先提高各种商品的价格，提高各种收益率，其结果致使物价水平持续普遍上涨。在物价水平持续上涨的情况下，人们又产生新的通货膨胀预期，共同采取预防性措施，普遍提高物价水平，形成了通货膨胀预期通货膨胀的恶性循环，这样由以往通货膨胀的预期，又成为以后通货膨胀的原因，或者说，对通货膨胀的预期本身就是通货膨胀的成因，他们把由于预期造成的通货膨胀称为预期通货膨胀。如果政府继续奉行膨胀性政策，必将加剧预期通货膨胀的激烈程度。

（六）输入型通货膨胀

输入型通货膨胀是指由于国外商品或生产要素价格的上涨，通过国际传导过程，引起国内物价上涨的现象。输入型通货膨胀与开放经济有密切关系，而且开放程度越大，输入型通货膨胀发生的可能性也就越大。

输入型通货膨胀的传递途径可分为三种情况：第一，国际市场存在通货膨胀、物价上涨，会刺激对出口国家出口商品的需求，从而使出口增加；与此同时，出口国对国外进口商品需求减少，这样就会扩大该国贸易顺差，从而总需求增加引起通货膨胀、物价上涨（如图 9.6 所示）。第二，国际市场存在通货膨胀的物价上涨，商品出口国呈现贸易顺差状况，在国际固定汇率制度下，为维持汇率稳定而带来的外汇储备增加会直接增加国内货币供给，从而起到降低利率、刺激投资的作用。货币供给量的增加会直接引发需求拉上型通货膨胀。第三，在世界市场上，因石油、原材料等价格上涨，使石油、原材料等基础资料的输入成本提高，相应造成进口国物价上涨，引发成本推进型通货膨胀（如图 9.7 所示）。

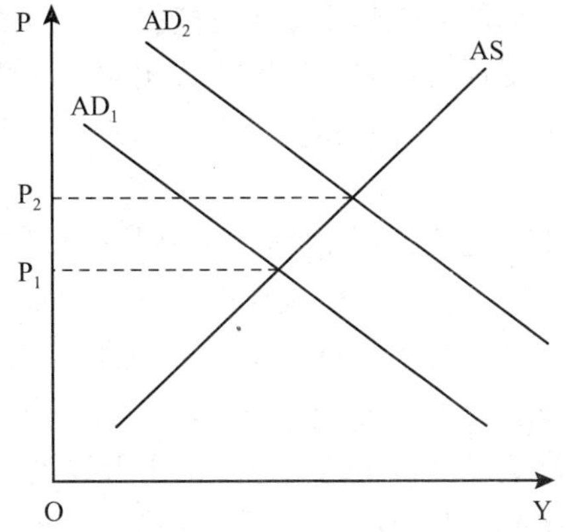

图 9.6　需求增加引起的输入型通货膨胀

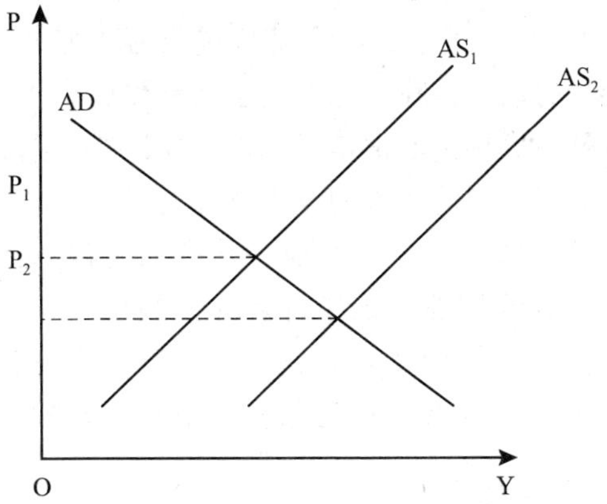

图 9.7　成本增加引起的输入型通货膨胀

第三节　通货膨胀的效应

通货膨胀会对经济生活的各个方面产生影响，因此本节从收入分配、资产结构调整、强制储蓄、社会经济秩序、经济增长等方面对通货膨胀的效应加以分析。

一、通货膨胀的收入分配效应

通货膨胀再分配的作用主要是通过影响人们手中财富的实际价值来实现的。

在通货膨胀时期，虽然人们的名义货币收入可能提高，但由于社会各阶层收入的来源不同，各种所得来源受通货膨胀的影响各不相同，因此，有些人的实际收入会提高，有些人反而会下降，这种由物价上涨造成的收入再分配，就叫作通货膨胀的收入分配效应。

在一个社会中，如果一切价格都与物价水平同比例变动，那么物价水平的变动既不会使任何人受益，也不会使任何人受损。此外，如果人们能正确地预计到通货膨胀，并找到防止自己的收入与财富受到损失的办法，那么他们的分配状况也不会因通货膨胀而受到损害。但在现实生活中，不可能做到这一点。事实上，某些人的货币收入的提高速度会低于物价水平的上升速度，那么他们的实际收入就会减少。那些有幸处于相反状况的人，就会因物价水平的提高而享受到实际收入的增加。一般而言，固定收入者，如职员、教员、养老金领取者等名义所得不变的阶层是最大的受害者。对于工人来说，由于工资调整总是落后于物价上涨，其实际工资下降，收入减少，也是通货膨胀的受害者。另外，取得利息与租金收入的人也受到通货膨胀的损害，除非有人能正确地预计通货膨胀，并在合同条款中规定了补偿措施。可通货膨胀通常是无法正确预计的，因此一般来说，在通货膨胀时期，会发生从债权人到债务人的收入再分配。

与此同时，有非固定收入者，如企业，其产品售价的提高一般都要快于其成本的上升，尤其在总需求膨胀造成了许多提价的机会和条件时。而通货膨胀又减轻了企业的债务负担，从而使企业获益。不过当通货膨胀持续发生时，随着工资和原材料价格的调整以及利息的调整，企业利润的相对收益就会减少甚至消失。

二、通货膨胀的资产结构调整效应

资产结构调整效应也称财富分配效应。每个企业或家庭的资产或财富由两部分构成，即实物资产和金融资产。实物资产主要是指各种商品和物资，而金融资产则包括货币、存款、债券和股票等。

在通货膨胀情况下，实物资产的名义价值随通货膨胀率的变动而升降，但升降的幅度不同。有些实物资产，其名义价值增长的幅度高于通货膨胀率，有些则低于通货膨胀率；同一种实物资产，在不同条件下，其名义价值的升降，较之通货膨胀率也有时高时低的情况。金融资产则比较复杂，通货膨胀使金融资产的名义价值变化甚微，而其实际价值却受到影响。如股票，它的行市随时变化，在通货膨胀之下会呈上升的趋势，但影响股市变化的因素很多。面值固定的金融资产，其实际价值随着物价上涨而下跌；各种变动收益证券的实际价值却随通货膨胀而增加。因此，面值和收益固定的金融资产持有者，在通货膨胀期间往往会受到损失，其债务人则会因通货膨胀而受益。各种实物资产的持有者在通货膨胀期间，往往会因价格上涨而受益。至于收益和价值不定的金融资产，在通货膨胀期间收益增长与其价格上涨并非一致，因此其持有者是否受益取决于二者的相对变化。

总之，通货膨胀会导致整个社会资产结构的调整，导致社会财富不公平的再分配。一般而言，通货膨胀有利于债务人而不利于债权人。但是，这种资产结构调整效应或财富分配效应有一个重要的前提，即受益与受损都建立在通货膨胀未被预计到这一假定之上。如果人们任何时候都能正确地预计通货膨胀，并能找到办法加以补偿，如债权人和债务人都能正确地预测通货膨胀率，并议定好到期偿还本金时按正确预测的价格指数调整利息，那么资产结构调整效应或财富分配效应就不会产生。但事实上要正确地预测通货膨胀率并不容易，因此在债权人和债务人之间就会发生财富的转移。

三、通货膨胀的强制储蓄效应

这里所说的储蓄是指用于投资的货币积累。这种积累主要来自家庭、企业和政府三个方面。在正常情况下，家庭的储蓄由收入扣除消费支出构成；企业的储蓄由用于扩张生产的利润和折旧基金构成；政府的储蓄从来源看有两方面，一方面是政府用增加税收的办法来筹资搞生产性投资，因为这部分储蓄是从其他两部门的储蓄中挤出来的，从而全社会的储蓄总量并不增加；另一方面是政府向中央银行借债，或政府财政出现赤字，向中央银行透支，从而造成直接或间接增发货币，由此引起通货膨胀。通货膨胀实质上是货币发行者（即政府部门）从货币持有者（即私人部门）获得收入的过程，因为在人们货币需求一定的情况下，政府通过发行货币，获得对一部分商品或劳务的支配权，这实质上是政府向所有货币持有者征税（即通货膨胀税）从而使政府收入增加。然后政府把这部分收入用于投资，这种筹措建设资金的办法就会强制增加全社会的储蓄总量，产生所谓的“强制储蓄”效应。至于强制储蓄效应的大小，在不同类型的国家是不同的。因为对于每个国家来说，这种“通货膨胀税”的数量以及其中有多少能转化为投资，是受到一系列条件限制的。在大部分发展中国家，国家投资在社会总投资中的比重较大，通过“通货膨胀税”而引起的强制储蓄效应较大，但是在发达的市场经济国家，投资以私人投资为主，政府投资在全社会投资总量中所占的比重不大，政府所得到的“通货膨胀税”并不一定全部转化为投资，因而，“通货膨胀税”所引发的强制储蓄效应就比较小。

四、通货膨胀的秩序紊乱效应

通货膨胀对整个社会的经济秩序和社会秩序都会产生不利的影响。具体表现在：

（1）通货膨胀破坏市场经济等价交换的原则和良好的价格体系，使价值规律和市场机制失去发挥作用的前提和基础。由于货币的票面价值和实际价值严重背离，从而货币利润、货币成本、货币收入和货币利息与实际利润、成本、工资、收入和利息严重背离，从而直接影响企业的正常经营和成本管理，给生产带来混乱。同时，通货膨胀也使商品流通秩序极为混乱，如商品抢购、囤积居奇、商品倒流等。

（2）通货膨胀加剧经济结构失衡。由于物价剧烈变动，价格信息失真，人们对投资预期收益信心不足，不愿进行生产投资，尤其不愿进行长期生产投资，很多工业资本转移为商业投机资本，使生产资本进一步减少。一些稀有资源转移到非生产领域，造成资源浪费。同时，价格的失真还影响资源的优化配置和产业结构的调整。因为这时的价格水平无法反映资金的稀缺程度和商品供求关系，使资源配置带有很大的盲目性，部分产品生产过热，社会资源利用效率下降，加剧生产发展的不平衡性。

（3）通货膨胀破坏了正常的信用关系，影响了银行业务的正常进行。在通货膨胀期间，利率的上升通常滞后于物价的上涨。债权人为了避免损失，不愿意提供商业信用，不愿意储蓄或提供贷款，于是引起商业信用规模骤减，银行信用也因信贷资金来源减少而相应降低。同时银行为了追逐利润把大量的资金用于黄金、外汇的买卖和有价证券的投机活动，而不愿意从事正常的银行信贷业务，这就造成了信用关系的不正常。

（4）通货膨胀对社会政治生活也会产生不利影响。在通货膨胀时期，劳动者的工资收入增加赶不上囤积商品、证券投机利润的增加。投机活动和倒买倒卖盛行。另外，通货膨胀较为严重时，政府会面临要求治理通货膨胀的压力，一旦政府不能有效控制通货膨胀，人民将对政府失去信心，从而有可能导致政治危机和社会动乱。

案例9.2描述了恶性通货膨胀（或称超速通货膨胀）给经济和社会带来的严重影响。

【案例 9.2】

玻利维亚超速通货膨胀时期的生活

当埃德加·米拉达每月得到他作为教师的工资 2 500 万比索时，他一刻也不敢耽误。每小时比索的价值都在下降。因此，当他妻子赶快到市场上买 1 个月大米和面条这类供给品时，他也赶紧把剩下的比索换为黑市美元。

米拉达先生的做法是现在大多数失控的通货膨胀世界中生存的首要原则。玻利维亚是飞速的通货膨胀破坏社会的一个典型案例。

物价上升如此之高，以至于这个数字让人难以置信。例如，在过去 6 个月中，比索按每年 38 000% 的比率上升。但是，按官方的统计，去年的通货膨胀达到 2 000%，而今年预计达到 8 000%——尽管其他估算要比这高出许多倍。无论如何，玻利维亚的通货膨胀率要比以色列的 37% 和阿根廷的 1 100% 更为严酷——这两种情况已经是严重的通货膨胀了。

很容易理解，如果 38 岁的米拉达先生不赶快把比索换为美元，他的工资会发生什么变动。他得到 2 500 万比索工资的那一天，1 美元值 50 万比索，因此他得到 50 美元。仅仅是几天后，兑换率为 90 万比索，他只能得到 27 美元。

“我们只考虑今天，并把比索兑换为美元。”一位金矿企业的经理罗纳尔德·麦克列恩说，“我们已经变成近视眼了。”

目的是要生存。如果没有贿赂，饭店服务员连个手势也不打，律师、会计师、理发师，甚至妓女都几乎放弃了工作，成为街上的货币交易者。工人阶级多次罢工，并偷窃自己老板的东西。老板把产品走私到国外，取出假贷款，逃税。任何东西都成为用于投机的美元。

例如，国家矿业生产从上一年的 18 000 吨减少到 12 000 吨。矿主通过把最富的矿石走私出去来支付工人的工资，而且，矿石通过走私网送到邻国秘鲁。秘鲁并没有大锡矿，但现在每年出口精炼锡 4 000 吨左右。

“我们不生产任何东西。我们都是通货投机者。”拉巴斯一个重型设备中间商说：“人民根本不知道什么是好，什么是坏。我们变成了一个不道德的市侩社会。”

所有黑市美元都来自与美国的可卡因交易，这已是公开的秘密。据估计可卡因交易者一年可赚 10 亿美元……

但同时国家也深受通货膨胀之害，因为政府的收入仅仅能弥补其支出的 15%，而且其赤字已经扩大到接近该国一年总产出的 25%。税收受到纳税滞后的伤害，而且，大部分税收不上来，因为存在普遍的盗窃和贿赂。

资料来源：［玻利维亚］拉巴斯：《不稳定的比索——在疯狂的通货膨胀中，玻利维亚人集中在兑换货币上》，载《华尔街日报》。

五、通货膨胀与经济增长

通货膨胀与经济增长之间的关系如何一直是西方及我国经济学界争论不休的问题。综合各种意见，大致可分为三种观点，即“促进论”、“促退论”和“中性论”。

（一）促进论

这种观点认为通货膨胀可以促进经济增长。持这一观点的人认为，经济长期处于有效需求不足状况，生产要素未得到有效的利用，劳动者没有充分就业，在此情况下，实际经济增长率低于潜在的经济增长率。因此，政府可采用通货膨胀政策，实行赤字财政，扩大货币发行，增加政府的投资性支出，劳动总供给增加，从而刺激经济增长，这样，由于投资乘数的作用，在通货膨胀的同时，实际产量也增加了。具体分析理由如下：

（1）在通货膨胀的情况下，由于商品价格的提高一般快于工资、利息、租金的提高，结果导致厂商的利润增加，因此，通货膨胀可以提高私人部门的投资，同时由于利润收入阶层的边际储蓄倾向较高，通货膨胀形成的利润大部分可用于储蓄与投资，而资本的形成是经济增长的主要推动力。

（2）在通货膨胀时期人们为了维持已经习惯了的生活水平，必须更加努力工作，提高劳动强度，延长工作时间。退休人员干半天工作，家庭妇女走出家庭寻找就业机会。换言之，通货膨胀增加了劳动投入，这有利于经济发展。

（3）在通货膨胀时期，虽然名义利率上升，但预期通货膨胀率也上升，前者的上升速度低于后者的上升速度，于是导致实际利率下降，甚至为负值。实际利率降低有利于投资和经济增长。

（4）由于通货膨胀具有强制储蓄效应，当政府财政资金匮乏时，可以把从中央银行借款作为财政融资的一种手段，若政府将膨胀性收入用于实际投资，同时采取措施保证私人部门的投资不会相应减少，那么这种膨胀性融资就会由于增加了实际投资而促进经济增长。

（二）促退论

促退论者认为通货膨胀会阻碍经济增长，反对以通货膨胀刺激经济发展的主张的理由如下：

（1）在持续性的通货膨胀过程中，由于市场价格机制遭到破坏，从而失去其应有的调节功能，这会使消费者和生产者做出错误的决策，进而导致经济资源的不合理配置和严重浪费，使经济效率大大降低。而较长时期的通货膨胀会增加生产性投资的风险和经营成本，使生产性投资下降。

（2）通货膨胀意味着货币购买力下降，为避免遭受经济损失，公众都不愿意以货币形式进行储蓄。在预期通货膨胀会进一步上涨的心理支配下，公众势必减少储蓄而增加眼前消费，这就会使社会储蓄率下降，从而使投资率和经济增长率下降。

（3）如果本国通货膨胀长期高于外国，则使本国产品相对于外国产品的价格上升，从而不利于本国的出口，并刺激进口的增加，因而加剧了国内市场竞争的压力。这对于本国的出口企业和非出口企业都会产生不利影响。

（4）通货膨胀具有“惯性”作用和“自我加速”作用。从历史上看，通货膨胀开始时都是比较温和的，但如果不及时消除，就会愈演愈烈，导致恶性通货膨胀，这就是通货膨胀的“自我加速”作用。在通货膨胀高涨时，生产盲目发展，需求过度，政府不得不采取紧缩的政策，减少投资，减少通货，但这又造成了新的矛盾，就是工人失业率增加，发生“有效需求不足”，危机由此产生。政府又不得不增发货币，增加投资，以解决失业问题，但又导致新的通货膨胀的产生。在通货膨胀超过一定限度的情况下，便会产生预期作用，造成物价与成本呈螺旋式上升，形成通货膨胀的加速运动，从而有可能演变成恶性通货膨胀，这种恶性的通货膨胀甚至有可能导致经济和社会的崩溃。

（三）中性论

中性论者认为，通货膨胀对经济增长既无正效应也无负效应。该理论认为，由于公众预期，在一段时间内他们会对物价上涨做出合理的行为调整，因此，通货膨胀的各种效应的作用就会相互抵消。由于“中性论”的理论根据显得模糊和牵强，因而得到的赞同并不多。人们在讨论通货膨胀与经济增长的关系时，主要是争论“促进”与“促退”两种效应。

以上三种观点之所以有截然不同的结论，相当一部分原因在于考察通货膨胀时所侧重的阶段不同，一般来说，通货膨胀的发生发展过程可分为三个阶段：第一阶段为温和的通货膨胀。此时的通货膨胀被认为是对经济具有一定的正效应。较低的通货膨胀率尚未对人们产生冲击，通货膨胀预期还未形成。第二阶段人们已经形成通货膨胀预期，因此，通货膨胀会突然加速，此时通货膨胀的正效应已经大大衰退，直至全部消失；第三阶段，价格不断奔腾式上涨，通货膨胀已经完全无正效应。“促进论”研究的着眼点是第一阶段的通货膨胀，“促退论”所关心的则是第一阶段以后的通货膨胀，而“中性论”则是从通货膨胀发生发展的全过程来说明问题。

第四节　通货膨胀的治理

如前所述，通货膨胀对社会、经济、政治都会产生不利影响，严重的通货膨胀还会引发政局不稳、信用制度崩溃等危机。因此，各个国家的政府都十分重视通货膨胀的治理。综合各国反通货膨胀的实践，治理通货膨胀的对策主要有以下几种。

一、财政政策和货币政策

财政政策和货币政策是最基本的宏观经济政策，也是治理通货膨胀的重要手段。按照需求拉上的通货膨胀理论，通货膨胀是总需求超过总供给而造成的，要消除通货膨胀就必须压缩总需求，而压缩总需求的有效途径是采取紧缩的财政政策和货币政策。

（一）紧缩财政政策

财政政策是通过调节财政收入和支出水平以实现既定的宏观经济目标的。运用财政政策抑制通货膨胀有以下几种措施。

（1）增加税收，使企业和个人的利润和收入减少，从而使其投资和消费支出减少。实现控制总需求的膨胀。

（2）削减财政支出，以平衡预算，消除财政赤字，从而消除通货膨胀的隐患。

（3）发行公债，既可减少财政赤字，又可减轻市场压力。

这里值得一提的是供给学派的主张。供给学派反对以提高税收方式抑制通货膨胀，他们认为，要治理通货膨胀，真正的治本之方必须增加生产和供给。增加生产意味着增加供给，增加供给可以消除过剩的需求，从而克服通货膨胀。要增加生产和供给，首先必须减税，以提高人们储蓄和投资的能力及积极性。此外，还需要有两个条件加以配合，一是削减政府开支，以平衡预算，消除赤字，并缓减排挤效应；二是限制货币发行量，稳定货币，以稳定物价，排除对市场机制的干扰，保证人们储蓄和投资的实际利益，增强其信心和预期的乐观性。政府除了为增加供给提供良好的环境和必要的条件之外，不应对经济多加干预，而由市场机制对经济进行自动调节。只有这样，才能充分发挥减税刺激供给的积极作用。随着商品和劳务供给的增加，彻底消除通货膨胀。因此，从长远看，由于经济增长，政府的税收收入不仅不会减少，反而会比减税前增多。通过这种减税政策，通货膨胀和失业问题都可以解决。

（二）紧缩货币政策

运用货币政策来抑制通货膨胀主要通过两条途径来实现，一是降低货币供应量的增长率，以压抑总需求；二是提高利率，以抑制投资需求，并刺激储蓄增加，从而保证总需求与总供给的均衡。实行紧缩性货币政策时，主要采用的政策工具是公开市场业务（出售政府债券）、提高再贴现率、提高法定存款准备金率。

不过，以提高利率为抑制通货膨胀的措施又会带来一些问题：(1) 高利率使工商业投资减少，导致经济衰退。(2) 高利率使企业利息负担加重，生产成本提高，从而导致价格提高。(3) 高利率使外资大量流入，外资竞相购买本国债券、股票和存款，大量利息外流。(4) 高利率使本国货币坚挺，从而有利于进口，而不利于出口，尤其在通货膨胀情况下，进口必然大量增加，因而又导致进出口贸易逆差。(5) 国债利息支出增加，财政负担加重，财政赤字更难以消除。而这些又均会导致新一轮通货膨胀。

财政政策和货币政策主要是从需求方面来抑制通货膨胀的，可以用来对付需求拉上的通货膨胀。此外，针对20世纪70年代西方国家出现的滞胀现象，供应学派提出了在紧缩需求的同时采取刺激生产的方法增加商品供应的处方（如前所述）。货币主义学派认为，对付滞胀的根本措施在于，政府首先停止扩张性的经济政策，将货币供给的增长速度控制在一个最适当的增长率上，即采取所谓的“单一规则”政策，以避免货币供给的波动对经济和预期的干扰。货币主义学派强调，在已发生滞胀的情况下，只有严格控制货币供应量，才能使物价稳定，总体经济和社会恢复正常秩序。尽管货币供应量的降低在短期内会引起失业增加、经济衰退加重，但付出这一代价将换来通货膨胀预期的下降和菲利普斯曲线的回落，并最终根除滞胀。

二、收入紧缩政策

收入紧缩政策是指政府在通货膨胀期间用来限制货币收入水平和物价水平的经济政策。收入政策的理论基础主要是成本推进型通货膨胀理论。因此，收入政策可以用来对付成本推进型的通货膨胀。

收入紧缩政策的主要内容是：(1) 规定工资和物价水平增长率的标准，如规定工资增长率与劳动增长率保持一致。对于每个部门，由于劳动生产增长率与全国平均劳动生产增长率的差距引起的成本变动允许其通过价格浮动来消除。(2) 工资价格指导。通过各种形式的政府说服工作，使企业和工会自愿执行政府公布的“工资—价格”指导线（即工资增幅）。(3) 工资—物价管理。即对工资和物价实行强制性冻结，如有违反，政府即予以处罚。以纳税为基础的收入政策，即政府将税收作为奖励和惩罚的手段来限制工资—物价的增长。如果工资和物价的增长保持在政府规定的幅度范围之内，政府就以减少个人所得税和企业所得税作为奖励，如果超出政府规定的界限，就以增加税收作为惩罚。

如果一国的通货膨胀是由成本推动形成的，或由成本推动和需求拉上所联合造成的，则紧缩性的货币与财政政策无法实施有效的治理。一些经济学家认为政府采取管制工资和物价尚不失为可行的办法。然而，也有一些经济学家反对实行收入政策。其主要理由为：物价工资管制使价格体系扭曲，降低资源配置效率；并可能将公开的通货膨胀转为隐蔽的或抑制的通货膨胀。此外，还可能影响劳动者的积极性。不过即使是持赞同意见的，大多数经济学家也认为若是工资、物价非管制不可时，其时间应短，范围应窄。

三、供给政策

以拉弗（A. Laffer）等为首的供应学派认为，通货膨胀是与供给紧密地联系在一起的。通货膨胀与供给不足之间的关系：通货膨胀的主要危害在于损伤经济的供给能力，而供给不足、需求相对过剩又是引起通货膨胀的主要原因。他们认为，虽然通货膨胀的直接原因是货币量过多，但从根本上说，需求膨胀、货币过多是相对于商品供给过少而言的。

供应学派认为，治理通货膨胀，摆脱滞胀困境，治本的方法在于着力增加生产和供给。增加生产意味着经济增长，这样可以避免单纯依靠紧缩总需求引起衰退的负面效应。增加供给就满足了过剩的需求，从而克服通货膨胀。要增加生产和供给，一个最关键的措施就是减税。减税可以提高人们的储蓄和投资的能力与积极性。同时配以其他政策措施：一是削减政府开支增长幅度，争取平衡预算，消灭财政赤字，并缓解对私人部门的挤出效应；二是限制货币增长率，稳定物价，排除对市场机制的干扰，保证人们储蓄与投资的实际效益，增强其信心与预期的乐观性。政府除为增加供给创造良好的环境和提供必要的条件外，不应对经济多加干预，而由市场机制对经济进行自动调节。只有这样，才能充分发挥减税刺激供给的积极作用。随着商品和劳务供给的增加，彻底消除通货膨胀。

供给学说强调了一向被忽视的供给方面的因素，认为治理通货膨胀，特别是滞胀，根本的出路在增加供给，有其积极意义，但他们过分夸大了减税对增加供给的刺激作用。从实际情况看，效果并不明显。

改善劳动市场结构的人力资本政策也是针对供给方面治理通货膨胀的措施之一。主要包括：对劳动者进行再就业的训练；提供有关劳动力市场的信息，减少对就业和转业的限制，指导和协助失业人员寻找工作；优先发展劳动密集型和技术熟练要求程度较低的部门以扩大就业，由政府直接雇用私人企业不愿意雇用的非熟练工人，使他们在从事对社会有益的事业中得到训练和培养，提高就业能力。

四、收入指数化

收入指数化是指将工资、储蓄和债券的利息、租金、养老金、保险金和各种社会福利津贴等名义收入与消费物价指数紧密联系起来，名义收入随物价指数的变化而变化。这一政策措施在巴西、以色列、芬兰及其他工业化国家被广为采用，也是20世纪70年代后，货币学派极力鼓吹的政策之一。

20世纪70年代，为了对付滞胀，西方各国都不同程度地推行了收入政策。弗里德曼对此强烈反对。他认为，制止通货膨胀的办法只有一个，即减少货币增长。他认为只有把货币供应增长率最终降到接近经济增长率的水平，物价才可望大体稳定下来，而后政府采用单一规则控制货币供应量，就能有效地防止通货膨胀。与此同时，如果采用减轻其副作用的措施，就能够更快地制止通货膨胀，措施之一就是收入指数化。弗里德曼认为，收入指数化能够抵消物价波动对收入的影响，消除通货膨胀所带来的收入不平等现象，剥夺各级政府从通货膨胀中捞取的非法利益，从而杜绝人为制造通货膨胀的动机。

显然收入指数化政策，也只是相对地减轻副作用，而不能完全消除通货膨胀。在理论界，也有人对收入指数化政策提出反对意见。他们的理由是：第一，收入指数化政策在实施过程中存在指数选择的困难。即应该选择哪一种指数作为制定政策的依据，很难形成统一意见。第二，由于技术方面的原因，收入指数化政策可能不但不能将“非均衡性膨胀”转化为“均衡性膨胀”，反而会引起工资—物价交替上升。

五、其他对策

（一）限制价格垄断

通过反托拉斯法限制价格垄断，这是价格政策的基本内容。价格垄断有可能出现定价过高或哄抬物价的现象，为了治理通货膨胀，就必须限制价格垄断。

（二）结构调整

考虑到通货膨胀的结构性，一些经济学家建议应使各产业部门之间保持一定的比例，从而避免某些产品供求因结构性失调而推动物价上涨，特别是某些关键性产品，如食品、原材料，这一点尤其重要。

实行微观财政、货币政策，影响需求和供给的结构，以缓和结构失调而引起的物价上涨。微观财政政策包括税收结构政策和公共支出结构政策。税收结构政策不是指变动税收总量，而是指在保证一定的税收总量的前提下，调节各种税率和施行范围等。同样，公共支出结构政策指在一定的财政支出总量前提下，调节政府支出的项目和各种项目的数额。在当代西方国家，各执政党为了政治上的需要，把建立国家福利制度作为其争取选民的一种手段，财政支出的这种结构性变化，不仅失去了刺激生产、扩大就业的作用，而且使得失业者不急于寻找工作，扩大了失业队伍。降低财政支出中转移支付的比重，增加公共工程等投资性支出，可以扩大就业，增加产出，降低通货膨胀率。

微观货币政策包括利息率结构和信贷结构。旨在通过各种利息率的调整，以及通过各种信贷数额和条件的变动来影响存款和贷款的结构和总额，提高资金使用效率，鼓励资金流向生产性部门，遏制消费基金的扩张。

（三）币制政策

若通货膨胀严重恶化，整个货币制度已经接近崩溃的边缘，其他反通货膨胀的措施已经难以奏效，那么，此时唯一的办法就是币制改革。币制改革的一般做法是废除旧币，发行新币，并对新的货币制定一些保证币值稳定的措施，以及其他措施。如维持社会安定、恢复和增加生产等。

综上所述，各种治理通货膨胀的对策都不是十全十美的，而通货膨胀又是一个极为复杂的经济现象，其成因也是复杂的和多方面的，因此，在通货膨胀的治理过程中，必须结合各国实际经济情况进行综合治理。

第五节 通货紧缩

通货紧缩是与通货膨胀相对立的一个概念，通常意义上是指一般物价水平的持续下降，巴塞尔国际清算银行提出的标准是：一国消费品的价格连续两年下降可被视为通货紧缩。多数经济学家认为，在实际生活中，对于某个时期是否发生了通货紧缩的判断以及通货紧缩程度的衡量，主要是看物价总水平是否下降及通货膨胀率是否转变为负数，以及物价水平下降的幅度和时间长短。

一、通货紧缩的定义与衡量

关于通货紧缩的含义，与通货膨胀的含义一样，学术界至今也没有统一的定义，综合大多数国内外学者对通货紧缩所做的定义，大致可以归纳为以下几点：

（1）通货紧缩从本质上说是一种货币现象，它在实体经济中的根源是总需求对总供给的偏离，或现实经济增长率对潜在经济增长率的偏离。当总需求持续小于总供给，或现实经济增长率持续低于潜在经济增长率时，则会出现通货紧缩现象。

（2）通货紧缩的特征表现，在于物价水平的持续与普遍地下跌。这种物价持续下跌不是技术进步和劳动生产率的提高而引起，不是存在于个别部门和部分产品，也不是存在于相对较短的时间内，而是在较长时间内，商品与劳务价格普遍地、不断地下降，是物价总水平连续下降的动态过程。另外，物价下降的幅度为多大时就可以判断通货紧缩已经出现，目前仍有争论。

（3）通货紧缩同时也是一种实体经济现象。它通常与经济衰退相伴相随，表现为投资机会相对减少和投资的边际收益下降，由此造成银行信用紧缩，货币供应量增长速度持续下降，信贷增长乏力，消费和投资需求减少，企业普遍开工不足，非自愿失业增加，收入增长速度持续放慢，各个市场普遍低迷。

关于通货紧缩的衡量指标，多数经济学家认为，由于通货紧缩主要表现为物价水平持续疲软或负增长，因此，同通货膨胀一样，消费物价指数、批发物价指数和国民生产总值平减指数的变动，也都可以说明通货紧缩状况。但消费物价指数更具有代表性。在把物价总水平持续下降作为判断和衡量通货紧缩标志的同时，货币供给的状况也是重要的衡量标志，或是表现为货币供给总量（M）增长率下降乃至负增长，或是表现为货币流通速度（V）明显减慢。因为这两者的乘积（MV）缩小，表明社会总需求正在萎缩。此外，有的学者也把经济增长率减慢或负增长视为衡量标志之一，因为物价和货币供给量持续下降必然影响实物经济增长。不过这必须以物价和货币供给量持续下降的存在为条件。

二、通货紧缩的分类

根据持续时间、严重程度和形成的原因等可以将通货紧缩作如下分类：

（1）按持续时间长短可以分为长期性通货紧缩、中长期通货紧缩和短期性通货紧缩。历史上一些国家曾经发生过历时达几十年的长期性通货紧缩，如英国1814～1849年，长达35年，美国1866～1896年，长达30年。一般来讲，10年以上的为长期性通货紧缩，5～10年的为中期通货紧缩，5年以下的为短期通货紧缩。

（2）按通货紧缩严重程度可分为轻度通货紧缩、中度通货紧缩和严重通货紧缩。如果通货膨胀率持续下降并转为物价指数负增长的时间不超过2年即出现转机，可认为是轻度通货紧缩；如果超过2年仍未见好转，但物价指数降幅在2位数以内，则可认为是中度通货紧缩；如果超过两年并继续发展，且物价降幅超过两位数，或者伴随着比较严重的经济衰退，则应视为严重通货紧缩。我国1996～2001年的物价指数分别为8.3%、2.8%、－0.8%、－1.4%、0.4%、0.7%（见表9.1），为轻度通货紧缩。

表9.1　　1996～2001年各类物价指数累计值

项目＼年份	1996	1997	1998	1999	2000	2001
居民消费价格指数	100	102.8	99.2	98.6	100.4	100.7
城镇居民	100	103.1	102.5	101.1	102.0	102.7
农村居民	100	102.5	101.5	100.0	99.9	100.7
商品零售价格指数	100	100.8	98.2	95.2	93.8	93.1
农业生产资料价格指数	100	99.5	94.0	90.1	89.3	88.5
农产品收购价格指数	100	95.5	87.9	77.1	74.4	—
原材料、燃料、动力购进价格指数	100	101.3	97.0	93.8	98.6	98.4
工业品出厂价格指数	100	99.7	95.6	93.3	95.9	94.7

资料来源：根据历年《中国统计年鉴》整理。

（3）按通货紧缩与经济增长状况可分为增长型通货紧缩和衰退型通货紧缩。如果与通货紧缩相伴随的是经济的持续增长，则认为是增长型通货紧缩；如果与通货紧缩相伴随的是经济的衰退，如我国1998～1999年的通货紧缩（1998年、

1999 年我国 GDP 增长率分别为 7.8%、7.1%），就属于衰退型通货紧缩。

（4）按通货紧缩的成因进行分类，可以分为政策紧缩型、产业经济周期型、需求拉下型、结构型、外部冲击型。由这些原因形成的通货紧缩将在第四部分进行解释。

三、通货紧缩的不利影响

通货紧缩和通货膨胀一样是经济失衡的一种状态，对经济危害同样很大。

（1）通货紧缩会导致总需求增长不足，使生产因缺乏应有的需求拉动力而发展缓慢以致停滞，从而会带来市场萧条和产品滞销的恶果，造成社会资源的严重闲置乃至浪费。在社会再生产的过程中，生产从总体和基础上决定着总需求，但是总需求并不是被动地和消极地受制于生产，它会对生产发生强烈的反作用，既可以阻滞生产发展，也可以有效地促进生产发展。因此，在通货紧缩时期，当由货币供应量所决定的总需求不能有效增长时，总需求就会因增长不足而造成市场疲软，从而通过市场疲软而抑制生产的正常发展，最终会造成生产停滞和资源浪费。也就是说，通货紧缩造成总供给与总需求的严重失衡，这就使得生产发展失去了最基本的前提条件和保证，因而流通不畅通、生产下降、效益不高等经济困难的产生就在所难免。

（2）通货紧缩会造成货币运行的失衡，从而会打破国民经济的运行过程，使得商品生产者和经营者因资金不足而相互拖欠，造成产品流通阻滞和产品的大量积压，并由此而引发严重的债务危机以及信用危机，最终造成市场萎缩和生产滑坡。国民经济运行是以货币运行为基础和前提的，在通货紧缩即货币运行因货币不足而失衡的条件下，国民经济运行的各个环节都是难以正常运转的。生产环节会因资金不足而难以购买生产要素，从而会造成开工不足；流通环节会因为资金不足而难以进货，从而会造成物流不畅；消费环节会因资金不足而使购买力难以正常增加，从而会造成流通环节产品滞销，生产环节产品积压。总之，通货紧缩会阻滞国民经济的正常运行，引起再生产环节的相互失衡，给商品生产者和经营者带来严重的困难，从而会挫伤人们生产经营的积极性，妨碍企业采用先进技术和改善经营管理，最终会引起经济效益的急剧下降。

（3）通货紧缩所造成的社会再生产各个环节的梗阻，会严重影响就业的正常增加，并且还会使就业人员的收入下降，从而会引起社会大众的强烈不满，造成社会动荡因素增加。在通货紧缩的条件下，由于市场疲软、产品销售不畅及资金短缺的影响，企业难以进行正常的生产经营活动，甚至会发生严重的开工不足，这就必然会使一部分职工实际收入下降，以致生活发生困难。特别是通货紧缩造成了某些企业生产不景气和生产规模收缩，造成了新创企业的减少和投资规模缩减，从而影响就业的正常增加，使就业压力增大，最终仍会影响居民收入，造成某种程度上的生活困难。所有这些，都会增加人民群众的不满情绪，造成社会动荡。因此，通货紧缩不仅是严重的经济问题，而且是严重的社会问题。

（4）通货紧缩会加速经济的衰退。由于物价的持续下跌，必然导致人们对经济前景的悲观预期，持币观望，使消费和投资进一步萎缩。这种状况又加剧了社会需求不足和通货紧缩，使社会经济陷入恶性循环。

四、通货紧缩的成因

（1）紧缩性的货币财政政策。在实行反通货膨胀政策时，一国当局通常要采取紧缩性的货币政策或财政政策，大量控制贷款或削减政府开支，限制工资增长等，这一方面有利于控制物价上涨幅度，但另一方面又有可能导致货币供应不足，社会需求过分萎缩，市场出现疲软，出现政策紧缩型的通货紧缩。在实行反通货膨胀政策时，往往出现通货膨胀势头已得到抑制，但实施的从紧的财政政策和货币政策仍有一定的惯性，或是主管部门未能适时调整政策，这时政策的负面影响就会显现。

（2）经济周期的变化。经济周期达到繁荣的高峰阶段，生产能力大量过剩，产生供过于求，可引起物价下跌，出现经济周期型通货紧缩。

（3）投资和消费的有效需求不足。当预期实际利率进一步降低和经济走势不佳时，消费和投资会出现有效需求不足，导致物价下跌，形成需求不足型通货紧缩。

（4）结构失调。如果由于前期经济中的盲目扩张和投资，造成了不合理的供给结构和过多的无效供给，当积累到一定程度时，必然会加剧供求之间的矛盾，一方面许多商品无法实现其价值，会迫使其价格下跌；另一方面大量货币收入不能转变为消费和投资，减少了有效需求，就会导致结构型通货紧缩。另外，在经济发展的基础上，居民消费经历着由低向高的发展过程，消费结构不断调整，在消费升级中往往出现某些原来式样的消费品相对饱和，销售不旺；同时居民增加储蓄，以备进入下一阶段的高档消费。消费结构变化了，若生产结构的调整跟不上，必然形成消费增长放慢，市场需求和物价疲软不振的现象。

（5）国际市场的冲击。在一个对外开放的国家，往往还会受到国际市场情况变化的冲击。当国际商品市场和金融市场发生动荡，一国会从以下两方面遇到困难：一是出口下降和外资流入减少，导致国内需求减少；二是国际市场商品价格下跌，进出口商品价格下降当然会增加国内物价下降的压力。一国开放程度越高，则承受的冲击越大。

五、通货紧缩的理论

受经济活动运行状况的影响，20 世纪 90 年代以前，国内外对通货紧缩的关注和研究很少，面对频繁发生的通货膨胀，许多经济学家甚至认为通货紧缩在发达国家已被消灭。但进入 90 年代，特别是 90 年代中期以来，通货紧缩在世界范围内出现。东南亚金融危机给新兴经济体带来的负面影响久挥不散；以美国为首的发达国家的经济也出现衰退，世界经济明显放缓；同时世界范围内的失业率居高不下。学界对于这一货币现象的理论解释并不系统，以下做简要的介绍。

（一）凯恩斯的通货紧缩理论——有效需求不足理论

凯恩斯在《就业、利息和货币通论》中除一处直接提到了通货紧缩以外，更多的是使用"就业不足均衡"和"有效需求不足"这样的术语。由于发生有效需求不足的时候物价往往是下降的，因此后人将实际有效需求同能够实现充分就业的有效需求之间的差额称为通货紧缩缺口。如图 9.8 所示，可以认为《通论》中的分析适用于对通缩的分析。

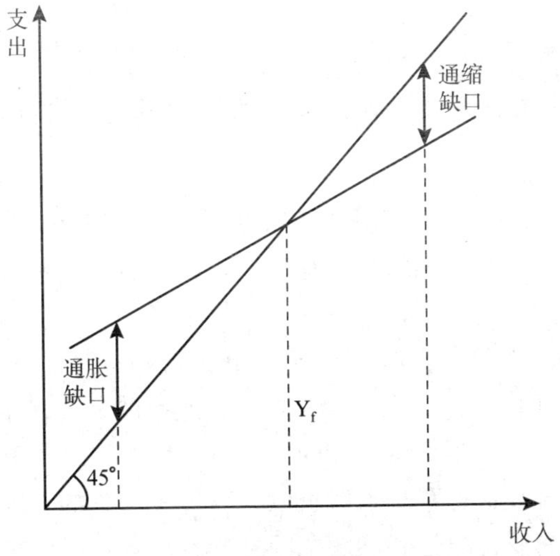

图 9.8 通货紧缩缺口

在封闭经济中，有效需求包括消费C、投资I和政府支出G三个部分，有效需求决定了社会的产出水平。

由于消费较为稳定，波幅很小，因而凯恩斯认为经济波动主要源于企业投资的不稳定，而投资需求取决于企业的利润预期。因此，凯恩斯认为经济衰退的原因在于企业家利润预期的突然下降，投资无利可图，甚至在很低的利率水平下也是如此。投资的不稳定对经济总量的影响又会因乘数效应而加剧，当企业投资减少时，总产出会以多倍的数额减少。凯恩斯理论的政策含义是：当企业投资低落，经济衰退，特别在经济严重衰退时，企业家的利润预期非常之低，以至于任何正利率都显得太高，因此通过放松银根、降低利率的货币政策来抑制衰退，效果不会明显，只有通过增加政府开支来增加有效需求。

在《货币改革论》和《劝言集》中，凯恩斯针对当时的英国情况，着重分析了由于一国汇率高估而导致本国产品出口价格过高、外部需求减少、国际收支状况恶化、黄金外流而引发通货紧缩的情况。凯恩斯认为，通货紧缩将使社会生产活动陷入低落。不论通胀还是通缩，都会产生巨大的损害，两者都会改变财富的再分配，不过通胀相对严重一些；而在对生产财富的影响上，通胀有过度刺激的作用，而通缩有阻碍作用，且更具有危害性。这是由于通缩加重了债务人的负担，而企业经营所需的资金大部分是借来的。对于任何一个企业经营者，这时暂时退出经营是有益的；对于任何一个打算支出的人，尽可能地推迟支出也是有益的。精明、务实的人会把他的资产转变为现金，摆脱风险，停止工作，静候其现金价值向他预期好了的方向稳步提高。因此通缩导致生产过程的低落，从而导致失业的增多。正如前文所述，治理通缩的有效措施是增加政府支出。

（二）费雪的通货紧缩理论——债务—通货紧缩理论

与凯恩斯的有效需求理论不同的是，费雪是从供给的角度来解读大萧条的。他认为大萧条是企业的过度负债所致。费雪指出，在1929年之前，由于受经济繁荣前景的鼓励，企业从金融机构获得了大量的贷款，其债务比率急剧增长。在危机爆发前，大多数企业已经负债累累，并出现了一些企业由于不能偿还到期债务而被迫破产重组的现象。当这种债务重组成为一种较为普遍的现象时，“债务—通货紧缩”就开始了。其机理为：随债务比率的上升，企业的成本与费用提高，销售越发困难。企业销售量下降的一个直接后果是存款货币增长速度和整个货币流通速度的下滑，这种双重下滑引致了物价总水平的下跌，物价的下跌降低了企业的净值和利润率，净值和利润率的降低意味着企业资信水平的降低，从而导致金融机构贷款规模的收缩，货币流通速度和物价总水平又因此而下降（即通货紧缩越来越严重）。在名义利率不变的情况下，通货紧缩会提高债务的真实利率，真实利率的上升则意味着企业真实负债的扩大，如此循环……

（三）克鲁格曼的通货紧缩理论

克鲁格曼认为，20世纪90年代以来的世界性通货紧缩并非由供给过剩导致，而是由社会总需求不足引起的，物价下跌是市场机制实现均衡的必然，是“流动性陷阱”作用的结果。他认为，依靠市场机制来消除储蓄与投资的缺口有两种方法，一是通过降价来刺激消费、降低储蓄；二是通过名义利率的降低来增加投资。由于名义利率水平不可能降到零以下，因此物价水平的降低成为实现经济均衡的唯一方法。

为了提高社会公众的投资信心和收益预期，可运用“有管理的通货膨胀”来治理通货紧缩，即通过增发货币、扩大支出、增加需求，用更多的货币来消化过剩的商品。

经济学界关于我国通货紧缩的成因有三种不同观点：第一种观点是供需失衡论，强调通货紧缩是由实体经济因素所致，包括生产过剩论和有效需求不足论。在有效需求不足论中，又存在民间投资不足论、居民消费下降论、出口下降论等不同观点。第二种观点是货币紧缩论，认为通货紧缩是一种货币现象，是由紧缩性货币政策导致的。第三种观点是债务紧缩论，认为通货紧缩是由债务收缩引起的总需求下降导致的。

六、通货紧缩的治理

自19世纪末和20世纪初部分国家经历通货紧缩后，世界各国再未经历通货紧缩。正因为此，世界各国从政府宏观经济调节到经济法律制度，从政府决策到个人与家庭的行为偏好，一切都已经习惯于在通货膨胀的环境下做出。人们围绕通货膨胀问题提出并实践着大量的治理措施。但是，当20世纪90年代末突然重回通货紧缩环境时，政府、企业、专业研究人员、个人和家庭都变得手足无措，人们对通货紧缩没有足够的准备，现有的经济管理系统和决策机制，甚至人们的行为习惯都无法适应通货紧缩的环境要求。到目前为止，尽管世界各国综合运用了财政政策和货币政策，把通过促进投资增长、刺激消费来阻止和治理通货紧缩作为对付通货紧缩的根本办法。但是，治理通货紧缩的各种经济措施是否系统和完整，这些措施的效果如何等尚不清楚，还有待于人们从理论和实践两个层面进行探索和总结。但有一点是可以肯定的，那就是，虽然通货紧缩与通货膨胀相对应，但治理通货紧缩绝不能简单地照着治理通货膨胀的措施去“反其道而行之”。

【案例9.3】

我国改革开放以来出现的通货膨胀、通货紧缩及其治理

1978年改革开放以来，我国经历过多次通货膨胀，分别发生在1980年、1984～1985年、1988～1989年、1993～1994年和2003～2004年。1998～2002年还出现了长达5年的通货紧缩，价格水平一直处于0附近。2002年年底开始，经济出现过热苗头，2003年价格开始上涨，2004年达到3.9%。

1980年的通货膨胀及其治理：1980年，商品零售价格上涨达到6%。1980年12月，国务院发出《关于严格控制物价、整顿议价的通知》，随后中央工作会议做出了继续对国民经济进行大的调整的决策。会议要求，一方面要大规模压缩基本建设投资，缩减国防费和行政管理费，减少财政开支；另一方面要继续加快农业、轻工业的发展，增加消费品生产，开辟财源，力求实现财政收支、信贷收支的基本平衡，不再搞财政性的货币发行，把物价特别是基本生活必需品的销售价格稳住。经过这一阶段的调整，商品零售价格指数在1982年和1983年分别回落到1.9%和1.5%的水平上。

1984～1985年的通货膨胀及其治理：1985年，居民消费价格指数上涨9.3%。国务院采取紧缩信贷和紧缩财政的宏观调控措施，以抑制经济过热的势头。国家在严格控制财政支出和固定资产投资规模的同时，主要运用货币、信贷手段紧缩银根，严格控制信贷总规模和现金投放，加强银行金融信贷管理工作和开展全面信贷大检查，大力组织货币回笼。在这些措施的作用下，居民消费价格指数由9.3%回落到1986年的6.5%，国内生产总值增长速度由13.5%回落到1986年的8.8%。

1988～1989年的通货膨胀及其治理：1988年8月，我国出现了新中国成立以来第一次储蓄存款的净下降，同时“抢购风”达到了高潮，1988年居民消费价格指数达到18.8%。1988年9月，党中央、国务院提出用3年左右的时间把改革和建设的重点放到“治理经济环境、整顿经济秩序”上来，并实行财政金融“双紧”政策。这次治理整顿，很快收到了抑制通货膨胀的成效，居民消费价格指数由18.8%降至1990年的3.1%，进而维持在1991年3.4%的水平上。

1993～1994年的通货膨胀及其治理：1993年，通货膨胀突破了两位数，1994年居民消费价格指数上升到24.1%。针对当时经济过热导致的宏观经济失衡、经济秩序紊乱的局面，1993年6月，党中央、国务院发布了《中共中央、国务院关于当前经济情况和加强宏观调控的意见》，采取了16条以治理通货膨

胀、消除经济过热为首要任务的综合治理措施，这些措施主要包括三个方面的内容：一是“约法三章”，坚决查处乱拆借、乱集资、乱提高利率等非法行为，堵住资金流失的“邪门”；二是适时微调，在总量从紧的原则下，改进贷款供应，保证资金重点需求，缓解企业资金困难，开好资金投放“正道”；三是灵活利用利率杠杆，及时开办保值储蓄，促进货币回笼。中国人民银行实行“适度从紧”的货币政策。到1996年年底，这些措施和政策收到明显成效，通货膨胀得到控制，国民经济实现“软着陆”。

1998~2002年的通货紧缩及其治理：1998年，居民消费价格指数首次出现负值，之后连续4年在0附近波动。党中央、国务院及时制定扩大内需的方针，实行积极的财政政策和稳健的货币政策。自1996年5月起8次降息，适当增加货币供应量，引导贷款投向，执行金融稳定工作计划，促进商业银行深化改革，改善货币政策传导机制。到2000年，我国国民经济运行出现了重要转机，国内生产总值达到8.9万亿元，增长8%，物价涨幅持续下降的趋势得到遏制，全年居民消费价格指数同比上涨0.4%。

2003~2004年的宏观调控：2003年，国民经济运行中出现了粮食供求关系趋紧，固定资产投资增长过猛，货币信贷投放过多，煤电油运供求紧张等问题。居民消费价格指数自2003年9月起快速上升，12月达到了3.2%的水平；进入2004年后继续保持快速上涨态势，从1月份的3.2%升至6月份的5.0%，7、8、9三个月均维持在5%以上的较高水平。党中央、国务院于2002年中央经济工作会议时对出现低水平重复建设问题提出预警，2003年，又针对经济生活中的一些苗头性、倾向性问题主动调控。2004年，中央根据经济运行中出现的投资膨胀加剧、物价回升加快等新情况，在“两会”以后果断提出要紧紧把握土地、信贷两个闸门，及时加大了调控力度。2004年下半年以后，随着加强和改善宏观调控取得积极成效，又明确提出宏观调控仍处于关键阶段，多次强调要防止出现反弹。总的来看，加强和改善宏观调控取得了明显成效，经济运行中的不健康不稳定因素得到抑制，居民消费价格指数出现了一定程度的回落，国民经济继续保持平稳较快发展。

资料来源：中国人民银行货币政策分析小组：《中国货币政策执行报告（2004年第四季度）》，2005年2月25日。

思考题

1. 什么是通货膨胀和通货紧缩？衡量的方法是什么？

2. 货币学派和凯恩斯学派在解释需求拉上型通货膨胀方面有何区别？

3. 在我国，成本推进型通货膨胀可能有哪些主要原因？

4. 一般说来，哪些方面因素可能导致结构型通货膨胀？

5. 通货膨胀预期如何影响通货膨胀？

6. 通货膨胀的主要经济效应有哪些？你认为，通货膨胀能否促进经济发展？西方国家治理通货膨胀的主要对策有哪些？

7. 不同学派在治理通货紧缩方面各有何对策？

8. 分析我国通货膨胀的成因。

练　习　题

一、填空题

1. 通货膨胀与经济成长的关系，从观点上大体分为三种：（　　　　）、（　　　　）和中性论。

2. 治理通货膨胀运用最多的手段是（　　　　）。

3. 采取所谓供给政策治理通货膨胀的主要措施是（　　　　）。

4. 收入指数化的范围涉及（　　　　）、（　　　　）和其他货币性收入。

5. 治理需求拉上型通货膨胀，（　　　　）是关键。

6. 在西方经济学文献中认为通货膨胀是（　　　　）的一种表现。

7. 据市场机制作用的标准，通货膨胀可划分为（　　　　）和（　　　　）。

8. 据价格上涨速度的标准，通货膨胀可划分为（　　　　）、（　　　　）和恶性通货膨胀。

9. （　　　　）是由北欧学派提出的以实行开放经济的小国为背景，

10. 据通货膨胀的预期，通货膨胀可分为（　　　　）和（　　　　）。

11. 西方经济学教科书将通货膨胀定义为（　　　　）。

12. 隐蔽性通货膨胀是指货币工资水平（　　　　）而实际消费水准却（　　　　）的现象。

13. 如果年物价上涨率达到两位数，则认为发生了（　　　　）。

14. 在度量通货膨胀的众多指标中，多数国家通常采用的是（　　　　）。

15. GDP 冲减指数度量通货膨胀时的优点在于（　　　　）。

16. 在西方经济学中，将工资提高引起物价上涨，价格上涨又引起工资提高的现象称为（　　　　）。

17. 混合推动说认为只有（　　　　）加上（　　　　）才可能产生一个持续性的通货膨胀。

18. 中国的结构说认为（　　　　）是中国结构性通货膨胀的主要促成因素。

19. 一般而言，通货膨胀时期对于债务关系中的债务人（　　　　）而对债权人（　　　　）。

20. （　　　　）是被用来解释"滞胀"现象的通货膨胀理论。

21. 认为由物价上涨造成的收入再分配是通货膨胀的（　　　　）。

22. 最严重的恶性通货膨胀的最终结果是（　　　　）。

23. 菲利浦斯曲线反映了（　　　　）和（　　　　）的交替。

二、单项选择题

1. 以下不属于衡量通货膨胀指标的是（　　）。
   A. 国内生产总值物价平减指数　B. 消费者物价指数
   C. 生产者物价指数　D. GDP

2. 衡量通货膨胀时用得最多的消费者物价指数是指一组（　　）。
   A. 出厂产品批发　B. 与生产和消费有关
   C. 与居民生活有关　D. 出口和进口

3. （　　）膨胀是引起财政赤字和银行信用膨胀的主要原因。
   A. 消费需求　B. 投资需求　C. 社会总储备　D. 社会总需求

4. 在通货膨胀中，货币购买力（　　）可供量。
   A. 等于　B. 小于　C. 不等于　D. 大于

5. 凯恩斯主义认为通货膨胀的原因是（　　）。
   A. 货币量　B. 总需求　C. 总供给　D. 货币总数

6. 货币主义认为通货膨胀是一种（　　）。
   A. 经济现象　B. 社会现象　C. 政治现象　D. 货币现象

7. 当代西方国家通常把通货膨胀定义为（　　）。
   A. 物价总水平的上涨
   B. 商品和劳务货币价格总水平的持续上涨
   C. 货币供应过多
   D. 货币贬值、物价上涨

8. 按当年价格计算的国民生产总值与按不变价格计算的国民生产总值的比率叫（　　）。
   A. 消费物价指数　B. 批发物价指数
   C. 国民生产总值平减指数　D. 总物价指数

9. 在衡量通货膨胀的标志中，最具代表性的是（　　）。

A. 消费物价指数　　B. 批发物价指数
C. 国民生产总值平减指数　　D. 总物价指数

10. 着重于从社会供给方面阐述通货膨胀的理论是（　　）。
A. 需求拉上说　B. 成本推进说　C. 结构失调说　D. 混合说

11. 我国治理通货膨胀的传统方法是（　　）。
A. 紧缩需求　B. 增加供给　C. 调整结构　D. 增加收入

12. 以下对于通货膨胀度量方法的衡量与评价当中，不属于消费物价指数 CPI 的优点是（　　）。
A. 及时反映消费品供给与需求的对比关系
B. 资料容易收集
C. 公布次数较为频繁，能够迅速直接地反映影响居民生活的价格趋势
D. 对商业周期反应敏感

13. 下列论点中，不属于结构性通货膨胀的观点是（　　）。
A. 经济中存在两大部门：保守部门，先进部门
B. 工资、物价存在下降刚性
C. 社会达到充分就业以后的通货膨胀真正的通货膨胀
D. 社会的两部门之间存在着劳动生产率增长率的差异

14. 下列表述中，不属于通货膨胀效应中的“促退论”的理论依据的是（　　）。
A. 通货膨胀会降低储蓄，从而投资资金减少
B. 较高的通货膨胀率会错误地引导资金流向
C. 通货膨胀使货币贬值，存贷款风险增大
D. 通货膨胀增加了持有现金的机会成本

15. 在通货膨胀的过程中，下列会得到利益的经济个体是（　　）。
A. 债权人　　B. 浮动收入者
C. 货币财富持有者　　D. 靠固定薪金维持生活的人

16. 在通货膨胀的政策当中，不属于财政政策方面的紧缩政策的是（　　）。
A. 削减政府支出
B. 限制公共事业投资
C. 制定物价、工资管制政策
D. 增加税赋，以抑制私人企业投资和个人消费支出

17. 把减税作为克服通货膨胀的主要措施的是（　　）。
A. 供应学派　B. 凯恩斯学派　C. 货币学派　D. 理性预期学派

18. 隐蔽型通货膨胀的形成条件不包括（　　）。
A. 过度的需求压力　　B. 严格的价格管制
C. 单一的行政管理体制　　D. 市场价格发挥调节作用

三、多项选择题

1. 对通货膨胀表述正确的是（　　）。
A. 在货币流通条件下产生的
B. 货币供应量过多引起的
C. 货币供应量不足引起的
D. 有支付能力的货币购买力大于商品可供量
E. 是货币贬值、物价上涨的经济现象
2. 引起通货膨胀的原因有（　　）。
A. 国际收支长期大量顺差
B. 银行信用膨胀
C. 专业银行、企业、个人暂时把钱借给财政
D. 基本建设投资过度
E. 银行发行货币弥补财政赤字
3. 根据通货膨胀的表现形式，可把通货膨胀划分为（　　）。
A. 结构型通货膨胀　　B. 隐蔽型通货膨胀
C. 公开型通货膨胀　　D. 体制型通货膨胀
E. 爬行型通货膨胀
4. 根据物价的上涨程度，可把通货膨胀划分为（　　）。
A. 爬行的通货膨胀　　B. 温和的通货膨胀
C. 恶性的通货膨胀　　D. 成本推进型通货膨胀
E. 结构型通货膨胀
5. 收入指数化方案可收到的功效是（　　）。
A. 它会造成工资、物价螺旋上升
B. 全面实行收入指数化方案技术性要求高
C. 剥夺政府收入，打消其通货膨胀动机
D. 可增加财政收入，减少财政赤字
E. 可抵消或缓解物价波动对个人收入水平的影响，克服分配不公
6. 一般所用的物价指数主要有（　　）。
A. 消费物价指数　　B. 投资物价指数

C. 批发物价指数　　D. 国民生产总值平减指数

E. 综合物价指数

7. 西方经济学者有代表性的通货膨胀成因理论主要有（　　）。

A. 供给拉上说　　B. 成本推进说

C. 结构失调说　　D. 需求拉上说

E. 促进论

8. 在通货膨胀中受益的一般是（　　）。

A. 政府　　B. 依靠工资等固定收入的人

C. 从利润分取收入者　　D. 实物资产持有者

E. 大的债权人

9. 通货膨胀对经济的影响有（　　）。

A. 破坏再生产的正常进行，导致生产过程紊乱

B. 使生产性投资减少，不利于生产长期稳定发展

C. 使正常的流通受阻，加剧供需之间的矛盾

D. 改变了社会成员原有收入的比例

E. 居民消费水平下降，加剧社会成员之间的矛盾

10. 治理通货膨胀时，财政方面采取的措施有（　　）。

A. 削减财政支出　　B. 限制公共事业投资

C. 增加赋税　　D. 减少赋税

E. 增加投资和消费

11. 由供给因素变动形成的通货膨胀可以归结为两个原因（　　）。

A. 工资推进　　B. 价格推进

C. 利润推进　　D. 结构调整

E. 生产效率

四、判断题

1. 改革开放前，我国的通货膨胀主要是隐蔽型的；改革开放后，则主要是公开型的。（　　）

2. 收入指数化可以完全消除通货膨胀带来的不公平的收入分配，而且有利于通货膨胀的最终消失。（　　）

3. 物价上涨就是通货膨胀。（　　）

4. 批发物价指数不包括商品销售时的价格变动。（　　）

5. 通货膨胀缺口也可用来度量现实的通货膨胀。（　　）

6. 通货膨胀不是指一次性或短期的价格总水平的上升，只有当价格持续的上涨趋势不可逆转时，才可称为通货膨胀。（　　）

7. 在通货膨胀的度量指数当中，消费物价指数和批发物价指数是应用最为广泛的。（　　）

8. 凯恩斯学派主要赞同需求拉上的通货膨胀成因说，而货币学派则主张成本推进型的通货膨胀成因说。（　　）

9. 在封闭型经济中，标准的成本推进型通货膨胀是通过工资—物价螺旋上升的机制发生作用的。（　　）

10. 结构型通货膨胀成因说从社会的产业结构调整入手，认为在总需求不变的情况下也会引发通货膨胀。（　　）

11. 通货膨胀具有一种有利于低收入阶层的收入再分配效应，即在通货膨胀过程中，高收入阶层的收入比低收入阶层的收入增加得少。（　　）

12. 通货膨胀的收入再分配效应具体地体现在固定收入者吃亏，浮动收入者得利，债权人得利，债务人吃亏。（　　）

13. 供应学派认为，治理通货膨胀，摆脱滞胀困难，治本的方法在于着力增加生产和供给。（　　）

14. 工资推进型通货膨胀理论是以强有力的工会组织存在为前提的。（　　）

第十章 金融风险与金融监管

金融风险引发金融危机，在世界范围内屡屡发生，特别是2007年以来美国次贷危机，引发全球金融海啸，金融管理层在不断地反思，应该如何控制风险，加强金融监管，防止金融危机。目前，国内外一致认为防范和化解金融风险、保持金融市场稳步健康发展，比一味追求利润最大化更为重要。

金融风险与金融监管这一章主要介绍十项内容：金融风险概述、银行业主要风险、证券业主要风险、保险业主要风险、金融监管概述、金融监管体制与监管模式、银监会对银行业的监管、证监会对证券业监管的主要内容、保监会对保险业监管的主要内容、金融监管的国际化。

第一节 金融风险概述

一、金融风险的定义

金融风险是指金融机构在货币资金的借贷和经营过程中，由于各种不确定性因素的影响，使得预期收益和实际收益发生偏差，从而发生损失的可能性。

二、金融风险的基本特征

一般而言，金融风险具有四大基本特征：一是不确定性。它是指影响金融风险的因素非常复杂，各种因素相互交织，难以事前完全把握。二是相关性。它是指金融机构主观的经营和决策行为会造成一定的金融风险，但是金融机构经营的商品——货币资金的特殊性决定了金融机构同经济和社会是紧密相关的。三是高杠杆性。它是指与工商企业相比，金融企业负债率高，财务杠杆大。四是传染性。它是指金融机构充当中介机构的职能，割裂了原始借贷的对应关系。处于这一中介网络的任何一方出现风险，都有可能对其他方产生影响，甚至发生行业的、区域的金融风险，导致金融危机。

三、我国金融风险的特性

我国金融风险除了上述四个基本特征外，还存在如下三方面的特性：一是金融结构失衡与融资形式畸形发展使风险集中于银行，二是金融风险与财政风险相互传感放大，三是非正规金融规模庞大成为金融安全隐患。

四、金融风险类型

金融风险按照不同标准，有多种分类，这里我们主要介绍两大类风险划分方式。

（一）按照风险产生的原因划分

按照风险产生的原因大致可划分为信用风险、国家风险、市场风险、利率风险、流动性风险、操作风险、法律风险、声誉风险、偿付能力风险。

（二）按照风险是否可以回避或消除划分

按照风险是否可以回避或消除划分，金融风险分为系统性风险和非系统性风险。

系统性风险是不可以通过资产组合和多样化来回避或消除的风险，因此又称为不可多样化风险。系统性风险可分为利率风险、国际政治风险、汇率风险、股票价格风险、商业价格风险等。当然，这种划分并不是绝对的，有些利率风险、市场风险、汇率风险出现时，可以通过多样化和分散化来避免的，这时它们就属于非系统风险。①

非系统性风险是可以通过资产组合和多样化回避或消除的，因此又称为可多样化风险。如经营风险、操作风险、内控风险、信用风险等。

---

① 戎生灵：《金融风险与金融监管》，中国金融出版社 2007 年版，第 41 页。

第二节 银行业主要风险

一、银行风险的定义与特殊性

（一）银行风险的定义

银行风险是指银行在经营过程中，由于各种不确定因素的影响，而使其资产和预期收益蒙受损失的可能性。

（二）银行风险的独特性

银行风险的独特性突出表现在三方面：一是银行的自有资本金在其全部资金来源中所占比重很低，属于高负债经营；二是银行的经营对象是货币资金，具有特殊的信用窗口功能；三是银行是市场经济的中枢，其风险的外部负效应巨大。

二、银行风险种类

根据巴塞尔委员会《有效银行监管的核心原则》，将银行业面临的主要风险划分为八大类。但是我国银行业按照银监会的管理规定，将银行业风险分为九大类，主要包括信用风险、市场风险、操作风险、流动性风险、国家风险、声誉风险、法律风险、合规风险和战略风险。

（一）信用风险的定义、存在范围和重要性

信用风险又称违约风险，指债务人或交易对手未能履行合同所规定的义务或信用质量发生变化，从而给银行带来损失的可能性。信用风险不仅存在于信贷业务中，而且存在于中间与表外业务中。如担保、承兑、信用证、信用卡、证券投资、衍生产品交易以及其他形式的股权投资等。信用风险是银行最为复杂的风险种类，也是银行面临的最主要的风险。

（二）市场风险的定义和分类

市场风险是指因市场价格（包括利率、汇率、股票价格和商品价格）的不利

变动而使银行表内和表外业务发生损失的可能性。

市场风险包括利率风险、汇率风险、股票价格风险和商品价格风险四大类。其中利率风险是市场风险的一种重要表现，指银行的资产、负债、收益在利率波动时发生损失的可能性。汇率风险又称为货币风险或外汇风险，是指汇率变动而使经济主体遭受损失的可能性。价格风险是指股票或商品价格反向变动，使得经济主体遭受损失的可能性。

（三）操作风险的定义、分类、表现形式及其可转化性

操作风险是指由于不完善或有问题的内部程序、人员及系统或外部事件所造成损失的风险。

操作风险可分为由人员、系统、流程和外部事件所引发的四类风险。操作风险存在于银行业务和管理的各个方面，而且具有可转化性，即可以转化为市场风险、信用风险等其他风险，受到越来越多的重视。

（四）流动性风险的定义和分类

流动性风险是指无法在不增加成本额或资产价值不发生损失的条件下及时满足客户流动性需求，从而使银行遭受损失的可能性。

流动性风险包括资产流动性风险和负债流动性风险。资产流动性风险是指资产到期不能如期足额收回，不能满足到期负债的偿还和新的合理贷款及其他融资需要，从而给银行带来损失的可能性。负债流动性风险是指银行过去筹集的资金特别是存款资金由于内外因素的变化使其发生不规则波动，对其产生冲击并引发相关损失的可能性。负债流动性风险最突出的表现就是“挤提”或称为“挤兑”现象出现。

（五）国家风险的定义、分类和特点

国家风险是指经济主体在与非本国居民进行国际经贸与金融往来中，由于他国经济政治和社会等方面的变化而遭受损失的可能性。

国家风险通常是由债务人所在的国家的行为引起的，超出了债权人的控制范围。国家风险可分为政治风险、社会风险及经济风险三类。

国家风险有两个特点：一是国家风险发生在国际经济金融活动中，在同一国家范围内的经济金融活动不存在国家风险；二是在国际经济金融活动中，不论是政府、银行、企业，还是个人，都可能遭受国家风险所带来的损失。

（六）声誉风险的定义和重要性

声誉风险是由于违约、违法、违规、操作失误或其他问题对银行的声誉产生负面影响，使存款人、贷款人或整个市场对银行的信心产生动摇，从而使银行处于困境或造成损失。

银行通常将声誉风险看作对其市场价值最大的威胁，因为银行的业务性质要求它能够维持存款人、贷款人和整个市场的信心。

（七）法律风险的定义

法律风险是指银行在日常经营活动或各类交易过程中，因为无法满足或违反相关的商业准则和法律要求，导致不能履行合同、发生争议/诉讼或其他法律纠纷，而可能给银行造成经济损失的风险。法律风险也指银行未能充分了解法律规定，或由于不完善、不正确的法律规定、法律意见、法律文件，造成同预计情况相比资产价值下降或负债加大的风险，并形成损失的可能性。

（八）合规风险的定义

合规风险是指商业银行因没有遵循法律、规则和准则可能遭受法律制裁、监管处罚、重大财务损失和声誉损失的风险。严格说来，合规风险是法律风险的一部分，但由于其重要性和特殊性，一般单独加以讨论。[①]

（九）战略风险的定义和来源

战略风险是指银行在追求短期商业目的和长期发展目标的系统化管理过程中，不适当的未来发展规划和战略决策可能会威胁到银行未来发展的潜在风险。

战略风险主要来自四个方面：银行战略目标的整体兼容性；为实现这些目标而制定的经营战略；为这些目标而动用的资源；战略实施过程的质量。

三、我国银行业的主要风险

我国银行业面临的主要风险是信用风险、市场风险以及操作风险。

信用风险仍然是我国银行风险的主要表现形式，我国商业银行的不良资产率普遍高于国际同业水平，这一方面是因为我国直接投资比例低，间接融资的比重

① 中国银行业监督管理委员会：《商业银行合规风险管理指引》，自2006年10月25日起施行。

过大，另一方面也与我国商业银行内部控制不足有关。

市场风险是银行新的风险点，利率放开后的利率风险、人民币升值带来的汇率风险以及进行市场操作带来的价格风险，都可能形成真实的风险损失。

操作风险是我国商业银行经营管理和业务操作过程中亟须控制的一类风险，是银行风险的重要根源。

第三节　证券业主要风险

证券业的风险一般采取系统性风险或非系统性风险标准进行分类。系统性风险是指由于某种因素使国际证券市场上所有的证券都出现价格变动给一切证券投资者都会带来损失的可能性。这种影响是全局的，会导致整个国际市场的证券行市发生变化。国际政治、经济的和社会的变动是系统性风险的根源。如市场风险、利率风险、汇率风险、政治风险、经济风险等。系统性风险具有三大特点：一是由共同的因素引起；二是影响所有证券的收益；三是不可能通过证券多样化来回避或消除，因此它又被称为不可多样化的风险。

非系统性风险是仅涉及某一特定的证券，是指某些个别因素对某一证券造成损失的可能性。它与系统风险不同，专指个别证券所独有并随时变动的风险，主要有经营风险和财务风险性等。

非系统性风险同样具有三个特点：一是由特殊因素所引起；二是只影响某种证券的收益；三是可以通过持有证券多样化回避或消除，因此它又被称为可多样化风险。

我国证券业的主要风险是市场风险和流动性风险。证券业的市场风险主要反映在较强的波动性上面。证券市场的大起大落是市场风险的最主要标志。我国资本市场的流动性风险体现在流动性偏低上。

第四节　保险业主要风险

当前我国保险业面临的主要风险表现在四个方面：定价、投资、公司治理结构不完善和内控不严、偿付能力风险。

在定价方面，寿险领域最典型的表现就是利差损。从 1996 年开始，在我国银行利率连续 8 次下调的情况下，寿险业曾出现了巨额利差损。在产险市场上，由于恶性竞争，部分大型商业险项目的定价过低，积累了大量经营风险。随着保险费率管理体制改革的逐步深入，如果保险业在公司管控、定价能力和监管水平等方面跟不上，就有可能出现新的定价风险。

在投资方面，保险资产期限错配风险、债券投资的信用风险和投资收益的稳定性问题都较严重。

在公司治理结构不完善方面，保险公司特别是寿险公司，管理的资金很大一部分是为人民群众未来养老和医疗积累的准备金，一旦公司治理结构出了问题，这些钱就可能被违规使用，甚至造成重大损失。

偿付能力风险是指在不利事件发生时，保险机构的可用资产不能保证所有保险客户索赔的可能性。偿付能力是保险公司稳健经营的核心问题，保险监管机构对于偿付能力的监管是整个保险行业健康发展的保证。

第五节　金融监管概述

一、金融监管的定义、目标、原则

（一）金融监管的定义

金融监管或称金融监督管理，是指一国的金融管理部门为达到稳定货币、维护金融业正常秩序等目的，依照国家法律、行政法规的规定，对金融机构及其经营活动实施外部监督、稽核、检查和对其违法违规行为进行处罚等一系列行为。金融监管是一种外部力量，因此，金融监管并不能保证金融机构不发生金融风险和损失。

（二）金融监管的目标与基本原则

金融监管有三大目标和五大原则。三大目标是：实现金融业经营活动与国家金融货币政策的统一；减少金融风险，确保经营的安全；实现公平有效的竞争。五大原则是：依法监管的原则；公开、公正的原则；效率原则；适度竞争原则；审慎监管原则。

二、金融监管的理论

金融监管的理论基础是管制理论。目前管制理论主要有公共利益论、保护债权论、金融风险控制论、社会选择论、经济监管论等。

（一）公共利益论

公共利益论源于20世纪30年代美国经济危机，并且一直到20世纪60年代都是经济学家们所接受的有关监管的正统理论。

西方20世纪30年代经济危机时期，人们迫切需要政府通过管制来改善自由市场的低效率和不稳定状态，并在金融领域恢复公众对全国存款机构和货币的信心。该理论认为自由的市场机制不能带来资源的最优配置，甚至由于自然垄断、（正或负）外部效应和不对称信息的存在，将导致自由市场的破产。在这种情况下就需要作为社会公共利益代表的政府在不同程度上介入经济过程，通过实施管制以纠正市场缺陷，避免市场破产。

这一理论认为，监管是政府对公众要求纠正某些社会个体和社会组织的不公平、不公正和无效率或低效率的一种回应。监管被看成政府用来改善资源配置和收入分配的手段。正因为政府的参与能够解决市场的缺陷，所以政府可以作为公共利益的代表来实施管制以克服市场缺陷，而由此带来的公共福利将大于管理的成本。

（二）保护债权论

这一理论的观点是，为了保护债权人的利益，需要金融监管。所谓债权人，就是存款人、证券持有人和投保人等。银行、证券公司、保险公司等金融机构存在严重的逆向选择和道德风险问题，投资者必须实施各种监督措施，但是由投资者来进行监督的成本是昂贵的，而且每个投资者都来实施相同的监督也是重复多余的。更为重要的是，很多投资者如存款人不了解银行的业务，没有实施监督的激励，由此形成了监督的“自然垄断”性质，以上种种造成搭便车的行为使外部监管成为必要。存款保险制度就是这一理论的实践形式。

（三）金融风险控制论

这一理论源于“金融不稳定假说”，认为银行的利润最大化目标促使其系统内增加有风险的活动，导致系统内的内在不稳定性。这种不稳定性来源于银行的高负债经营、借短放长和部分准备金制度。银行经营的是金融资产，这使得各金融机构之间的联系是非常密切的，而各种金融资产的可流通性又使得银行体系有着系统性风险和风险的传导性，“多米诺骨牌效应”容易在金融体系中出现，所以金融业比其他行业有更大的脆弱性和不稳定性。因此，通过金融监管控制金融体系系统性风险显得异常重要。

（四）社会选择论

社会选择论是从公共选择的角度来解释政府管制的，即政府管制作为政府职能的一部分，是否应该管制、对什么进行管制、如何进行管制等，都属于公共选择问题。管制制度作为产品，同样存在着供给和需求的问题；但其作为一种公共产品，只能由代表社会利益的政府来供给和安排，各种利益主体则是管制制度的需求者。管制者并不只是被动地反映任何利益集团对管制的需求，它还应该坚持独立性，努力使自己的目标促进一般社会福利增长。

（五）经济监管论

经济监管论又叫监管经济学，是目前为止较为确切的一种理论，它提出了可检验的假设和一系列合乎逻辑的推理。根据监管经济学的观点，之所以会存在着监管的需求，是因为国家可以通过监管使得利益集团的经济地位获得改善。企业可以从政府监管那里获得至少三个方面的利益：直接的货币补贴、控制竞争者的进入、获得影响替代品和互补品的定价能力。而监管的供应则来自于千方百计谋求当选的政治家，他们需要选票和资源。由于愿意接受监管的利益集团十分明白，通过监管能够从政治家那里获得到好处，因此，它们就愿意承担相应的成本。监管就是这种供求关系的相互作用下产生的一种产品。

第六节　金融监管体制与监管模式

一、金融监管体制

金融监管体制是指一国金融管理部门的构成及其分工的有关安排。金融监管体系应涵盖三个层次。第一个层次，外部监管。包括两个方面：一是一个国家的政府为该国金融机构选择的监管模式；二是本国监管部门与国际监管组织共同与合作监管。第二个层次，内部自律性监管。同样包括两个方面：一是金融市场的自律（金融市场上金融机构的行业自律），即金融机构（商业银行、专业储蓄存款机构、住房抵押贷款机构、投资银行、保险公司、基金公司、信托公司等）之间的行业自律性监管；二是金融机构内部的自律性监管体系。如内控制度和风险管理体系、授信系统和信贷审批制度等。第三个层次，外部监管与内部自律性监控的配合和有效运作。① 这里我们只介绍金融监管的第一层次。

二、金融监管模式

金融监管模式是指一国对金融机构经营所采取的监管方式。全球金融业监管模式主要有三种：一体化单一监管、双重多元牵头监管和分业监管。

（一）一体化单一监管模式

目前全球实行一体化单一监管模式的国家比较多，以英国和日本为代表。世界上一些较小的国家率先实行集中统一的监管体系。如挪威、瑞典、丹麦、冰岛、匈牙利、拉脱维亚、奥地利、爱尔兰、芬兰、瑞士、德国、韩国、日本、南非、澳大利亚、英国。

英国虽然不是世界上最早实行集中统一监管的国家，但却是世界金融中心中第一个设立统一监管机构的国家，其作用和影响非同一般，在世界范围竖起一面国家政府对金融业集中统一监管的旗帜。

1. 一体化单一监管模式定义

一体化监管模式又称一元化或单一监管模式，是指政府设立一个独立的机构负责对银行、证券、保险等整个金融业进行集中统一监管的制度。即银行、证券、保险等监管机构合而为一，由一家独立于中央银行的机构集中统一负责监管各类金融机构。

2. 一体化监管模式的优势

一元化监管统一负责对系统性风险、审慎监管和金融机构行为进行监管，顺应国际金融业发展趋势，有利于监管的国际协调；增强市场敏感度，避免监管真空；产生规模和范围经济效应，降低监管成本；一方面减少监管者的工作量，另一方面一定程度上减少被监管者——金融机构的数量，便于政府集中精力对几家大银行进行监管。故而，政府与金融机构的关系更加密切，两者协调配合，较大地提高政府宏观调控能力。

3. 一体化监管模式存在的问题

一元化监管模式仍然存在缺陷：首先，实行一元化监管时，政府如何解决被撤并监管机构的抵制行为。在许多国家建立统一监管机构的尝试之所以受挫，是

① 徐文彬：《全能银行发展路径研究》，经济科学出版社 2009 年版，第 106~122 页。

因为各监管机构害怕监管合并后，失去影响或自己的影响力不如其他的监管机构。其次，一体化监管可能产生监管目标的冲突，如是审慎监管还是消费者保护。

（二）双重多元牵头监管模式

1. 双重多元牵头监管模式

牵头监管模式又称多元化或伞形及主监管模式，对同时从事银行、证券、互助基金、保险与商人银行等业务的金融控股集团公司，政府根据金融集团的特点，在多个监管机构中指定一家监管机构为牵头监管者或称为主监管者，负责对金融集团进行整体监管，其他监管机构进行功能监管的制度。在目前少数实行牵头监管模式的国家中，美国最具代表性。

2. 双重多元牵头监管模式的特点

牵头监管人与功能监管人必须相互协调，共同配合。为避免重复与过度监管，牵头监管人的权利也受到相当的限制，如美联储必须尊重金融控股公司内部不同附属公司监管当局的权限，尽可能采用其检查结果。在未得到功能监管人同意的情况下，美联储不得要求非银行类附属公司向濒临倒闭的银行注入资本。但在金融控股公司或其附属公司因风险管理不善及其他行为威胁其下属银行的稳定性时，美联储有权加以干预。

3. 双重多元牵头监管模式的问题

双重多元牵头监管模式，不仅存在许多问题，而且会给政府带来诸多麻烦。首先，由于存在牵头监管者和功能监管者的共同监管问题，容易产生重复监管，加重被监管者的负担。其次，多头监管可能产生都监管都不管的情况，也容易出现监管漏洞和监管的“真空”。最后，牵头监管者和功能监管者之间，如果协调不够畅顺，可能大幅降低监管效率，增大监管成本，同时会产生监管的缺位与监管的盲区。

三、我国金融业监管体制的历史演变

我国金融业监管体制的发展主要经历了五个演变阶段：1949～1984 年之前，计划经济体制下的高度集中统一的大一统时期；1984～1997 年，双元银行体制与多种金融机构并存时期；1998～2003 年分业监管时期；2003～2007 年“一行三会”的分业监管时期；2007 年至今“一行三会”由功能监管向合作监管模式过渡。

（一）银行业监管体制发展的“大一统”监管模式

1948 年 12 月 1 日至 1984 年 1 月 1 日是银行业监管体制发展的第一阶段。中国人民银行于 1948 年 12 月 1 日，由原解放区的华北银行、北海银行、西北农民银行共同组建的，并且承担了我国人民币货币的发行职责，从组建后至 1984 年之前，在这一时期，由于我国实行高度集中统一的计划经济体制，因而自然形成了我国计划体制下的高度集中统一的银行业监管的大一统管理模式。

当时的中国人民银行既承担着中央银行（统一发行货币）职能，又承担着商业银行的职能（办理对工商企业信贷和储蓄存款业务），同时还象征性地行使对当时国内已有的金融机构（中国银行、中国人民建设银行、城市信用合作社等）进行监管的职能。

1912 年成立的中国银行，在新中国 1949 年 10 月 1 日成立的同时，被国家指定为国际外汇汇兑银行，1979 年再度被指定为外汇外贸专业银行。中国人民建设银行（现已更名为中国建设银行）于 1954 年 10 月 1 日成立，在 1979 年成为独立经营长期信用业务的专业银行。中国农业银行于 1979 年年初，也被指定为专门负责农村金融业务的国家专业银行。

1979 年全国第一家城市信用社在河南省驻马店成立，其宗旨是为城市和街道的小企业个体工商户和城市居民服务。随后，各地纷纷成立城市信用社（后改为城市合作银行，再度改为城市商业银行）。同年，我国第一家信托投资公司——中国国际信托投资公司成立。

在这一阶段，中国人民银行主要是以发行货币，办理工商企业信贷与储蓄业务为职能，一定程度上属于财政部的“出纳”，因而对于当时已有的上面提到的金融机构，只是名义上的监督管理。因此，不是现代意义上对银行业的监管。

（二）二元银行体制与多种金融机构并存的监管模式

从 1984 年 1 月 1 日至 1997 年 12 月 31 日，是我国金融业监管体制发展的第二阶段。在这一阶段初期，建立起了以中央银行（中国人民银行）为主体、专业银行与多种非银行金融机构并存的二元银行体制。

1983 年 9 月，国务院决定中国人民银行专门行使中央银行职能，把原来中国人民银行办理对工商信贷和储蓄业务交给新成立的中国工商银行，自 1984 年 1 月 1 日起开始执行。中国工商银行从成立起就被指定为国家专业银行，从事对工商企业、个体信贷业务及储蓄业务。

中国人民银行专职行使中央银行职能的同时，负责对境内所有金融机构进行监督管理。境内所有金融机构包括银行与非银行金融机构（证券公司、保险公司、信托投资公司等）。即中国人民银行对银行业、保险业、证券业进行综合监管。这一阶段又可以根据中国人民银行工作重心的不同，分为1984年年初至1994年年底和1995年至1997年两个时期。

1. 1984年年初至1994年年底，以行政手段管理与市场准入及合规监管为主要内容时期

（1）中国人民银行对银行业的监督管理

1994年年底，我国完成了三部金融法律，并于1995年3月18日，在第八届全国人民代表大会第三次会议上通过了《中华人民共和国中国人民银行法》（简称《中国人民银行法》，或称《中央银行法》）、《中华人民共和国商业银行法》（简称《商业银行法》）、《中华人民共和国票据法》（简称《票据法》）。至此中国人民银行作为中央银行便以法律形式被确定下来。《中国人民银行法》中指出："中国人民银行在国务院领导下依法独立执行货币政策，履行职责，开展业务，不受地方政府、各级政府部门、社会团体和个人的干涉。"同时还指出："中国人民银行根据履行职责的需要设立分支机构，作为中国人民银行的派出机构。"

这一时期中国人民银行对银行等金融业的监管以行政手段和行政命令管理、金融机构的注册登记、市场准入、合规合法监管为主要内容。其中，1984～1995年，监管重心是审批银行业新的业务机构建设，包括分支行和储蓄网点的新建、合并城市信用社、审批省市级信托投资公司的开设。

从1979年我国第一家信托投资公司成立到1988年，全国的信托投资公司迅速发展到1 000多家。1986年9月，国务院批准重新组建交通银行。1987年4月1日，交通银行组建完成，成为我国第一家全国性的股份制商业银行，随后又有12家全国性股份制商业银行相继成立。

1978年改革开放以来，特别是1984～1994年的10年间，我国已基本上完成了从计划经济体制向市场经济体制转轨的任务。1993年12月，国务院颁布了《国务院关于金融体制改革的决定》，明确指出了要把我国的专业银行办成真正的商业银行，至此四大国有专业银行正式转型为国有商业银行（工行、农行、中行、建行）。

1994年成立了三家政策性银行（国家开发银行、中国进出口银行、中国农业发展银行），同时国务院决定合并城市信用社，改为城市合作银行。

（2）中国人民银行对证券业和保险业的监管

1990年11月26日上海证券交易所成立，1991年7月3日深圳证券交易所成立，中国人民银行对两家证券交易所和各地的证券公司行使监督管理。1992年

10 月，中国证券监督管理委员会成立，中国人民银行把对证券业的监督管理权力移交给证监会，并由证监会对全国的证券行业进行统一监管。

1978 年，中国人民银行提出恢复国内保险业务，随后成立了中国人民保险公司，至 1996 年，中国平安、天安、大众、新华、华泰、泰康、华安、永安等股份制保险公司相继成立，其中 1992 年美国友邦保险公司在上海设立分公司。保险业的监督管理由中国人民银行实施。

至此，中国人民银行行使除对证券业外的所有非银行金融机构及银行业的监管职能。

2. 1995 年年初至 1997 年年底以银行业风险监管为核心的系统性监管为主要内容

1988 年《巴塞尔Ⅰ》和 1995 年《巴塞尔Ⅱ》之后，在国际银行业监督管理的统一要求下，中国人民银行开始把工作重心转移到以银行风险监管为核心的系统性风险和依法监管上来，并且首次提出了降低国有商业银行不良贷款的要求。具体的监管内容和手段做了以下三个方面的调整：一是 1997 年 1 月中国人民银行对商业银行、保险公司、信托投资公司等金融机构实施本外币、表内和表外业务的合并监管。二是 1997 年中国人民银行取消了对商业银行贷款规模管理，对所有商业银行实行完全的资产负债比例管理，为向巴塞尔协议要求的银行业资本充足率大于等于 8% 做前期的准备工作。三是放弃过去长期以来采用的信贷资产质量的四级分类方法（正常、逾期、呆滞、呆账），采用国际上通用的五级分类方法（正常、关注、次级、可疑、损失）。

（三）1998 ~ 2003 年分业监管的“三驾马车”模式

金融业监管体制发展的第三个阶段，从 1998 年 1 月 1 日到 2003 年 12 月 31 日。在这一时期，基本上形成了分业经营和分业监管的模式。

1. 中国人民银行组织机构改革——设立 9 家跨省大区分行

1997 年亚洲金融危机后，我国为了吸取亚洲国家的经验教训，防范金融危机对我国金融体系的冲击，加快了对金融监管体制的改革步伐。

1997 年 11 月，召开了全国金融工作会议，确定了深化金融体制改革的方针，进一步提升中国人民银行作为中央银行的宏观经济调控能力，提高其风险防范和化解金融风险的预测和监控能力，同时把中国人民银行组织机构改革列为金融体制改革的重要任务。中共中央《关于深化金融改革，整顿金融秩序，防范金融风险的通知》（中发［1997］19 号）中决定：“为了有效实施货币政策，切实加强对金融业的监督管理，要尽快改变中国人民银行分支机构按行政区划设置的状况，有计划、有步骤地撤销中国人民银行省级分行，在全国设置若干跨省、自治区、直辖市的一级分行，重点加强对辖区内金融业监督管理。”根据《国务院批转中国人民银行省级机构改革实施方案的通知》要求，1998 年 11 月，中国人民银行跨省设立 9 家大区分行，同时撤销了 31 家省级分行，精简了地市以下分支机构 148 个。1999 年 1 月 1 日，中国人民银行 9 家跨省区分行正式对外履行职能。

2. 1998 年 3 月中国人民银行借助降低法定准备金率之际，提高商业银行资本充足率

1998 年 3 月，中国人民银行降低对金融机构的存贷款基准利率，同时调低商业银行缴纳的法定准备金比率，从 13% 降到 8%。中国人民银行把准备金比率降低了 5% 后的准备金大约为 2 700 亿元人民币，返还给各商业银行，同时要求各商业银行用这部分资金购买财政部定向发行的特种国债，以抵补各商业银行资本充足率严重不足的状况。

3. 1998 年 11 月保险监督管理委员会成立

1998 年 11 月，中国保险监督管理委员会成立。中国人民银行把对保险业的监管职能交给保监会，由其对我国的保险公司和保险市场进行统一监管。至此，形成了分业经营、分业监管的三驾马车的监管模式。即人民银行对各种类型的银行与信托投资公司进行监管、证监会对证券公司、期货经纪公司、证券期货投资咨询机构、基金公司等进行监管、保监会对各类保险公司（包括财产险公司、人寿险公司、再保险公司、保险中介机构、保险资产管理公司等）进行监管。

4. 1999 年四大国有商业银行将不良资产剥离到各自的资产管理公司

1999 年年底，中国人民银行依据国务院授权，批准四大国有商业银行成立四大资产管理公司，分别是信达资产管理公司、长城资产管理公司、东方资产管理公司、华融资产管理公司，同时把四大商业银行的不良资产进行剥离。四大商业银行剥离到各自资产管理公司的不良资产共 9 800 亿元人民币。

5. 中国人民银行对国内外资银行机构的监督管理

在此期间，中国人民银行对国内的外资银行在华分支机构或办事处，进行监管。1994 年 4 月 1 日，《中华人民共和国外资金融机构管理条例》开始实施。1999 年 1 月，中国人民银行宣布取消外资银行在华设立营业性分支机构的地域限制，从原来的上海、北京、天津、深圳等 23 个城市和海南省扩大到所有中心城市。2001 年 12 月 20 日颁布《中华人民共和国外资金融机构管理条例实施细则》，2002 年 6 月 25 日颁布《外资金融机构驻华代表机构管理办法》，2002 年 2 月 9 日颁布《中华人民共和国外资金融机构管理条例实施细则》。因此，这一时期，中国人民银行依据以上法律法规对外资银行在华分支机构进行监管。

从2004年1月1日开始，所有的外资银行在华分支机构全部受银行业监督管理委员会的监管（2004年10月末，共有19个国家和地区的62家外资银行在我国设立了204家营业性机构。据银监会统计，截至2006年12月底，在中国注册的外资独资和合资法人银行业机构共14家，下设19家分支行及附属机构；22个国家和地区的74家外资银行在我国25个城市设立了200家分行和79家支行；42个国家和地区的186家外国银行在我国24个城市设立了242家代表处）。

6. 入世后的我国商业银行进行股份制改革

2001年12月11日，我国正式加入世贸组织。这标志着从入世的那一刻起到2006年12月11日的5年过渡期内，混业经营的外资银行将大举进入我国市场。中资银行将与强大的外资银行在同一环境下开展竞争。2002年在中国人民银行组织下，召开了第二次全国金融工作会议。在本次会议上，国务院明确了国有商业银行改革是中国金融改革的重中之重，同时指出改革的方向是按现代金融企业的属性进行股份制改造。2003年12月30日，国家又通过汇金公司向中国建设银行和中国银行共注资450亿美元。

（四）2003～2007年“一行三会”分业监管模式

2003年4月中国银行业监管机构——中国银行业监督管理委员会成立。2003年12月27日第十届全国人民代表大会常务委员会第六次会议通过了《中华人民共和国银行业监督管理法》，并于2004年2月1日起正式施行。本次会议还重新修订了《中国人民银行法》和《商业银行法》。

中国人民银行把对银行业的监管职能移交给新成立的银监会，自此，中国人民银行单独实行货币政策制定和执行金融稳定和金融服务，防范化解金融风险等职能。

银监会下设16个局级部门，几乎全部是从原来中国人民银行的各监管司分离出来的，其中银行监管一部、二部、三部、非银部、合作部主要是由原中国人民银行主管国有银行的银行监管一司、主管股份制银行的银行监管二司、主管市场准入的银行管理司、主管信托投资公司和财务公司的非银行金融机构监管司、主管农村信用社的合作金融司组成。

银监会依法对银行、资产管理公司、信托投资公司及其他存款类机构实施监督管理。2006年10月31日，第十届全国人民代表大会常务委员会第二十四次会议通过了《中华人民共和国银行业监督管理法》修正案，修正案第二条规定：“国务院银行业监督管理机构负责对全国银行业金融机构及其业务活动监督管理的工作。

本法所称银行业金融机构，是指在中华人民共和国境内设立的商业银行、城市信用合作社、农村信用合作社等吸收公众存款的金融机构以及政策性银行。对在中华人民共和国境内设立的金融资产管理公司、信托投资公司、财务公司、金融租赁公司以及经国务院银行业监督管理机构批准设立的其他金融机构的监督管理，适用本法对银行业金融机构监督管理的规定。”

中国人民银行的职能为：“在国务院领导下，制定和执行货币政策，防范和化解风险，维护金融稳定。”央行还有监督管理银行间同业拆借市场和银行间债券市场、黄金外汇市场的监督管理职能，同时担负反洗钱的资金监测等职能。至此，我国金融监管体制“一行三会”的分业监管模式全面展开。①

（五）2007 年至今“一行三会”由功能监管向合作监管模式过渡

中国人民银行虽然不再直接审批、监管金融机构，而专注于货币政策的制定和执行，维护币值的稳定以及对金融市场进行宏观调控，促进金融市场的繁荣发展，但是中国人民银行仍具有对金融机构特殊条件下的全面功能监管权。

银行监管方面，银监会成立后，以全新的监管理念、监管工作目标和工作标准为指导，进一步完善了监管法规，从合规监管向风险监管转变。银监会对银行及部分非银行金融机构进行的是机构监管。

证券监管方面，逐步放宽限制、开放市场，放松管制与强化监管并重。QFII（合格境外机构投资者）和 QDII（合格境内机构投资者）的设定，是在人民币没有实现完全可自由兑换、资本项目尚未开放的情况下，有限度地允许境内外投资者跨境投资证券市场的一项过渡性的制度安排。证监会对证券公司、基金公司和期货公司等履行的是机构监管职能。

保险监管方面，我国已经形成了保险经营主体监管、保险产品监管、偿付能力监管、保险资金运用监管、再保险监管等各个方面相对完整的监管制度体系。保监会对保险公司实行的同样是机构监管。

目前中国人民银行根据宏观金融环境发展的需要，从金融监管的全局出发，定期或不定期地召集“三会”官员，讨论联合、合作监管的事宜。可见，我国现行的“一行三会”分业监管模式，已经开始从单纯的功能监管向联合与合作监管模式逐步过渡。

---

① 徐文彬：《全能银行发展路径研究》，经济科学出版社 2009 年版，第 156 ~ 164 页。

第七节　银监会对银行业的监管

一、监管理念与目标

（一）基本理念

我国银行监管的基本理念概括为，“管法人、管风险、管内控和提高透明度”，即必须坚持法人监管，重视对每个金融机构总体风险的把握、防范和化解；必须坚持以风险为主的监管内容，努力提高金融监管的水平，改进监管的方法和手段；必须注意促进金融机构风险内控机制形成和内控效果的不断提高；必须按照国际准则和要求，逐步提高监管的透明度。

（二）监管目标

我国银行监管的主要目标是：第一，通过审慎有效的监管，保护广大存款人和消费者的利益；第二，通过审慎有效的监管，增进市场信心；第三，通过宣传教育工作和相关信息披露，增进公众对现代金融的了解；第四，努力减少金融犯罪。

二、银行监管主要内容与方法

（一）市场准入、日常运营和市场退出

1. 市场准入监管

市场准入监管是指银行监管当局根据法律、法规的规定，对银行机构进入市场、银行业务开展和银行从业人员素质实施管制的一种行为。包括审批注册机构、审批注册资本、审批高级管理人员的任职资格、审批业务范围等内容。

2. 市场运营监管

市场运营监管是指对银行机构日常经营进行监督管理的活动。包括监管资本充足性、监管资产安全性、监管流动适度性、监管收益合理性、监管内控有效性。

3. 处理有问题银行机构及市场退出监管

对于经营不善，存在严重问题的银行机构，采取处理有问题银行与处置倒闭银行等两种方式。

（二）非现场监测

非现场监测是监管当局在单个银行并表的基础上收集、分析银行机构经营稳健性和安全性的一种方式。

（三）现场检查

现场检查是指通过监管当局的实地作业来评估银行机构经营稳健性和安全性的一种方式。

（四）并表监管

银行监管的一个关键因素，是监管当局要有能力在并表的基础上对银行进行监管。并表监管又称合并监管，是指在所有情况下，银行监管当局应具备了解银行机构和集团的整体结构，以及与其他监管银行集团所属公司的监管当局进行协调的能力。

（五）监管评级

银行机构评级是用统一的标准来识别和度量风险，是为了实现金融监管目标，是进行有效监管的基础。目前，国际上通行的金融监管的检查和评价理论是银行统一评级制度，即“骆驼评级制度”。检查主要是围绕资本充足性、资产质量、经营管理能力、盈利水平、流动性及市场敏感性进行。

三、对银行资本的监管

（一）三种银行资本的定义

从财务会计角度可定义会计资本：会计资本也称账面资本，是指银行资产负债表中资产减去负债后的余额，即所有者权益。我国商业银行的会计资本包括实收资本、资本公积、一般准备、未分配利润（累积亏损）和外币报表折算差额5个部分。

从监管监督定义的银行资本即是监管资本。监管资本是银行监管当局为了满足监管要求、促进银行审慎经营、维持金融体系稳定而规定的银行必须持有的资本。

从银行自身控制风险角度定义的资本是经济资本。经济资本是银行内部管理人员根据银行所承担的风险计算的、银行需要保有的最低资本量，它用以衡量和防御银行实际承担的损失超出预计损失的那部分，是防止银行倒闭的最后防线，也称为风险资本。

经济资本的概念是随着风险管理技术的演进和银行风险环境的恶化逐渐形成的，在银行实践中变得越来越重要，成为现代银行经营管理的重要手段。

（二）银行资本的作用

银行资本的作用主要有五个方面：一是满足银行正常经营对长期资金的需要；二是吸收损失；三是限制银行过度业务扩张和风险承担；四是维持市场信心；五是为银行管理尤其是风险管理提供最根本的驱动力。

（三）《巴塞尔新资本协议》

1.《巴塞尔资本协议》

（1）巴塞尔委员会的全称、成立年份、总部、宗旨和地位

巴塞尔银行委员会成立于1974年年底，其秘书处设立在总部位于瑞士巴塞尔的国际清算银行，简称巴塞尔委员会。巴塞尔委员会的宗旨在于加强银行监管国际合作，共同防范和控制银行风险，保证国际银行业的安全和发展。目前已成为事实上的银行监管国际标准制定者。

（2）《巴塞尔资本协议》的全称、通过年份和内容

《巴塞尔资本协议》全称《关于统一国际银行的资本计量和资本标准协议》，1988年7月正式通过，即《巴塞尔Ⅰ》，有四部分内容：一是确定了资本的构成，即银行的资本分为核心资本和附属资本，且附属资本规模不得超过核心资本的100%。二是根据资产信用风险的大小，将资产分为0、20%、50%和100%四个风险档次。三是通过设定一些转换系数，将表外授信业务也纳入资本监管。四是规定银行的资本与风险加权总资产之比不得低于8%，其中核心资本与风险加权总资产之比不得低于4%。

$$\begin{aligned}\text{资本充足率} &= \text{资本} \div \text{风险资产总额} \\ &= (\text{核心资本} + \text{附属资本}) \div \text{风险资产总额} \qquad (10.1)\end{aligned}$$

假设某银行有核心资本45亿元，附属资本为15亿元，1 000亿元资产，其中库存现金50亿元，同业拆借和贴现250亿元，300亿元质押或抵押贷款，信用放款

400亿元，那么该行的资本 = 45 + 15 = 60（亿元），风险资产总额 = 50 × 0 + 250 × 20% + 300 × 50% + 400 × 100% = 600（亿元），资本充足率 = 60 ÷ 600 = 10%。

2.《巴塞尔新资本协议》的全称、通过年份及新增内容

《巴塞尔新资本协议》，即《巴塞尔Ⅱ》，全称《统一资本计量和资本标准的国际协议：修订框架》，2004年6月正式发表。协议新增了对操作风险的资本要求。

3.《巴塞尔新资本协议》的三大支柱

《巴塞尔新资本协议》的三大支柱：第一支柱是最低资本要求，第二支柱是外部监管，第三支柱是市场约束。

第一支柱：最低资本要求。

资本充足率的计算公式为：

资本充足率 =（资本 − 扣除项）÷（风险加权资产 + 12.5 倍的市场风险资本 + 12.5 倍的操作风险资本）　（10.2）

核心资本充足率 =（核心资本 − 核心资本扣除项）÷（风险加权资产 + 12.5 倍的市场风险资本 + 12.5 倍的操作风险资本）　（10.3）

第二支柱：外部监管。

外部监管要求各国的监管当局通过银行内部的评估进行监督检查，确保银行有科学可靠的内部评估方法和程序，使银行能够准确地评估、判断所面临的风险敞口，继而及时准确地评估资本充足情况。

第三支柱：市场约束。

市场约束要求银行信息披露的范围：市场约束是通过市场力量来约束银行，《巴塞尔新资本协议》特别强调提高银行的信息披露水平，《巴塞尔新资本协议》要求银行信息披露的范围包括资本充足率、资本构成、风险敞口及风险管理策略、盈利能力、管理水平及过程。市场约束是对第一支柱和第二支柱的补充。

四、我国实施《巴塞尔新资本协议》的安排

（一）银监会确立了分类实施、分层推进、分步达标的基本原则

银监会确立了分类实施原则、分层推进原则和分步达标原则的三大基本原则。

（二）我国监管资本的构成

1. 核心资本

核心资本包括实收资本、资本公积、盈余公积、未分配利润、少数股权等。

2. 附属资本

附属资本包括重估储备、一般准备、优先股、可转换债券、混合资本债券、长期次级债务。

3. 扣除项

我国商业银行计算资本充足率时，应从资本中扣除商誉、商业银行对未并表金融机构的资本投资、商业银行对非自用不动产和企业的资本投资。

第八节 证监会对证券业监管的主要内容

一、上市公司监管

证券业监管的上市公司监管和服务对象为辖区内上市公司、拟上市公司、从事证券期货业务的会计师事务所及资产评估公司等中介服务机构。具体包括对拟公开发行股票公司的监管、对上市公司的监管、审计及评估业务监管。其中对上市公司重大资产重组、吸收合并、收购及股东持股变动、股份回购等情况及存在的问题进行检查，并提出处理建议，属于重点监管内容。

二、证券公司监管

对证券公司的监管，首先，由审批制转向审核制的市场准入制度。其次，监管证券公司经营风险防范机制。一是证券公司应当建立有关隔离制度；二是证监会对证券公司财务及审计的监管制度的建立；三是内控制度的建设；四是证券公司应当按照现代企业制度的要求，建立并健全符合《公司法》规定的治理结构，应当建立独立董事制度。再次，对证券从业人员的监管机制。一是建立了对证券从业人员资格管理、年检制度。二是对证券公司高管人员进行任职资格审查，建立高管人员保荐推荐制度。三是对证券公司高级管理人员实行谈话提醒制度；四是强化证券公司高管人员的持续培训。最后，证券公司市场退出制度。

三、资本市场监管

在资本市场监管方面，证监会认为：交易体系的建立应当置于监管部门的监督与监控之下，符合监管原则；应当对交易进行日常监管，保证在平等和公平原则上的交易完整、达到市场不同参与者需求之间的适当平衡；监管条例应有助于发现和阻止市场操控、内幕交易等不公平交易，控制风险等内容。

第九节　保监会对保险业监管的主要内容

一、偿付能力监管

偿付能力是保险公司的灵魂，也是我国保险监管的最为重要的方面。目前对偿付能力的监管标准使用的是最低偿付能力原则：首先，保险公司开业之前对其最低资本加以规定（全国性公司 5 亿元人民币，区域性公司为 2 亿元人民币），这是偿付能力监管的基石；在公司成立后，必须将其注册资本的 20% 作为法定保证金存入保监会指定银行，专用于公司清算时清偿债务，同时规定财产保险、人身意外伤害险、短期健康保险、再保险业务按当年自留保费收入的 1% 提取保险保障基金，直至达到总资产的 6% 。保证金和保险保障基金是最基本的风险缓冲基金。其次，准备金规定。保险公司是典型的负债经营型企业，对保险公司保险准备金的真实性和充足性监管是保证偿付能力监管的又一道防线。最后，投资监管。保险投资收益是增强保险公司偿付能力的重要途径。

二、公司治理监管

2006 年《国务院关于保险业改革发展的若干意见》指出，保险业监管必须深入推进保险公司治理结构监管，规范关联交易，加强信息披露，提高透明度。各保险公司保险按照《公司法》和《保险法》要求，建立股东大会、董事会和经理层的组织框架，形成公司治理结构的基本框架。各保险公司都要制定完备的股东大会、董事会和监事会议事规则，对各机构的主要职能、议事和决策程序作了详细的规定，初步形成了分权制衡机制。

三、市场行为监管

2006 年《国务院关于保险业改革发展的若干意见》指出保险业监管必须改

进现场、非现场检查，严厉查处保险经营中的违法违规行为，提高市场行为监管的针对性和有效性。

第十节 金融监管的国际化

一、银行业的国际监管

（一）巴塞尔银行监管委员会简介

实现巴塞尔银行监管委员会银行监管的两个根本目标：一是新的监管框架应服务于增加国际银行体系的健全和稳定；二是本着消除国际银行间现存不平等竞争的根源和确保制度公平的观点，在新框架应用于各不同国家的银行时应具有高度的一致性。

（二）《有效银行监管核心原则》的主要内容

在新版《核心原则》中，有效监管体制的“核心”原则，可以高度概况为7方面：（1）独立性、权力、透明度和合作；（2）许可的业务范围；（3）审慎监管规章制度；（4）持续监管的各种方法；（5）会计处理与信息披露；（6）监管当局的纠正及整改权力；（7）并表及跨境监管。

（三）《新资本协议》

即《巴塞尔Ⅱ》的主要内容前面已经介绍，不再重复。

二、证券业的国际监管

（一）国际证监会组织简介

国际证监会组织（International Organization of Securities Commissions，IOSCO）是证券监管领域最重要的国际组织，正式成立于1983年，其前身是成立于1974

年的证监会美洲协会。目前总部设在西班牙的马德里，共有 170 余个成员机构，其中包括 101 个正式会员，其他为联系会员和附属会员，其成员是来自发达国家和发展中国家的证券监管机构。该组织的宗旨是通过交流信息，促进全球证券市场的健康发展。

IOSCO 的成员国协议通过了一个永久性框架，确立了这个国际组织的功能：

（1）共同制定高水平的规则以维持市场的高效、成功运作；

（2）加强信息交流以促进国内市场的发展；

（3）共同致力于建立国际证券交易的准则和有效监管；

（4）严格适用准则并建立有效的违规者责任规范，以促进市场的一体化建设。

（二）《证券监管目标与原则》的主要内容

（1）监管机构相关的原则；（2）自律的原则；（3）证券监管执行的原则；（4）监管合作的原则；（5）发行人的原则；（6）集合投资组合的原则；（7）市场中介机构的原则；（8）二级市场的原则。

三、保险业的国际监管

（一）国际保险监督官协会简介

国际保险监督官协会（International Association of Insurance Supervisors，IAIS）成立于 1994 年，现有成员包括 180 个国家的保险监管组织。

1999 年以来，IAIS 开始吸收保险专家作为观察人员，目前已有超过 100 个代表着行业协会、专家协会、保险和再保险机构、咨询组织和国际金融组织的观察员。IAIS 负责更新国际保险准则，提供保险培训，支持保险监管，为监管人员安排年会等。

（二）《保险监管核心原则》的主要内容

《保险监管核心原则》的内容主要有十项：

（1）关于保险监管者的组织结构；

（2）关于批准营业和公司控制权变更；

（3）关于公司治理；

（4）关于内部控制原则；

（5）关于谨慎性原则；
（6）关于市场行为；
（7）关于监控与现场检查；
（8）关于监管处罚；
（9）关于跨区经营；
（10）关于协调、合作与保密。

思　考　题

1. 如何划分金融风险？
2. 银行业的主要风险有哪些？
3. 证券业的主要风险有哪些？
4. 保险业的主要风险有哪些？
5. 金融监管的必要性有哪些？
6. 金融监管有哪几个层次？
7. 《巴塞尔新资本协议》的三大支柱是什么？
8. 试论金融监管国际化合作的必要性。

练　习　题

一、单项选择题

1. 源于20世纪30年代美国经济危机，并且一直到20世纪60年代都是被经济学家所接受的有关监管的正统理论是（　　）。
A. 公共利益论　　B. 保护债权论
C. 金融风险控制论　　D. 金融脆弱论
2. 下列国家中，属于以中央银行为重心的监管体制的是（　　）。
A. 英国　　B. 日本　　C. 美国　　D. 德国
3. 近年来实行综合监管体制的国家越来越多，这主要是由于金融业出现了（　　）。
A. 竞争加剧趋势　　B. 全球化趋势
C. 分业经营趋势　　D. 混业经营趋势
4. 2003年年底修改的《中国人民银行法》明确规定中国人民银行及其分支机构负有维护金融稳定的职能，并明确赋予中国人民银行在金融监督管理方面拥有监督检查权。这表明（　　）。

A. 监管依然以中央银行为重心
B. 中央银行对其他监管机构处于超然领导地位
C. 中央银行不再有监管职能
D. 中央银行在监管中依然发挥独特的作用

5. 巴塞尔协议规定，银行的资本充足率——资本与风险加权资产的比率不得低于（　　）。
A. 12%　B. 10%　C. 8%　D. 4%

6. 在新的巴塞尔资本协议中，巴塞尔委员会继承了过去以（　　）为核心的监管思想。
A. 治理结构　B. 资本充足率
C. 监管当局监督检查　D. 市场约束

二、多项选择题

1. 金融监管首先是从对银行监管开始的，这和银行的一些特性有关，包括（　　）。
A. 银行提供资金中介功能
B. 银行提供期限转换功能
C. 银行在支付体系中的重要作用
D. 银行具有信用创造功能
E. 银行具有流动性创造功能

2. 金融监管的理论有（　　）。
A. 金融风险控制论　B. 公共利益论
C. 社会选择论　D. 保护债权论
E. 产业组织理论

3. 巴塞尔协议将风险资产权重分为0%、10%和（　　）。
A. 20%　B. 40%
C. 50%　D. 60%
E. 100%

4. 在新巴塞尔资本协议中，被称为巴塞尔协议“三大支柱”的是（　　）。
A. 治理结构　B. 最低资本要求
C. 监管当局的监督检查　D. 市场约束
E. 内部评级模型

5. 在新巴塞尔资本协议中，巴塞尔委员会强化了各国金融监管当局的职责，希望监管当局担当的职责包括（　　）。

A. 建立富有成效的市场奖惩机制　　B. 全面监管银行资本充足状况

C. 扩大资本约束范围　　D. 培育银行的内部信用评估系统

E. 加快制度化进程

各章练习题参考答案

第一章　货币与货币制度

一、填空题

1. 外汇

2. 价值尺度　流通手段

3. 重量　成色

4. 联系汇率制

5. 不兑现的信用货币

6. 价值的单方向转移（或者偿还性）

7. 货币表现

8. 商品价格　待交易的商品数量　货币流通速度　商品价格×待交易的商品数量÷货币流通速度

二、单项选择题

1. D　2. C　3. D　4. A　5. D　6. A　7. A　8. B
9. B　10. B　11. C　12. D　13. B　14. A　15. B

三、多项选择题

1. ABCE　2. AB　3. CE　4. ABCE　5. ACD　6. ABCDE
7. ACE　8. CD

四、判断题

1. ×　2. ×　3. ×　4. √　5. ×　6. ×　7. √
8. ×　9. √　10. ×　11. ×　12. √　13. ×　14. ×
15. √　16. √　17. ×　18. √　19. ×　20. √

第二章　信用

一、填空题

1. 偿还性

2. 私有制

3. 极高的利率

4. 证券公司

5. 银行信用
6. 赊销方式
7. 消费者个人

二、单项选择题

1. D　2. D　3. B　4. B　5. B　6. A　7. C
8. C　9. C

三、多项选择题

1. ABCD　2. ABCD　3. BDE　4. BCDE　5. ABD　6. BD
7. ABCD　8. BCD

四、判断题

1. ×　2. √　3. √　4. √　5. √　6. ×　7. √
8. ×　9. √　10. √　11. ×　12. ×　13. ×　14. ×
15. ×　16. ×

第三章　金融环境与经济运行

一、填空题

1. 货币市场　资本市场
2. 直接融资　间接融资
3. 一级市场（发行市场）　二级市场（流通市场）
4. 同业拆借市场　票据市场　回购市场　债券市场　股票市场　外汇市场
5. 现货市场　期货市场
6. 场内市场　场外市场
7. 联邦资金拆借
8. 流动性
9. 实现储蓄向投资的转化
10. 金融资产

二、单项选择题

1. D　2. C　3. D　4. A　5. C　6. D　7. B
8. D　9. D　10. A

三、多项选择题

1. ABDE　2. ABCDE　3. ABCDE　4. BCD　5. ABCDE
6. CDE　7. BCD　8. BCD　9. BCD　10. ABCDE

四、判断题

1. √ 2. √ 3. × 4. √ 5. √ 6. √ 7. ×
8. √ 9. × 10. √

第四章 利息与利息率

一、填空题

1. 资本使用权 机会成本 风险
2. 基准利率
3. 厘
4. 联邦基金利率
5. 固定利率 浮动利率
6. 低于
7. 单利 复利

二、单项选择题

1. B 2. C 3. D 4. C 5. B 6. C 7. A
8. C 9. D 10. A 11. B 12. B 13. B 14. A
15. B 16. D 17. C 18. B 19. C 20. A 21. D
22. C 23. B 24. C

三、多项选择题

1. BD 2. CD 3. BCD 4. DE 5. CDE 6. ABCDE
7. ABCE 8. ACE 9. ABCE 10. ABDE 11. ACD 12. BCE
13. ABCD 14. ABCD

四、判断题

1. × 2. × 3. √ 4. √ 5. √ 6. √ 7. ×
8. × 9. √ 10. × 11. × 12. √ 13. √ 14. √

第五章 商业银行与存款创造

一、填空题

1. 英格兰银行
2. 职能分工型 全能型银行
3. 流动性 安全性
4. 关注 次级 可疑 损失
5. 银行同业拆借 从中央银行借款

6. 再贴现　再贷款
7. 票据

二、单项选择题

1. B	2. B	3. B	4. B	5. B	6. B	7. C
8. D	9. B	10. A	11. C	12. A	13. C	14. B
15. C	16. C	17. B	18. D	19. A	20. B	21. D
22. D	23. A	24. B	25. A	26. B	27. C	28. B
29. D	30. A	31. A	32. A	33. B		

三、多项选择题

1. BC	2. ACE	3. ABE	4. BC	5. CE
6. AD	7. AB	8. CDE	9. AC	10. ADE
11. CDE	12. ABC	13. CD	14. AD	15. BCDE
16. ABCD	17. ACD	18. BCD	19. ABCD	20. AB
21. BCD	22. BCD	23. AD		

四、判断题

1. ×	2. √	3. ×	4. √	5. √	6. ×	7. ×
8. √	9. ×	10. √	11. √	12. ×	13. √	14. ×
15. ×	16. ×	17. √	18. √	19. ×	20. √	21. √
22. √	23. ×	24. √	25. √	26. ×	27. √	28. √
29. √	30. ×	31. √	32. √			

五、案例分析题

1. A	2. A	3. C	4. C	5. BD	6. BD	7. C
8. B	9. C	10. D	11. B	12. D	13. C	14. AB
15. A	16. A	17. CD	18. CD	19. B	20. AD	21. C

第六章　货币供给

一、填空题

1. 现金　活期存款　狭义货币
2. 流动性
3. 名义货币供给
4. 实际货币供给
5. 基础货币　货币乘数
6. 公开市场业务　贴现政策　法定准备金率

7. 再贴现利率　基础货币
8. 基础货币
9. 准货币
10. 货币供应量

二、单项选择题

1. A　2. B　3. A　4. C　5. C　6. C　7. B
8. B　9. C　10. D

三、多项选择题

1. AB　2. ABCD　3. ABCD　4. AC　5. ABCD
6. BCD　7. ABD　8. CDE　9. ABC　10. DE

四、判断题

1. ×　2. ×　3. ×　4. √　5. √　6. √　7. ×　8. √
9. ×　10. √　11. √　12. √　13. √　14. √　15. √

第七章　货币需求

一、填空题

1. 贮藏手段
2. 现金交易说　现金余额说
3. 利率
4. 预防动机　投机动机
5. 恒久性收入
6. 规模变量　机会成本变量
7. 货币流通速度
8. 商品价值　商品价格
9. 收入　利率
10. 预防性货币需求
11. 物价变动因素
12. 保本　升息

二、单项选择题

1. C　2. A　3. B　4. D　5. C　6. B　7. A
8. B　9. C　10. A　11. C　12. B　13. D　14. A
15. D　16. B　17. C　18. A　19. B　20. A　21. B
22. D　23. C　24. A　25. B

三、多项选择题

1. BCE	2. BC	3. ABC	4. AB	5. CE
6. BCD	7. ABE	8. AB	9. BDE	10. BC
11. BC	12. BC	13. ACE	14. BCD	15. AB
16. AD	17. BCD	18. ABCD	19. ABCD	20. ABC

四、判断题

1. √ 2. √ 3. √ 4. × 5. ×

第八章 中央银行与货币政策

一、填空题

1. 充分就业 稳定物价
2. 法定准备金率 再贴现政策 公开市场业务
3. 保持货币币值稳定 促进经济增长

二、单项选择题

1. B	2. A	3. D	4. C	5. B	6. B	7. B
8. D	9. C	10. A	11. B	12. C	13. B	14. D
15. B	16. C	17. B	18. D	19. A	20. B	21. D
22. A	23. D	24. B	25. C	26. C	27. C	28. D
29. B	30. D					

三、多项选择题

1. ACDE	2. ACDE	3. ABDE	4. AD	5. ABE
6. ABC	7. CDE	8. ACE	9. ABD	10. ABCE
11. ABE	12. ACDE	13. CD	14. BE	15. ACD
16. CDE	17. BCE	18. ACE	19. ABD	20. ACE
21. ABE	22. AE	23. BCE	24. BCDE	25. AC
26. ABCD	27. ACD	28. ABE	29. BE	30. AB

四、判断题

1. ×	2. √	3. ×	4. √	5. √	6. ×	7. √
8. √	9. √	10. √	11. √	12. √	13. √	14. ×

五、案例分析题

1. BCD	2. AC	3. ABCD	4. B	5. AC
6. B	7. A	8. D	9. C	10. ACD
11. B	12. C	13. A	14. D	15. B

16. AD　17. ABC　18. BD　19. BCD

第九章　通货膨胀与通货紧缩

一、填空题

1. 促进论　促退论
2. 宏观紧缩政策
3. 减税
4. 工资　政府债券
5. 调控总需求
6. 需求过度
7. 公开型通货膨胀　抑制型通货膨胀
8. 爬行通货膨胀　温和通货膨胀
9. 结构型通货膨胀
10. 预期通货膨胀　非预期通货膨胀
11. 商品和服务的货币价格总水平的持续上涨
12. 没有下降　下降
13. 恶性通货膨胀
14. 消费物价指数
15. 覆盖范围全面
16. 工资—价格螺旋
17. 成本推进　需求拉上
18. 初级产品的短线制约
19. 有利　不利
20. 成本推动说
21. 收入分配效应
22. 货币制度崩溃
23. 物价上涨率　失业率

二、单项选择题

1. D　2. C　3. B　4. D　5. B　6. D　7. B
8. C　9. A　10. B　11. A　12. D　13. C　14. D
15. B　16. C　17. A　18. D

三、多项选择题

1. ABE　2. AB　3. BC　4. ABC　5. CE　6. ACD

7. BCD 8. ACDE 9. ABCDE 10. ABC 11. AC

四、判断题

1. √ 2. × 3. × 4. √ 5. × 6. √ 7. ×
8. × 9. √ 10. √ 11. × 12. × 13. √ 14. √

第十章 金融风险与金融监管

一、单项选择题

1. A 2. C 3. D 4. D 5. C 6. B

二、多项选择题

1. BCDE 2. ABCD 3. ACE 4. BCD 5. BDE

参考文献

[1] 巴塞尔银行监管委员会，中国人民银行译：《巴塞尔银行监管委员会文献汇编》，中国金融出版社2002年版。

[2] 白钦先、刘刚、郭翠荣编著：《各国金融体制比较》，中国金融出版社2008年版。

[3] 曹龙骐主编：《金融学案例与分析》，高等教育出版社2005年版。

[4] 曹龙骐主编：《金融学》（第2版），高等教育出版社2006年版。

[5] 陈彩虹：《钱说：货币金融漫话》，生活·读书·新知三联书店2002年版。

[6] 陈野华：《西方货币金融学说的新发展》，西南财经大学出版社2001年版。

[7] 丁冰：《当代西方经济学流派》，北京经济学院出版社1996年版。

[8] 傅建华主编：《上海银行发展之路》，中国金融出版社2005年版。

[9] 高鸿业主编：《西方经济学》，中国经济出版社1996年版。

[10] 谷书堂主编：《社会主义经济学通论——中国转型期经济问题研究》，高等教育出版社2000年版。

[11] 国家信息中心中国经济信息网编著：《中国银行业发展报告——银行业（2004~2006）》，中国经济出版社2007年版。

[12] 韩康等：《21世纪：全球经济战略的较量》，经济科学出版社2003年版。

[13] 胡建绩、赵渤编著：《西方经济学说思想图鉴》，百家出版社2006年版。

[14] 胡庆康主编：《现代货币银行学教程》（第3版），复旦大学出版社2006年版。

[15] 胡庆康主编：《现代货币银行学教程》，复旦大学出版社2009年版。

[16] 胡庆康主编：《现代货币银行学教程习题指南》（第3版），复旦大学出版社2010年版。

[17] 黄达编著：《金融学》，中国人民大学出版社2008年版。

[18] 黄达编著：《金融学》，中国人民大学出版社2004年版。

[19] 黄达主编:《金融学》(第2版),中国人民大学出版社2009年版。

[20] 康燕:《见证中国金融》,中国金融出版社2006年版。

[21] 黎诣远主编:《西方经济学》,高等教育出版社1999年版。

[22] 李变花:《扩大开放下中国金融安全与监管研究》,中国经济出版社2009年版。

[23] 李扬、李光荣总编,王力、黄育华主编:《中国金融论丛》,经济科学出版社2007年版。

[24] 李志辉主编:《商业银行业务经营与管理》,中国金融出版社2004年版。

[25] 李宗正主编:《西方经济学名著述评》,中国青年出版社1992年版。

[26] 吕随启、王曙光、宋芳秀编著:《国际金融教程》,北京大学出版社2007年版。

[27] 罗剑朝主编:《货币银行学》,清华大学出版社2007年版。

[28]《马克思恩格斯全集》,人民出版社1979年版。

[29] 马克思:《资本论》第1卷,人民出版社1975年版。

[30] 秦艳梅主编:《金融学》,经济科学出版社2006年版。

[31] 全国经济专业技术资格考试用书编写委员会编:《经济基础知识》,辽宁人民出版社、辽宁电子出版社2007年版。

[32] 戎生灵:《金融风险与金融监管》,中国金融出版社2007年版。

[33] 孙文基、魏晓锋主编:《财政与金融概论》,经济管理出版社2008年版。

[34] 王健:《当代西方经济学流派概览》,国家行政学院出版社1998年版。

[35] 王志伟编著:《现代西方经济学主要思潮及流派》,高等教育出版社2004年版。

[36] 吴易风主编:《当代西方经济学流派与思潮》,首都经济贸易大学出版社2006年版。

[37] 希拉·赫弗兰著,傅晓青等译:《现代银行业》,中国金融出版社2007年版。

[38] 夏德仁、李念斋主编:《货币银行学》,中国金融出版社2005年版。

[39] 谢百三主编:《证券投资学》,清华大学出版社2005年版。

[40] 徐文彬:《金融业混业经营的范围经济分析》,经济科学出版社2006年版。

[41] 徐文彬:《全能银行发展路径研究》,经济科学出版社2009年版。

[42] 姚遂、李健主编:《货币银行学》,中国金融出版社1999年版。

［43］易纲、海闻主编：《货币银行学》，上海人民出版社 1999 年版。

［44］易纲：《中国的货币化进程》，商务印书馆 2004 年版。

［45］余永定、张宇燕、郑秉文主编：《西方经济学》，经济科学出版社 2002 年版。

［46］战颖：《中国金融市场的利益冲突与伦理规制》，人民出版社 2005 年版。

［47］张强、乔海曙等主编：《金融学》，高等教育出版社 2007 年版。

［48］张亦春、郑振龙主编：《金融市场学》，高等教育出版社 2003 年版。

［49］中国人民银行研究局编：《中国人民银行金融研究重点课题获奖报告》，中国金融出版社 2009 年版。

［50］中国银行业从业人员资格认证办公室编：《公共基础》，中国金融出版社 2010 年版。

［51］周建松主编：《货币金融学概论》，中国金融出版社 2006 年版。

［52］周天勇主编：《城市发展战略研究与制定》，高等教育出版社 2005 年版。

［53］周延军编著：《西方金融理论》，中信出版社 1994 年版。

［54］庄毓敏、朱青编著：《新编财政与金融》，东北财经大学出版社 2007 年版。